L'ART DE L'AQUARELLE

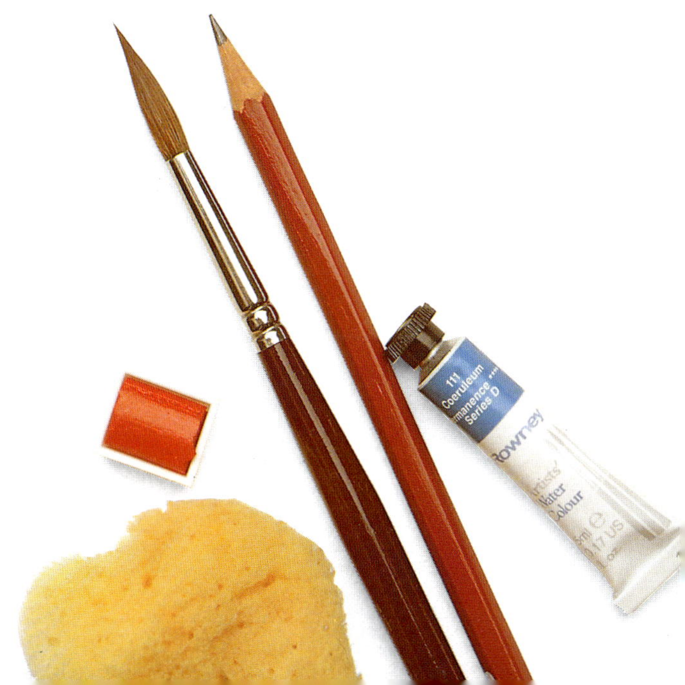

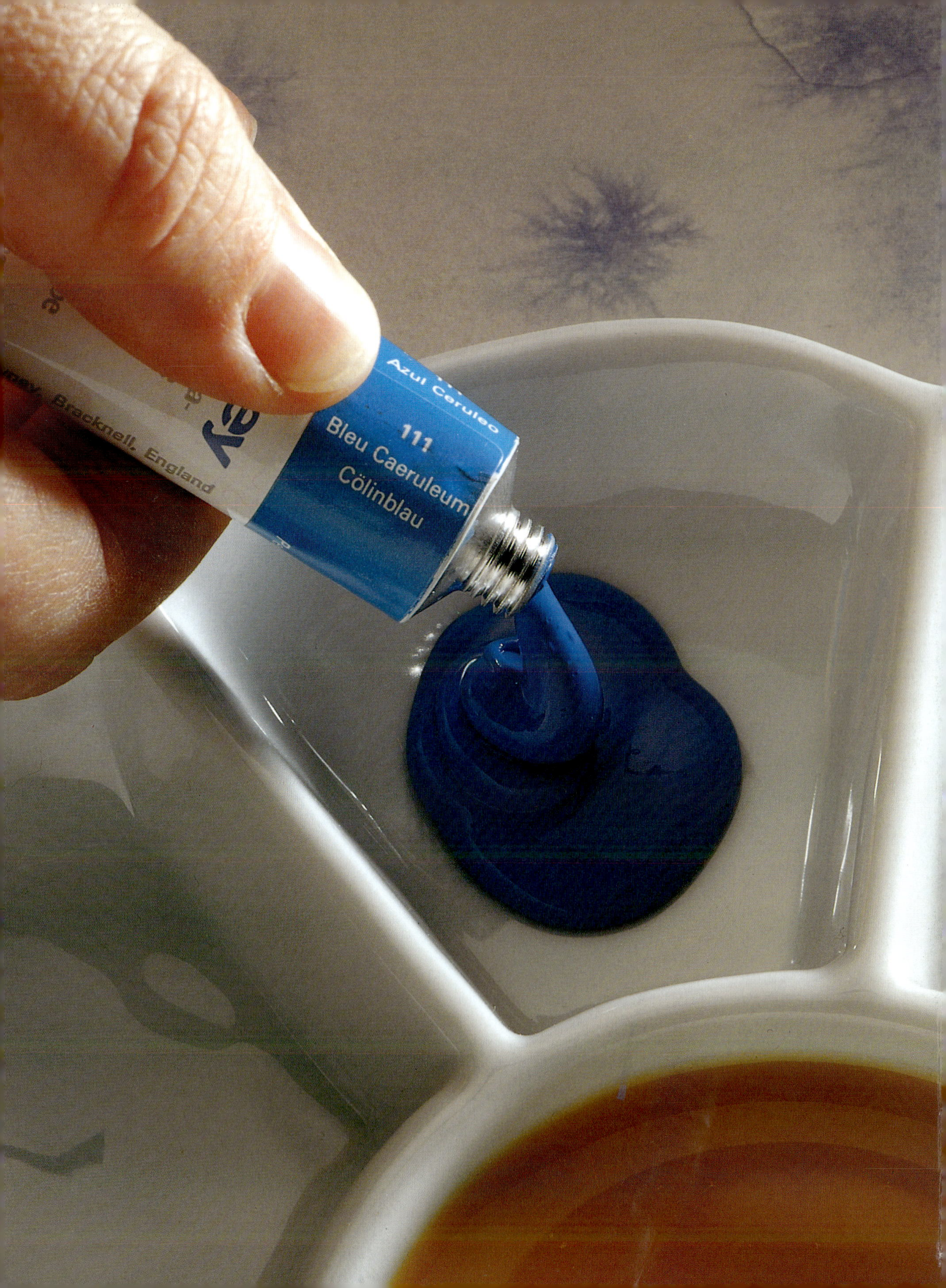

Azul Ceruleo
111
Bleu Caeruleum
Cölinblau
Bracknell, England

L'ART DE L'AQUARELLE

Hazel Harrison

BIBLIOTHEQUE de L'IMAGE

Première édition en 1993 par
Harper Collins Publishers, Londres.

Dépôt légal : mars 1995

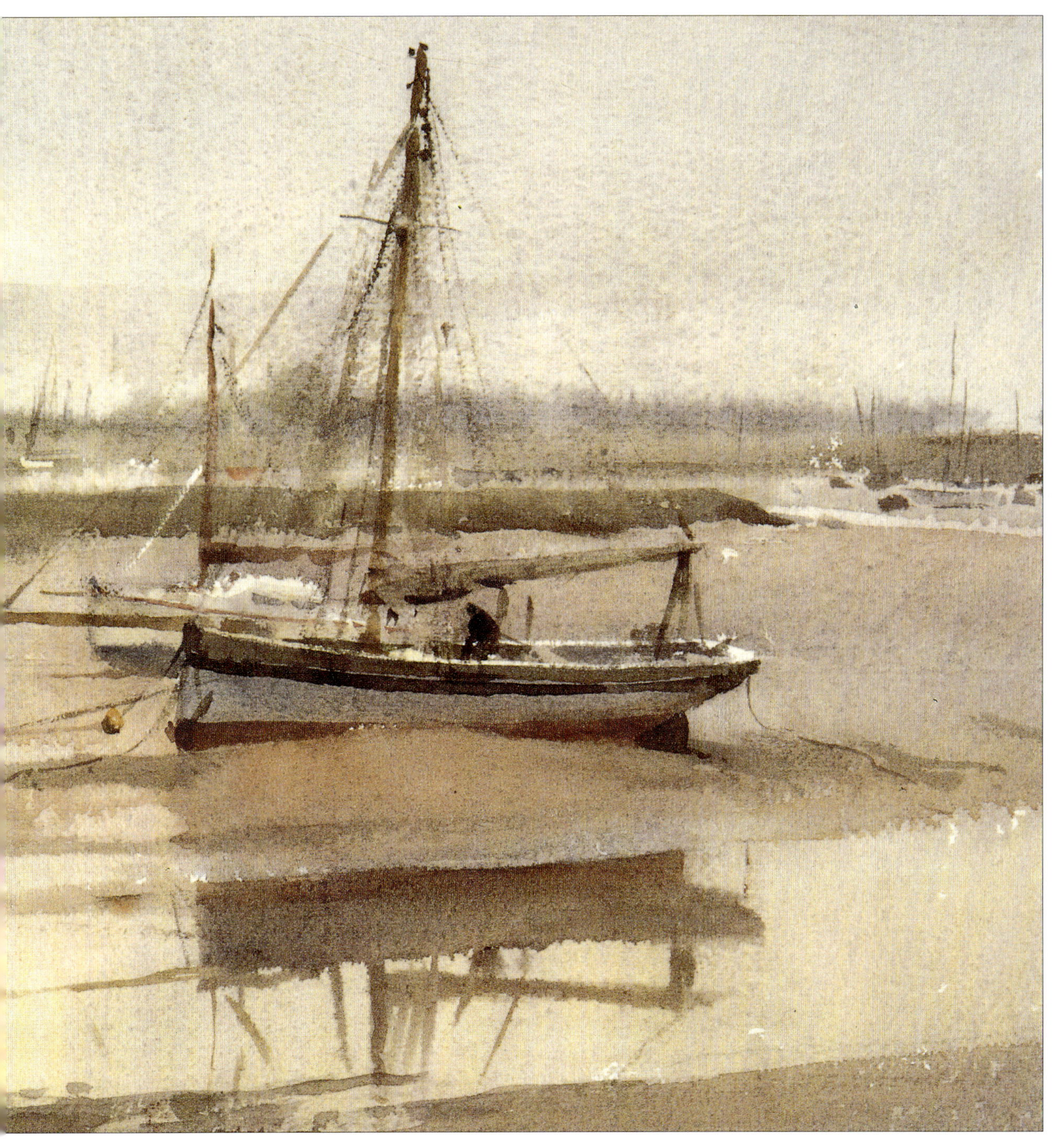

***A marée basse*, Malden Trevor Chamberlain**

L'atmosphère et la beauté de cette scène illustrent la magie de l'aquarelle.

Sommaire

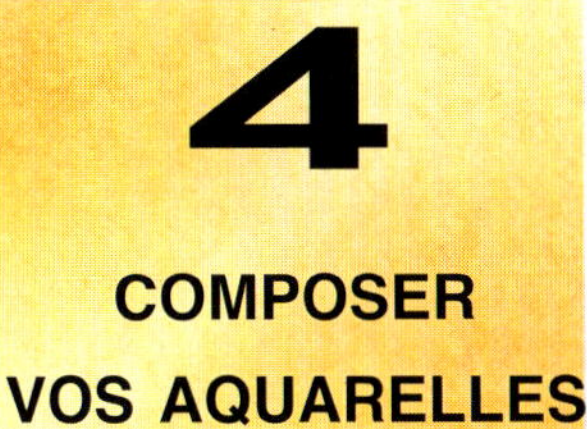

4 COMPOSER VOS AQUARELLES

Les caractéristiques de l'aquarelle

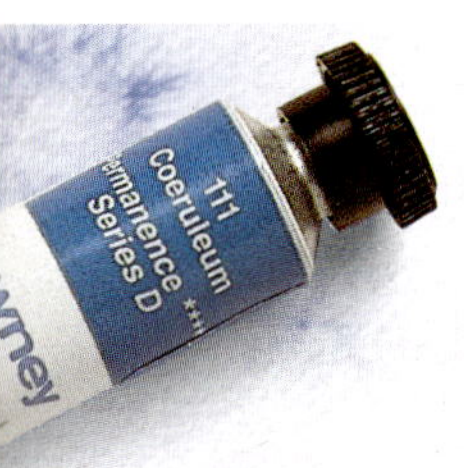

Aujourd'hui, l'aquarelle est un art à part entière, très à la mode, qui compte beaucoup d'adeptes. Autrefois, technique annexe (et mineure) et «parent pauvre» de la peinture à l'huile, elle est devenue le mode d'expression favori de nombreux artistes contemporains.

Une aquarelle réussie est un mélange irrésistible de vitalité et de fraîcheur. Les aquarellistes sont séduits par les qualités poétiques des formes et des couleurs du médium, ainsi que par ses effets inattendus. C'est avant tout pour l'artiste un moyen de liberté qui lui permet de

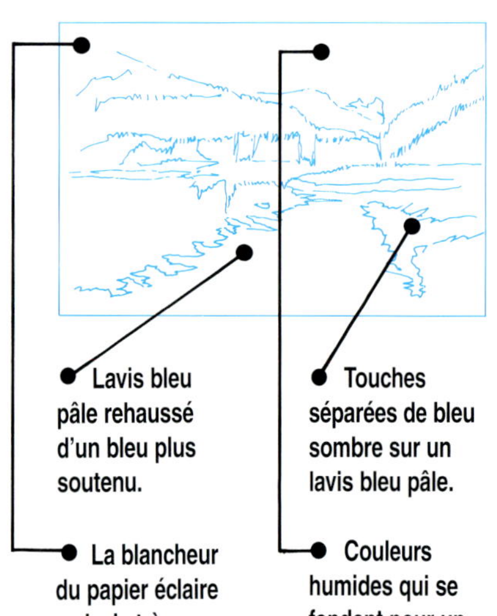

▼ ***La lagune*, Tim Pond**

Bien avant que l'aquarelle devienne populaire, de célèbres artistes qui peignaient à l'huile utilisaient déjà les qualités de ce médium pour leurs études préparatoires. Ce paysage de Tim Pond démontre que l'aquarelle est faite pour saisir des instantanés avec une grande économie de moyens : quelques lavis amples et légers, et quelques touches de pinceaux vivants.

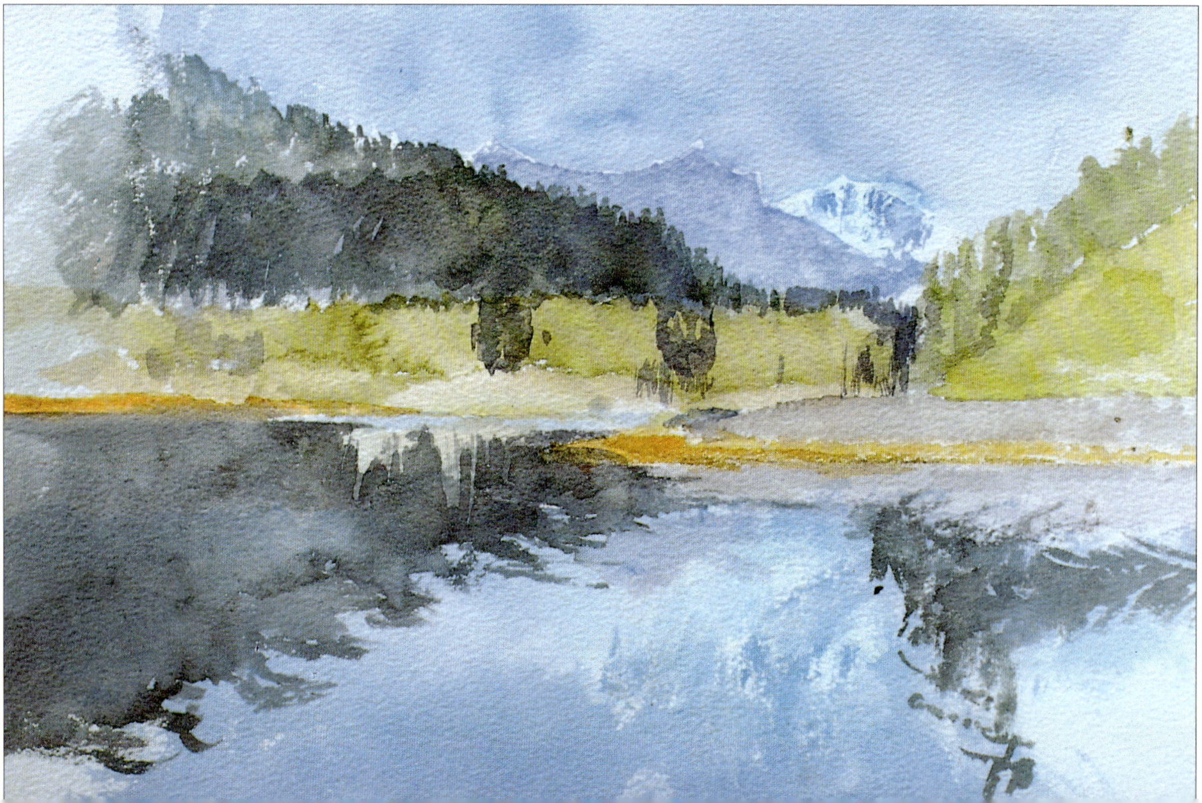

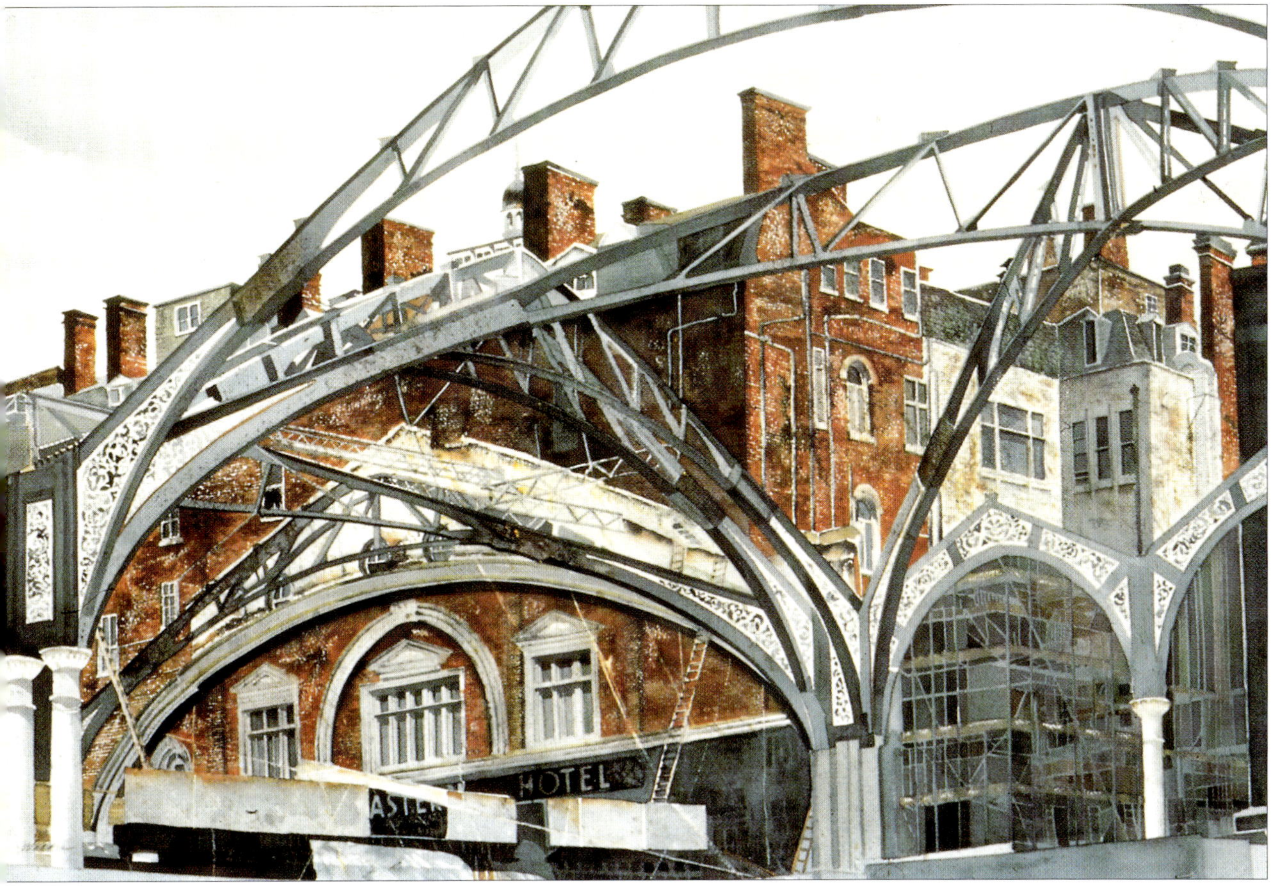

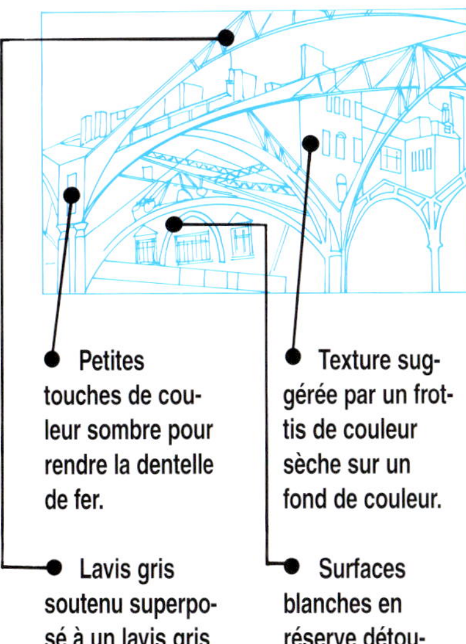

▲ ***Station rue de Liverpool*, Sandra Walker**

La qualité fort appréciable de l'aquarelle pour rendre les détails fait que beaucoup d'artistes spécialisés en botanique, en zoologie ou en architecture, ont choisi ce médium. Sandra Walker peint portes, fenêtre, pots de cheminée et de nombreux détails décoratifs sans surcharger son travail.

transposer directement des impressions d'après nature : il peut saisir la lumière ou créer une atmosphère. De plus, l'aquarelle est tout aussi appréciable pour des travaux en atelier ou à l'extérieur.

La fluidité et la transparence de l'aquarelle sont uniques, mais ces qualités sont aussi les difficultés de ce médium. La transparence ne permet pas de corriger une erreur comme une peinture opaque. Ce n'est pas une technique plus difficile que les autres mais, comme tout art, demande de la pratique et de l'assiduité. La fraîcheur et la spontanéité des belles aquarelles dépendent de la préparation, de l'habileté et de la connaissance du procédé que l'on acquiert avec le temps. L'acquisition de cette technique relève à la fois du défi et du plaisir. La maîtrise de l'aquarelle vous permettra de trouver et de développer votre style.

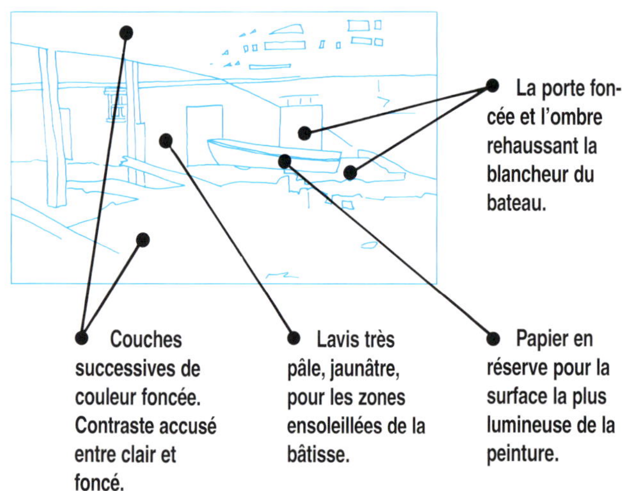

▼ ***La ferme, Much Wenlock,*** **Shropshire, Peter Jones**

Si vous demandez à un profane de qualifier l'aquarelle, il est probable qu'il ou elle vous dira «délicat» ou «pâle». Mais même si l'aquarelle est parfois subtile, elle est parfois intense. Pour accentuer l'intensité de votre aquarelle, utilisez des couleurs vives ou sombres, et toujours plus de couleur que d'eau. Ici, la couleur sombre barre presque le premier plan et semble encore plus foncée par contraste avec la bâtisse ensoleillée au second plan.

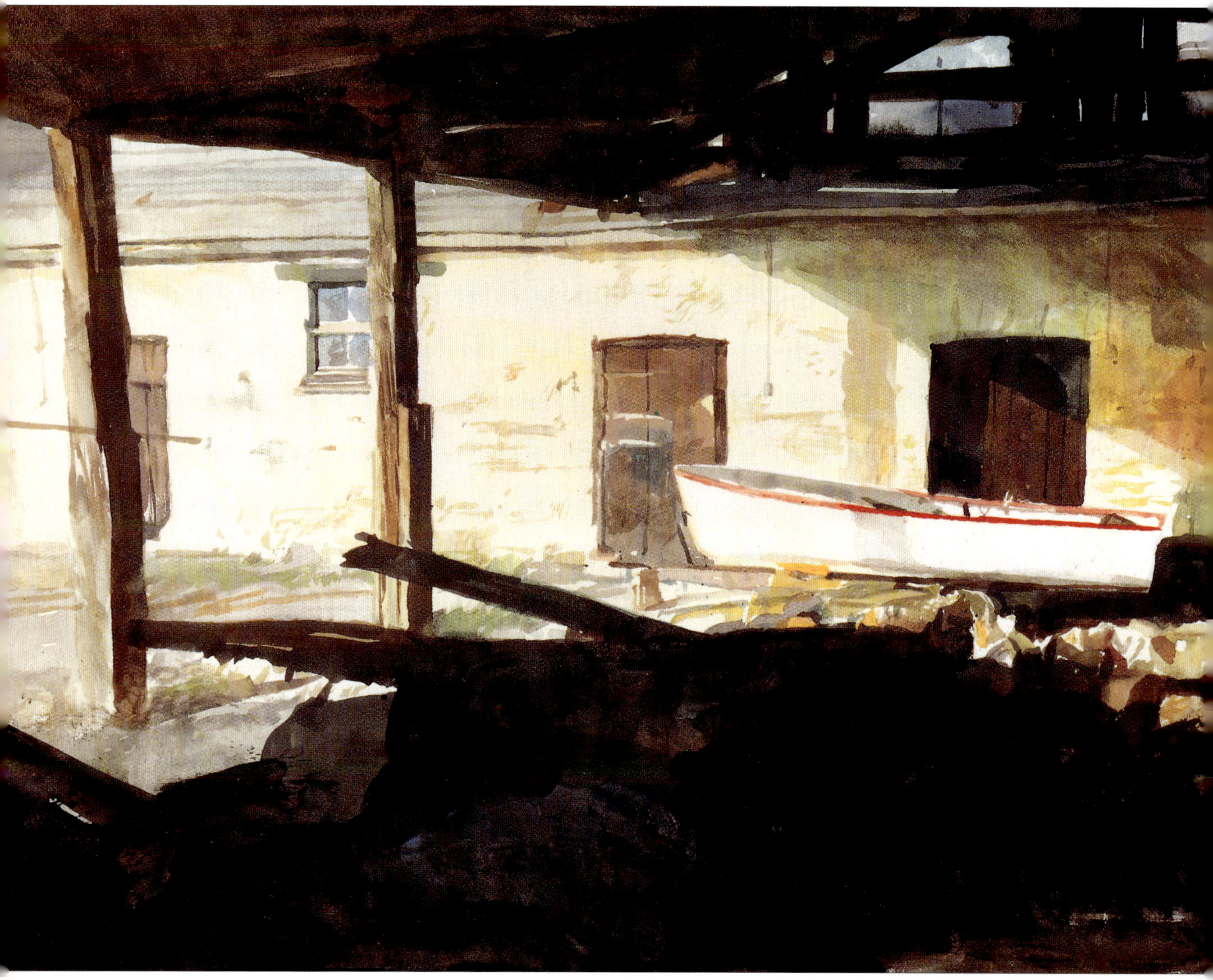

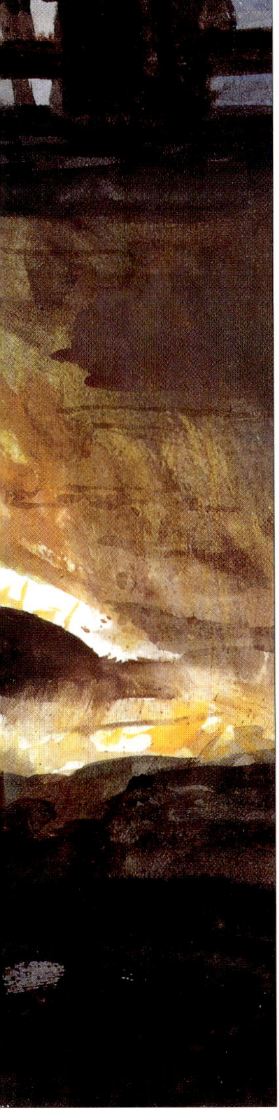

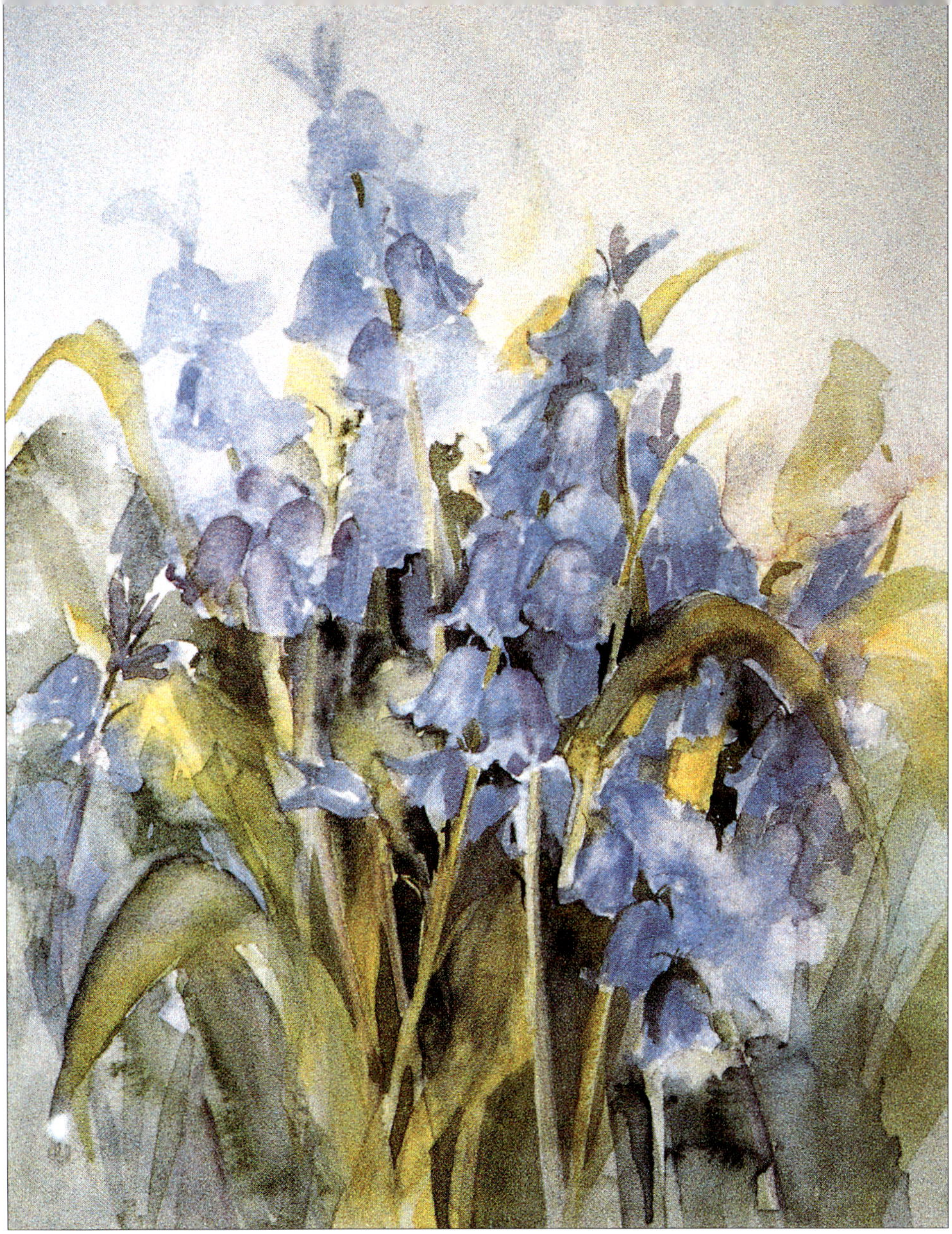

▲ *Campanules*, Elisabeth Harden

Cette peinture est délicate et sensible. L'artiste accorde sa technique au sujet, en favorisant le fondu des couleurs, pour créer un effet vaporeux. Cette technique de l'aquarelle «humide sur humide» (p. 64) est idéale pour peindre des fleurs.

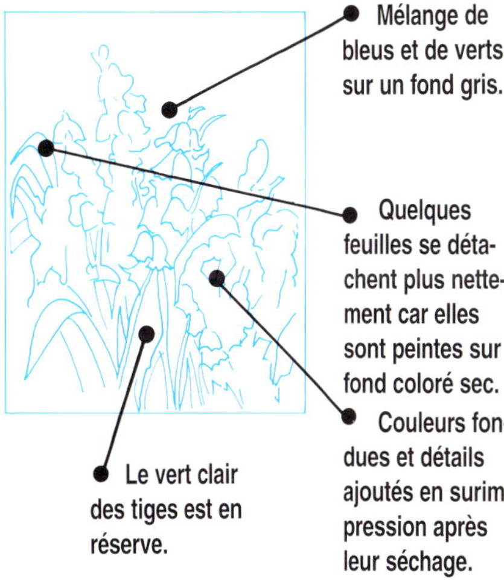

En plus, vous aurez beaucoup de plaisir tout en apprenant. Pour se familiariser avec le médium, l'important c'est de pratiquer.
C'est un réel plaisir de faire glisser le pinceau en appliquant un lavis et de regarder les couleurs se fondre, en peignant «humide sur humide». Mais connaître les caractéristiques de chaque composant de ce médium et tirer le meilleur parti de ses effets maîtrisés, ou les plus inattendus, est tout aussi passionnant.
La deuxième étape, longue, difficile et pleine d'hésitations consiste à définir ses goûts picturaux et à savoir ce que vous cherchez à exprimer à travers cet art. L'aquarelle est un mode d'expression si divers que, dès que vous saurez le maîtriser, vous vous apercevrez qu'elle permet de tout traduire. Dans un paysage d'atmosphère, vous pouvez avec un simple lavis et quelques touches de couleur transcrire instantanément vos impressions. Vous pouvez tout aussi bien peindre des effets compliqués au pinceau fin si votre intérêt se porte sur les détails. La palette de l'aquarelle est aussi variée, vous permettant de peindre des fleurs aux couleurs délicates, une nature morte aux couleurs éclatantes ou un portrait tout en nuances. Avant de développer son propre style, il faut connaître ses goûts picturaux. Tout artiste doit s'investir dans sa peinture.
Les aquarelles de ces pages illustrent la variété des choix et des styles d'artistes différents. Il n'existe pas deux approches semblables, même lorsque le sujet est identique, car chaque artiste possède sa propre façon d'appréhender le monde. Certaines de ces œuvres vous toucheront davantage et vous aideront peut-être à définir ou à affermir vos goûts. C'est en regardant les œuvres d'autres artistes que l'on apprend le plus, même si on n'en a pas toujours conscience.

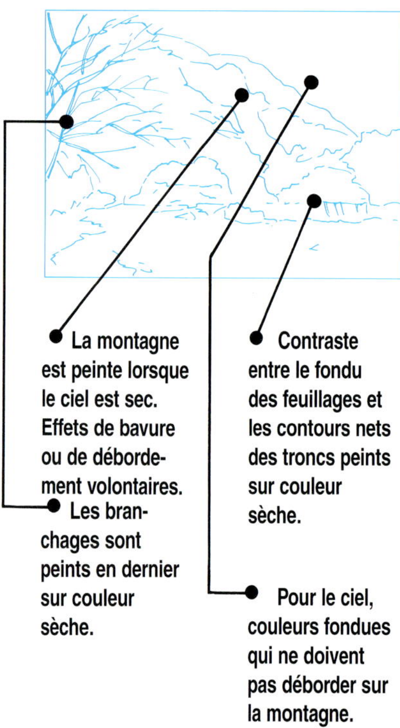

La montagne est peinte lorsque le ciel est sec. Effets de bavure ou de débordement volontaires.

Les branchages sont peints en dernier sur couleur sèche.

Contraste entre le fondu des feuillages et les contours nets des troncs peints sur couleur sèche.

Pour le ciel, couleurs fondues qui ne doivent pas déborder sur la montagne.

▼ ***Le rocher enchanté*, Shirley Felts**

Les «heureux accidents» sont un des plaisirs de l'aquarelle. Des couleurs peuvent se mélanger ou des taches apparaître, et loin de gâcher le dessin, elles l'embellissent. Lorsque vous connaissez la cause des «accidents», vous pouvez décider de les éviter ou de les exploiter dans un prochain travail. Ici, le peintre laisse les couleurs déborder les unes sur les autres et encourage ces bavures (p. 86). Cela crée une atmosphère particulière et une grande impression de spontanéité.

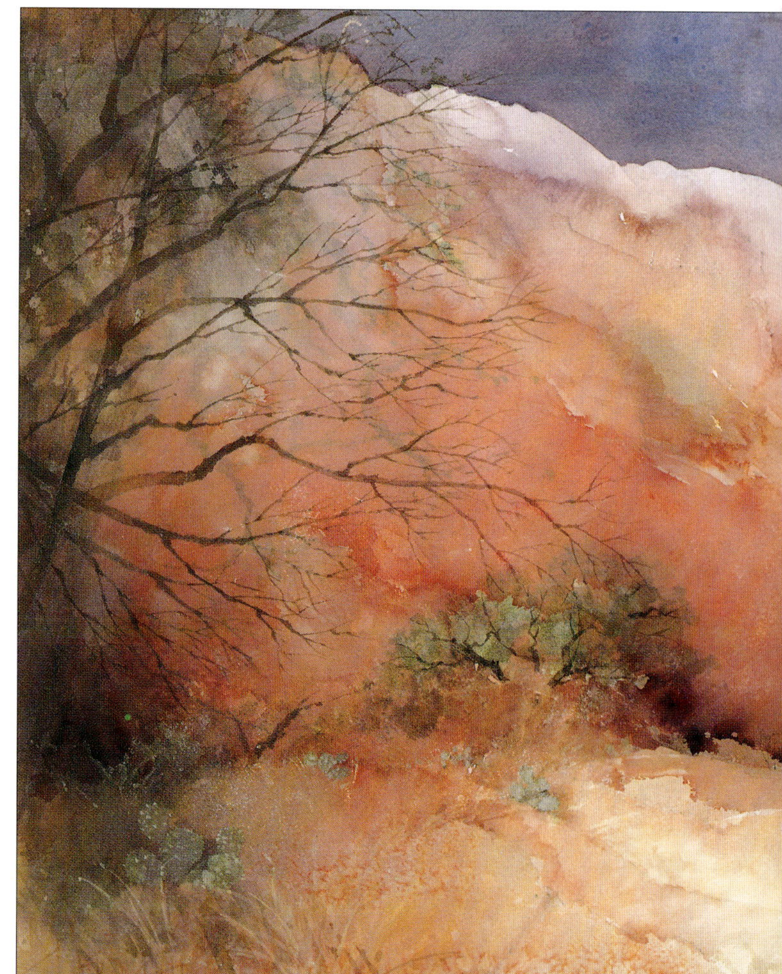

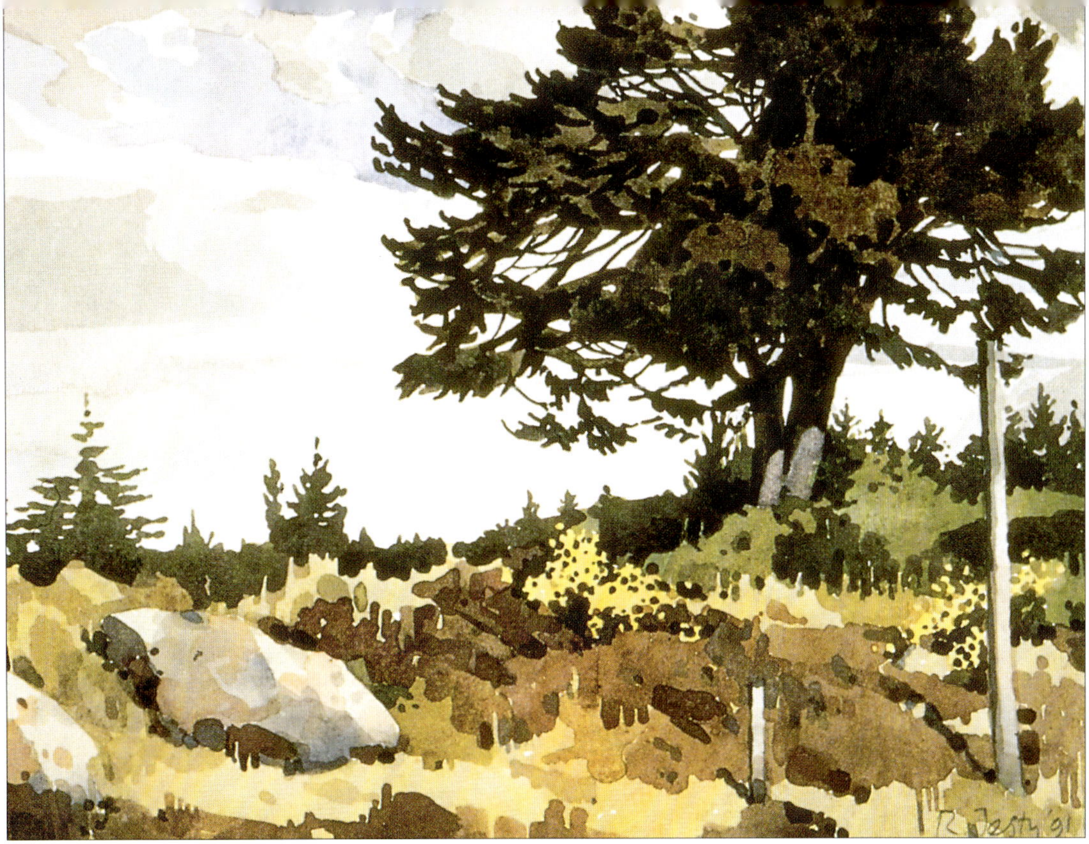

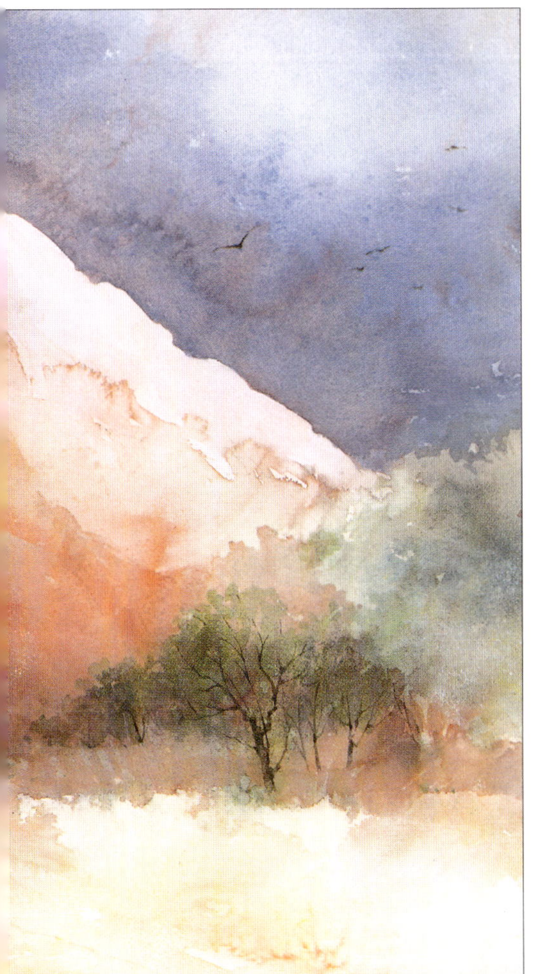

▲ ***Le pin*, Ronald Jesty**

Ces deux peintures très différentes par le style ont un thème commun. Les artistes maîtrisent parfaitement l'aquarelle, mais ils n'ont pas la même vision ni la même sensiblité face à la nature. Jesty aime une lumière qui dessine des contours nets et des formes solides. Il superpose ses lavis en travaillant «humide sur sec».

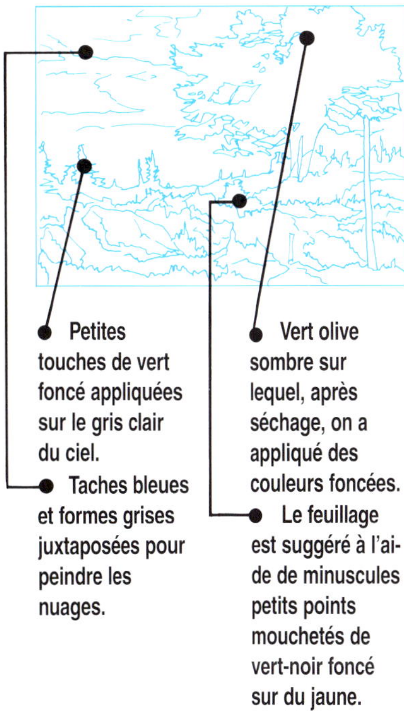

Bleu clair appliqué au gros pinceau. Surface de papier réservée pour évoquer les nuages.

Le même bleu sur différentes parties de la maison, appliqué sur un fond brun de tendance jaune clair.

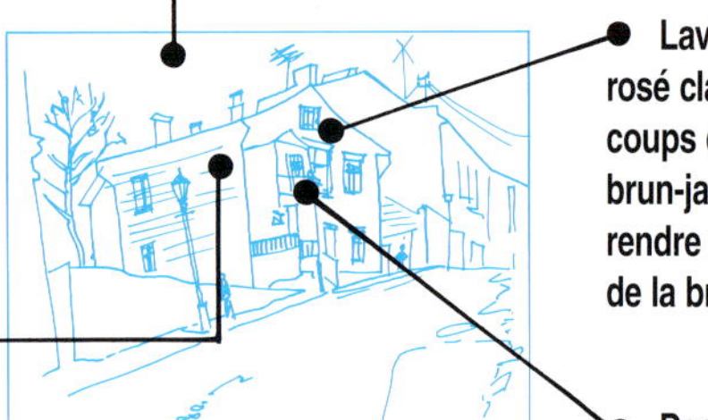

Lavis brun rosé clair et coups de pinceau brun-jaune pour rendre la texture de la brique.

Dessin libre et rapide, avec un stylo à fine plume et de l'encre noire sur de la peinture sèche.

▼ *Rue à Kiev*, Ray Evans

On peut comparer cette rue avec la *Station rue de Liverpool* (p. 9), le sujet est identique mais le style est différent. Walker n'a utilisé que l'aquarelle pour rendre les nombreux détails de l'architecture. Au contraire, Ray Evans a utilisé peu de couleur et des lavis très légers travaillés au stylo à plume. L'écriture est fine et dynamique, et le dessin au lavis (p. 84) s'adapte bien au sujet d'architecture. Vous pouvez ainsi garder une couleur fraîche et poursuivre au crayon ou à la plume.

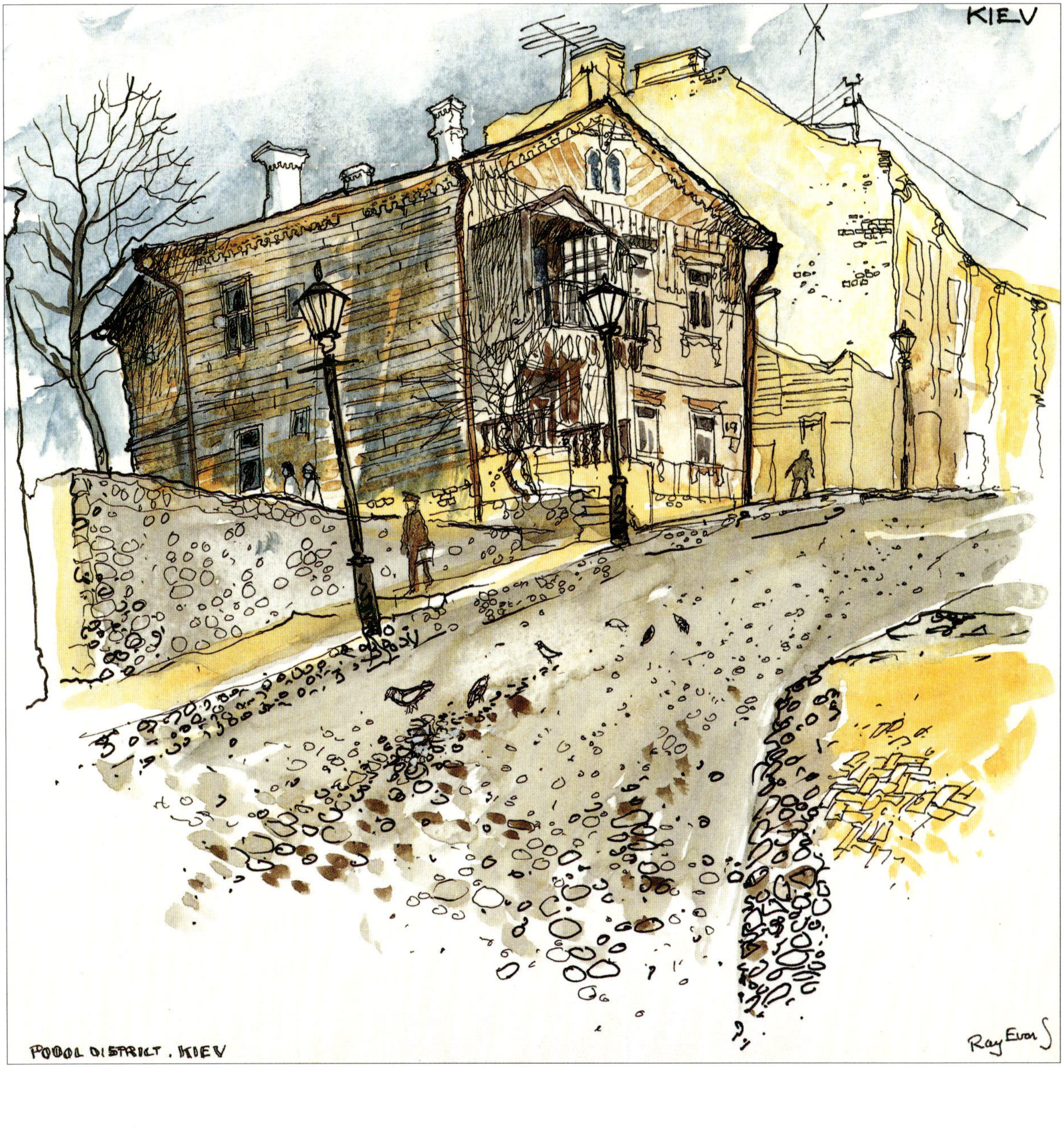

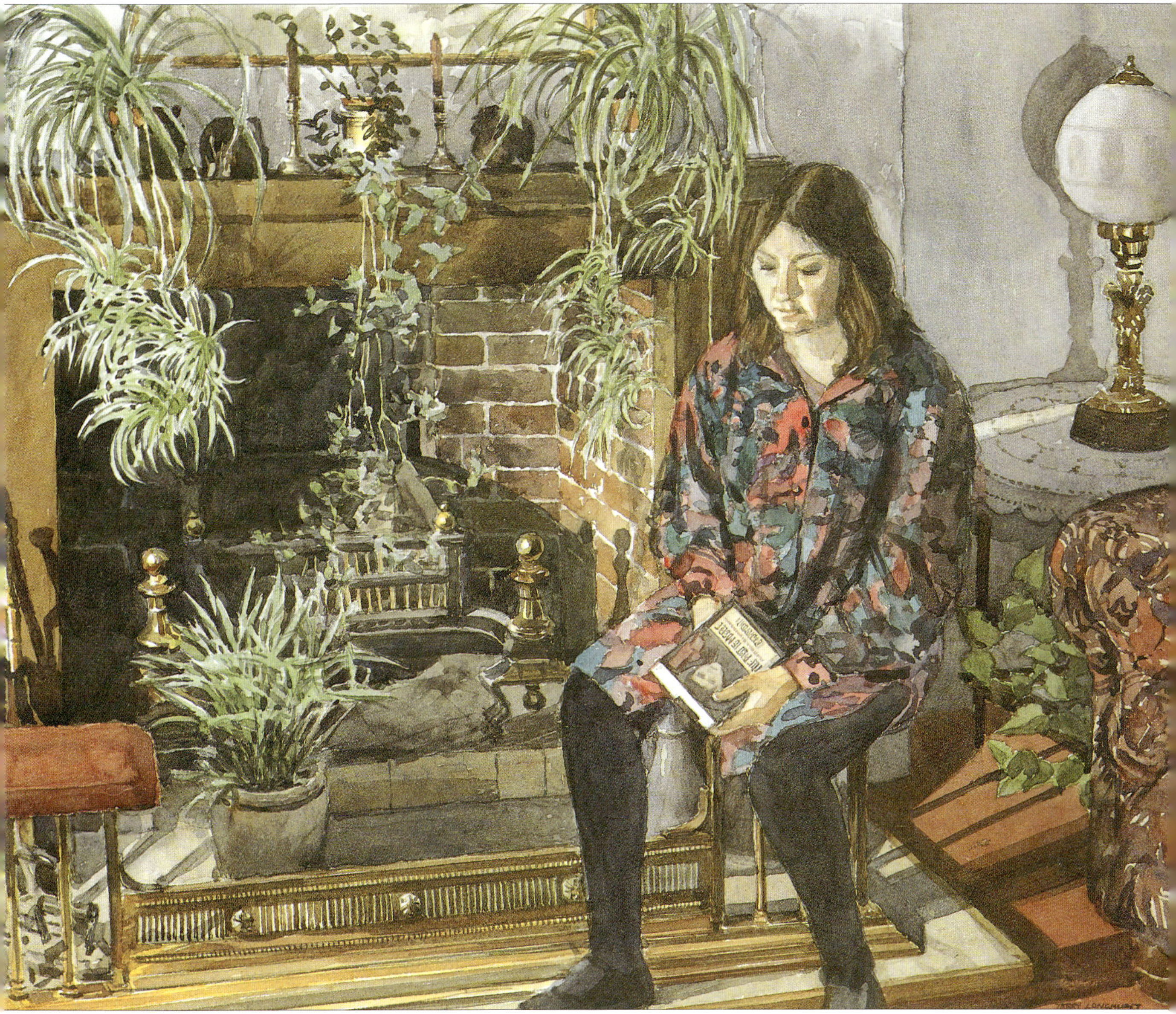

▲ *Dee pensive*, Terry Longhurst

En matière d'aquarelle, les sujets d'inspiration sont aussi nombreux et variés que les styles et les techniques. On choisit ce médium le plus souvent pour peindre des paysages et des fleurs. Mais, comme ici, l'aquarelle est aussi expressive pour peindre des portraits et des personnages. L'artiste a exécuté beaucoup de portraits de commande, mais le plus souvent pour son plaisir.

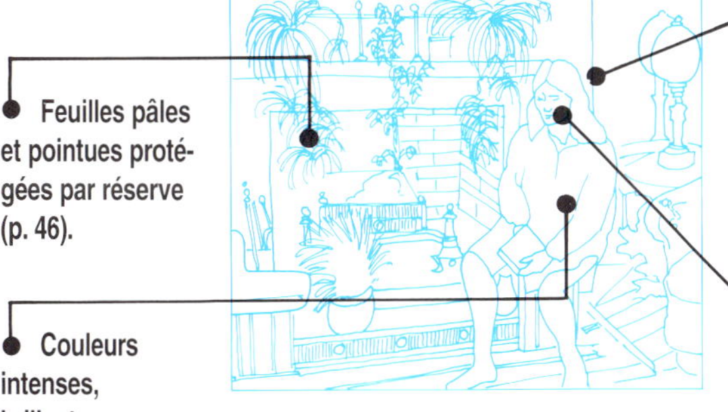

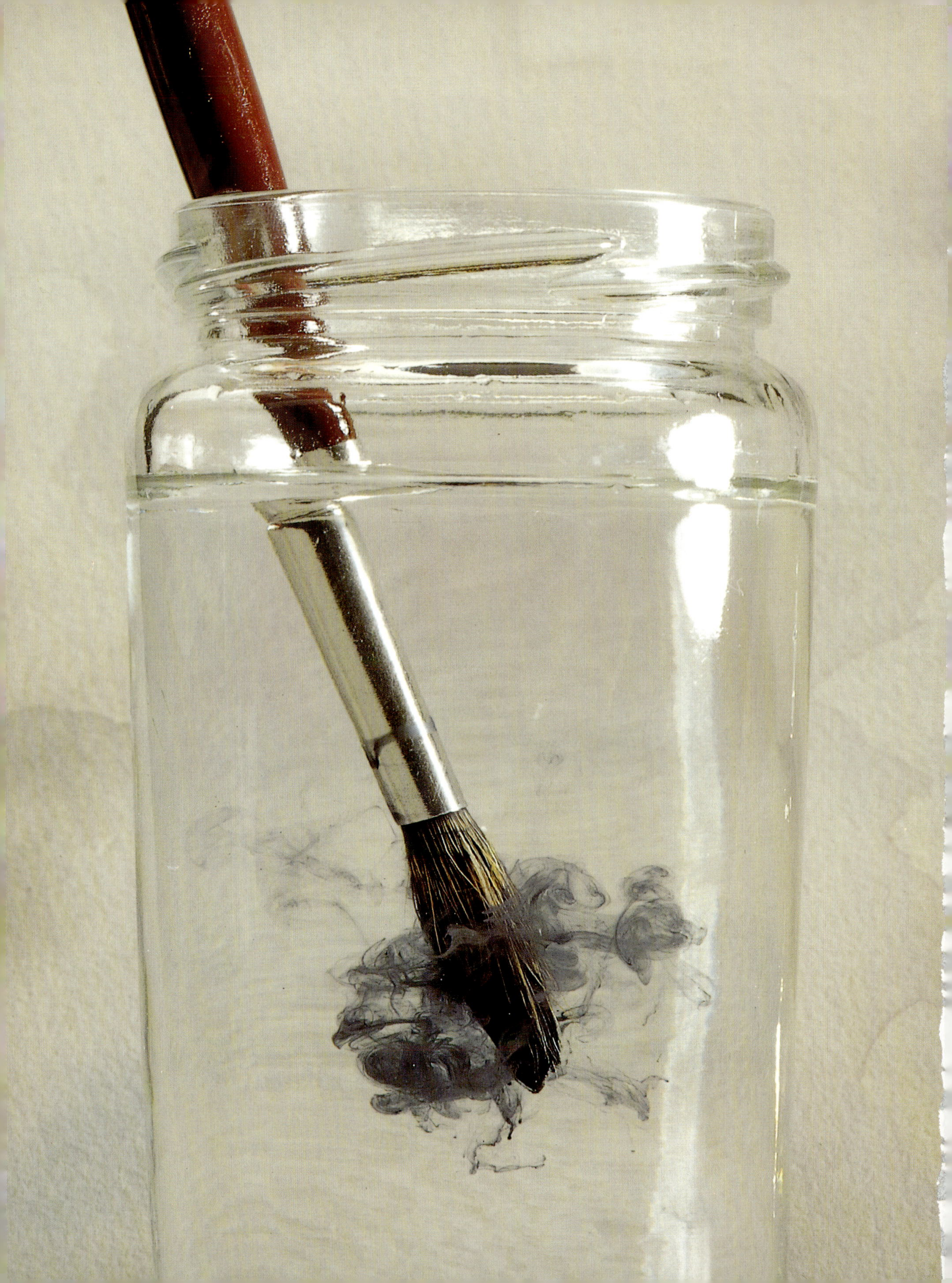

1

AVANT DE COMMENCER

AVANT DE COMMENCER

Les peintures et les pinceaux

Pour commencer, vous n'aurez besoin que d'un petit assortiment de couleurs. La palette page 23 contient dix couleurs, ce qui est suffisant pour l'aquarelle. Certains artistes n'en utilisent que cinq ou six. Il faut d'abord faire un choix entre les pains et les tubes. Les deux ont des avantages. Les pains sont plus faciles à transporter car il suffit de les encastrer dans la boîte. Les tubes doivent être transportés séparément mais permettent d'utiliser juste la quantité nécessaire de couleur. Néanmoins, il est préférable d'utiliser les tubes pour diluer d'importantes quantités de couleur pour faire un lavis (p. 28).

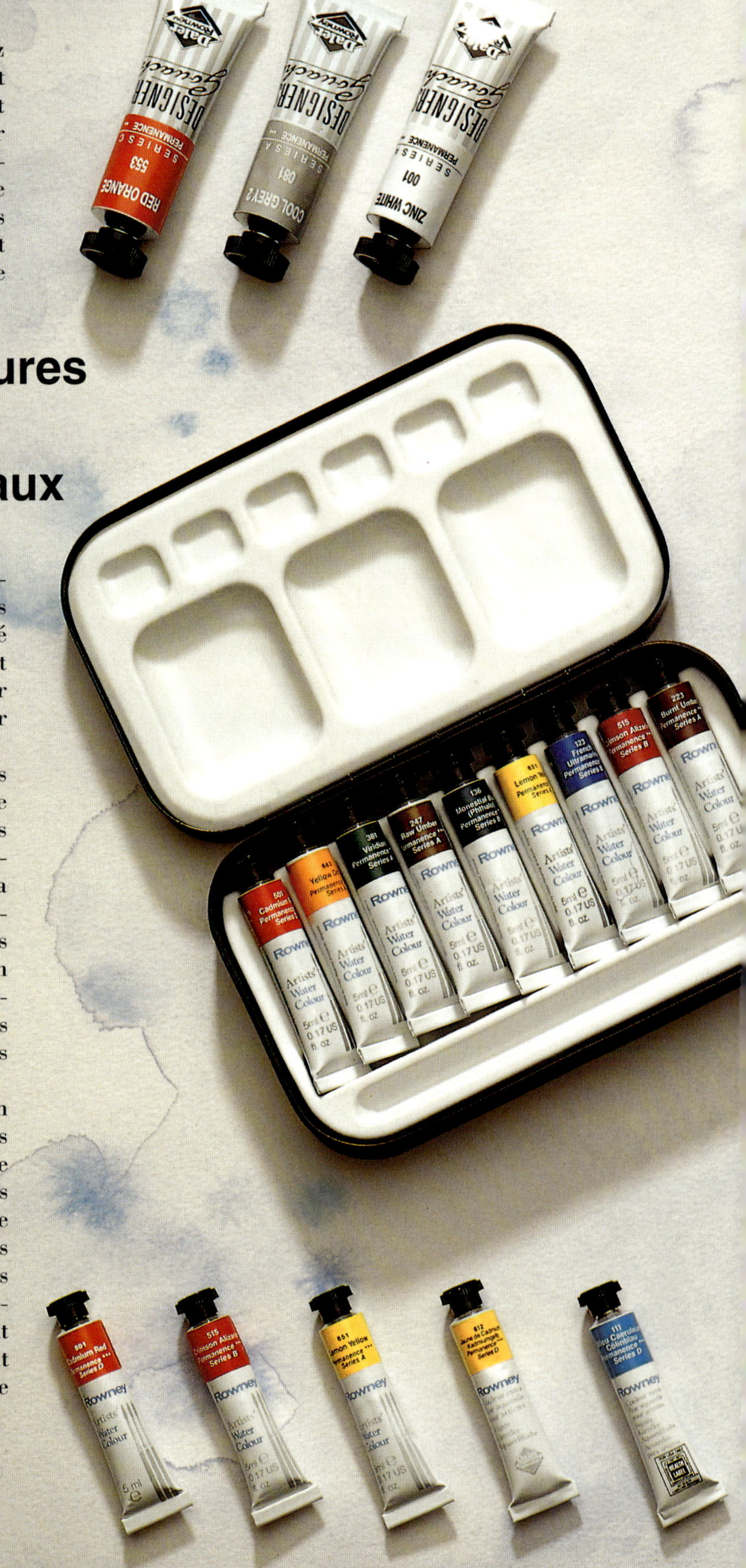

Que vous choisissiez des tubes ou des pains, sachez qu'il faut toujours prendre la meilleure qualité. Ne vous laissez pas tenter par des produits bon marché destinés aux étudiants et aux amateurs. La qualité peut être inférieure et vous n'obtiendrez pas les couleurs intenses des vraies aquarelles. Un tube ou un pain dure longtemps, vous pouvez donc considérer votre achat comme définitif. Il vous arrivera de remplacer une couleur, mais jamais l'ensemble.

Vous n'avez pas non plus besoin d'un grand assortiment de pinceaux, et dans ce cas, vous pouvez économiser en ne choisissant pas la meilleure qualité. Les plus chers sont les pinceaux en poils de martre kolinski. Les pinceaux en poils d'écureuil et poils de bœuf sont moins chers, tout comme les mélanges martre-synthétique. Les plus économiques sont les pinceaux synthétiques qui n'auront bien sûr jamais la souplesse de la martre mais feront l'affaire des débutants.

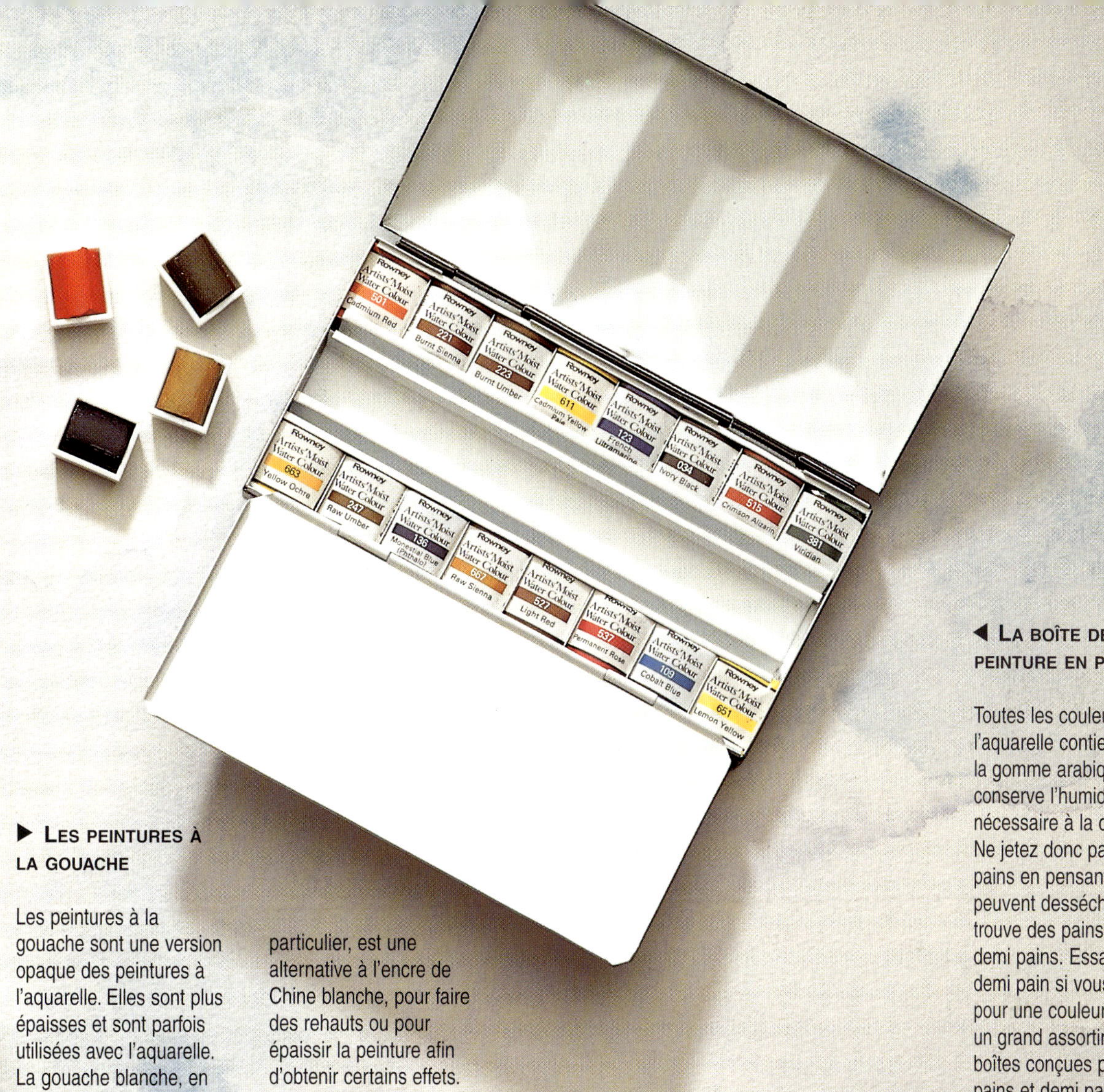

▶ Les peintures à la gouache

Les peintures à la gouache sont une version opaque des peintures à l'aquarelle. Elles sont plus épaisses et sont parfois utilisées avec l'aquarelle. La gouache blanche, en particulier, est une alternative à l'encre de Chine blanche, pour faire des rehauts ou pour épaissir la peinture afin d'obtenir certains effets.

◀ La boîte de peinture en pains

Toutes les couleurs à l'aquarelle contiennent de la gomme arabique qui conserve l'humidité nécessaire à la couleur. Ne jetez donc pas les pains en pensant qu'ils peuvent dessécher. On trouve des pains ou des demi pains. Essayez le demi pain si vous hésitez pour une couleur. Il existe un grand assortiment de boîtes conçues pour les pains et demi pains, que l'on peut retirer et remplacer.

◀ La boîte de peinture en tubes

Le choix de la boîte de peinture mérite réflexion. Evitez les boîtes toutes faites avec une sélection de couleurs imposées. D'abord, vous ne saurez pas si la peinture est de bonne qualité, et, de surcroît, certaines couleurs ne vous serviront pas. Il est préférable d'acheter une boîte vide et de la garnir à votre gré avec des tubes, des pains ou des demi pains. La boîte présentée ici est conçue avec des compartiments qui maintiennent les tubes en place.

◀ Les tubes de peinture

Les tubes d'aquarelle sont généralement assez petits. Certains fabriquants en proposent des plus grands, qui ne vous seront pas toujours nécessaires, car un tube normal dure assez longtemps. Les tubes de bonne qualité peuvent être conservés indéfiniment, à condition de bien refermer le bouchon après usage. Si vous préférez les tubes aux pains, vous n'avez pas obligatoirement besoin d'une boîte. Vous pouvez utiliser l'une des palettes que l'on trouve page 20.

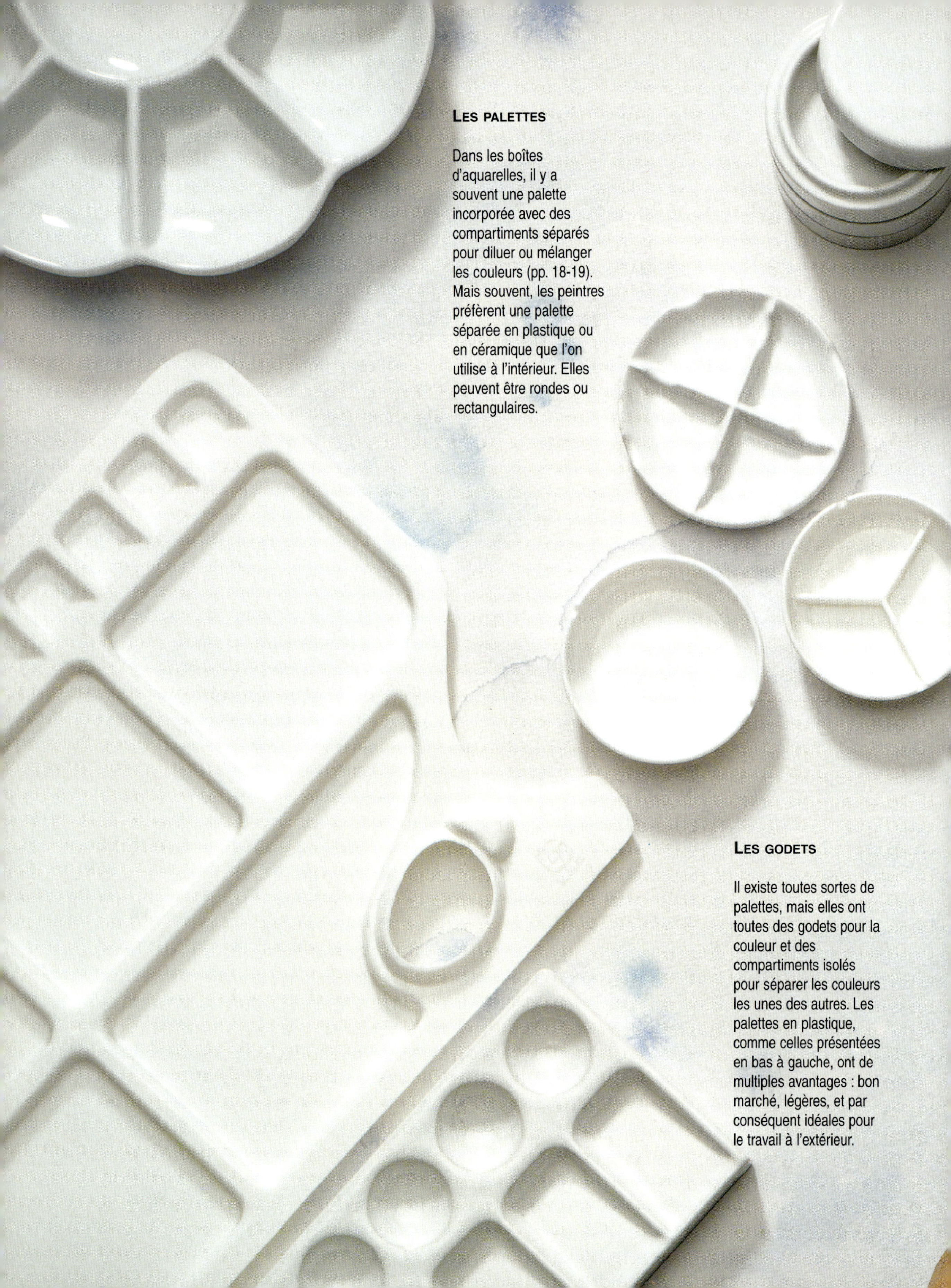

Les palettes

Dans les boîtes d'aquarelles, il y a souvent une palette incorporée avec des compartiments séparés pour diluer ou mélanger les couleurs (pp. 18-19). Mais souvent, les peintres préfèrent une palette séparée en plastique ou en céramique que l'on utilise à l'intérieur. Elles peuvent être rondes ou rectangulaires.

Les godets

Il existe toutes sortes de palettes, mais elles ont toutes des godets pour la couleur et des compartiments isolés pour séparer les couleurs les unes des autres. Les palettes en plastique, comme celles présentées en bas à gauche, ont de multiples avantages : bon marché, légères, et par conséquent idéales pour le travail à l'extérieur.

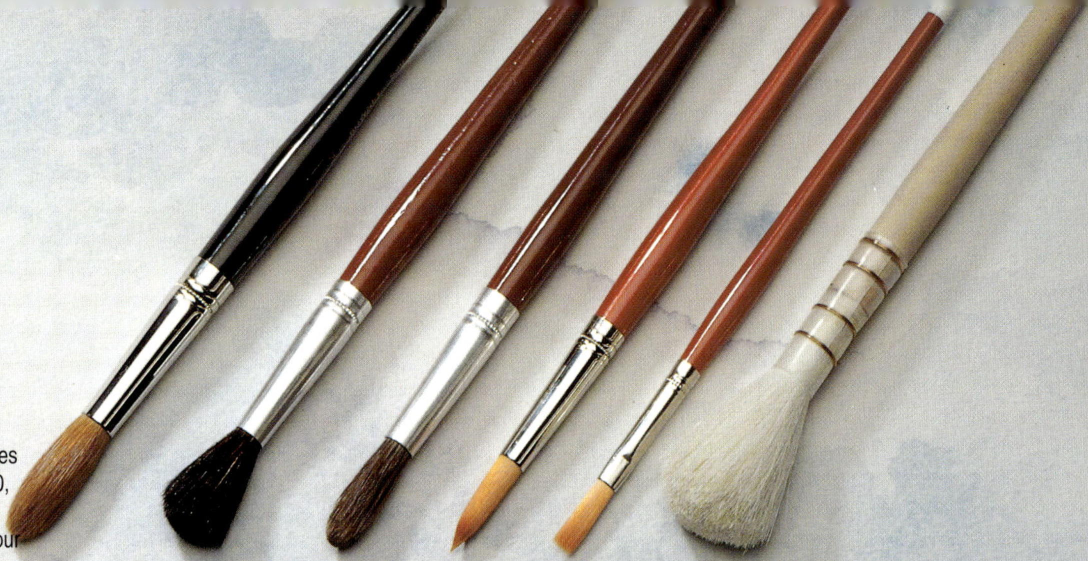

▶ Les pinceaux

Il y a trois formes principales de pinceaux, les ronds plus ou moins pointus, les plats et les brosses. Ils ont différentes tailles numérotées de 00, 0, 1 jusqu'à 14 pour les martres et davantage pour d'autres qualités. 00 pour les plus petits et jusqu'à 24 pour les plus gros. Ici, de gauche à droite, vous avez : une martre kolinski ronde n°14, une brosse en poils mélangés n°12, un poil de bœuf rond n°12, un synthétique rond n°11, un synthétique plat et une brosse en poils de chèvre n°6.

L'entretien des pinceaux

Vous abîmerez irrémédiablement vos pinceaux si vous les laissez reposer sur leur touffe dans un verre d'eau. Conservez les pinceaux dans un pot, les poils vers le haut, ou rangez-les dans des étuis cylindriques. Ces derniers sont utiles pour les transporter à condition de les maintenir bien droits pour que l'extrémité des pinceaux ne plie pas. Assurez-vous que les pinceaux soient secs avant de les ranger dans l'étui, pour éviter qu'ils moisissent.

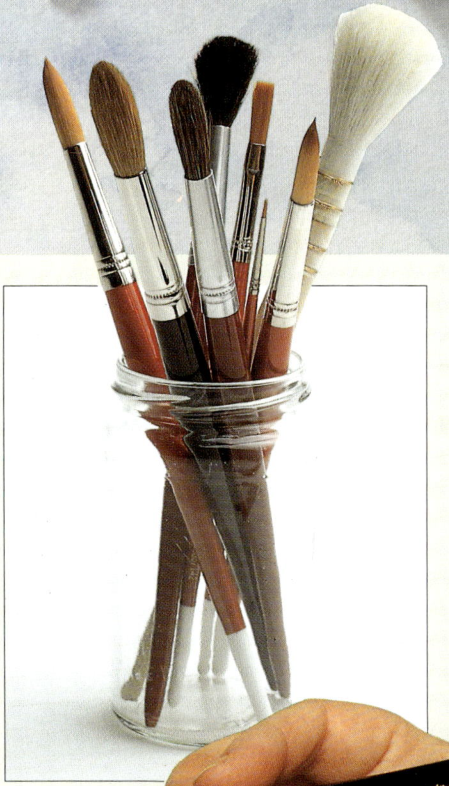

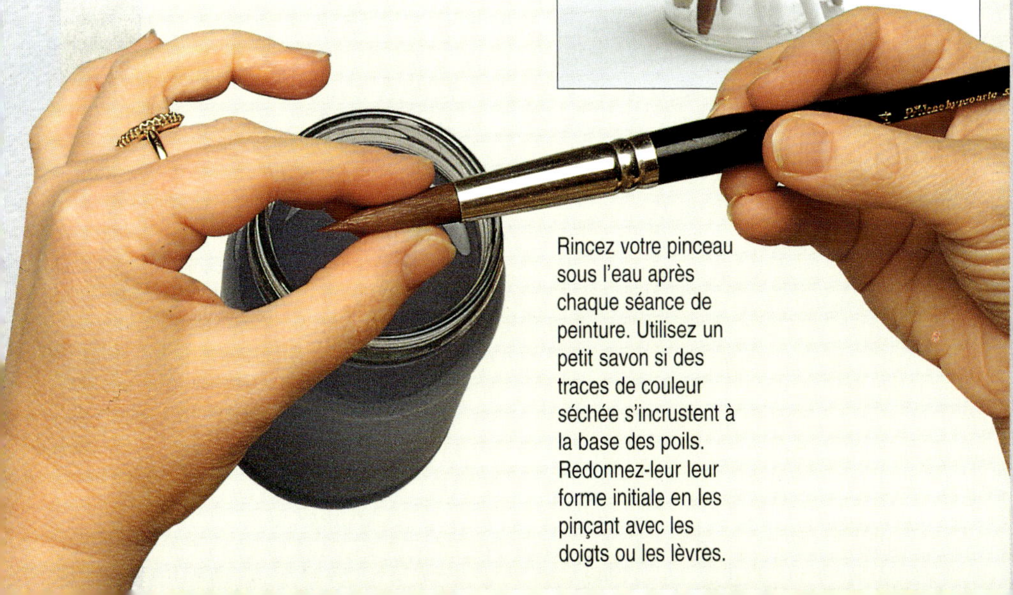

Rincez votre pinceau sous l'eau après chaque séance de peinture. Utilisez un petit savon si des traces de couleur séchée s'incrustent à la base des poils. Redonnez-leur leur forme initiale en les pinçant avec les doigts ou les lèvres.

▼ Les éponges et les cotons-tiges

Une petite éponge naturelle est un ustensile extrêmement pratique. Il peut être utilisé pour appliquer la couleur, faire des retouches et nettoyer. Le coton a les mêmes usages. Les cotons-tiges très fins permettent de faire des reflets (p 46).

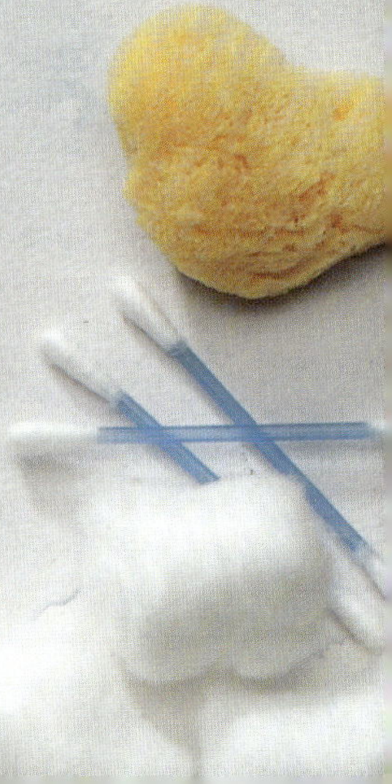

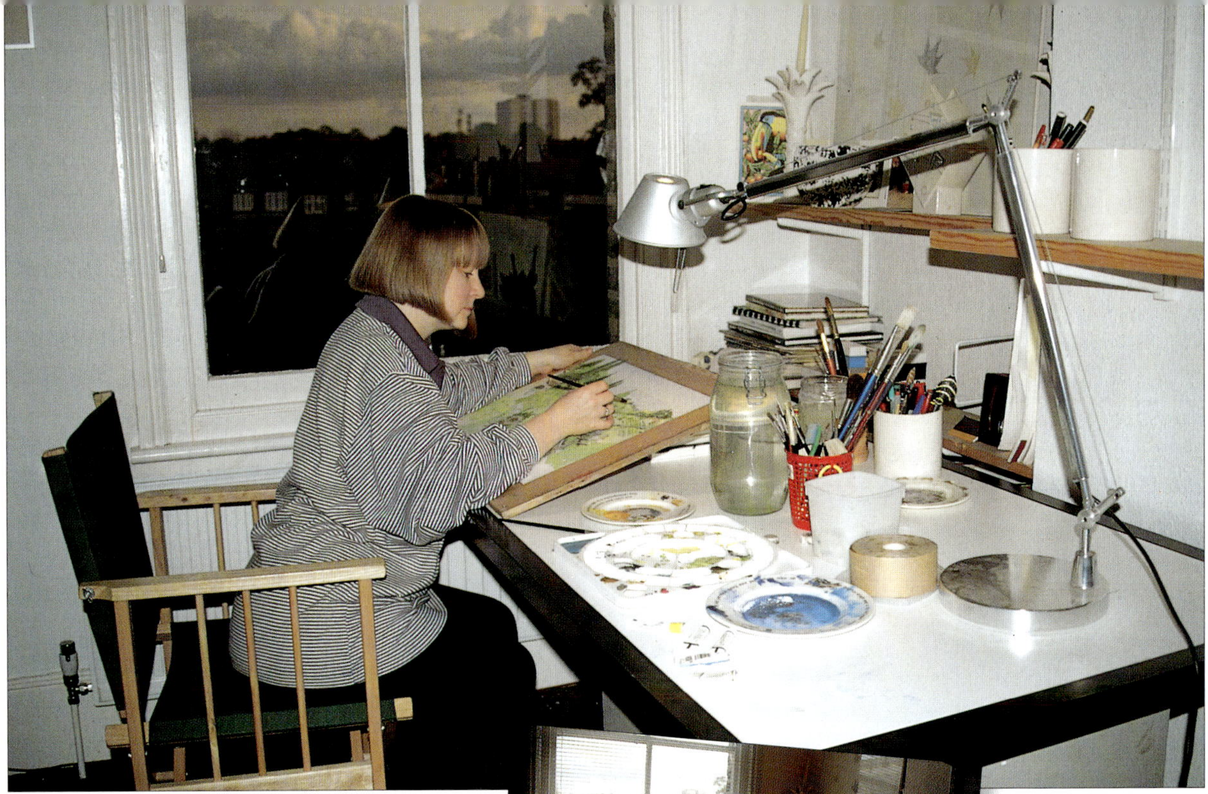

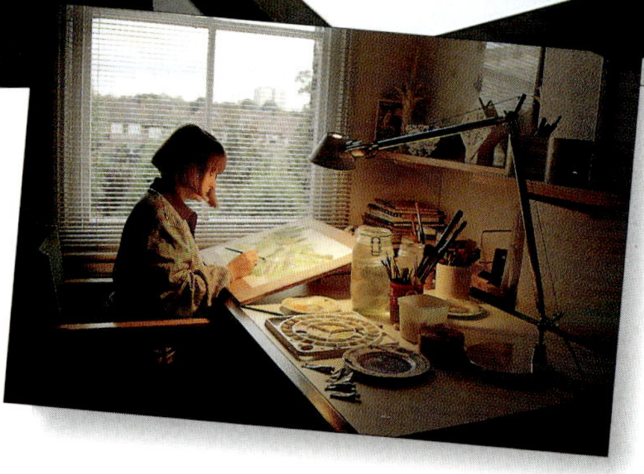

▲ Eclairage de l'atelier

Le jour venant de la fenêtre donne une bonne lumière. L'éclairage doit être à gauche du plan de travail pour que la main droite ne projette pas d'ombre gênante. Il faut orienter la lampe pour éviter les ombres. Certaines lampes ont des ampoules spéciales qui donnent une lumière proche de la lumière naturelle.

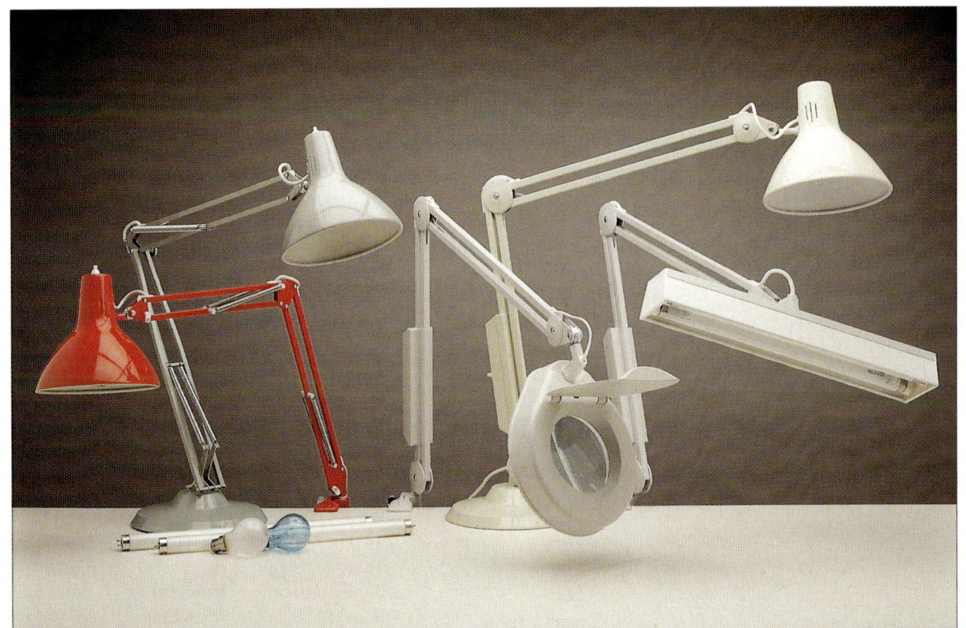

◀ Les lampes

Les éclairages de travail ne font pas nécessairement partie de votre «kit de débutant», mais vous aurez besoin d'une lumière adéquate si vous avez l'intention de travailler le soir. La plupart de ces lampes sont disponibles chez les fournisseurs de matériel graphique. Les ampoules qui simulent la lumière du jour (de couleur bleue) sont vraiment utiles, car on peut les utiliser comme lampe ou simplement comme éclairage au-dessus de la tête.

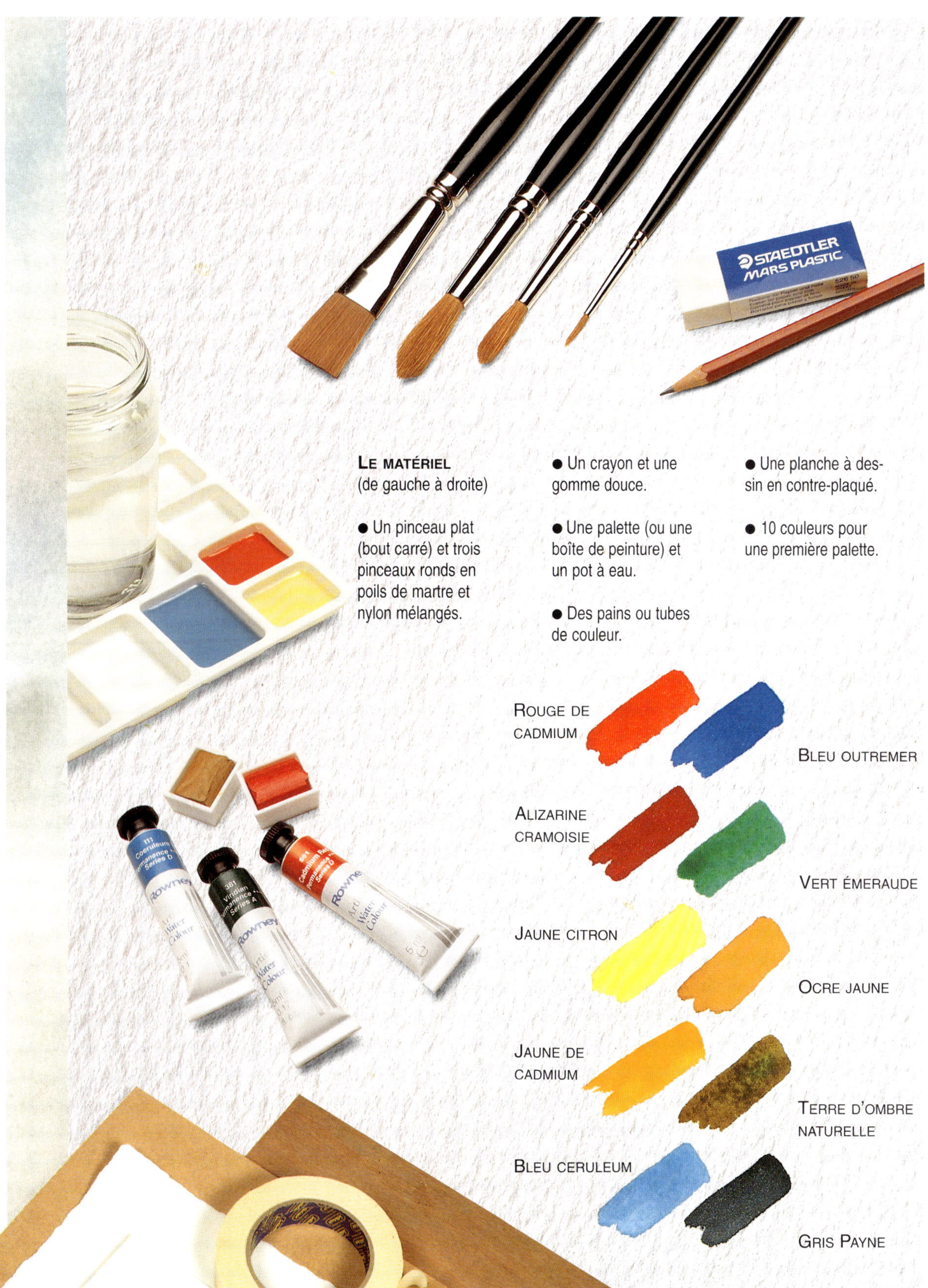

LE MATÉRIEL
(de gauche à droite)

- Un pinceau plat (bout carré) et trois pinceaux ronds en poils de martre et nylon mélangés.
- Un crayon et une gomme douce.
- Une palette (ou une boîte de peinture) et un pot à eau.
- Des pains ou tubes de couleur.
- Une planche à dessin en contre-plaqué.
- 10 couleurs pour une première palette.

ROUGE DE CADMIUM

BLEU OUTREMER

ALIZARINE CRAMOISIE

VERT ÉMERAUDE

JAUNE CITRON

OCRE JAUNE

JAUNE DE CADMIUM

TERRE D'OMBRE NATURELLE

BLEU CERULEUM

GRIS PAYNE

Les aquarelles sont le plus souvent peintes sur du papier blanc. C'est le jeu des lavis de couleurs transparentes et de la blancheur du papier qui donne à cette peinture sa brillance et son éclat si caractéristiques. Les meilleurs papiers à base de chiffon sont fabriqués à la main («papiers cuves»). Ils sont onéreux et par conséquent ne sont pas recommandés aux débutants.

AVANT DE COMMENCER

Le papier

On trouve dans le commerce également de bons papiers faits à la machine. On peut distinguer trois types de papier qui correspondent à trois textures différentes : le papier à grain fin pressé à chaud, le papier à grain moyen ou demi-rugueux pressé à froid et le papier à gros grain ou rugueux. Une autre différence apparaît dans l'épaisseur du papier. Ceci est important car vous pourrez ainsi savoir si vous devez ou non tendre le papier. L'unité de mesure du papier est la *rame*. La rame est constituée de 500 feuilles, quelles que soient les dimensions de celles-ci. Le poids de la rame et sa conversion en grammes par mètre carré déterminent l'épaisseur du papier. Au-dessus de 280 g., le papier ne se gondole pas sous l'effet de l'humidité, alors que si vous travaillez sur un papier d'environ 200 g., il est nécessaire de le tendre.

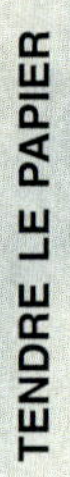

TENDRE LE PAPIER

Les papiers peu épais gondolent et se déforment lorsque l'on applique l'aquarelle humide. Il vaut mieux tendre le papier pour deux raisons. Vous pouvez ainsi utiliser des papiers de moindre grammage qui sont les moins onéreux et tendre le papier est une sécurité indispensable pour votre peinture. Le procédé est simple. Mouillez votre papier sous le robinet pendant 1 mn ou davantage. Appliquez le papier mouillé sur la planche et tirez le légèrement pour qu'il se détende, puis fixez chaque côté avec du ruban adhésif. Laissez sécher plusieurs heures à l'horizontal.

1 On tire des lignes à 2 cm du bord du papier pour disposer correctement la bande adhésive.
2 Ici, on immerge la feuille de papier dans une cuvette d'eau claire, en retournant la feuille pour bien mouiller le papier. On peut faire la même chose sous le robinet.
3 On passe légèrement une éponge humide sur le papier pour aider à sa dilatation.
4 On coupe les bandes adhésives aux dimensions de la feuille et on l'humidifie.
5 On applique les bandes adhésives en les aplatissant au fur et à mesure avec la main. Laissez sécher votre papier à l'horizontal.

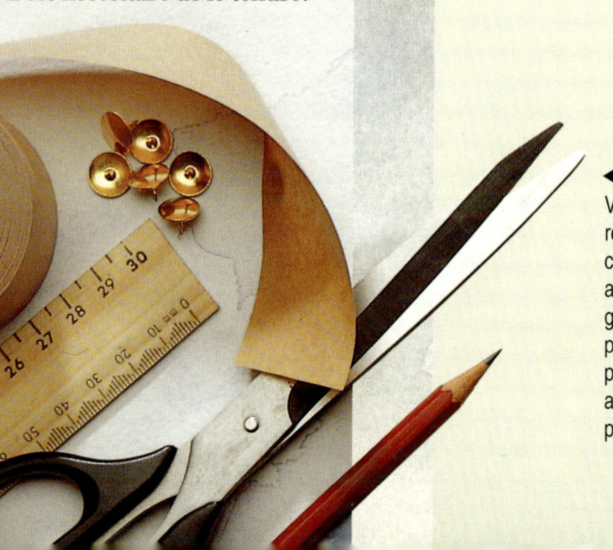

◀ **Le matériel**
Vous avez besoin d'une règle, d'un crayon, de ciseaux, d'un ruban adhésif et d'une éponge. Certains peintres préfèrent fixer une punaise à chaque angle après tension du papier.

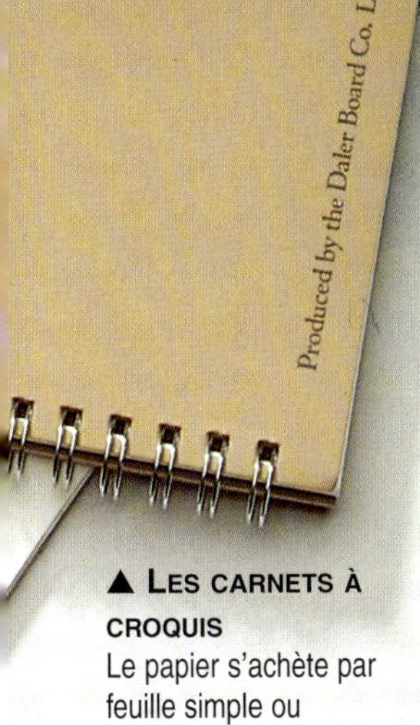

▲ **Les carnets à croquis**

Le papier s'achète par feuille simple ou conditionnée sous forme de carnets à croquis, disponibles dans différents formats. Ils comportent en général 12 à 25 feuilles.

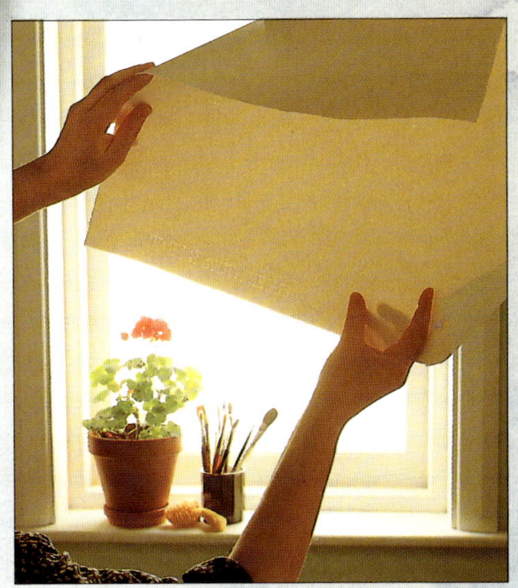

◀ **Les filigranes**

Tous les papiers ne portent pas la marque d'eau ou filigrane que l'on voit en regardant le papier par transparence. Il y a un envers et un endroit marqué par le filigrane.

▶ **La feuille de papier**

De haut en bas :
1 Feuille encollée sur carton.
2 Papier pressé à froid.
3 Papier à gros grain.
4 Papier pressé à chaud.
5 et **6** Papiers faits main.

Le papier encollé est cher mais pratique.
Le papier pressé à froid, le plus utilisé, d'un grain moyen ne pose pas de problème d'utilisation particulier. Il retient bien la couleur et permet de travailler facilement.
Le papier à gros grain, très rugueux, retient et accumule l'aquarelle liquide dans ses creux.
Le papier pressé à chaud a un grain fin et est idéal pour le dessin au lavis (p. 84). Il donne des couleurs très lumineuses et la peinture glisse et s'étale très facilement. Les papiers faits à la main portent la marque de leur fabricant. Ils sont de grande qualité et offre des textures différentes. Leurs bords sont irrégulièrement finis et présentent des barbes, comme ici.

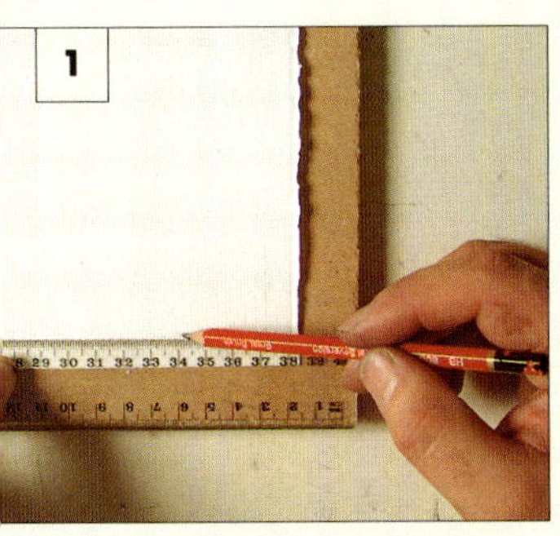

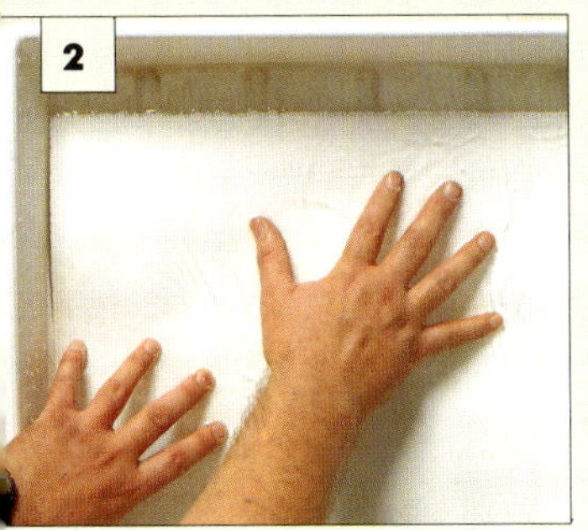

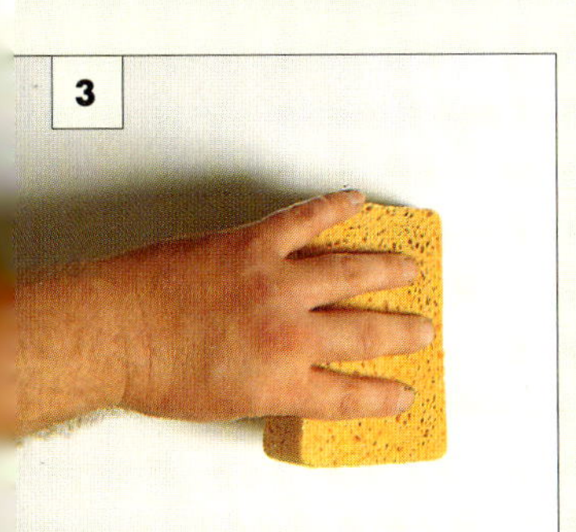

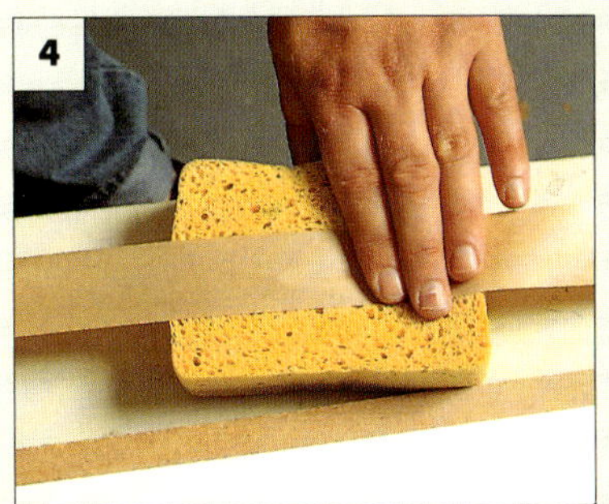

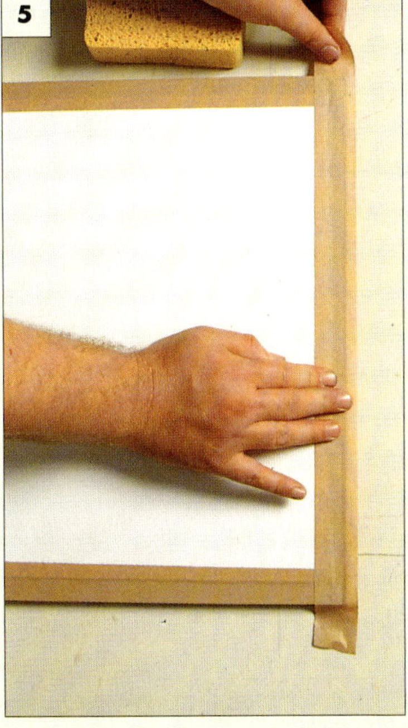

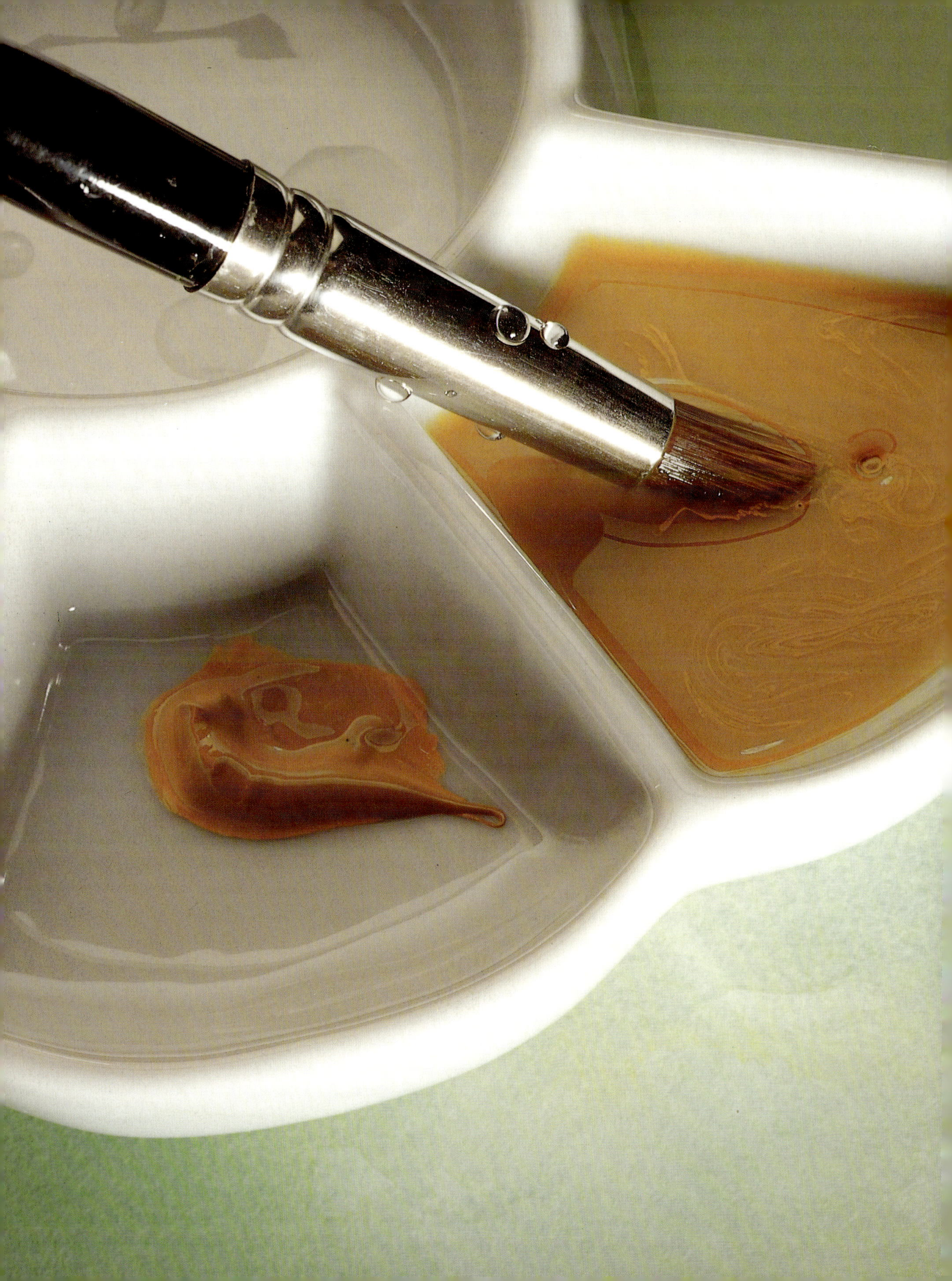

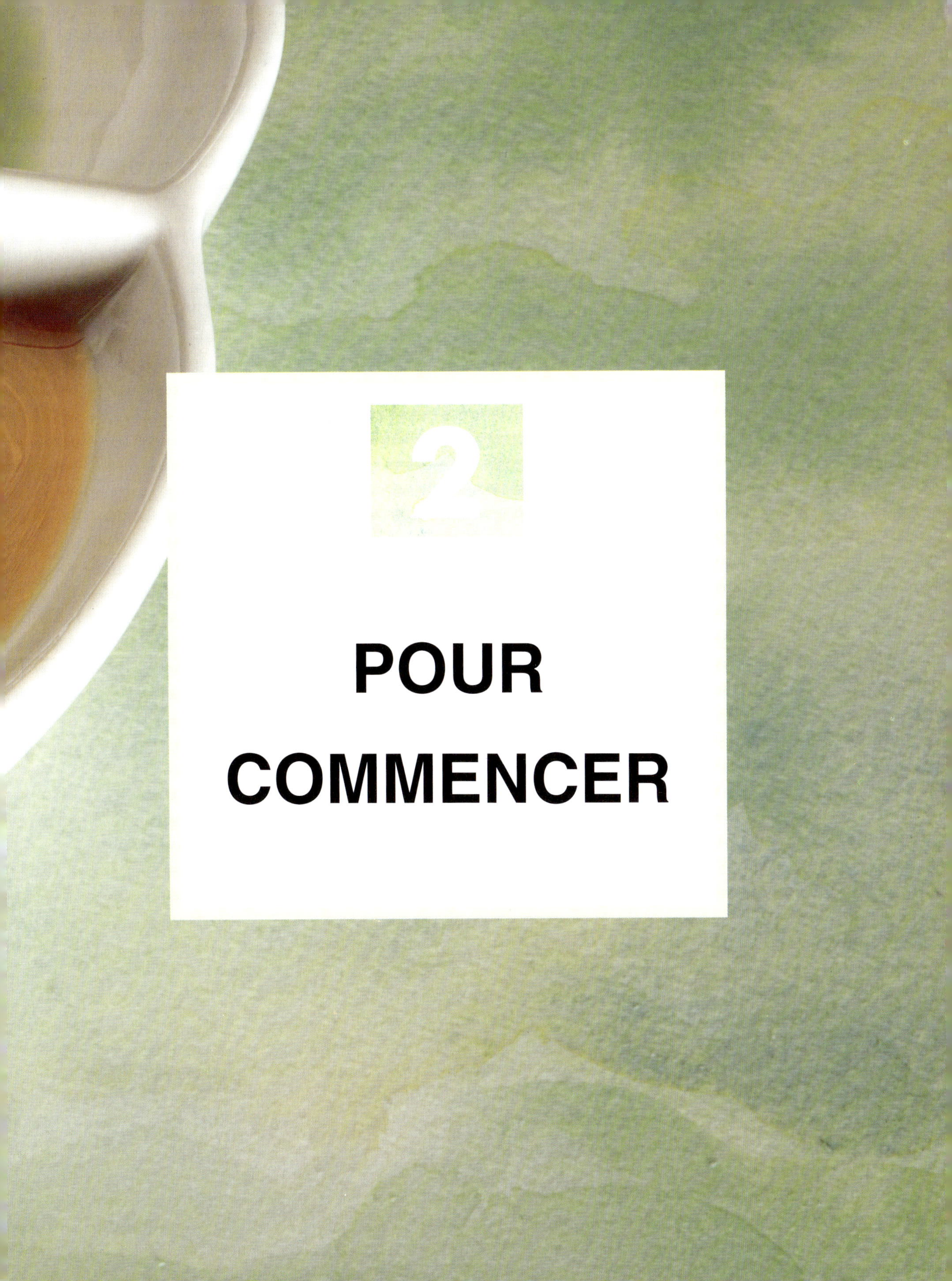

2

POUR COMMENCER

En raison de la nature fluide de l'aquarelle, vous pouvez étaler la couleur sur le papier rapidement grâce à la technique du lavis. C'est la base de la peinture à l'aquarelle. Un lavis est un voile de couleur déposé sur une grande surface de papier. Pour une marine ou un paysage, le lavis peut occuper plus du tiers de la composition. Mais le lavis peut

POUR COMMENCER

Le lavis régulier

aussi s'appliquer sur de petites surfaces. Dans une nature morte, vous faites un lavis de différente couleur pour chaque élément de la composition et un autre plus large pour le fond.
Un lavis n'est pas nécessairement régulier, il peut être aussi dégradé et à plusieurs couleurs. Mais il faut d'abord maîtriser la technique du lavis régulier ou moyen, sans striures ou lignes de couleur surchargée.

LA PRÉPARATION DU LAVIS

Pour étaler un lavis sur une grande surface, comme ici, il faut préparer beaucoup de couleur qui doit être bien mélangée. Mettez une bonne quantité de couleur dans votre godet et ajoutez de l'eau pour diluer la couleur.

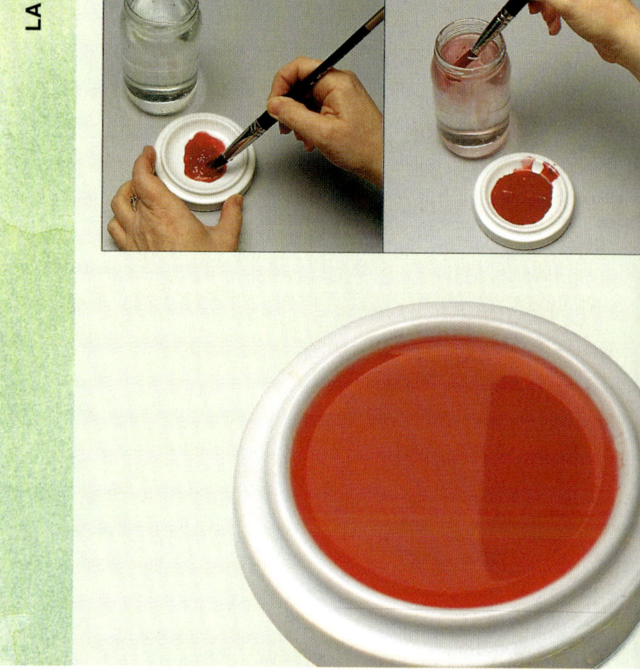

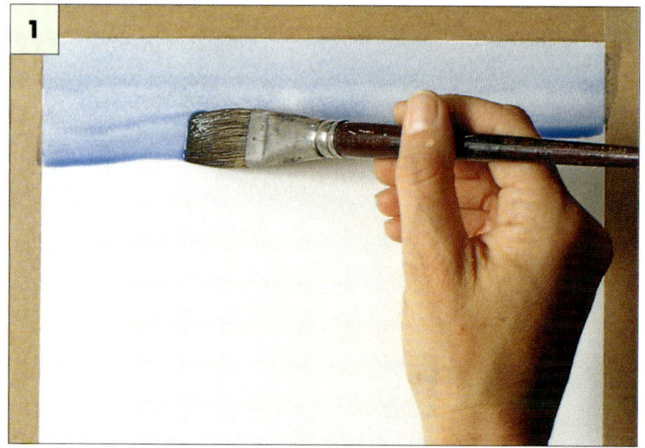

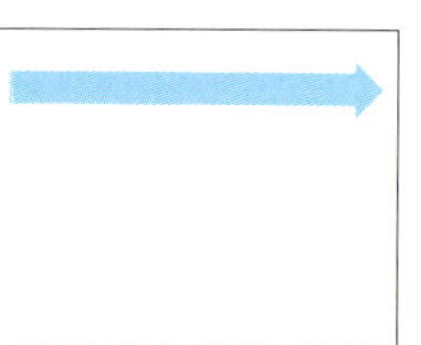

LE LAVIS SUR PAPIER SEC
1 La planche est légèrement inclinée et l'on peint de façon uniforme d'un bord à l'autre.

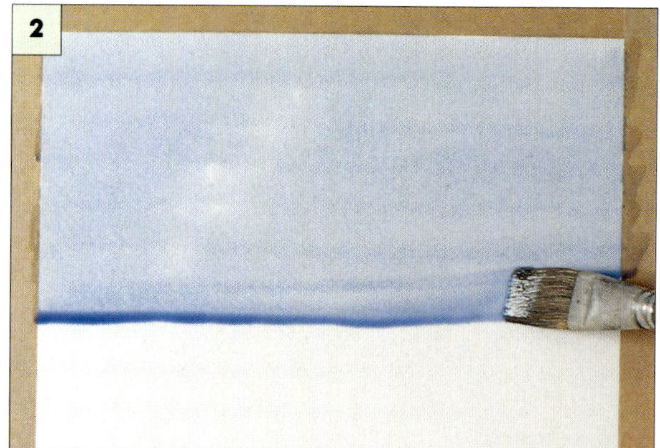

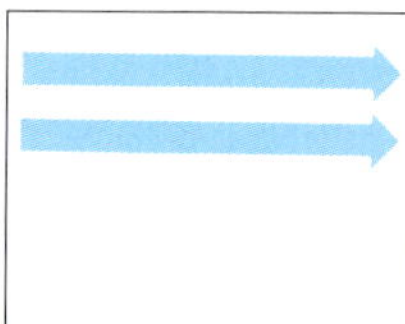

2 L'inclinaison de la planche permet à la peinture de glisser sur le papier, de sorte que chaque bande de couleur se fond avec la suivante.

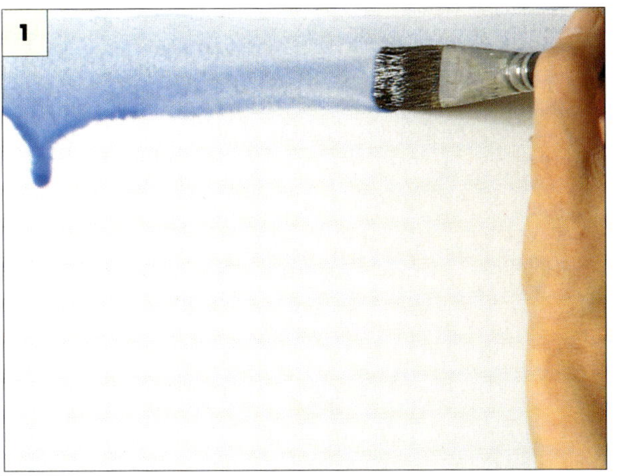

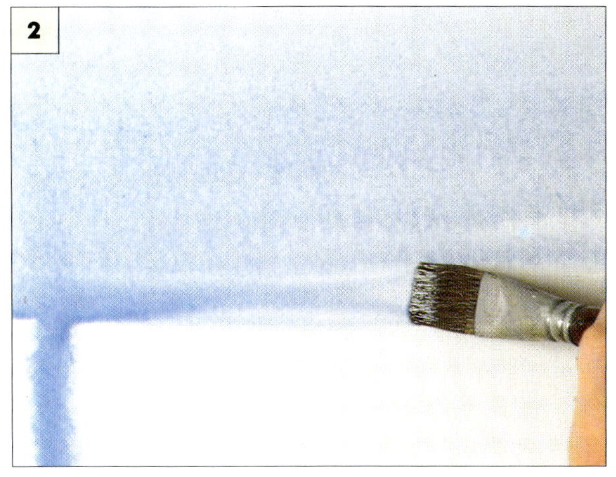

Le lavis sur papier humide

1 Humidifier le papier facilite la diffusion des couleurs, mais il est plus difficile de contrôler leur étalement. Cependant, vous n'obtiendrez jamais la netteté de contour des couleurs appliquées sur papier sec.

2 Si une surcharge de couleur se forme, comme ci-dessus, elle sera absorbée au passage du lavis suivant.

3 Les striures qui apparaissent sur le lavis humide disparaissent au séchage.

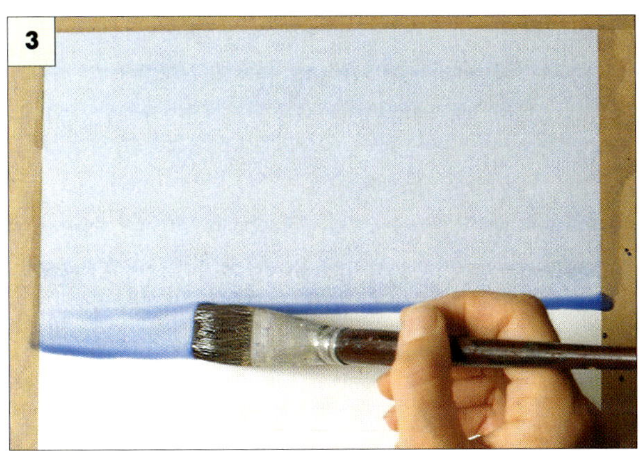

3 Travaillez dans le même sens pour chaque bande de couleur et retrempez le pinceau dans la couleur avant chaque passage.

4 Si vous avez posé le lavis correctement, toutes les petites irrégularités disparaîtront au séchage.

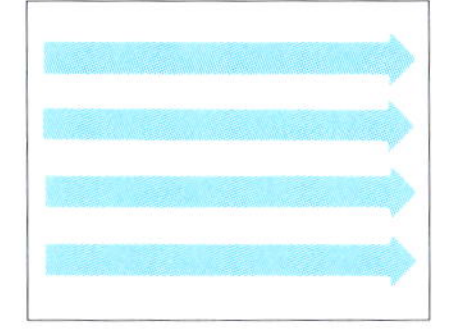

L'utilisation de l'éponge

1 Une éponge est très utile pour la peinture à l'aquarelle. Certains artistes préfèrent l'éponge au pinceau pour appliquer le lavis. Si vous humidifiez d'abord le papier, vous obtiendrez de meilleurs résultats.

2 Imprégnez l'éponge de couleur avant de la passer régulièrement d'un bord à l'autre de la feuille.

3 Même si le papier est mouillé, la peinture ne coulera pas, comme c'est parfois le cas avec un pinceau ; ceci grâce à la pression de l'éponge.

4 Entre deux bandes de couleur, de légères striures peuvent apparaître quand la peinture sèche.

5 Placez la planche à plat pour le séchage. La couleur se répartira dans les surfaces plus claires pour produire un lavis régulier.

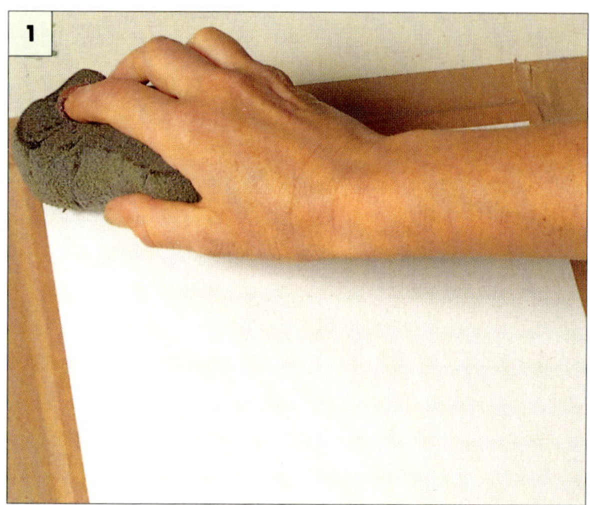
1

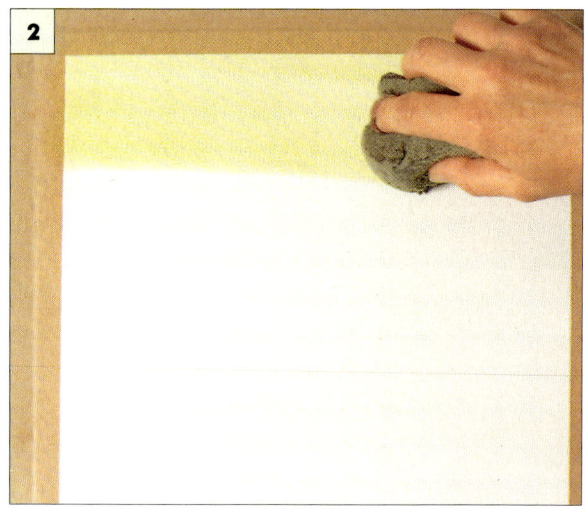
2

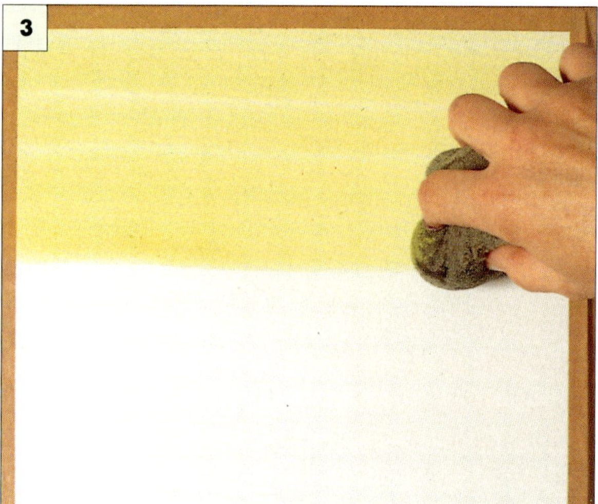
3

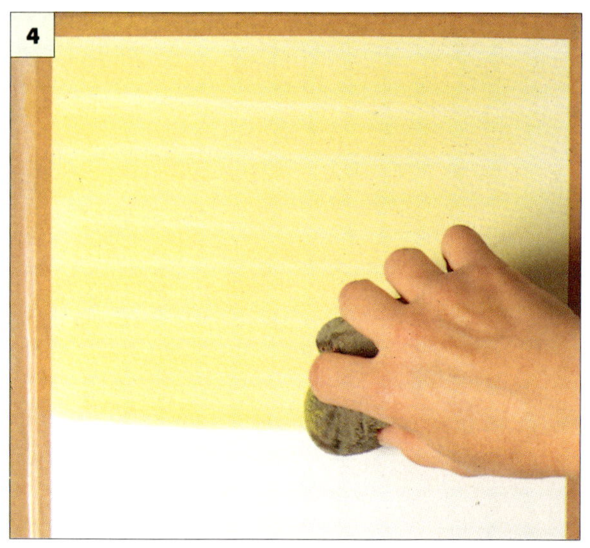
4

5

LA MÉTHODE HUMIDE

1 Enduire d'eau propre toutes les surfaces qui doivent recevoir le lavis.

2 Le lavis est alors appliqué sur les surfaces humides.

3 La peinture ne déborde pas sur les parties sèches du papier.

4 Enfin, la planche est retournée de sorte que le trop plein de liquide s'étale à nouveau sur la partie peinte.

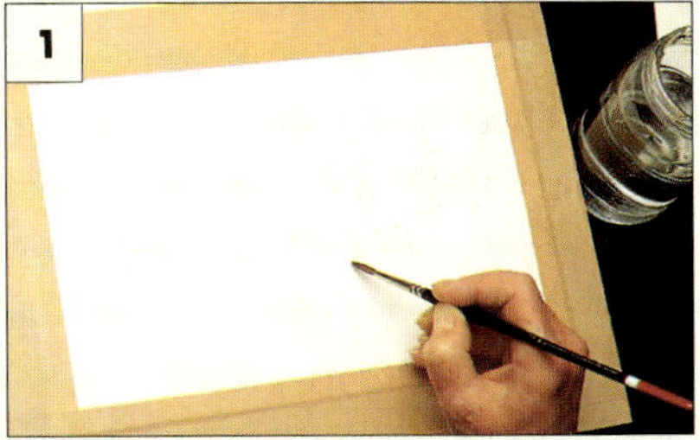

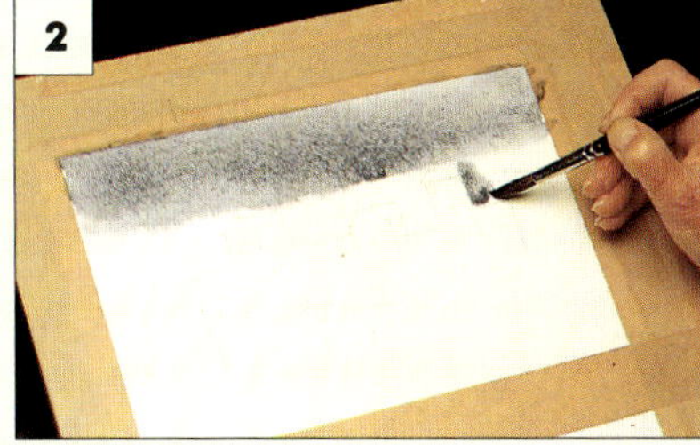

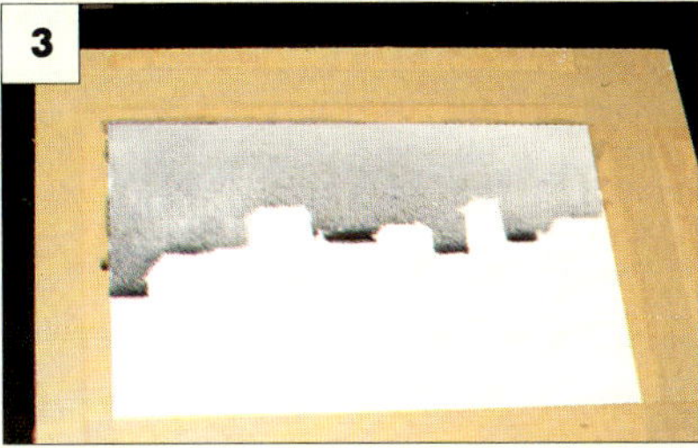

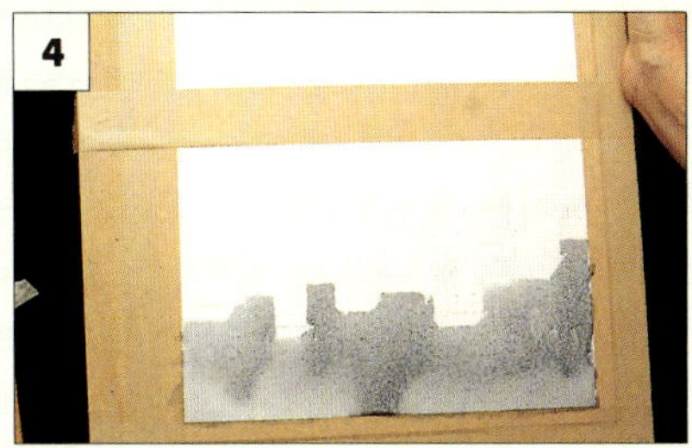

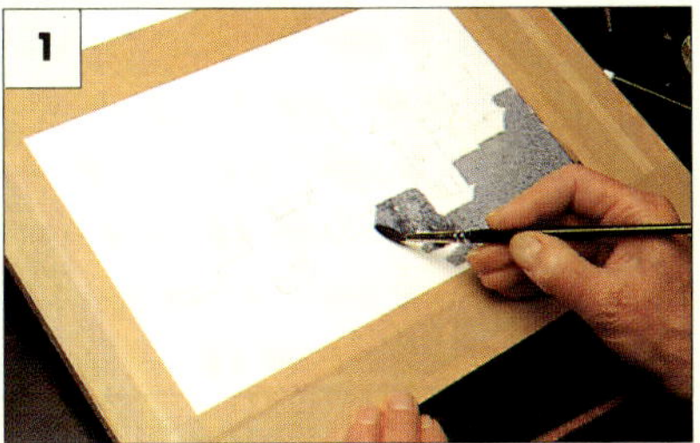

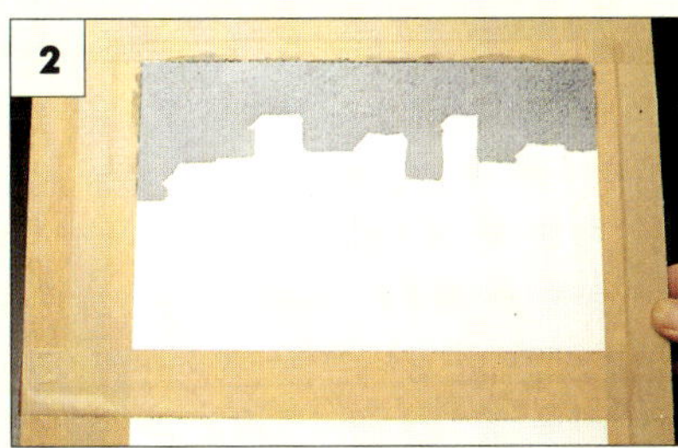

TRAVAILLER À L'ENVERS

1 Ce procédé consiste à retourner la planche pendant le travail de sorte que les formes sont détourées en premier.

2 Les deux méthodes sont satisfaisantes et ne présentent aucune difficulté.

Il vaut mieux travailler sur du papier tendu (p. 24) car il ne se déformera pas au contact de la peinture humide. Cependant, il est plus facile de contrôler le lavis quand la peinture est sèche. Certains artistes préfèrent humidifier le papier avant d'appliquer le lavis.

MISE EN PRATIQUE

Ce qu'il faut absolument retenir, c'est que le succès de l'opération dépend de la rapidité de l'exécution. Il faut donc préparer une quantité suffisante de peinture. Si vous devez represparer de la peinture, vous n'obtiendrez pas la même couleur ni la même intensité. Ne revenez pas sur une surface peinte humide au risque de créer des surcharges de liquide et de voir apparaître d'horribles taches.

Laissez le lavis sécher et regardez le résultat. Ne vous inquiétez pas si la première tentative n'est pas parfaite, la suivante sera meilleure. Déjà, vous vous serez familiarisé avec l'aquarelle et vous aurez fait deux découvertes importantes. Vous serez capable d'évaluer la quantité de peinture nécessaire et vous découvrirez que les couleurs sont plus claires, une fois sèches. Même si vous pouvez foncer une couleur en superposant les lavis, sachez que trop de couches feront perdre à la peinture sa fraîcheur et son éclat.

LA TECHNIQUE DE L'ÉPONGE

Après avoir appliqué le lavis sur du papier humide, essayez sur du papier sec. Vous pouvez pour cela prendre une éponge à la place du pinceau. Il est un peu plus difficile d'obtenir un effet bien égal avec une éponge, mais elle s'avère idéale pour un effet légèrement nuancé. Vous pouvez contrôler la quantité de peinture appliquée, en laissant l'éponge absorber plus ou moins la couleur.

La nature ne présente pas souvent des surfaces de couleur complètement uniformes. Vous devez donc parfois appliquer un lavis plus foncé par endroit ou composé de plusieurs couleurs. Les dégradés se font à partir d'une couleur qui est d'abord plus foncée dans sa partie supérieure. Ces lavis sont en général utilisés pour peindre un ciel bleu pâle.

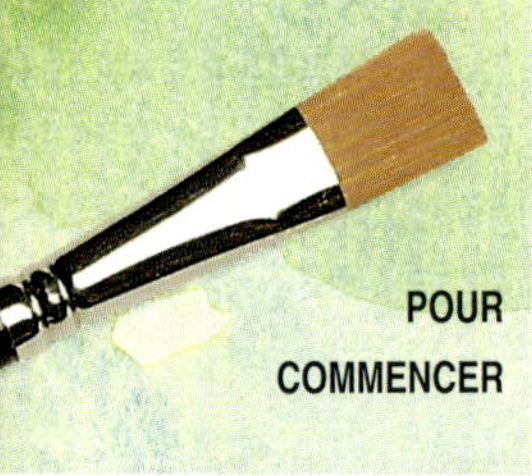

Le lavis dégradé

La méthode est semblable à celle du lavis régulier mais, dans ce cas, vous commencez avec une bande de couleur intense et vous ajoutez de l'eau progressivement sur les bandes suivantes. Le lavis dégradé est plus difficile à obtenir que le lavis régulier et demande plus de pratique. Si vous mettez trop d'eau sur une bande et, pas assez sur une autre, vous obtenez des rayures.

Une éponge vous permet de mieux contrôler la quantité d'eau employée. Les aquarellistes préfèrent retourner le support et commencer par les bandes claires pour terminer par les plus foncées.

LE LAVIS DE PLUSIEURS COULEURS

L'apprentissage d'un lavis de plusieurs couleurs devient vraiment intéressant. Un lavis, où se fondent deux couleurs ou davantage, est plus difficile à maîtriser qu'un lavis régulier ou dégradé.

On peut l'utiliser dans bien des occasions. Par exemple, pour peindre un couché de soleil, où les couleurs se succèdent des bleus profonds aux oranges et jaunes. Ou alors, vous pouvez animer le fond d'une nature morte en mélangeant subtilement des bleus, des gris et des bruns.

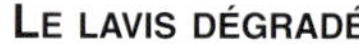

LE LAVIS DÉGRADÉ

1 Les lavis dégradés sont plus délicats à exécuter que les lavis réguliers, mais il est indispensable d'acquérir cette technique. Inclinez légèrement la planche comme pour un lavis régulier et utilisez le pinceau que vous avez bien en main. Commencez avec une bande de couleur dense et continuez en allégeant chacune des bandes suivantes.

2 Avant d'appliquer chaque bande, trempez le pinceau dans l'eau, puis dans la peinture. Le mélange sera graduellement plus léger en ajoutant chaque fois plus d'eau.

3 Il est plus facile de travailler sur papier sec pour le lavis dégradé. Si le papier est humide, la couleur foncée de la partie supérieure de la feuille aura tendance à couler sur les bandes inférieures.

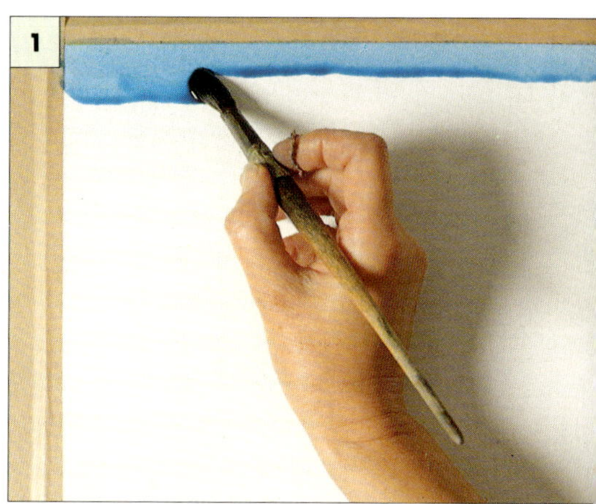

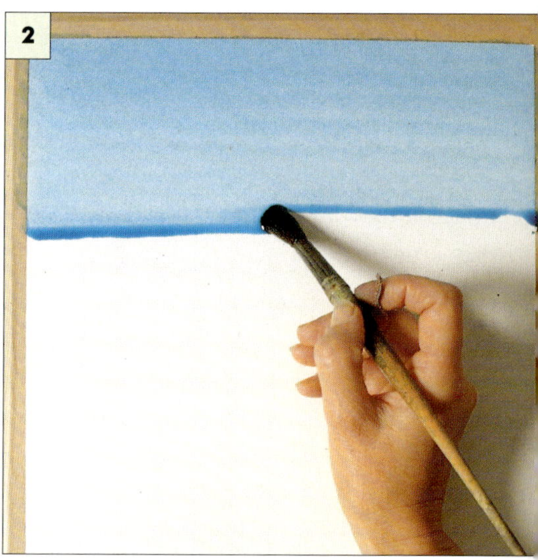

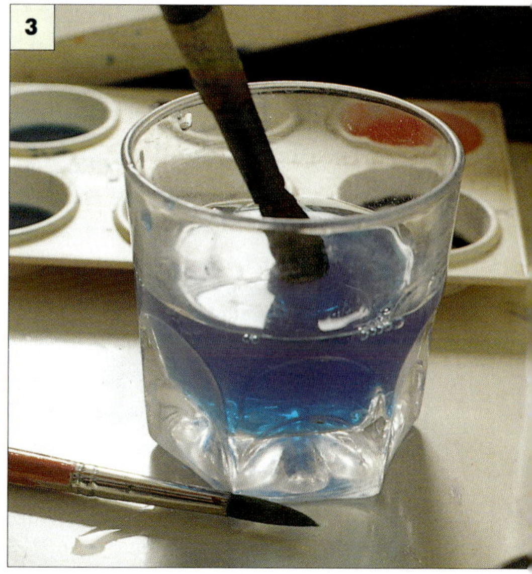

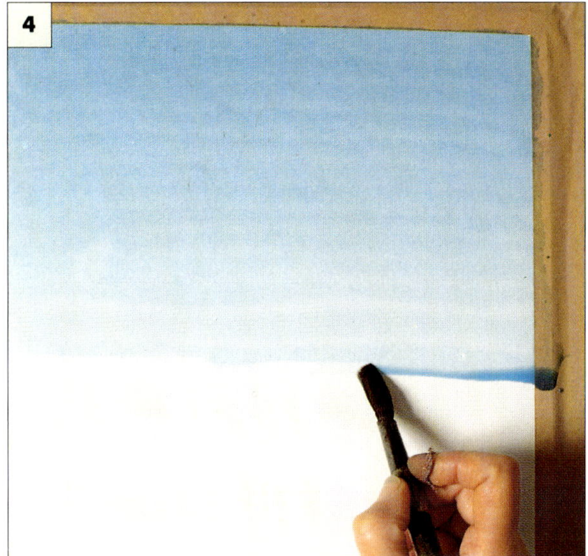

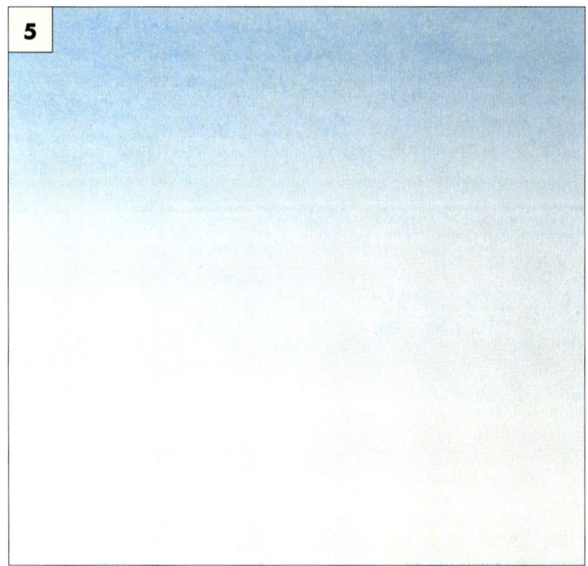

4 Si vous travaillez méthodiquement, vous obtiendrez bientôt un doux dégradé correct. Si vous voulez un contraste plus marqué entre le clair et le foncé sur une petite surface, employez seulement de l'eau pour la deuxième bande, ou bien trempez votre pinceau deux fois dans l'eau avant chaque passage.

5 Etre capable de faire un dégradé, comme celui-ci, est un élément essentiel pour la peinture du ciel.

LE SÉCHAGE RAPIDE

La peinture à l'aquarelle peut requérir une bonne dose de patience, parce qu'il est impossible d'évaluer les couleurs tant que la peinture est humide. Un sèche-cheveux est utile pour le séchage rapide, mais ne l'employez pas pour un lavis régulier encore humide, sinon la peinture se répand irrégulièrement en formant des auréoles. Laissez d'abord sécher un peu le lavis.

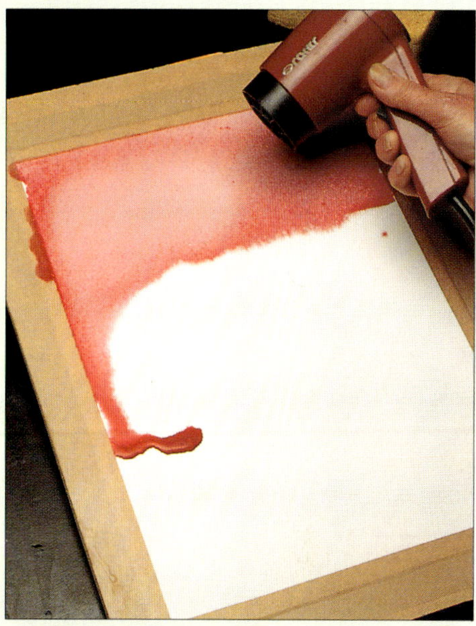

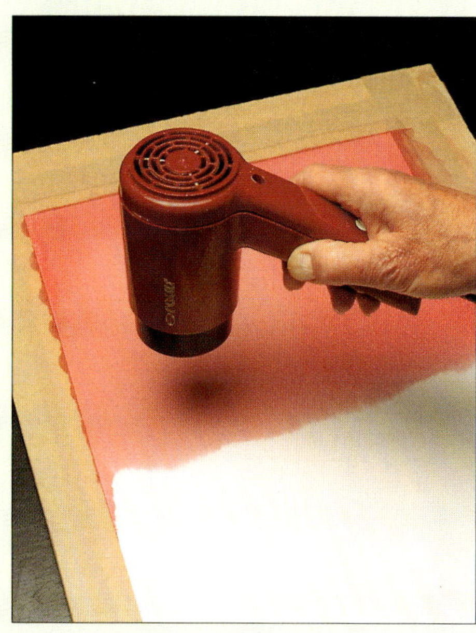

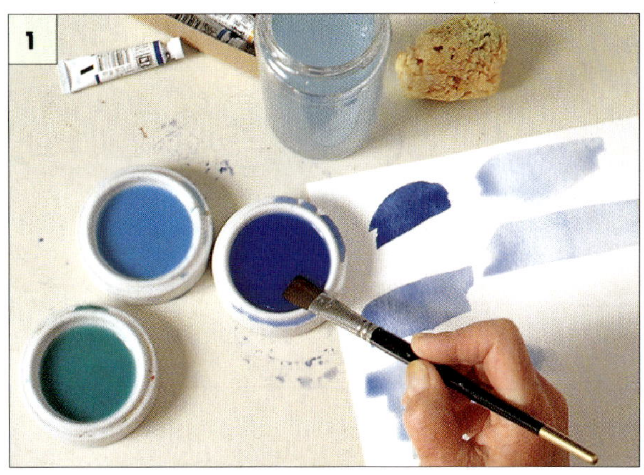

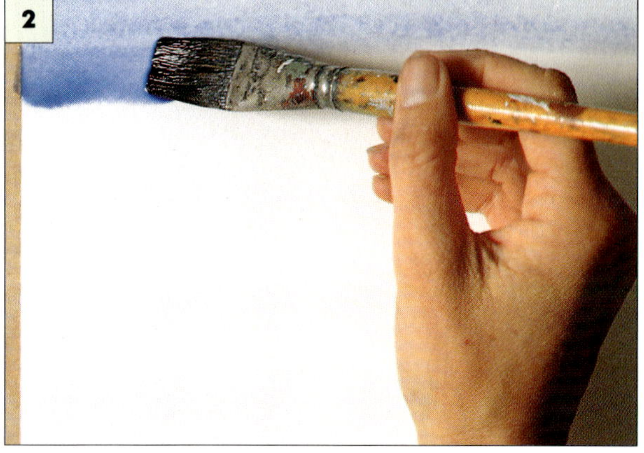

Le lavis de plusieurs couleurs

1 Préparez d'abord chacune des couleurs. Ici, l'artiste teste préalablement l'intensité de chacune des couleurs sur une feuille de papier à part.

2 Utilisant un gros pinceau à bout carré, l'artiste commence à étaler inégalement une bande de bleu profond. Au contraire des premiers lavis, ceux-ci ne doivent pas être parfaitement réguliers.

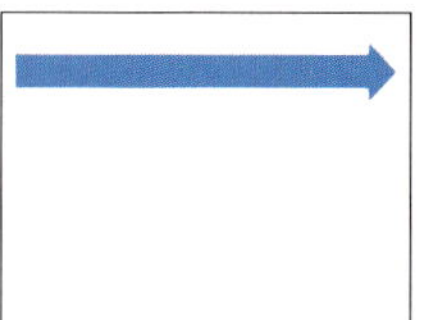

3 Le papier a été humidifié à l'avance pour faciliter le mélange des couleurs. Vous pouvez voir le résultat en haut à gauche, le bleu foncé se mélange à une bande plus claire.

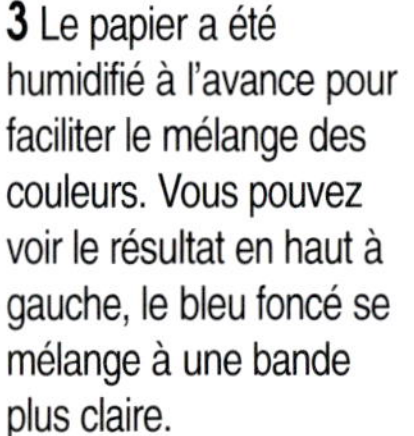

4 Les trois couleurs (bleu outremer, bleu ceruleum et vert émeraude) se mélangent facilement.

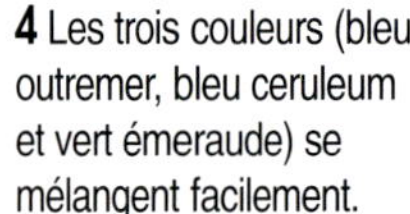

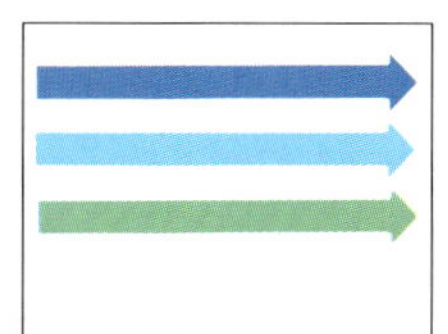

5 Le résultat final produit un effet qui évoque la mer.

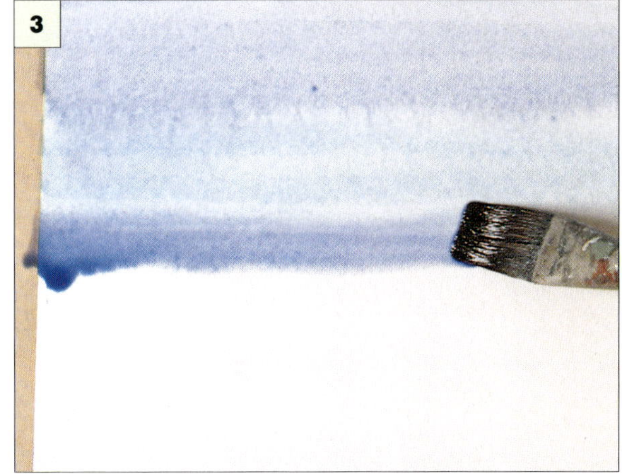

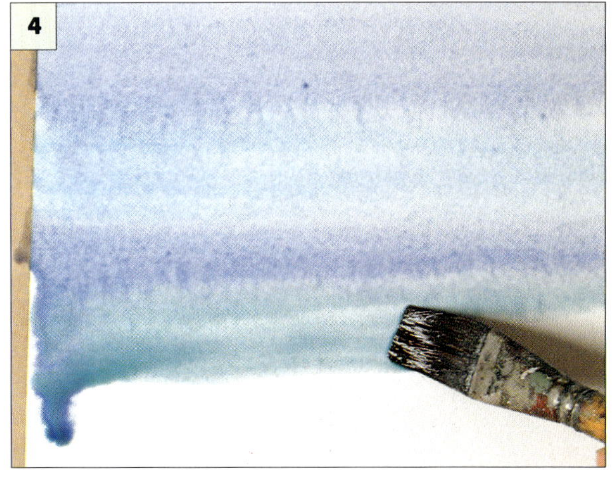

Le lavis polychrome irrégulier

1 Ici, l'approche est plus expérimentale. Les couleurs sont travaillées très librement dans un lavis jaune encore humide.

2 Alors que les premières applications de peinture se répandent, on rajoute de grosses gouttes de couleur ou de petites touches du bout du pinceau.

3 La peinture se diffuse en formant comme des petites vrilles de fleur en bordure des taches de couleur.

4 Ce type de lavis convient tout à fait pour l'exécution d'un fond d'une nature morte.

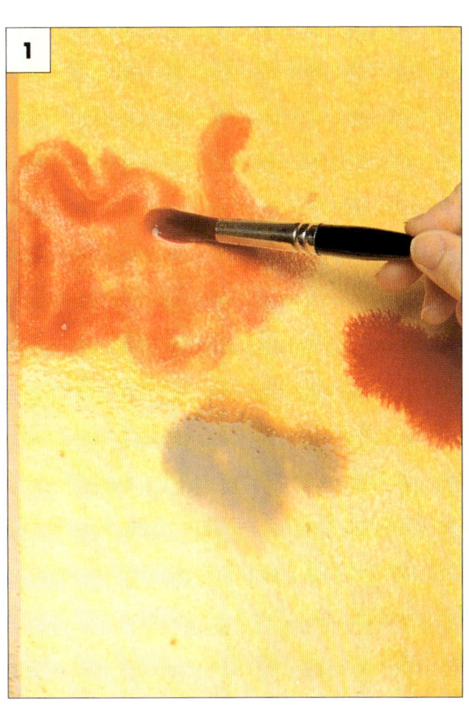
1

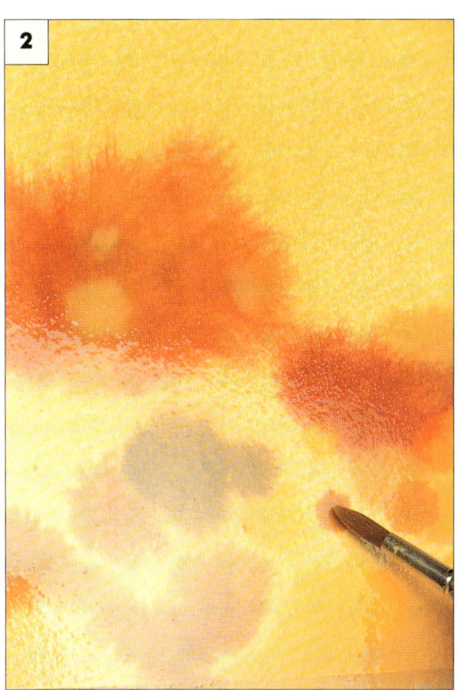
2

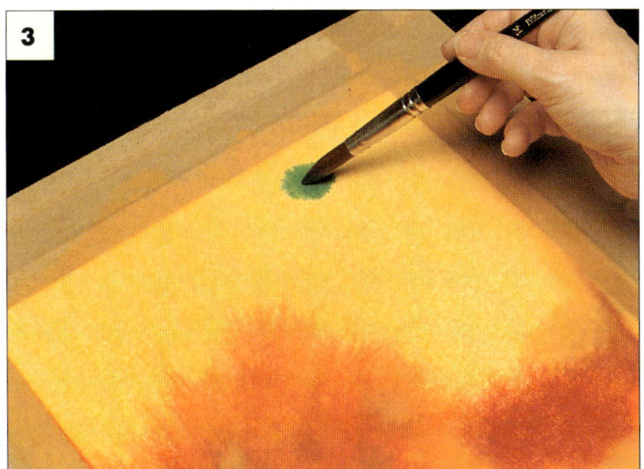
3

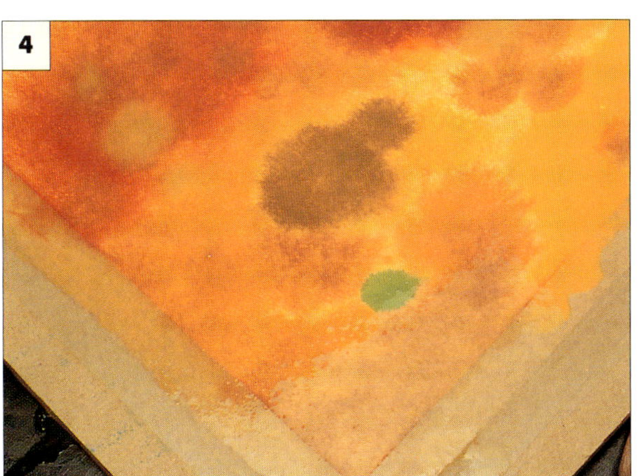
4

Le mélange de couleurs

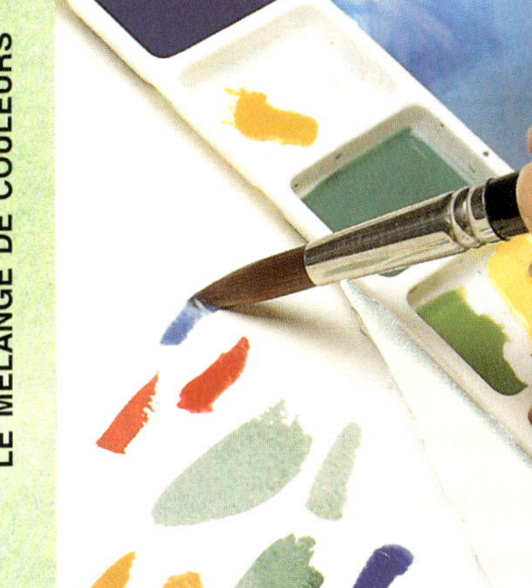

Vous pouvez créer de superbes effets en utilisant n'importe quelle couleur. Cependant, si vous souhaitez maîtriser un lavis polychrome, faites des essais de couleurs à part avant de les associer. Toutefois, vous ne connaîtrez pas exactement le résultat du mélange des couleurs sur le papier, mais vous aurez au moins une idée de l'intensité à leur donner.

Les couleurs claires et foncées

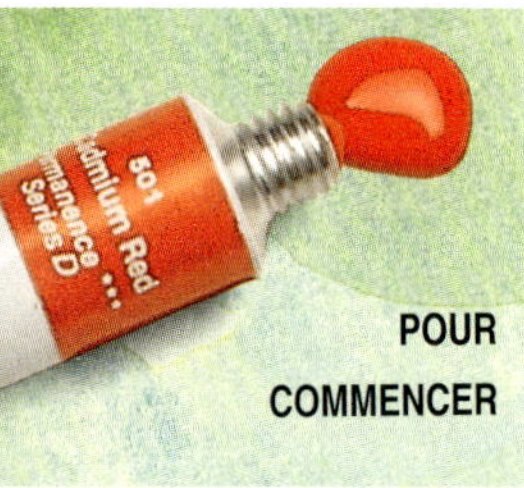

La pratique du lavis dégradé (p. 32) introduit les notions de teinte et de tonalité d'une couleur. Voici maintenant l'étape suivante : il faut pour chacune des couleurs de cette palette, assez complète, faire un dégradé assez poussé jusqu'à la décoloration.

Un simple verre d'eau devient très important pour l'aquarelle. Avec des peintures opaques, comme la peinture à l'huile, vous éclaircissez la couleur en ajoutant du blanc, mais pour l'aquarelle, peindre «blanc», c'est associer l'eau et la blancheur du papier. Plus vous utilisez de l'eau, plus le papier transparaît et plus les couleurs pâlissent (un blanc pur s'obtient en laissant le papier en réserve). Il est difficile de bien évaluer le volume d'eau. Les débutants ont tendance à en utiliser de trop car les couleurs denses sur la palette les effrayent. Mais sèches sur le papier, elles deviennent beaucoup plus claires. Alors, le seul moyen d'obtenir la bonne intensité de couleur est d'en rajouter par dessus (d'appliquer une autre couche). Si vous voulez une couleur vraiment foncée, faites des superpositions (p. 40). Mais il est toujours préférable d'obtenir la bonne teinte du premier coup. Le secret de réussite est d'éviter les surcharges inutiles.

▶ **LE MÉLANGE DES COULEURS CLAIRES ET FONCÉES**

L'aquarelle offre pour chaque couleur une infinie variété de tons : de la couleur pure au lavis le plus pâle. Sur la page opposée, vous avez une palette de couleurs illustrant cette caractéristique. Chaque couleur pure (les petites touches de pinceau sur la droite) est suivie d'une longue bande colorée (le lavis), produisant un dégradé progressif dû à l'ajout d'un certain volume d'eau.

COULEUR CLAIRE ET COULEUR FONCÉE

Il y a une nette différence de ton entre une couleur aquarellée sèche et une couleur encore humide. Sèche, elle paraît plus claire. Toute la difficulté réside dans l'évaluation de cette modification, entre la couleur sèche (**1**) et la couleur encore humide (**2**). L'importance de ce changement de ton varie d'une couleur à l'autre.

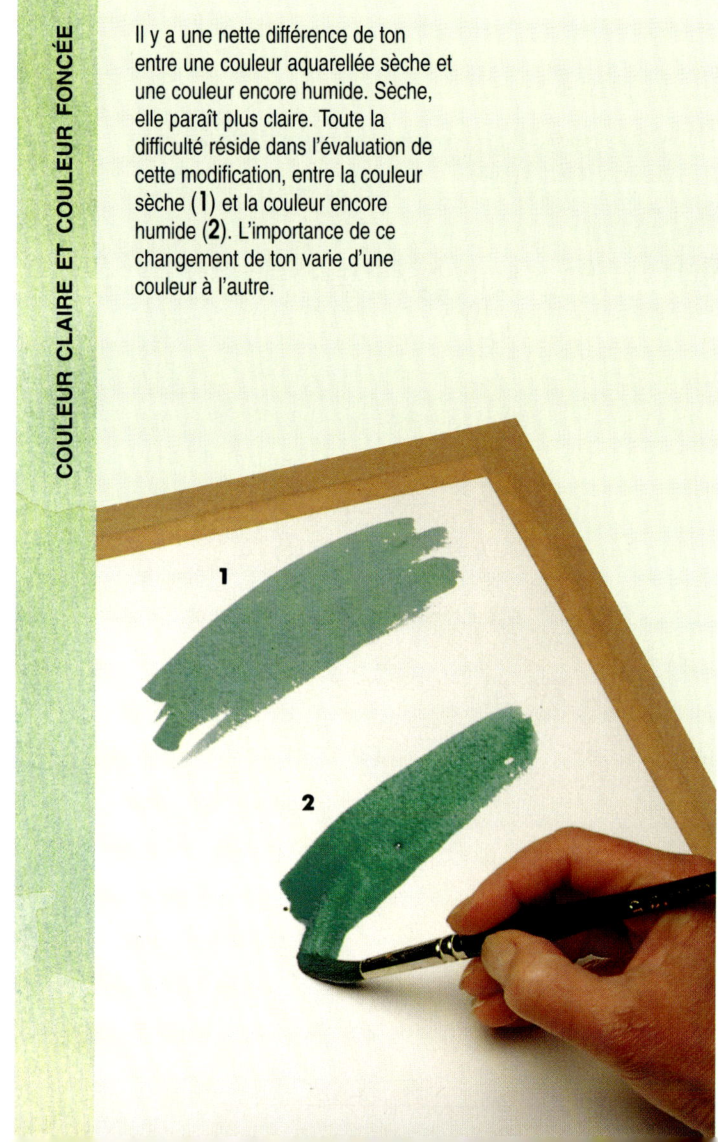

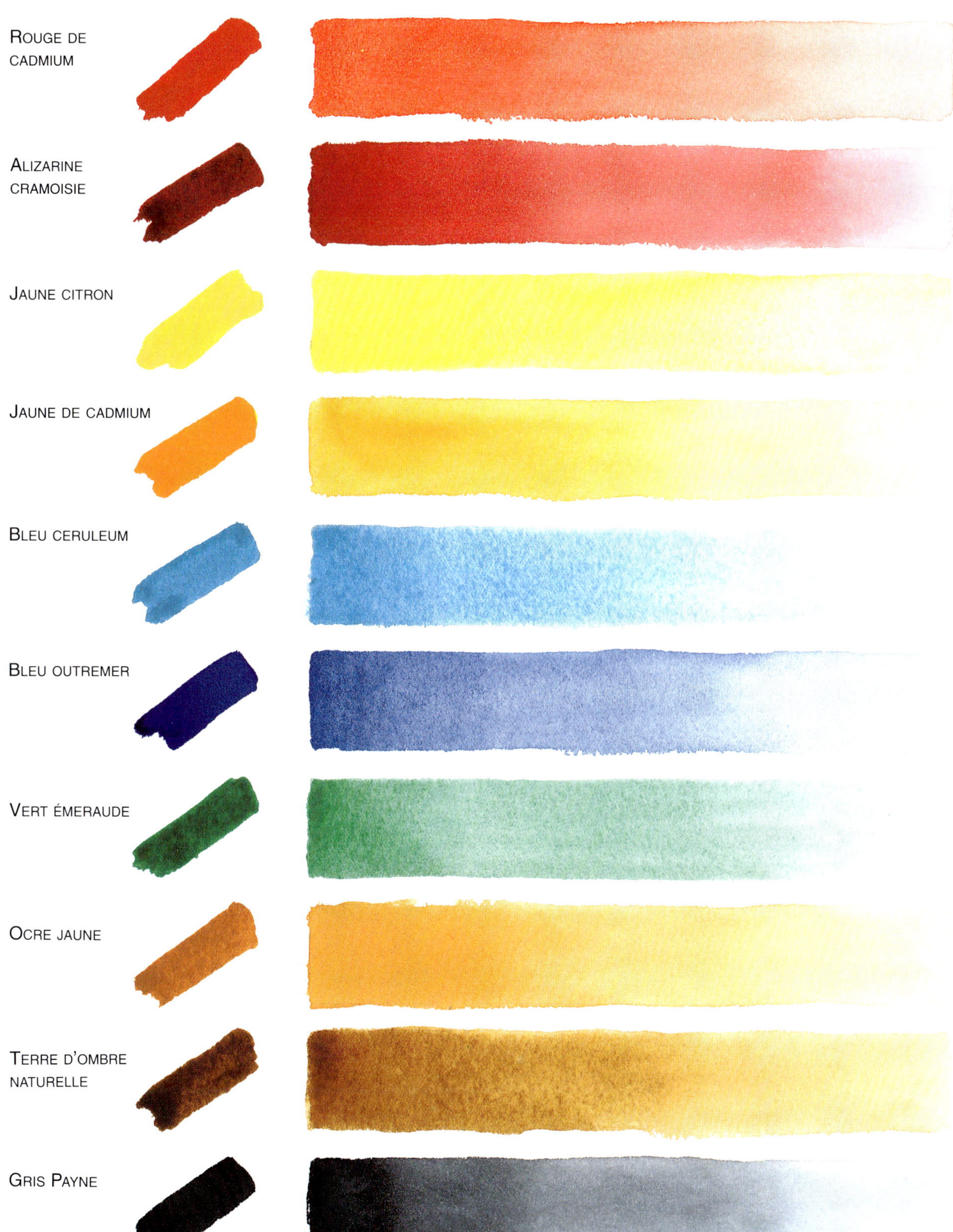
Rouge de cadmium
Alizarine cramoisie
Jaune citron
Jaune de cadmium
Bleu ceruleum
Bleu outremer
Vert émeraude
Ocre jaune
Terre d'ombre naturelle
Gris Payne

La prochaine étape consiste à obtenir de nouvelles couleurs à partir du mélange de deux couleurs, et cela pour chacune des dix couleurs de la palette (p. 23). A droite, ce nuancier fait la somme de ces nouvelles couleurs ainsi obtenues. On peut également obtenir un grand assortiment à partir de mélanges à base de trois couleurs, mais pas davan-

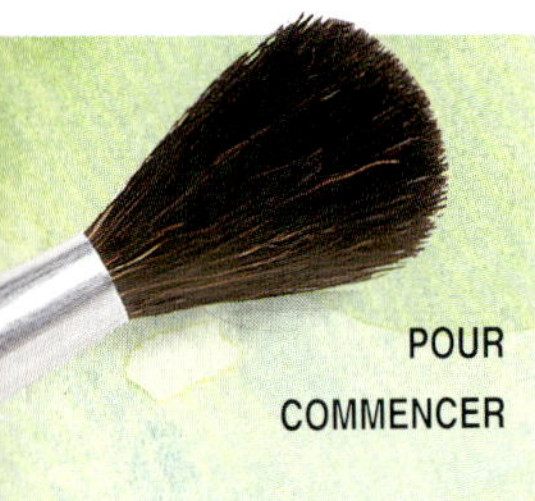

Les mélanges des couleurs

tage, sinon le résultat risque d'être terne. Ce nuancier est une référence très utile, mais vous apprendrez davantage en faisant vos propres mélanges. Cependant, regardez attentivement la propriété des couleurs et les termes utilisés pour les décrire.

Voici un aperçu des propriétés fondamentales de ces couleurs et leurs différentes catégories. Les couleurs primaires sont celles que l'on ne peut pas obtenir en mélangeant d'autres couleurs : le bleu, le jaune et le rouge. Les secondaires sont obtenues en mélangeant deux couleurs primaires : du bleu et du jaune donnent du vert. Les couleurs tertiaires sont le résultat du mélange d'une primaire et d'une secondaire ou de trois primaires. Vous pouvez acheter des couleurs secondaires et tertiaires déjà préparées. Dans votre palette, vous en avez déjà trois : vert émeraude, terre d'ombre naturelle et gris Payne. Par conséquent, il vous est facile de faire votre propre nuancier.

▶ Le choix des bonnes couleurs primaires

Dans une palette, chaque couleur primaire comporte des variantes car les pigments utilisés pour fabriquer ces couleurs sont nombreux et différents. Considérez deux rouges, par exemple, vous verrez que l'un tire sur le bleu. Mélangez les à du bleu outremer qui, lui, tire sur le rouge, vous obtiendrez un beau violet. Pour mélanger des couleurs intenses, choisissez toujours celles qui ont des caractéristiques communes.

▶ Le mélange de deux couleurs

Le nuancier comporte toutes les couleurs (10 au total) de la palette initiale (en haut et à gauche) mélangées les unes aux autres. Quand vous mélangez les couleurs, vous découvrez que les proportions déterminent le mélange et que certaines couleurs sont plus intenses que d'autres. Comparez le mélange de bleu ceruleum et de gris Payne (à l'extrême-droite du nuancier) avec le gris Payne seul, et vous verrez peu de différence. En effet, le bleu ceruleum est une couleur moins intense que le gris Payne.

▲ Le mélange de couleurs secondaires intenses

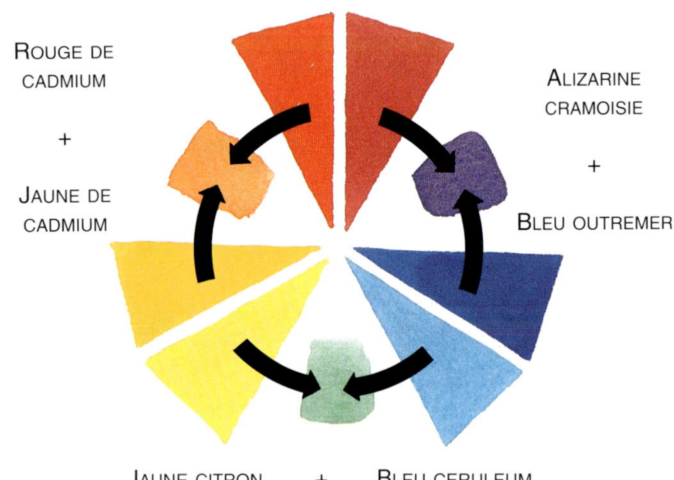

▲ Le mélange de couleurs secondaires sourdes

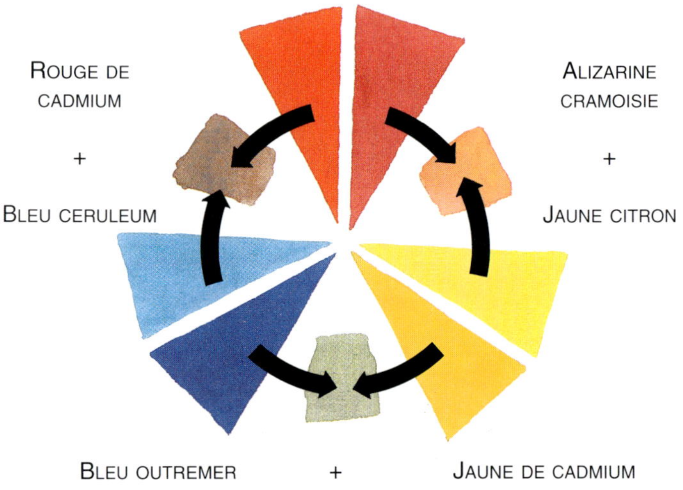

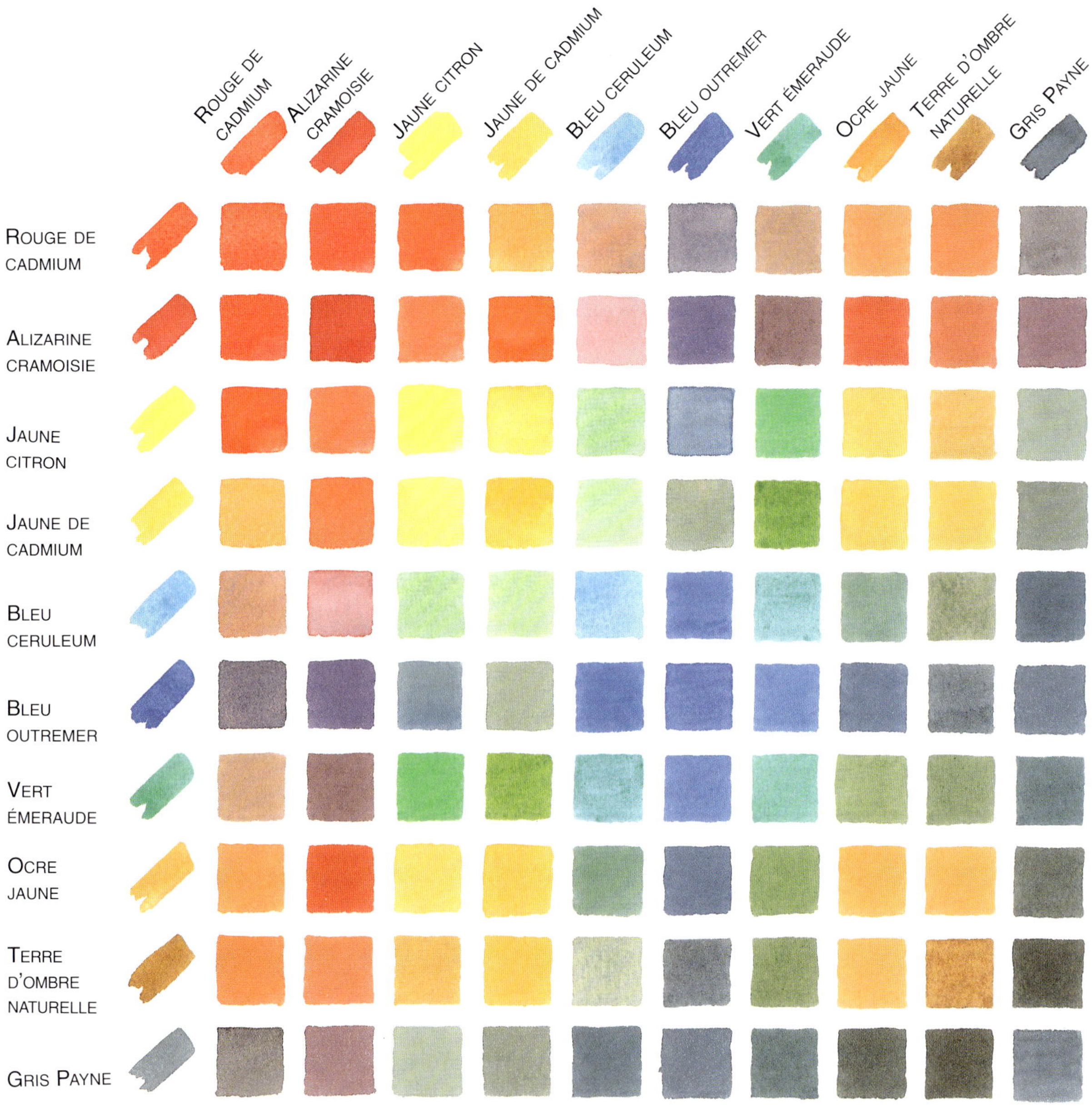

	Rouge de cadmium	Alizarine cramoisie	Jaune citron	Jaune de cadmium	Bleu ceruleum	Bleu outremer	Vert émeraude	Ocre jaune	Terre d'ombre naturelle	Gris Payne
Rouge de cadmium										
Alizarine cramoisie										
Jaune citron										
Jaune de cadmium										
Bleu ceruleum										
Bleu outremer										
Vert émeraude										
Ocre jaune										
Terre d'ombre naturelle										
Gris Payne										

▶ **Les mélanges de trois couleurs**
Même si les couleurs primaires sont éclatantes, seules ou mélangées à une autre primaire, en associer une troisième donne une couleur neutre, plus intéressante que ce que l'on obtient en mélangeant deux couleurs secondaires. Ici, une petite quantité d'une troisième couleur primaire (jaune de cadmium) a été ajoutée au mélange des deux autres primaires (rouge et bleu).

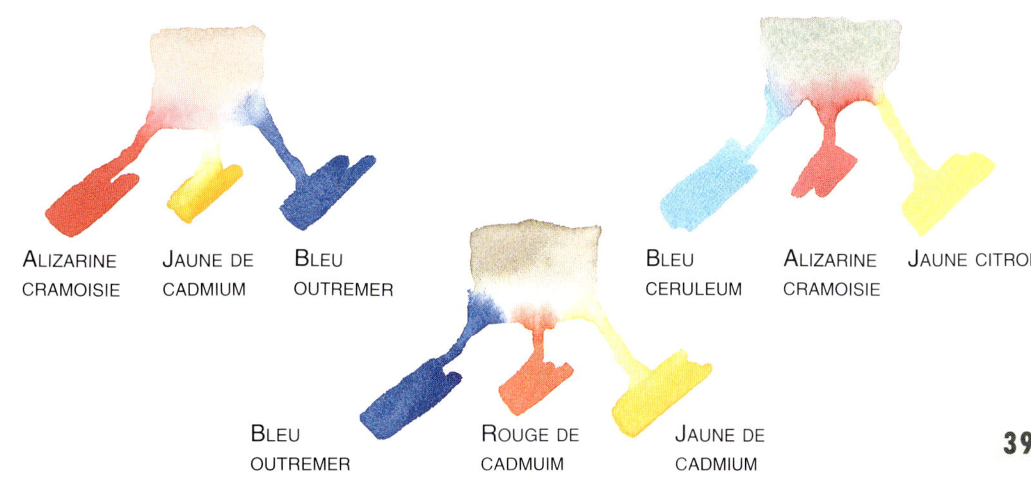

Comme les couleurs de l'aquarelle sont transparentes, vous ne pouvez pas éclaircir une couleur sombre en lui superposant une couleur plus claire. Cette caractéristique de l'aquarelle ne permet pas non plus à un premier lavis, de couleur foncée, de couvrir complètement la surface du papier qui transparaît toujours plus ou moins. Il faut donc superposer les couleurs en employant diverses méthodes. La technique de superposition des couleurs dite travail «humide sur sec» est très courante, bien qu'il existe une autre formule dite «humide sur humide» (p. 64).

Souvent, on utilise la superposition pour de petites surfaces d'une peinture. Cette technique ne convient pas pour foncer une surface importante de lavis régulier car la dernière couche a tendance à altérer légèrement la couche inférieure. Même sur des petites surfaces, il faut être très prudent et poser les nouvelles couleurs rapidement, et avec un minimum de touches. Vous devez obtenir votre résultat sans dépasser les quatre couches, sinon ce serait au détriment de l'éclat de votre aquarelle.

Avec cette technique de superposition, vous pouvez obtenir directement sur le papier les mêmes mélanges que vous faites sur la palette. Comme dans l'exemple ci-contre, vous modifiez une couleur en travaillant «clair sur foncé». C'est rassurant, car cela prouve que rien n'est tout à fait irrémédiable sur le papier. Ne comptez pas trop avec la superposition, il vaut mieux obtenir la bonne couleur du premier coup.

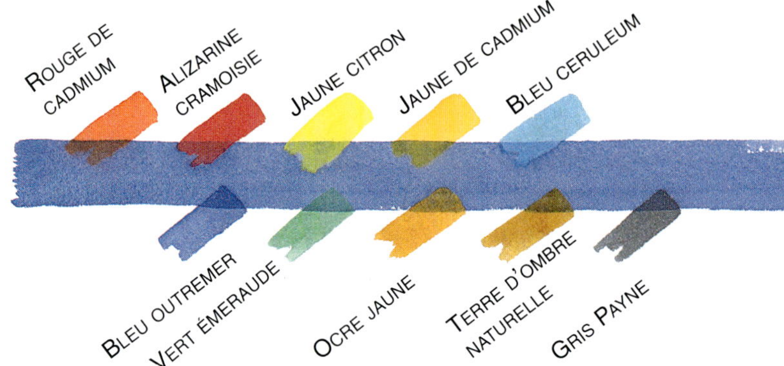

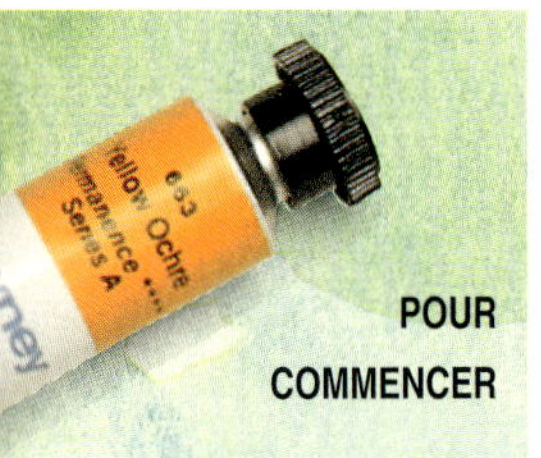

POUR COMMENCER

La superposition des couleurs

▲ **TRANSPARENCE RELATIVE**

Si l'aquarelle est qualifiée de transparente, il y a des nuances d'une couleur à l'autre. Dans la gamme des couleurs, les plus opaques sont le bleu ceruleum, le jaune citron et l'ocre jaune. Chacune en solution dense éclaircit le ton d'une couleur plus foncée qu'elle recouvre.

LA GRANULATION

Quand vous mélangez des couleurs sur la palette ou sur le papier, vous obtenez parfois un effet irrégulier, tacheté et granuleux. C'est la conséquence d'une précipitation, lorsque les pigments ne se disolvent pas dans l'eau. D'abord, vous cherchez l'erreur commise, mais c'est un des tours que joue l'aquarelle. Les artistes utilisent cet effet de granulation pour suggérer une texture ou simplement rendre un lavis plus vivant.

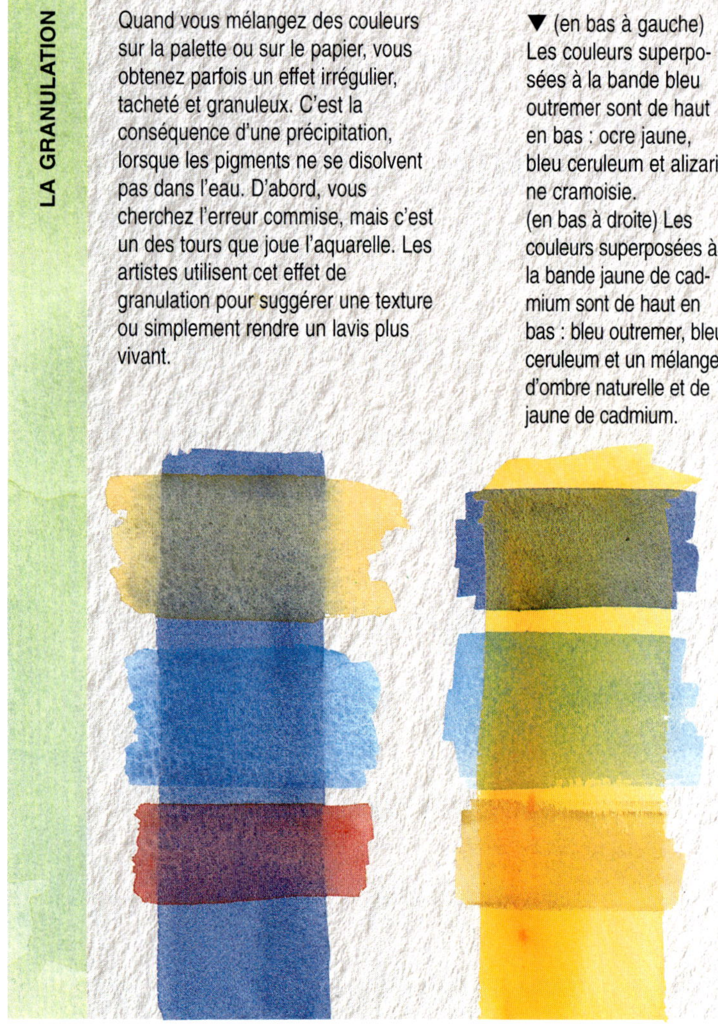

▼ (en bas à gauche) Les couleurs superposées à la bande bleu outremer sont de haut en bas : ocre jaune, bleu ceruleum et alizarine cramoisie.
(en bas à droite) Les couleurs superposées à la bande jaune de cadmium sont de haut en bas : bleu outremer, bleu ceruleum et un mélange d'ombre naturelle et de jaune de cadmium.

Rouge de cadmium

Terre d'ombre naturelle

Bleu outremer

Vert émeraude

◀ Superposition pour foncer une couleur

Dans la peinture à l'aquarelle, les couleurs doivent toujours être recouvertes jusqu'à un certain point et les bords irréguliers qui se forment font partie des charmes du médium. Assurez-vous que la première couleur est complètement sèche et travaillez rapidement pour que la nouvelle couche n'altère pas celle qui est au-dessous.

Bleu ceruleum

Vert émeraude

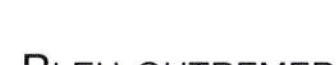

Bleu outremer

Alizarine cramoisie

Jaune de cadmium

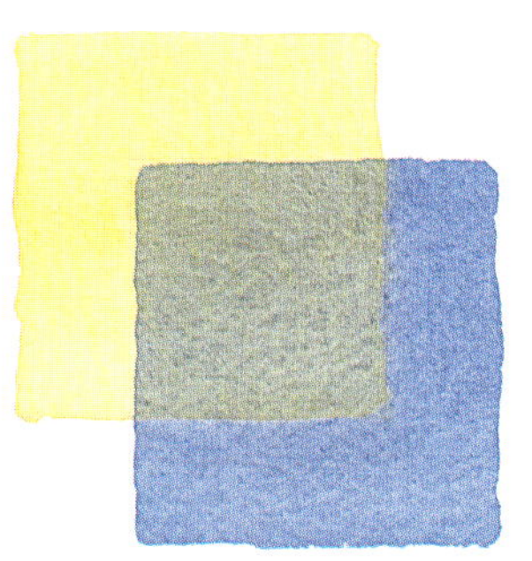

Bleu outremer

◀ Superposition d'une couleur sur une autre

Même si vous pouvez modifier une couleur par superposition, vous ne pourrez pas l'effacer : la nouvelle couleur sera un mélange des deux.

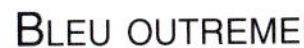

Bleu outremer

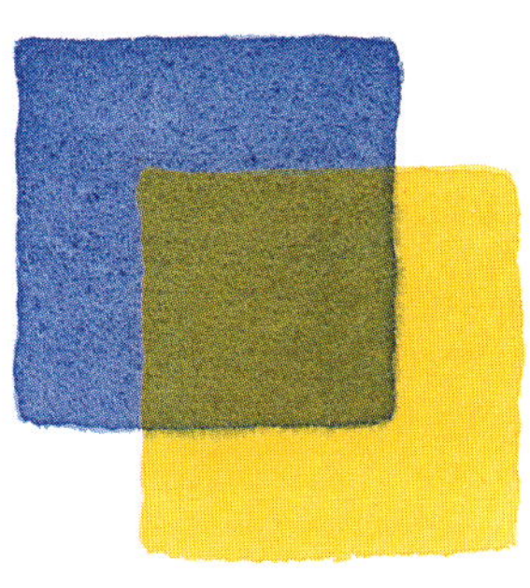

Jaune de cadmium

Terre d'ombre naturelle

Jaune citron

Gris Payne

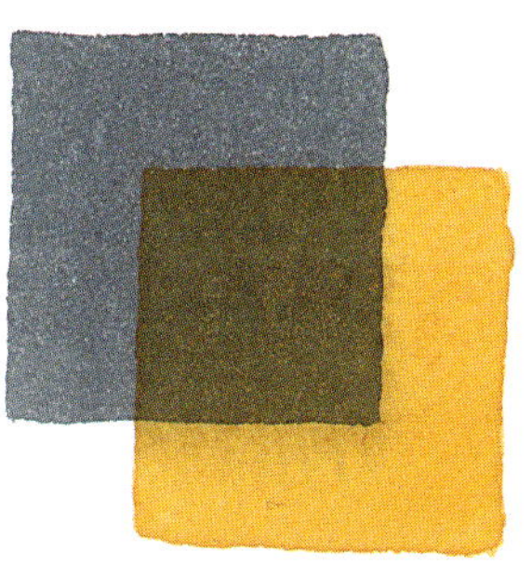

Ocre jaune

◀ Superposition clair sur foncé

Une couleur claire appliquée sur une foncée ne disparaît pas. Même si vous changez la nature d'une couleur en la recouvrant, vous ne pouvez guère changer sa nuance (sa valeur), à moins que vous ne la couvriez avec des couleurs plus opaques.

Le caractère très spontané d'une aquarelle réussie est très séduisant. C'est pour cela que cette technique compte de nombreux amateurs. Mais le paradoxe de l'aquarelle est que l'on ne peut atteindre cette apparente spontanéité qu'en préparant soigneusement son travail.
Avant de commencer à peindre un paysage, une figure, ou simplement un objet sur une table, il faut considérer l'emplacement du premier lavis. Pour un paysage, vous voudrez un lavis régulier ou dégradé pour le ciel. Il faudra par conséquent savoir où placer l'horizon. Il peut y avoir des arbres, des bâtiments ou des montagnes, qui se découpent sur le ciel : ainsi il faudra détourer ces formes au lavis.

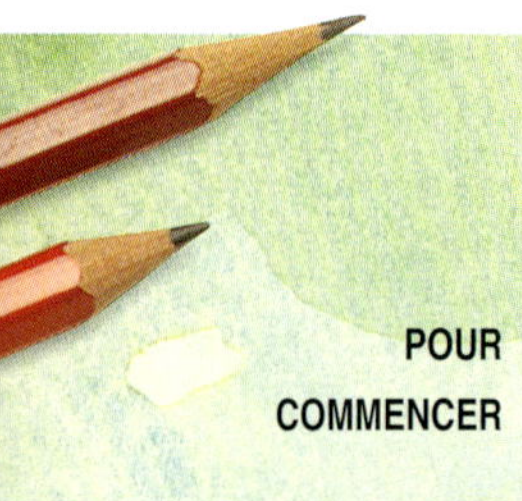

La définition des formes

Par où commencer. D'abord, faites un dessin. Cela est un peu contraignant, mais indispensable. Vous pouvez omettre les détails, une simple esquisse est suffisante. Evitez le dessin des ombres car les traits de crayon transparaissent sous les couleurs claires.
Utilisez un crayon ni trop dur, ni trop tendre, pour ne pas marquer ou salir le papier. Un 2B est convenable. Choisissez une gomme plastique souple ou une gomme mie-de-pain, car bon nombre de papiers peluchent facilement et la surface à peindre est alors abîmée. Si vous devez représenter des bords clairs, comme les côtés d'une construction ou le dessus d'une table, n'ayez pas honte d'utiliser une règle. Tout ce qui vous facilite le dessin est recevable et les lignes tracée à la règle ne se verront plus une fois peintes.

▶ Comment allez-vous procéder pour peindre ces tasses ? Essayez de copier la photographie sans obligatoirement suivre les indications ci-contre.

Les différentes méthodes

Tous les artistes admettent la nécessité d'une ébauche, mais la manière de procéder diffère selon les approches de chacun. Ceci est illustré par le travail des deux artistes présenté ici et sur les pages suivantes. Ils ont une manière très différente d'aborder le sujet. On peut comparer le travail de John Lidzey, présenté dans les parties supérieures des pages suivantes, à celui de Hazel Soan, situé au-dessous.

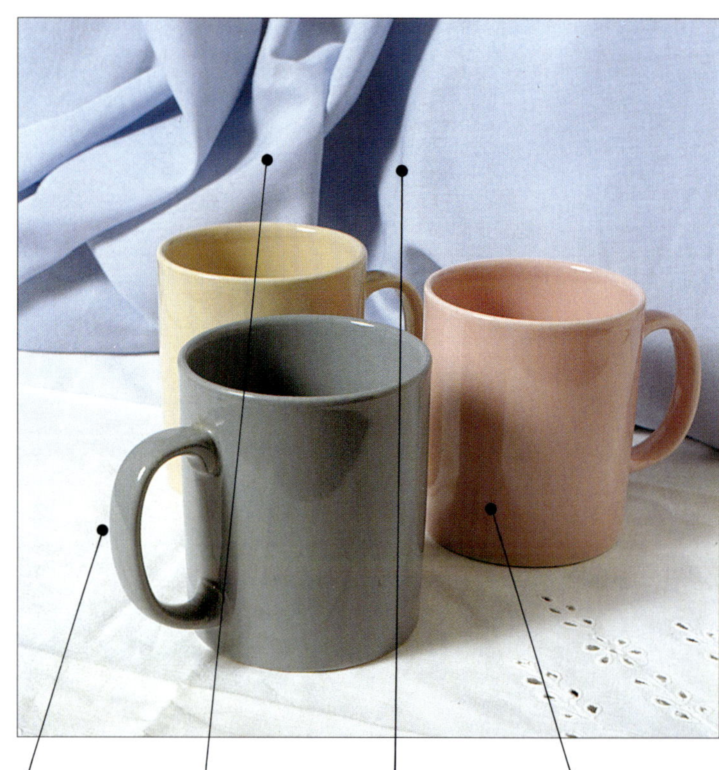

• Tracez les formes au crayon, en étudiant soigneusement les poignées et les bords des tasses.

• Indiquez légèrement les plis et les ombres de la draperie. Les traits resteront apparents sous le premier lavis et vous guideront pour foncer les couleurs.

• Appliquez un lavis bleu pâle sur tout le fond. Il est sans doute plus simple de retourner la planche et de commencer par le côté difficile.

• Laissez sécher le lavis du fond et appliquez un autre lavis pour chacune des tasses. Laissez sécher avant de mettre les couleurs plus foncées qui construiront les formes.

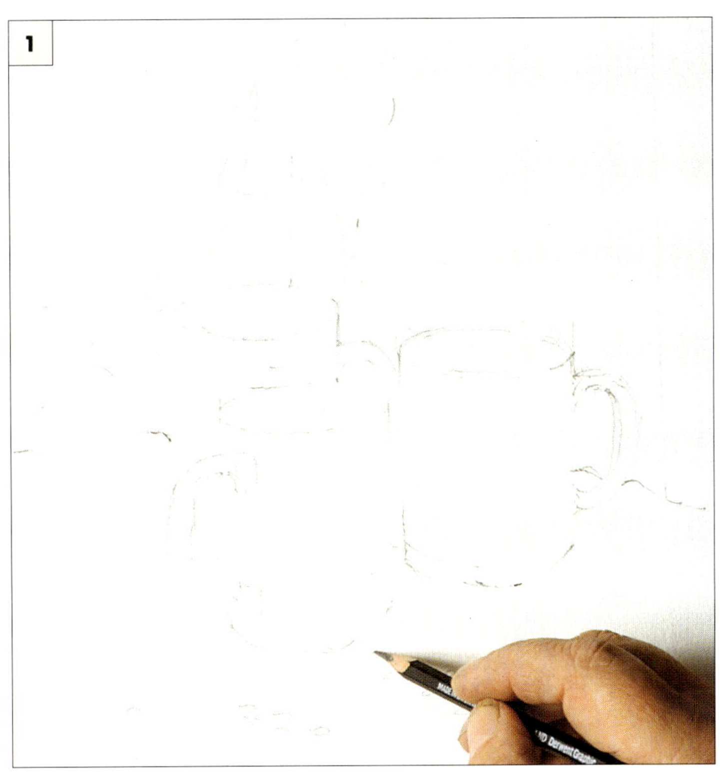

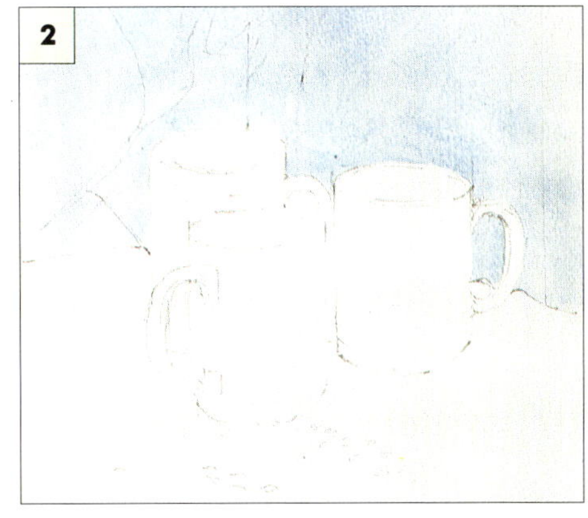

John Lidzey

1 Il utilise un crayon 4B très pointu pour ce dessin préliminaire. Les traits seront recouverts par les couleurs foncées qu'il appliquera par la suite.

2 Il applique ensuite un lavis volontairement irrégulier pour le fond. Un lavis régulier ne conviendrait pas car il veut évoquer des effets de lumière sur la draperie. Il laisse le lavis sécher avant de peindre les tasses.
=> à suivre

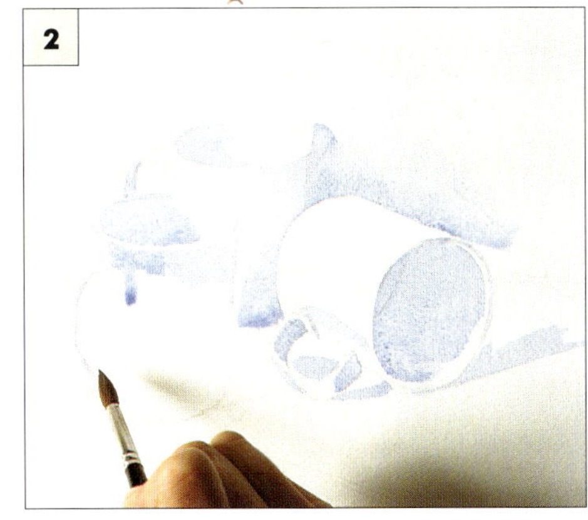

Hazel Soan

1 Cette artiste change la composition en posant une des tasses sur le côté. Elle a fait une très légère ébauche avec un crayon 2B.

2 Elle ne peint pas le fond avant de délimiter les zones de couleur des tasses. Le bleu utilisé pour l'ombre sera recouvert d'autres couleurs par la suite.
=> à suivre

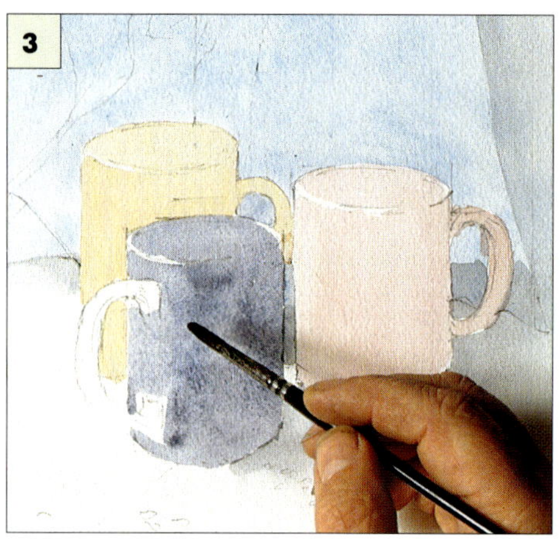

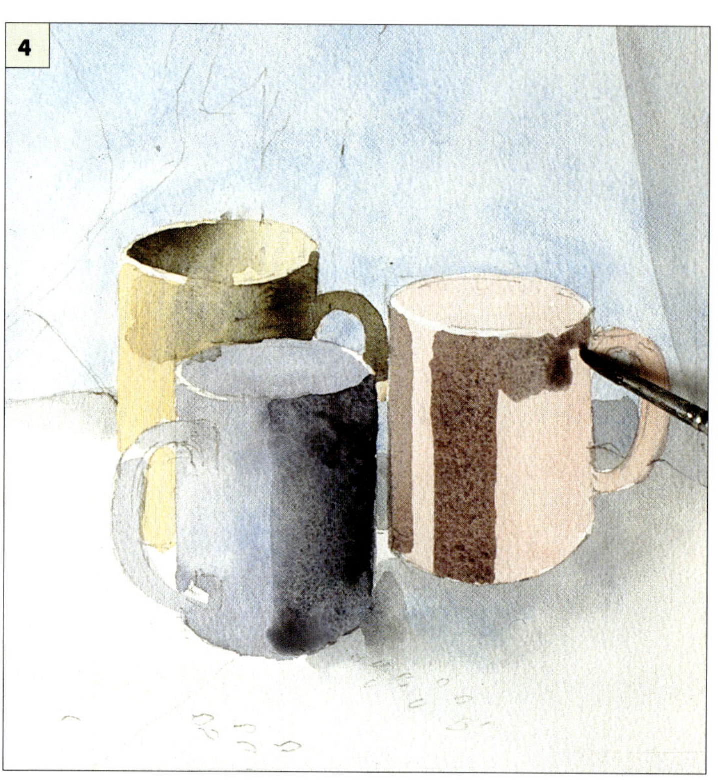

3 Dès que les lavis des tasses rose et jaune sont secs, l'artiste applique un lavis gris sur la troisième. Sur ce lavis encore humide, il appose de petites touches d'un gris plus soutenu, créant ainsi une ombre douce.

4 Sur la tasse rose, les contrastes des parties sombres et claires sont très marqués. Pour cela, l'artiste a posé son lavis gris rosé sur le premier lavis pâle sec, peignant «humide sur sec».

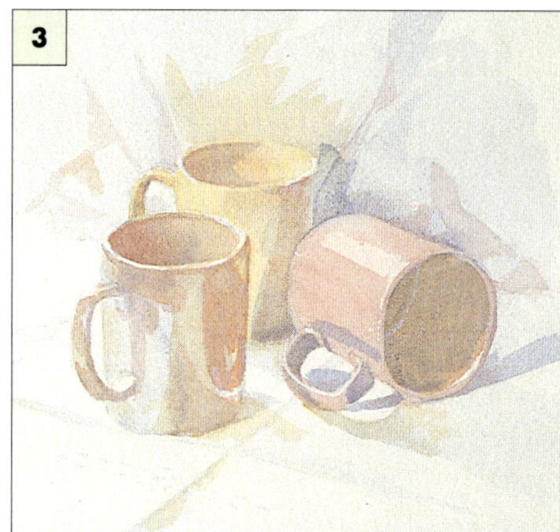

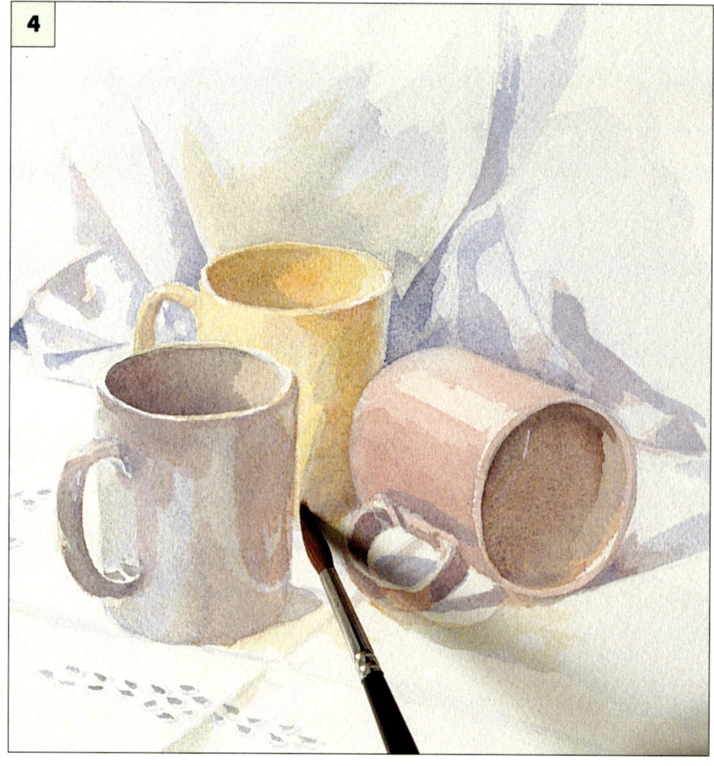

3 Les roses et jaunes des tasses ont été appliqués sur les ombres bleues (p. 43). Toutes les couleurs sont maintenant en place, même si elles sont renforcées en recevant d'autres couches de couleur.

4 Les tasses achevées, l'artiste a décidé de mettre une touche de jaune à l'arrière-plan pour évoquer le reflet de la tasse. Elle peint ensuite l'ombre de cette tasse avec une couleur qui s'harmonise avec le fond.

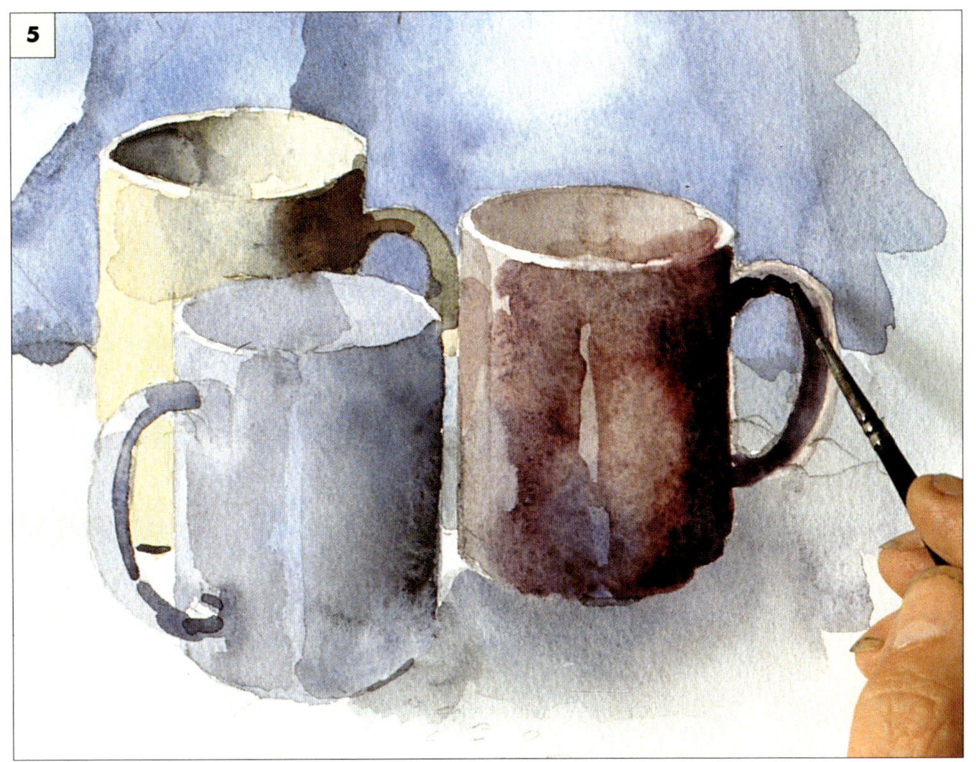

5 Sur les parties ombrées de la tasse, les couleurs foncées sont travaillées sur les lavis humides. Ce travail «humide sur humide» (p. 64) est idéal pour des effets nuancés. On applique une couleur sombre sur lavis sec pour les anses afin d'obtenir des contours nets. Le jeu des contrastes des bords très marqués ou doux caractérise le travail de cet artiste.

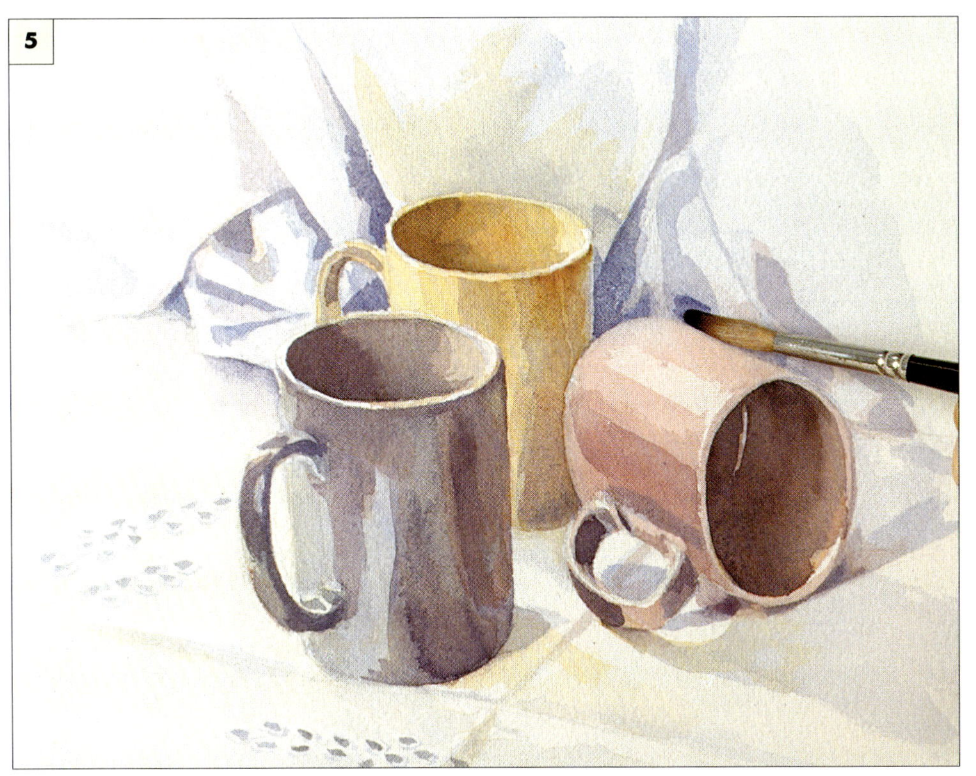

5 Même si vous peignez le fond en premier, vous pouvez vous apercevoir qu'il faut foncer certaines parties après avoir peint les objets. Il est nécessaire de faire ressortir la tasse rose. Pour cela on appose une ombre bleue foncée derrière. Les formes des tasses ont été construites avec une série de lavis différents, en prenant soin de réserver les reflets sur les bords (pp. 46 à 49 pour en savoir davantage sur les reflets).

Le blanc n'absorbe pas la lumière, comme le font les couleurs foncées, et la qualité lumineuse de l'aquarelle résulte de la réflexion de la lumière du papier à travers le voile des couleurs. Cette qualité réfléchissante est particulièrement importante pour créer des reflets. Même si vous pouvez faire des rehauts blancs avec un blanc opaque, les reflets

Les différentes méthodes

Chaque artiste recherche des effets particuliers. L'un veut des reflets nettement définis, l'autre des reflets plus nuancés.

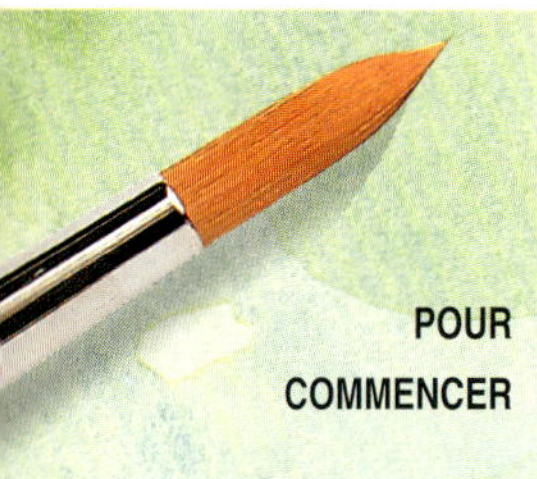

POUR COMMENCER

La création des reflets

▼ Peignez votre aquarelle à partir de cette photographie. En peignant, gardez en réserve les zones de reflet. Si vous avez des difficultés pour les surfaces très petites, protégez les avec le masquage liquide (p. 80).

les plus purs sont obtenus par réserve, en gardant à ces endroits le papier vierge. Vous devez prévoir les surfaces de papier à réserver. Cela demande un dessin plus précis, suivant la taille et la forme des reflets. Sur une matière réfléchissante (un vase), vous dicernerez certainement plusieurs petits reflets. Il est donc important de bien définir leur forme et leur emplacement qui sont déterminants pour créer chaque objet de votre composition. D'autre part, un reflet dans un paysage peut être rendu par une forme simple, par exemple, une maison blanche, ce qui ne présente pas de difficulté.

Lorsque vous faites un reflet par réserve, les lavis en délimitent les contours avec précision. Mais dans la réalité, il y a des nuances : une forme arrondie offre des reflets plus nuancés. Dans ce cas, vous pouvez facilement adoucir les contours avec un pinceau (ou une petite éponge) imbibé d'eau sur la peinture sèche ou humide.

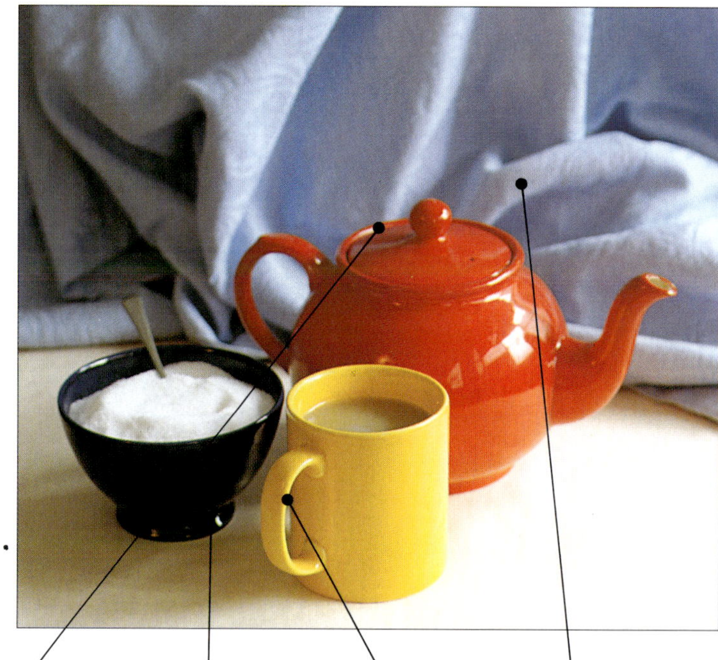

• Dessinez l'emplacement des reflets sur la théière et appliquez soigneusement votre lavis autour.

• Le reflet sur le bol bleu est légèrement coloré par la tasse jaune voisine. Faites également une réserve blanche à cet endroit dans le lavis bleu et teintez légèrement le blanc du papier avec du jaune.

• On peut laisser blanc le reflet sur l'anse de la tasse jaune. Si cela semble trop clair, après avoir peint les autres couleurs, appliquez un lavis jaune pâle.

• Le jeu de lumière sur la draperie peut aussi être laissé blanc. Vous pouvez suivre la procédure suggérée pour le bol bleu : teintez-la de la couleur la plus proche, ici le rouge.

AUTRES CONSEILS POUR LES REFLETS

Si la technique de la réserve vous semble difficile, tout en adoucissant les contours, protégez les parties blanches vierges avec un fluide de masquage (pp. 48 et 80), liquide épais et élastique qui, sec, forme un film imperméable.

Les reflets ténus, comme ceux d'un brin d'herbe dans la lumière, ne peuvent être gardés en réserve, ni même protégés avec un masquage liquide. Dans ce cas, adoptez une

John Lidzey

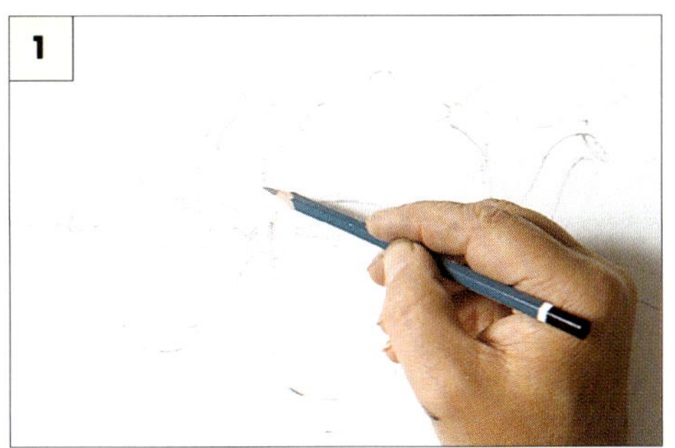

1 Une bonne esquisse permet à l'artiste de situer précisément les reflets. Sur des objets ronds, la forme des reflets est déterminante pour la définition même de l'objet.

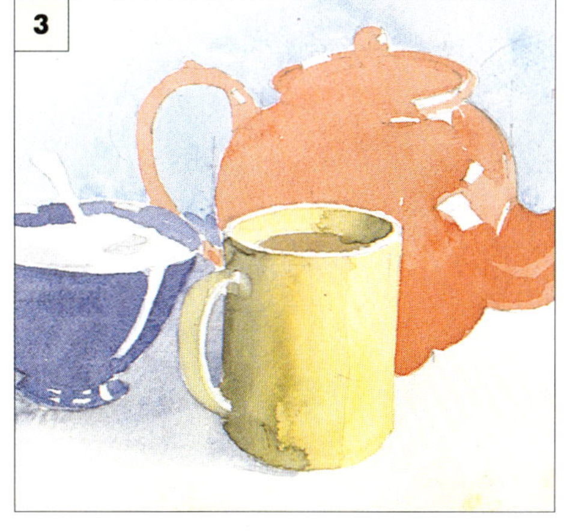

2 Quatre lavis ont été appliqués en prenant soin de détourer les zones de reflet laissées en réserve. Pour détourer des zones très petites, il peut être pratique de retourner sa feuille.

3 Parfois, il est nécessaire de simplifier les reflets. A cette étape, observez comment l'artiste a mis en place la forme générale des reflets en comparant son travail à la photographie.

=> à suivre

Hazel Soan

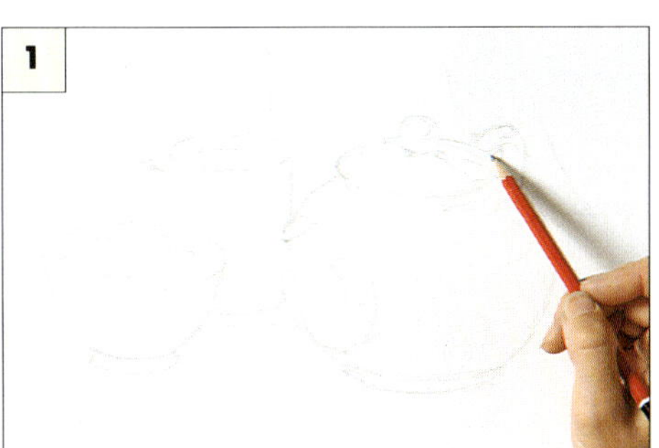

1 De nouveau, on fait une ébauche et la forme du principal reflet est légèrement esquissée.

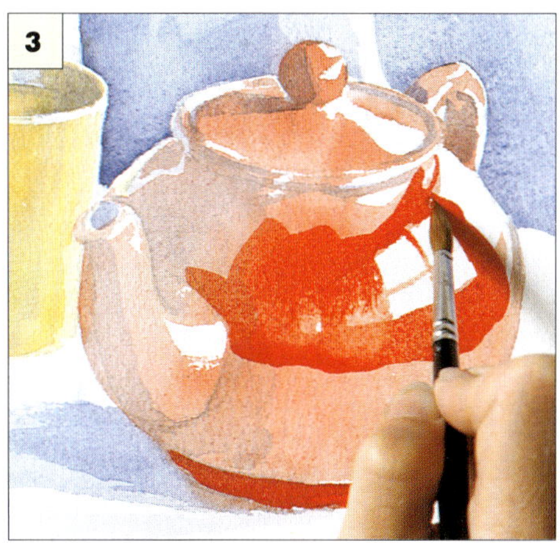

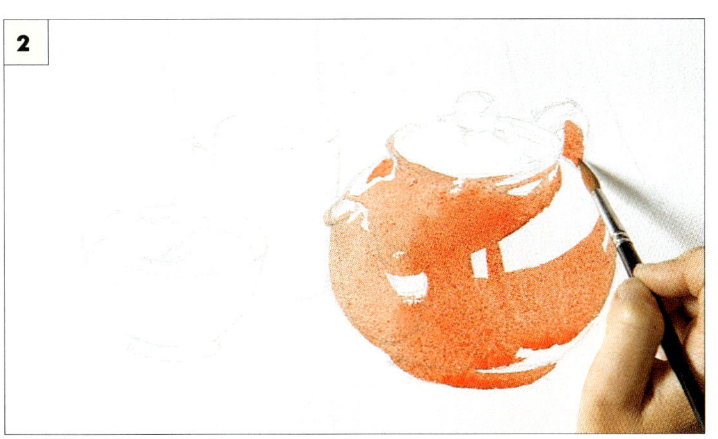

2 Le reflet doit être une caractéristique importante de la peinture, c'est pourquoi on peint d'abord la théière. Comme le pot a une surface brillante, les limites des reflets sont précises, ce que l'artiste veut pleinement exploiter.

3 Le fond et les autres objets ont été peints en réservant tous les reflets blancs ou légèrement teintés. L'artiste applique maintenant des couleurs plus foncées.

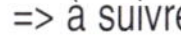

=> à suivre

4 Ici, les reflets sur la panse de la théière sont moins détaillés que dans le travail du second artiste, mais ils sont parfaitement placés ainsi que ceux du bol.

5 L'artiste a choisi d'accentuer le reflet sur le bol, créant ainsi une forme intéressante. Comme la tasse jaune se réfléchit dans le bol, le reflet du bol est également teinté de jaune.

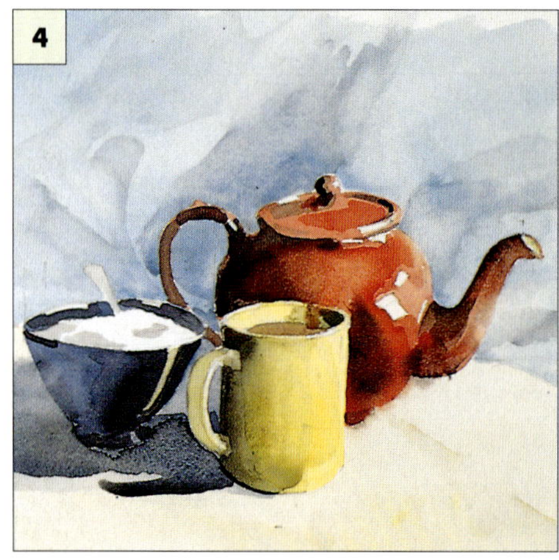

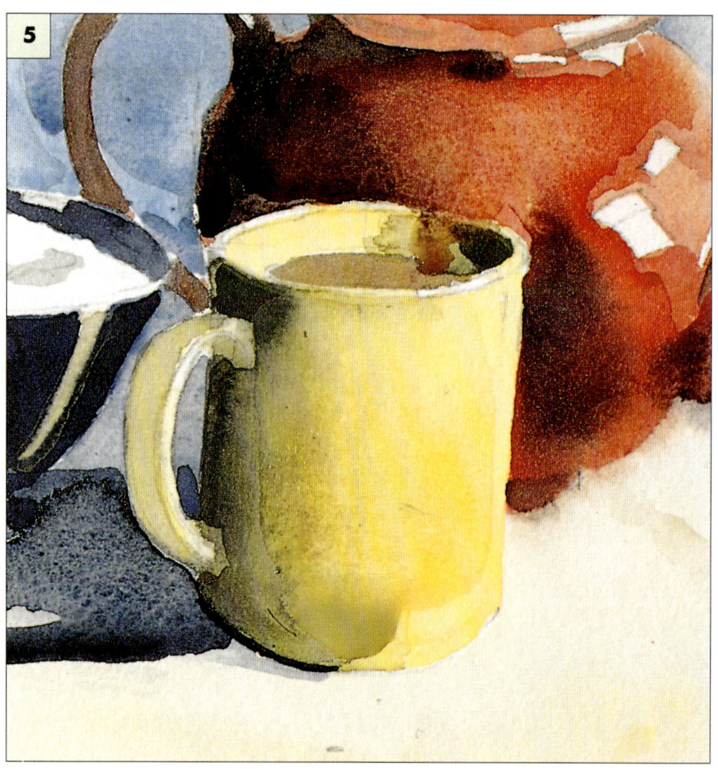

4 Le reflet doux sur le bec de la théière est rendu en épargnant le lavis brun rosé clair et en le détourant avec une couleur plus soutenue.

5 Le large reflet blanc de la panse de la théière crée un superbe motif. Avant de peindre, l'artiste a déplacé la théière pour obtenir le plus beau reflet.

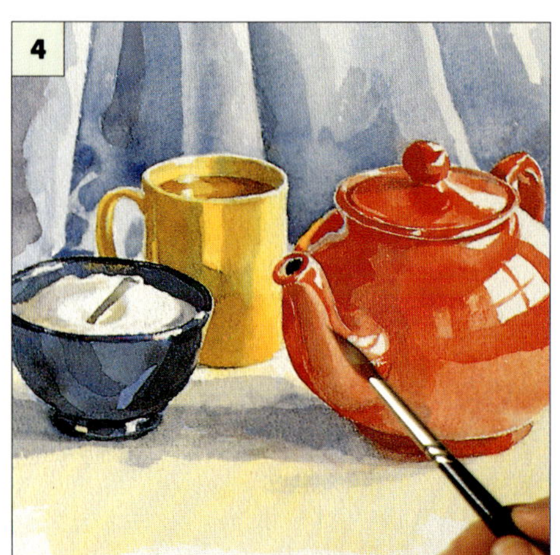

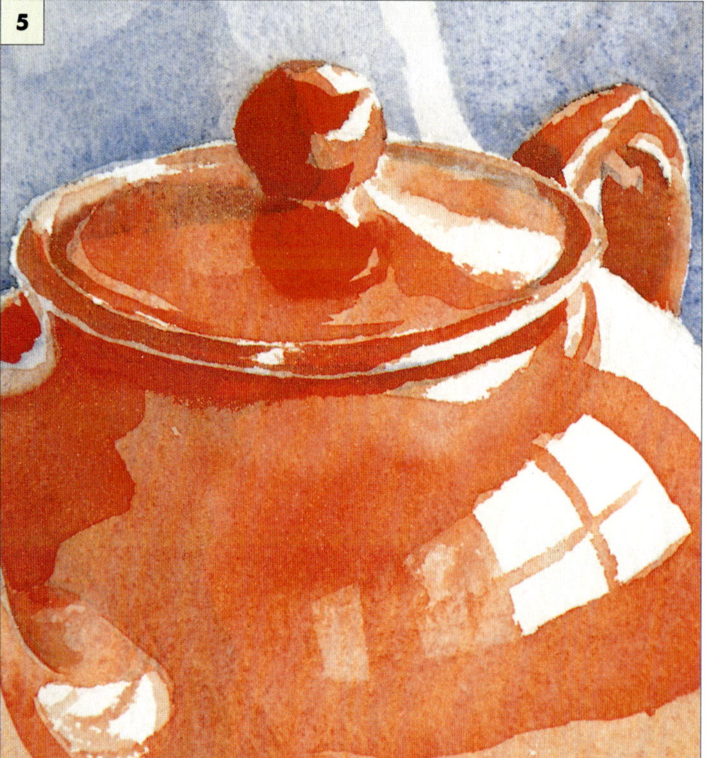

méthode simple, le grattage. A l'aide d'une pointe fine, grattez la peinture humide. Bien sûr, tous les reflets ne sont pas d'un blanc pur et sont parfois une version plus pâle de la couleur principale de l'objet. Vous pouvez encore utiliser la technique de la réserve, c'est-à-dire, appliquer un lavis clair et juxtaposer des couleurs plus foncées, mais il existe également deux autres méthodes où le reflet est exécuté en dernier. La première méthode consiste à repeindre le reflet avec de l'encre de Chine blanche diluée ou de la gouache blanche. Ainsi, le blanc imprègne peu à peu le lavis clair au-dessous créant un effet velouté. Dans la seconde méthode, vous apposez le lavis et retirez par endroit de la peinture humide en tamponnant légèrement la surface avec une éponge ou du coton. Cette technique n'a pas la précision de la réserve ou du rehaut au pinceau. Elle convient pour des reflets plus doux et diffus.

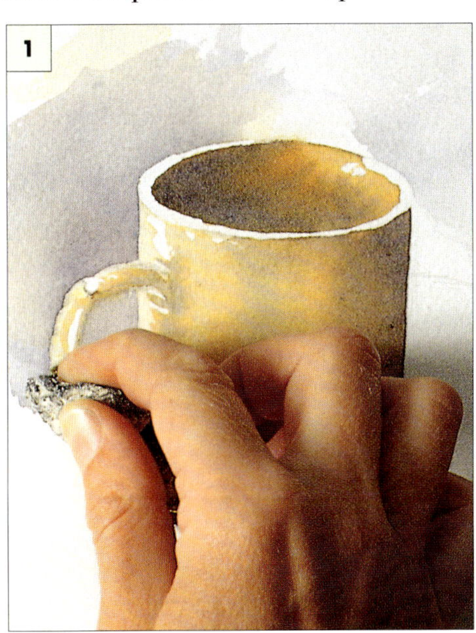

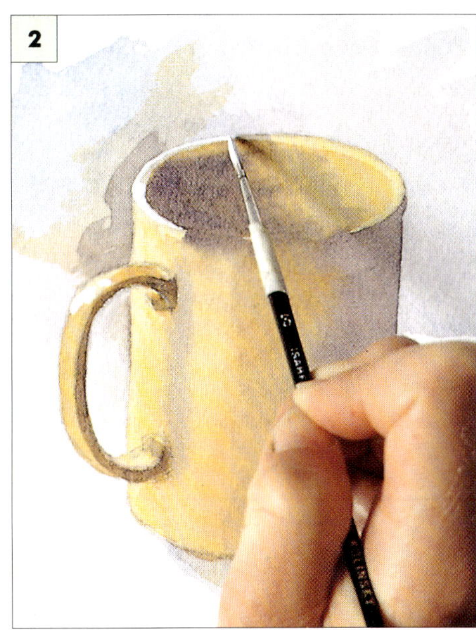

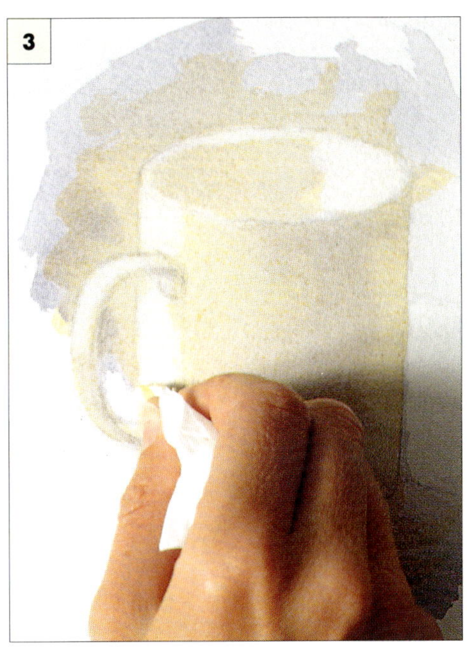

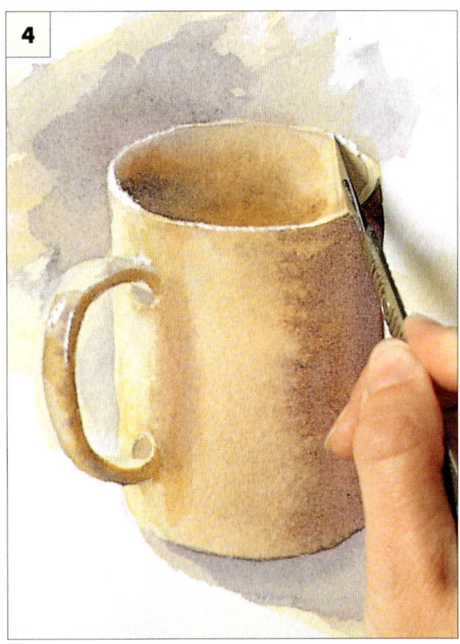

Quatre procédés différents

1 Ici, on a utilisé le masquage liquide pour couvrir les reflets du rebord et de l'anse. Après l'avoir étalé, laissez sécher, puis passez vos lavis de couleur. Lorsque tout est sec, retirez le lavis en frottant avec le doigt ou une gomme.

2 Le maquage liquide est trop épais pour des lignes très fines, alors utilisez de l'encre de Chine blanche avec un pinceau très fin.

3 Tous les reflets ne sont pas vifs et précis : sur des surfaces mates, ils sont atténués et diffus. Faites un grattage car la technique de la réserve ne convient pas. Ici, on utilise un tissu pour tamponner la peinture humide. Vous pouvez de la même manière utiliser une éponge et pour des petites surfaces le bout d'un pinceau sec.

4 Le grattage avec une pointe de couteau sur la peinture sèche permet de créer des reflets fins. Cela doit être fait en dernier car le grattage écorche le papier et vous ne pouvez plus peindre dessus sans faire des taches.

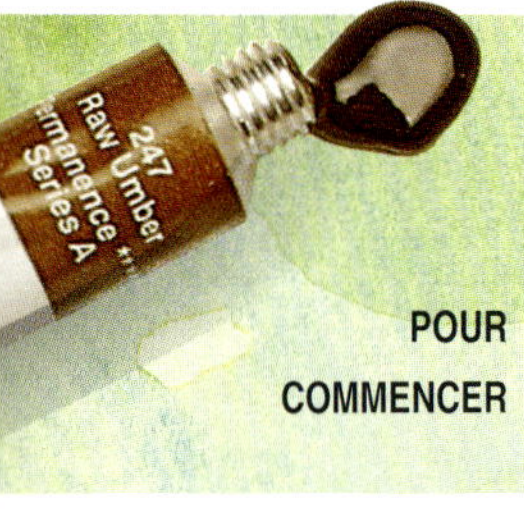

POUR COMMENCER

La lumière et l'ombre

La lumière définit les formes de chaque chose : une tasse à café, un arbre ou même un visage. Sous un éclairage direct, l'effet de luminosité et de brillance est plus intense. Les ombres se forment lorsque l'objet est écarté de la lumière.
Une autre forme d'ombre est l'ombre portée, obtenue lorsqu'un objet arrête les rayons de lumière (assis à l'ombre, vous êtes dans l'ombre portée par un arbre ou une maison). Un peu de pratique maintenant, en peignant des lumières et des ombres sur l'objet lui-même.
Si vous ne travaillez pas sur papier humide, vous obtenez des couleurs aux contours nets, ce qui se prête à la représentation d'une construction ou d'une table où les divisions entre les zones d'ombre et de lumière sont nettes. Le cas est différent lorsqu'il s'agit d'indiquer les passages subtils de l'ombre à la lumière d'une forme ronde. La solution est de juxtaposer plusieurs lavis qui se fondent légèrement à leur point de jonction. Veillez à ne pas saturer les couleurs par trop de superpositions car vous risquez d'obtenir des couleurs ternes et sales. Essayez d'évaluer l'intensité des ombres et faites des essais à part sur une feuille de papier, qui vous donne un résultat proche de votre sujet et vous aide à trouver le ton juste.

Le modèle des formes

Vous devez choisir votre technique et l'adapter à la forme et la matière de l'objet. Vous ne pouvez pas rendre avec réalisme les contours nets d'un objet, comme une table avec des couleurs qui se fondent les unes aux autres. Les deux artistes nous en font la démonstration à partir de trois sujets très différents.

L'ÉVALUATION DES TEINTES

Vous devez d'abord étudier les contrastes de lumière. Cela vous aidera à décider de l'intensité de vos mélanges. Il est difficile d'évaluer une teinte car les yeux percoivent d'abord la couleur. Fermer un peu les yeux, les contrastes seront plus évidents.

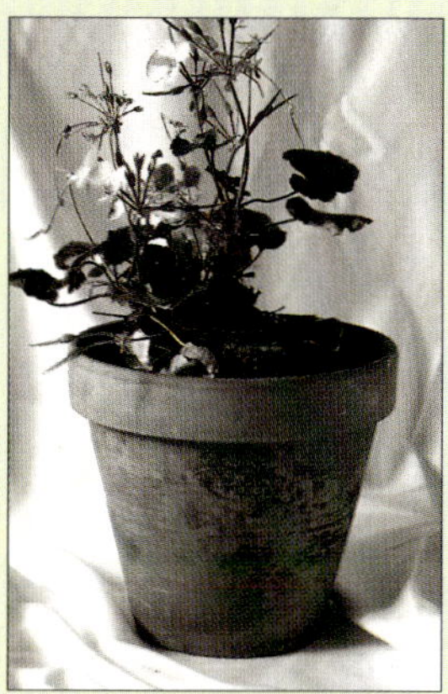

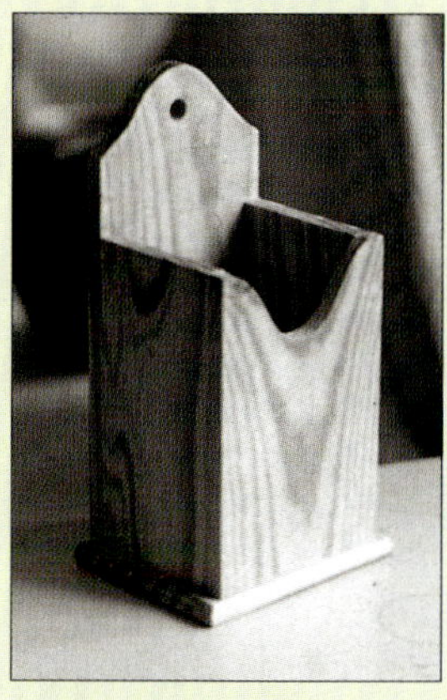

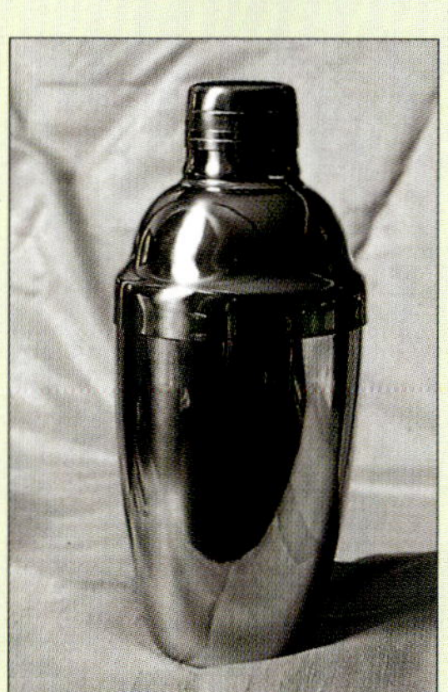

Essayez de transposer dans votre esprit les objets en photographies noir et blanc.

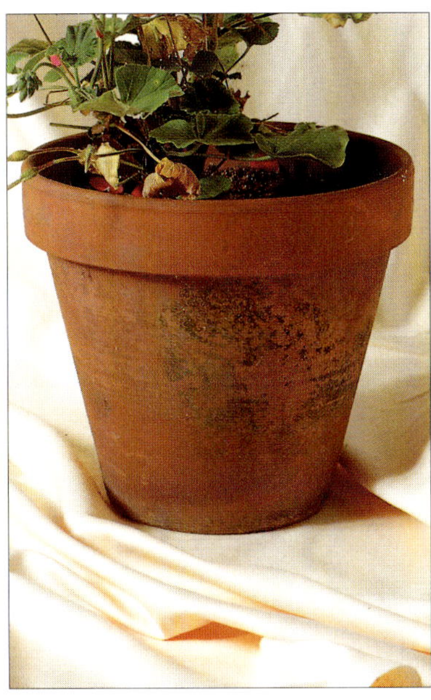

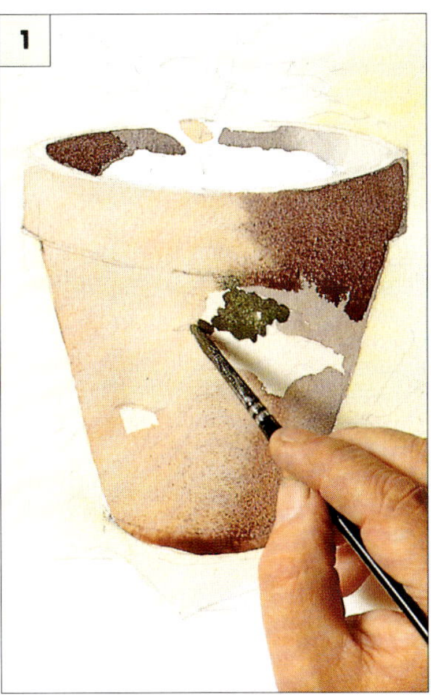

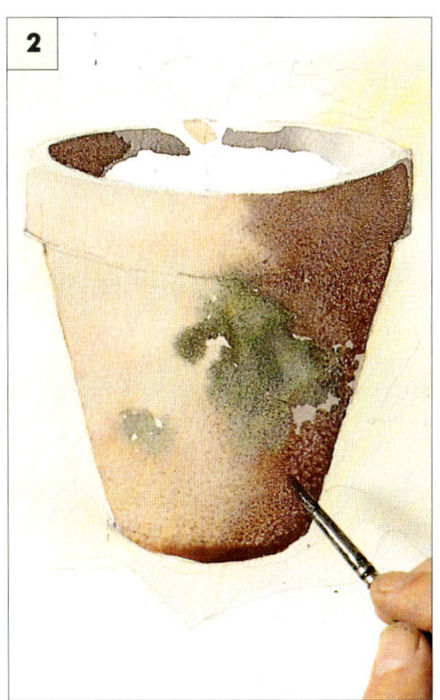

Mélange des couleurs
L'intensité de la lumière et la texture de l'objet déterminent le degré de contraste entre les parties sombres et claires. La surface de terre cuite ne reflète pas beaucoup la lumière, les contrastes sont relativement faibles.

1 L'artiste applique un lavis brun rosé, et alors qu'il est encore humide, il le retravaille avec une couleur plus foncée. Il reproduit la partie tachetée avec des touches vertes foncées sur un fond jaune très pâle.

2 Comme les premiers lavis ne sont pas complètement secs, les teintes foncées se mêlent aux claires pour donner un effet de fondu. Des bords nets et des contrastes clairs et foncés accusés ne sont pas adaptés au sujet.

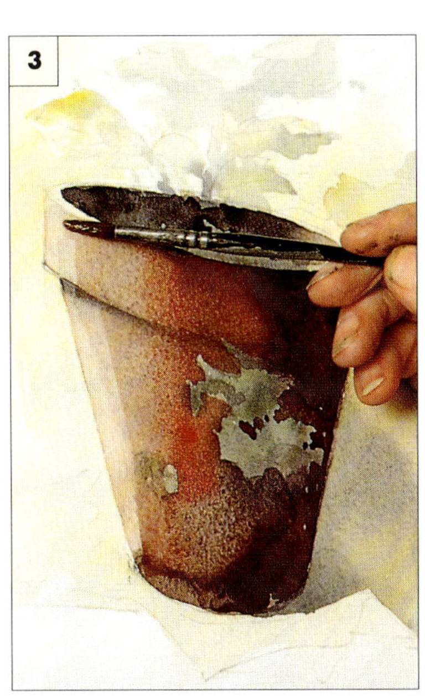

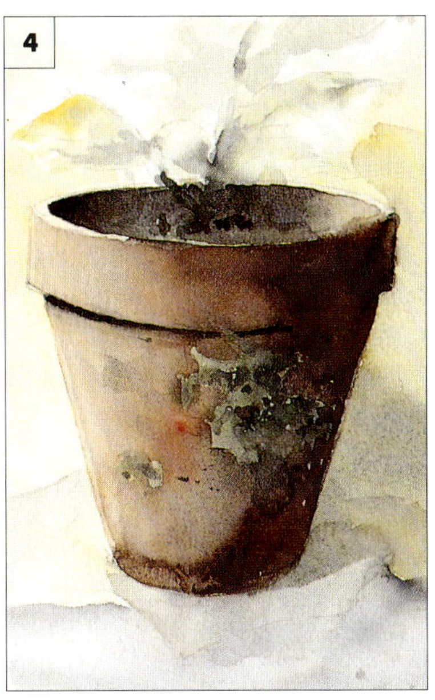

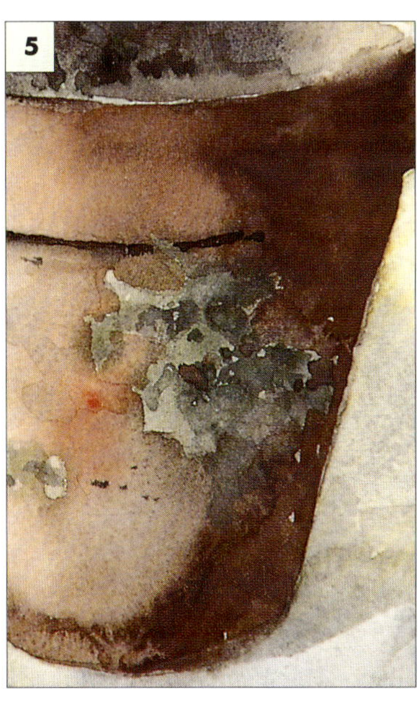

3 Les teintes ont été intensifiées autour du pot, en laissant une petite bande de couleur claire au bord. En utilisant l'extrémité du pinceau, l'artiste fond les couleurs délicatement.

4 Le pot a un fort aspect solide et rond, et les couleurs sont harmonieusement mélangées : il n'y a pas de surcharge. Les seules lignes nettes sont celles du bord supérieur et l'ombre souligne le rebord du pot à gauche.

5 Des effets, comme cette tache de lumière de couleur sombre, doivent être traités avec délicatesse pour que le motif reste intégré à l'ensemble.

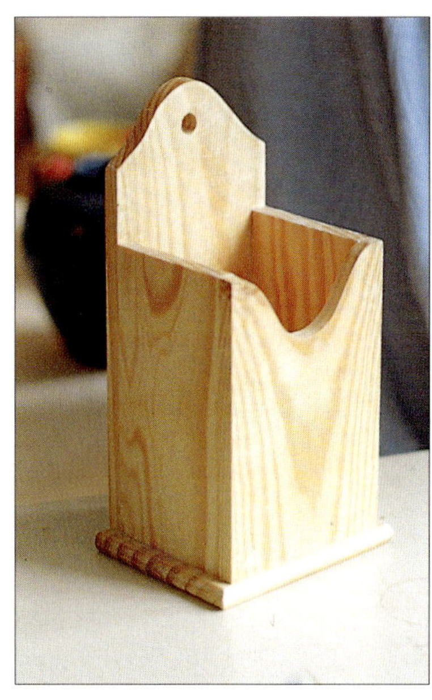

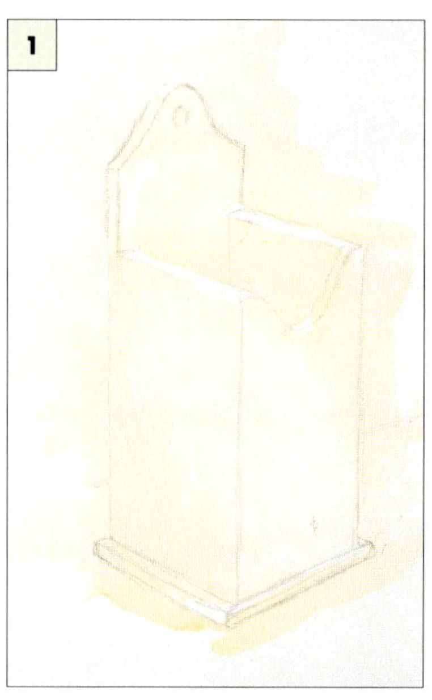

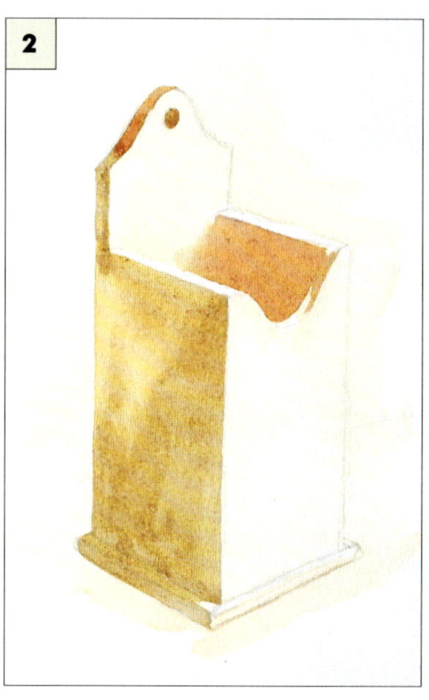

PEINDRE LES SURFACES RÉFLÉCHISSANTES
La surface réléchissante du métal produit des reflets très brillants et des ombres foncées. Un objet comme celui-ci reflète tout ce qui l'entoure, créant un mélange de formes et de couleurs.

1 Malgré la lumière et les ombres marquées, la couleur brune de tendance jaune domine. Passez un lavis léger sur l'objet et une bonne partie du fond.

2 Pour avoir des bords nets, laissez chaque lavis sécher avant d'appliquer le suivant.

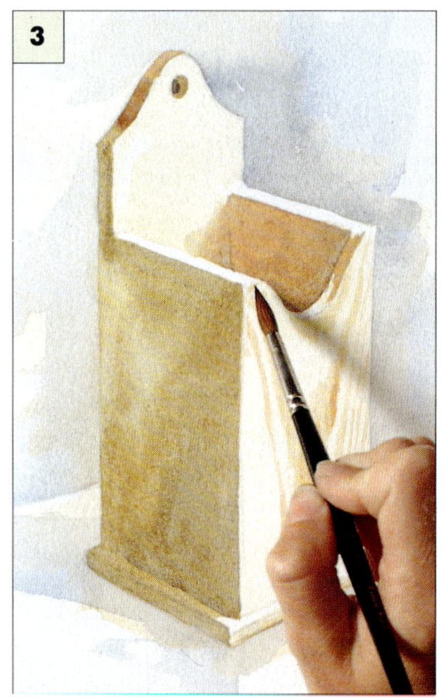

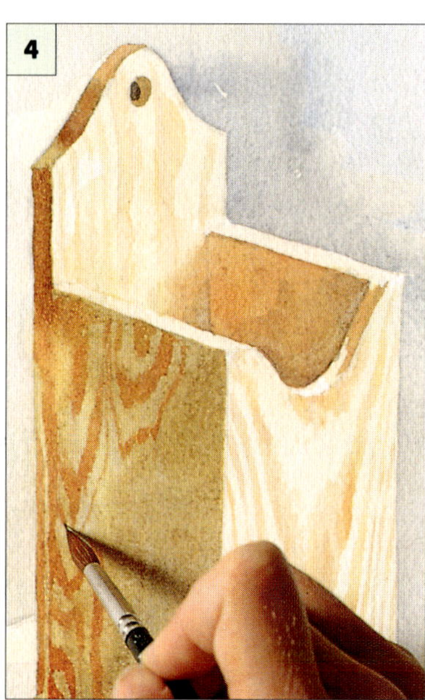

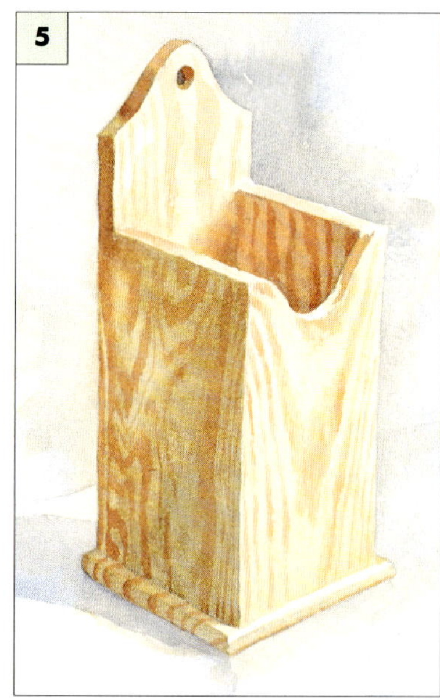

3 Comme la terre cuite, le bois a une texture intéressante : en peignant sa fibre, on donne le caractère de l'objet.

4 Les fibres du bois sont peintes du bout du pinceau fin, sur un lavis granuleux qui contribue au rendu réaliste de la matière.

5 La teinte utilisée pour rendre la fibre du bois est juste. Dans les surfaces en pleine lumière, la teinte est assez soutenue.

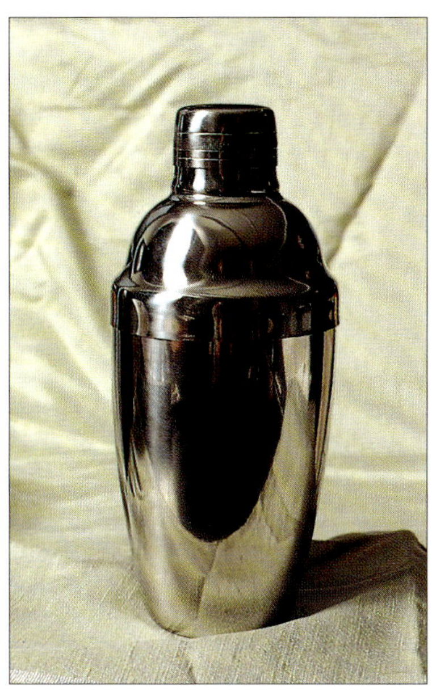

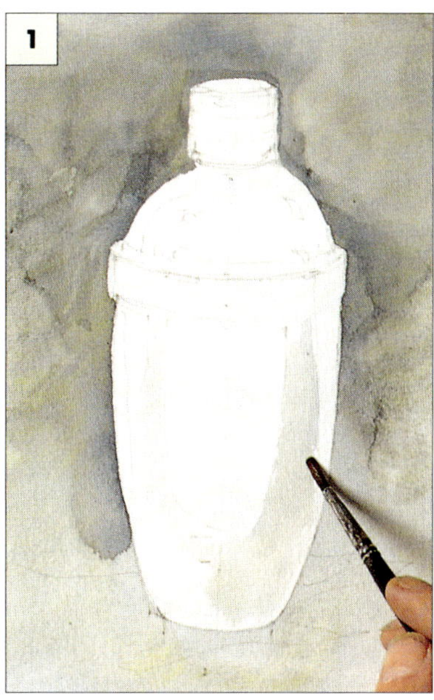

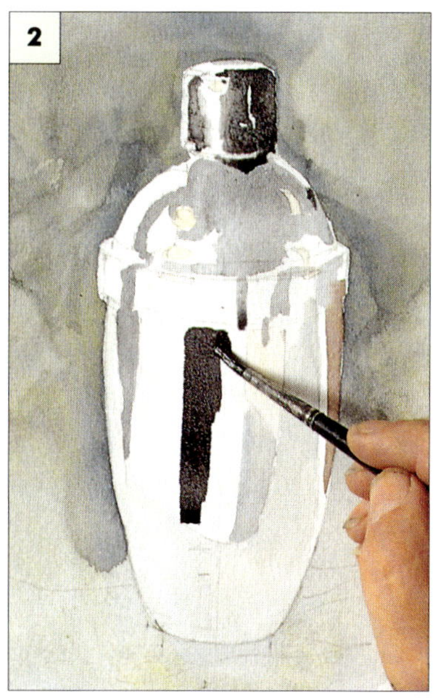

Peindre des surfaces contrastées (volumes cubiques)
Sur des surfaces courbées, le passage de l'ombre à la lumière est progressif. Mais sur des volumes anguleux, comme celui-ci, il est nettement délimité. L'ombre peut être très foncée.

1 On peint d'abord le fond et le large reflet du même ton sur la panse du shaker, les autres parties restant pour l'instant blanches.

2 Lorsqu'on utilise des couleurs très contrastées, il faut apposer les plus foncées en premier. En ayant les couleurs les plus claires et les plus sombres en place, il est plus facile de choisir la gamme des couleurs intermédiaires.

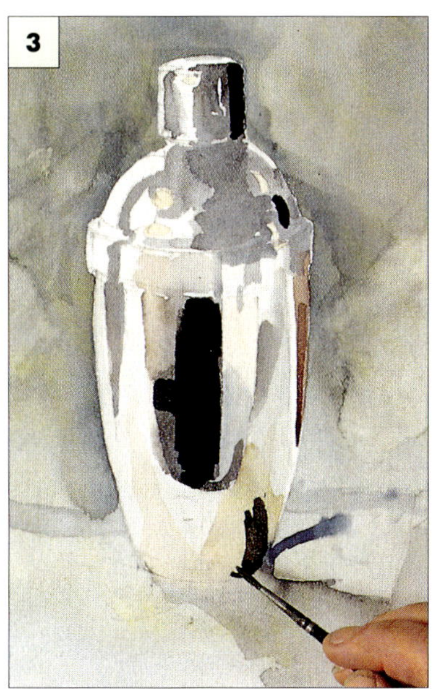

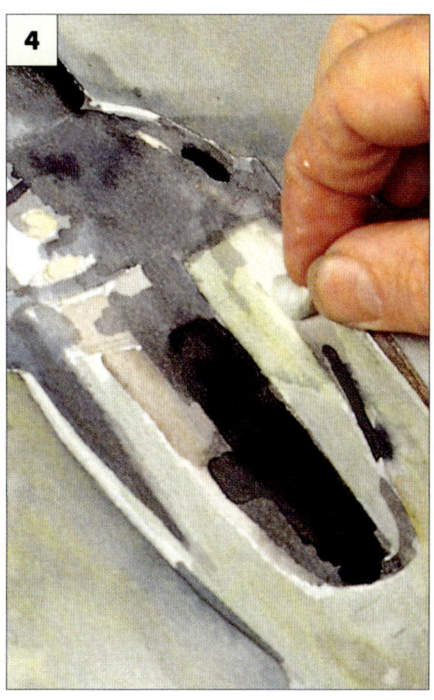

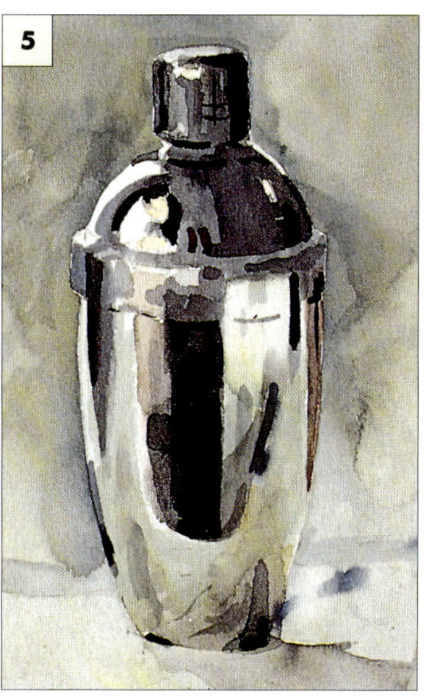

3 La forme de l'ombre foncée à la base du shaker aide à définir la forme de l'objet. C'est du gris Payne assez dense.

4 Même si la plupart des reflets sont très nets et contrastés, d'autres sont adoucis et plus flous. Pour ces derniers, on utilise un coton-tige pour absorber la couleur.

5 L'intérêt des surfaces brillantes naît de la variété des couleurs qu'elles reflètent. Ici, une harmonie de rose, de brun, de gris et de vert, est juxtaposée à des blancs et gris sombres.

Les ombres sont essentielles en peinture pour deux raisons. D'une part, elles servent à fixer l'objet à son support. Si vous peignez un pichet sur une table, sans en peindre l'ombre, le pichet semblera flotter dans l'espace. D'autre part, les ombres enrichissent la peinture. Dans une nature morte, on emploie les ombres portées pour faire le lien entre les

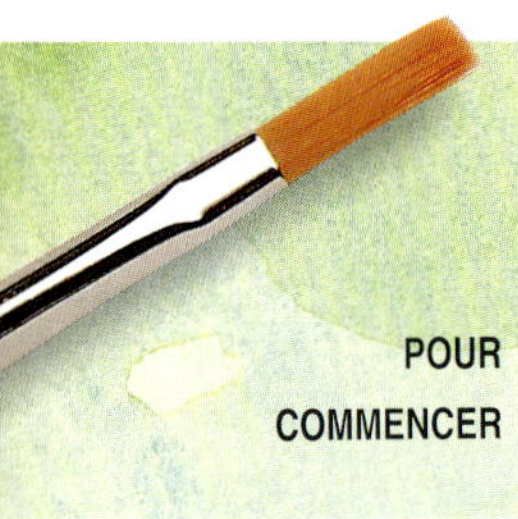

L'ombre portée

objets. Dans un paysage, elles sont utiles pour représenter le réseau complexe des branchages des arbres en hiver et le jeu des taches de lumière d'un bois en été. N'oubliez pas que les ombres sont colorées. Pour les débutants, elles sont souvent brunes ou grises, ce qui est rarement le cas dans la réalité. Essayez de trouver les bleus, les verts ou les violets de ces ombres.

Il y a deux manières de peindre les ombres. D'abord, essayez de peindre les ombres sur une nappe imprimée. Le mieux serait de peindre la nappe avec ses motifs, de laisser sécher puis de rajouter les ombres. Même si les ombres sont foncées, les couleurs de la nappe transparaissent. Pour une nappe unie, c'est la même chose, mais vous pouvez procéder autrement. Faites deux lavis séparés, un pour l'ombre, l'autre pour les parties plus claires, en fondant les deux lorsque vous désirez obtenir des nuances délicates. La première méthode est plus facile, mais n'en abusez pas. Les ombres doivent être lumineuses et si vous faites trop de superpositions, vous n'y arriverez pas.

Les différentes méthodes

Pour peindre l'ombre portée, chaque artiste possède sa propre technique. Vous découvrirez vous même la méthode qui vous convient le mieux. En attendant, observez la technique de nos deux artistes.

▼ Peignez librement à partir de cette photographie. Si vous n'êtes pas satisfait de votre travail, essayez ces deux méthodes et chosissez celle qui vous convient le mieux.

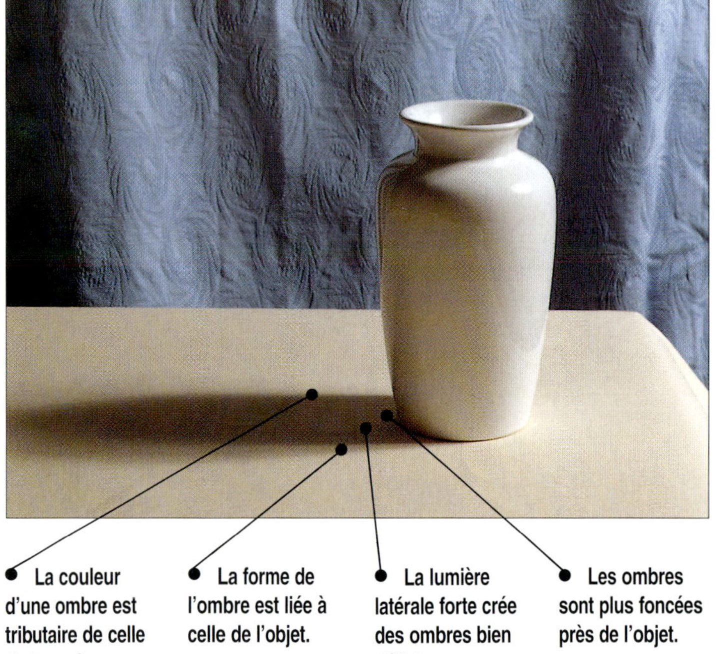

• La couleur d'une ombre est tributaire de celle de la surface sur laquelle elle se porte.

• La forme de l'ombre est liée à celle de l'objet.

• La lumière latérale forte crée des ombres bien définies.

• Les ombres sont plus foncées près de l'objet.

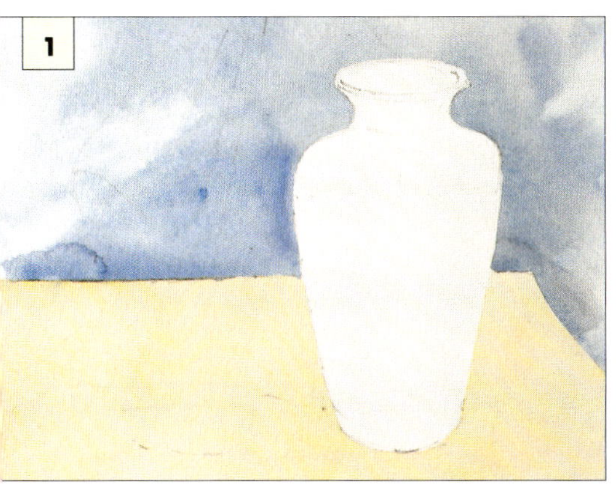

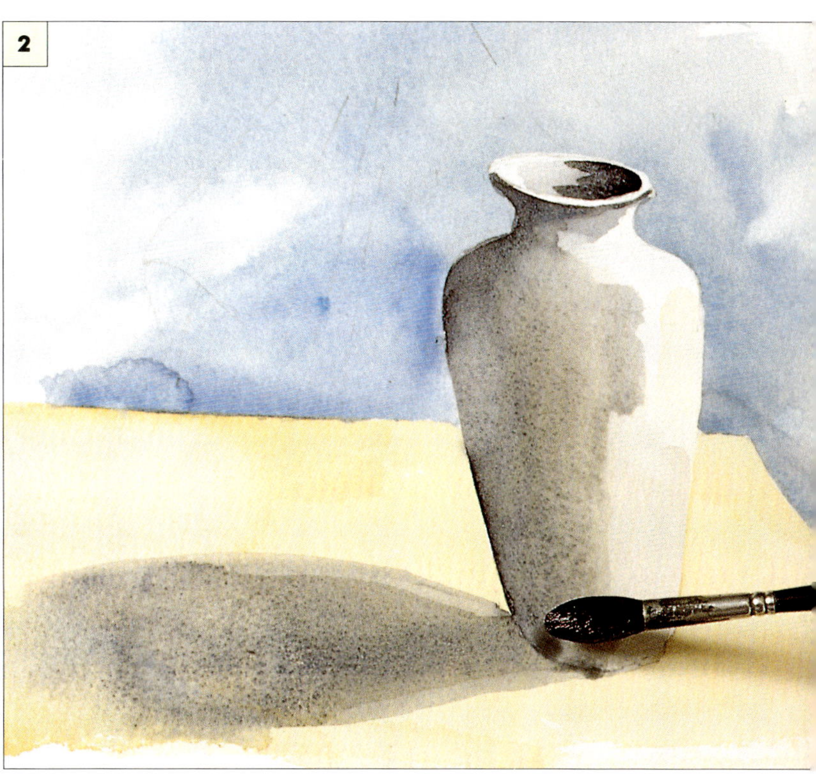

John Lidzey

1 Les ombres contiennent du bleu ou du vert, mais leur teinte est liée à la surface sur laquelle elles se projettent. L'artiste peint d'abord la couleur principale qui, ainsi se verra à travers l'ombre.

2 On applique un gris bleuté pour l'ombre ainsi que sur la hauteur du vase du même côté. L'ombre la plus forte est proche de l'objet et, au contraire, les parties les plus éloignées doivent être plus claires. Le bleu de l'ombre se fond délicatement avec le jaune.

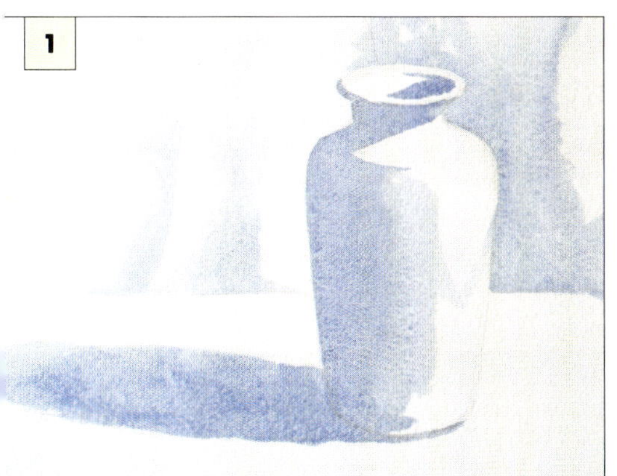

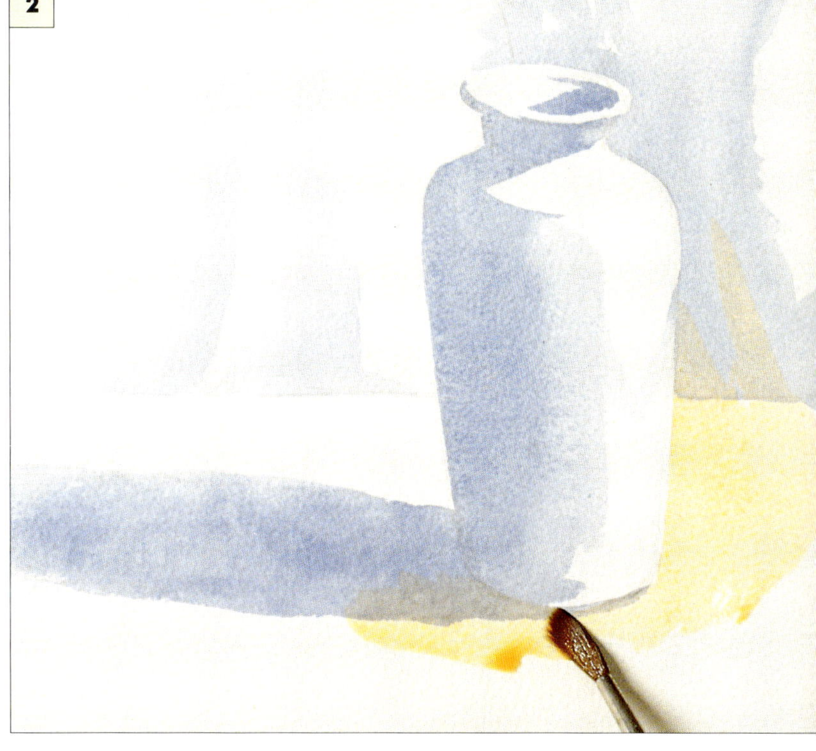

Hazel Soan

1 Ici, on a peint d'abord les ombres. De nouveau, on a utilisé la même teinte pour l'ombre portée et la zone ombrée du vase. Comme la nappe et le vase sont tous les deux de couleur ivoire, les ombres sont teintées d'un même lavis jaune pâle.

2 Cette fois, le jaune pâle de la nappe est réparti autour du premier lavis bleuté et le pénètre seulement à la base du vase, et légèrement sur le fond. Pour éclaircir l'extrémité de l'ombre, il suffit de diluer le bleu.

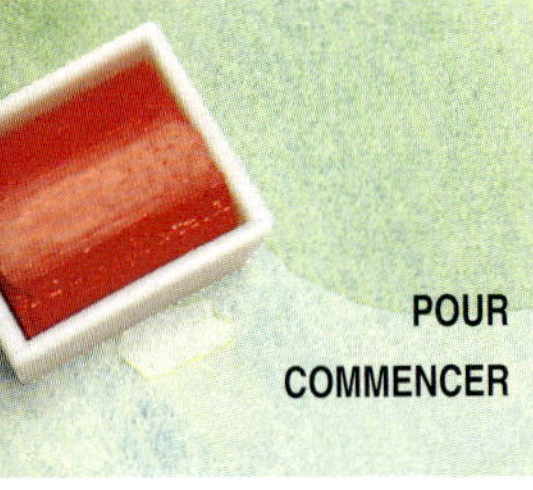

Par où commencer

Il n'est pas toujours évident de savoir par où et comment commencer une peinture. Le conseil habituel en matière d'aquarelle est de commencer par les couleurs claires que vous foncerez par la suite. Ce qui ne signifie pas que vous devez commencer par la partie la plus claire de votre sujet.

Si vous peignez un bouquet de fleurs blanches dans un vase bleu foncé, sur fond bleu clair, la méthode traditionnelle consiste à appliquer un lavis bleu clair sur le vase et sur l'arrière-plan, en laissant en réserve les fleurs et les reflets. Laissez sécher, puis peignez le vase. Vous pouvez aussi peindre le vase et le fond autour. Certains artistes préfèrent débuter par les couleurs foncées, qui leur servent de référence pour le reste de la peinture.

Quelque soit votre méthode, vous analysez votre sujet et en définissez les zones d'ombre et de lumière. A partir des photographies de ces pages, imaginez les couleurs que vous appliqueriez en premier. Puis, suivez en pages 58 et 59 les différentes approches de chacun des artistes pour peindre la même nature morte.

Débuter le travail

Comme l'aquarelle n'est pas régie par des règles strictes, commencer n'est pas facile. Ces schémas proposent de décomposer le travail en plusieurs étapes, en traitant d'abord les parties claires et les foncées en dernier.

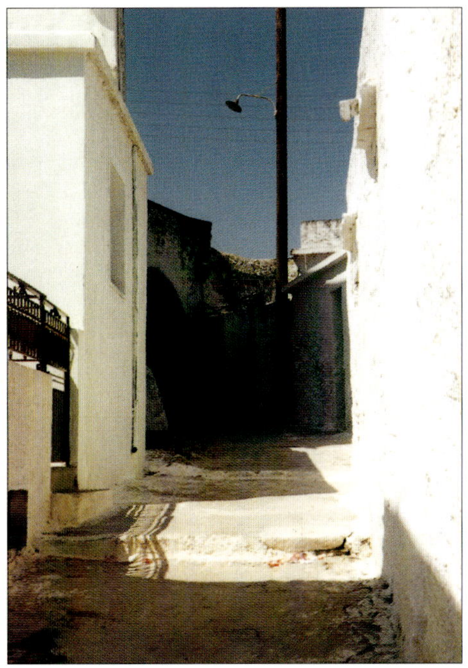

Peindre des constructions

1 Faites un dessin, puis un lavis bleu régulier ou dégradé. Laissez sécher. Appliquez un lavis très léger, par exemple, ocre jaune avec une pointe d'alizarine cramoisie sur toutes les autres parties.
2 Peignez la partie de la maison qui est dans l'ombre. Commencez à foncer les couleurs du premier plan et de l'arrière-plan. Peignez le lampadaire sur les autres couleurs déjà apposées.
3 Rajoutez un lavis plus sombre à l'arrière-plan (les ombres sont d'un gris bleuté) et commencez à faire apparaître les détails sur les maisons.
4 Peignez les derniers détails et renforcez les couleurs si cela est nécessaire.

1

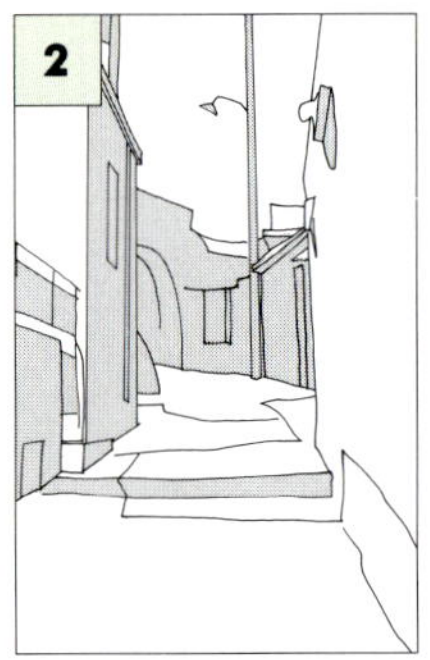

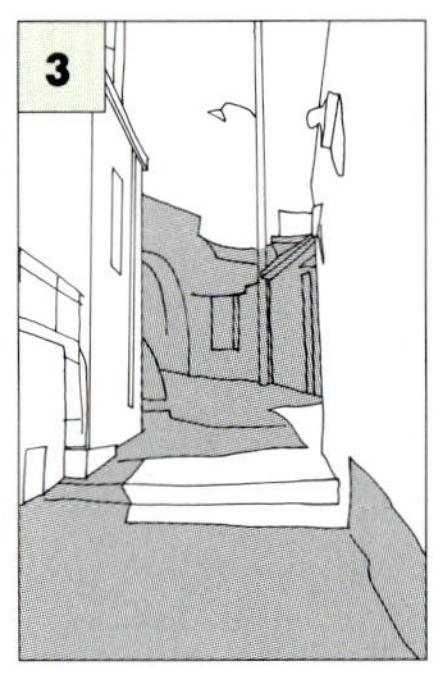

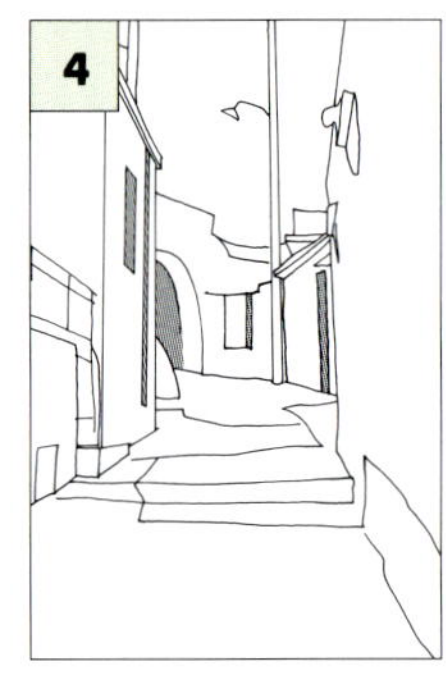

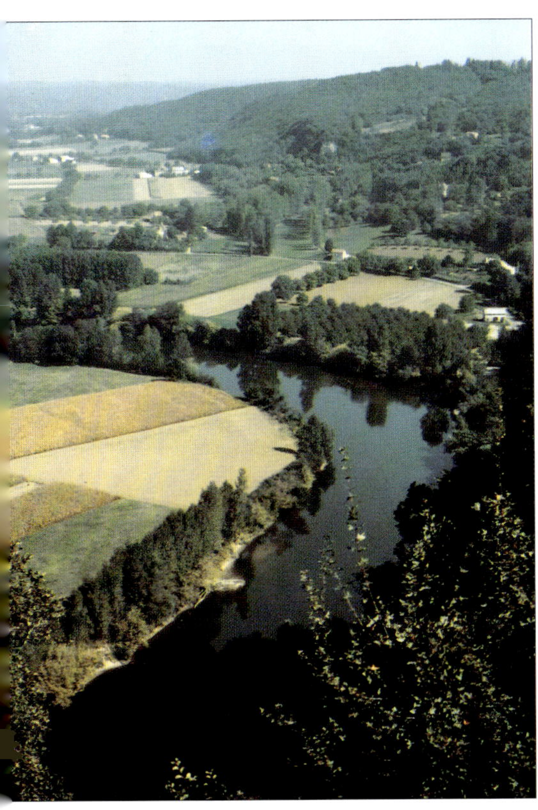

Peindre un paysage

1 Dessinez les formes principales, appliquez un lavis pâle pour le ciel et un lavis plus soutenu pour les collines lointaines. Un lavis ocre est utilisé pour les surfaces principales, à l'exception de la rivière, car en mélangeant du bleu et de l'ocre on obtient du vert.
2 Peignez l'eau à l'aide d'un lavis bleu moyen.
3 Peignez toutes les surfaces vertes en superposant la couleur au lavis ocre. Commencez par l'arrière-plan avec des lavis légers, en intensifiant progressivement la couleur verte jusqu'au premier plan.

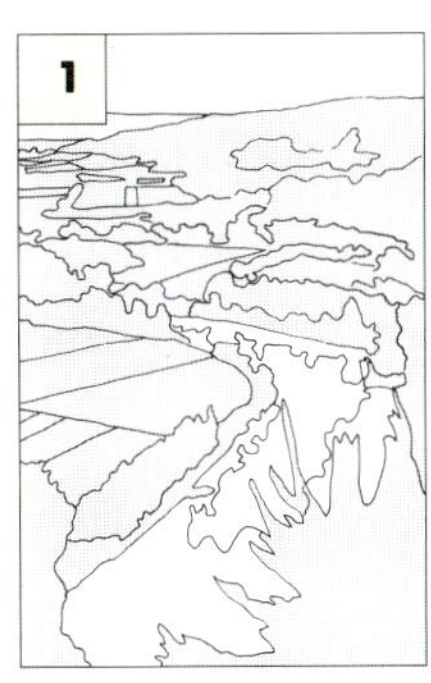

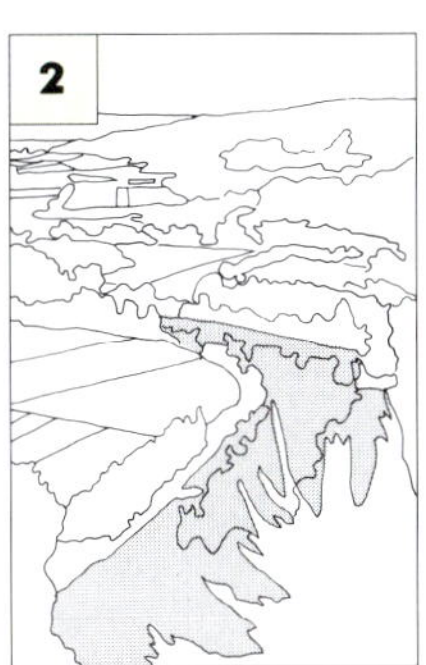

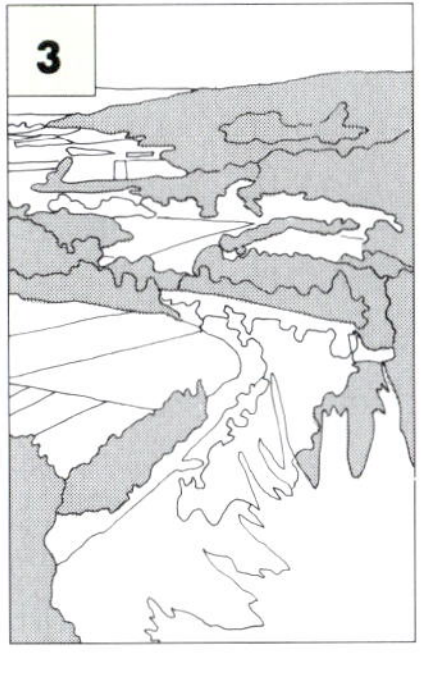

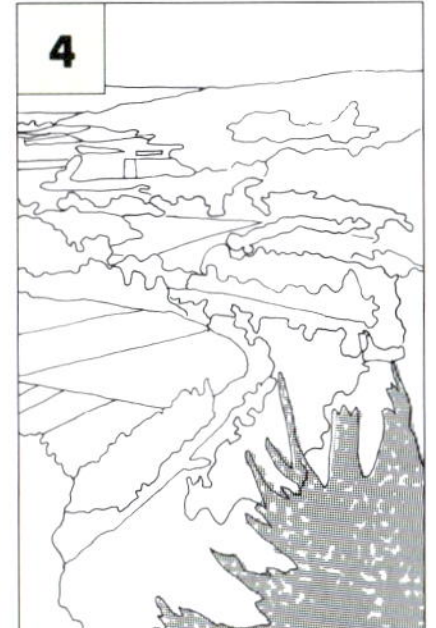

4 Après avoir recouvert les surfaces principales, ajoutez les détails petit à petit et intensifiez les couleurs en réservant de l'ocre, créant ainsi des taches de lumière à l'arrière-plan.

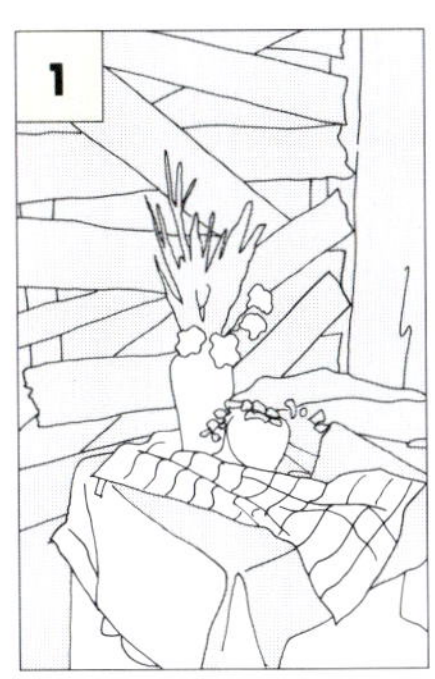

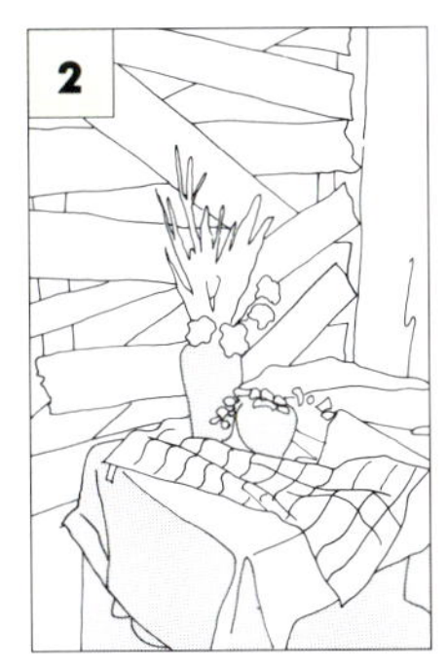

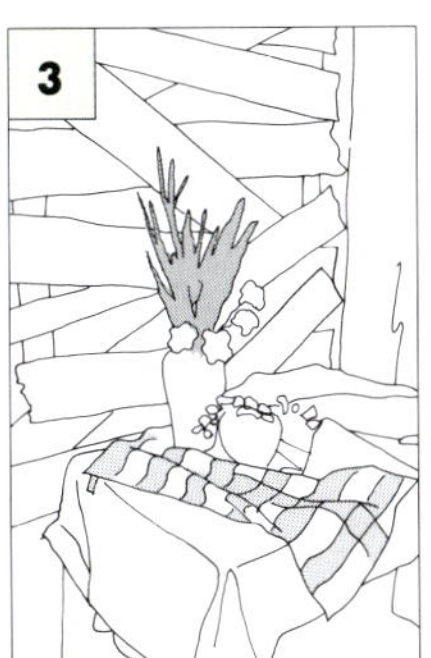

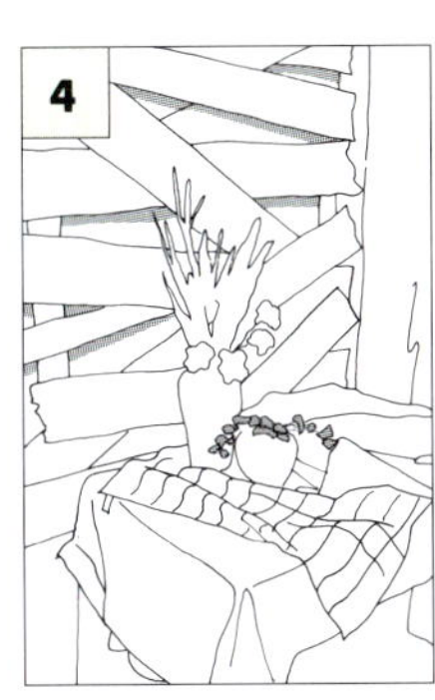

Peindre une nature morte

1 Dessinez au trait votre sujet, puis appliquez un lavis brun-jaune sur le fond, en laissant les fleurs blanches en réserve. Laissez sécher.
2 Appliquez deux lavis distincts pour le vase et le pot bleu.
3 Peignez en bleu la nappe, en réservant les carreaux blancs. Ensuite, traitez séparément les feuilles de l'arrière-plan en recouvrant le lavis ocre.
4 Ajoutez les détails et continuez de foncer les teintes où cela est nécessaire.

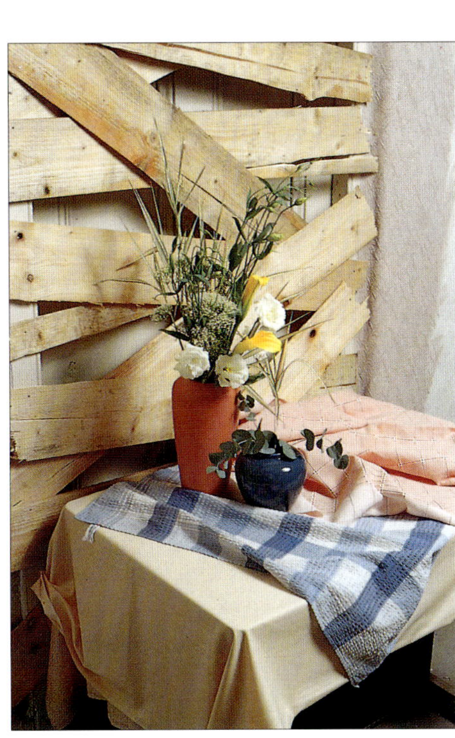

John Lidzey

1 C'est un sujet assez complexe. Par conséquent, le dessin doit être assez détaillé. L'artiste dessine ses points de repère pour la forme des fleurs et le dessin du tissu.

2 L'artiste a appliqué les lavis sur le fond et les a laissé sécher. Le lavis brun rosé est tamponné pour préparer des zones de reflet délicates.

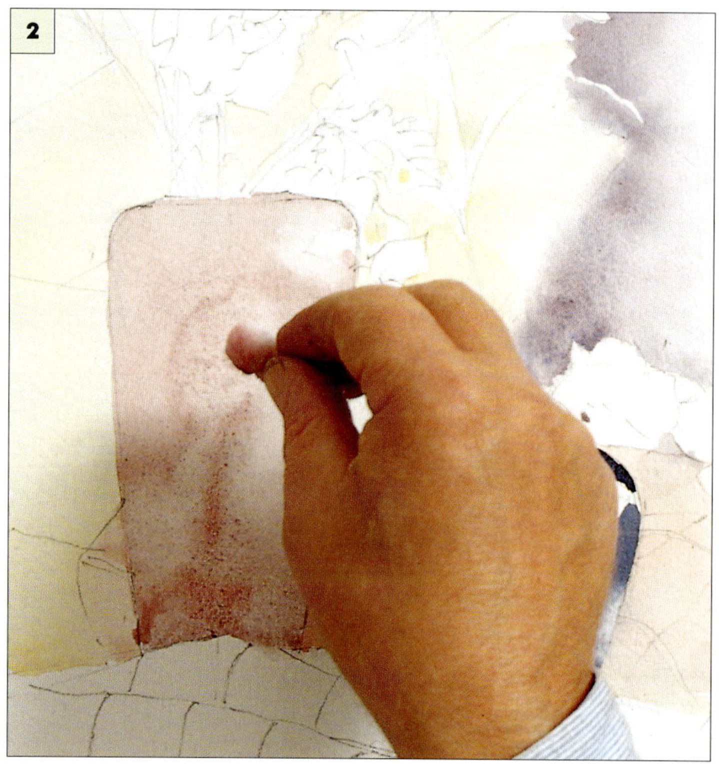

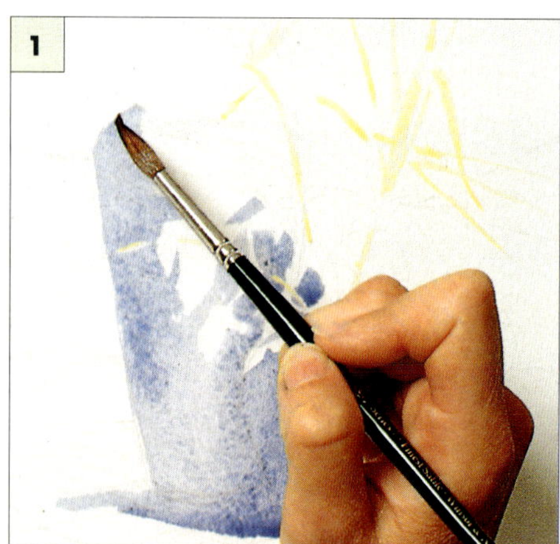

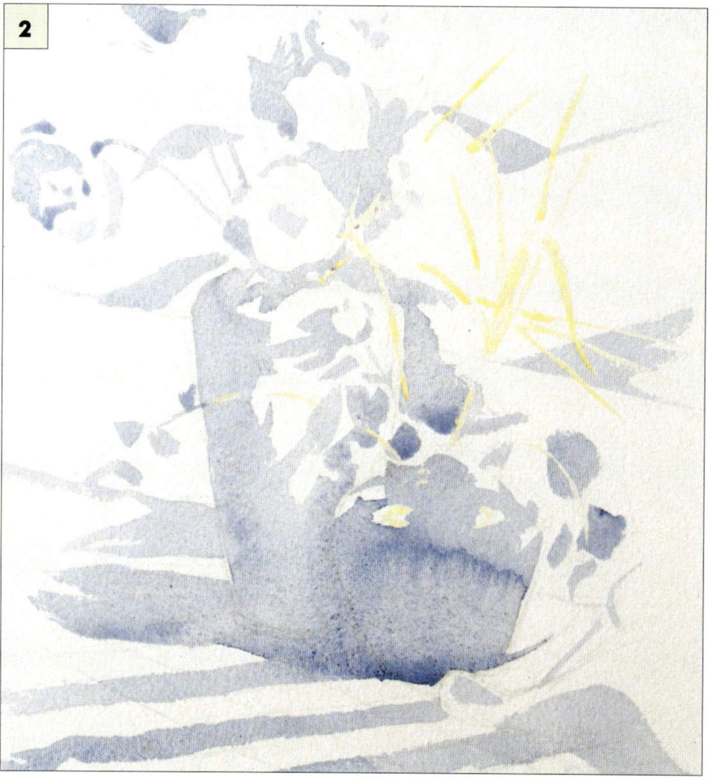

Hazel Soan

1 Cette artiste veut mettre en valeur différentes feuilles pointues. Sur le dessin, elle protège le feuillage avec un masquage liquide avant d'appliquer les premiers lavis. Remarquez qu'elle n'a pas commencé par le fond.

2 Sa méthode est la même pour tous les sujets. Elle matérialise à partir d'un lavis bleu léger toutes les ombres et les recouvre progressivement de couleur.

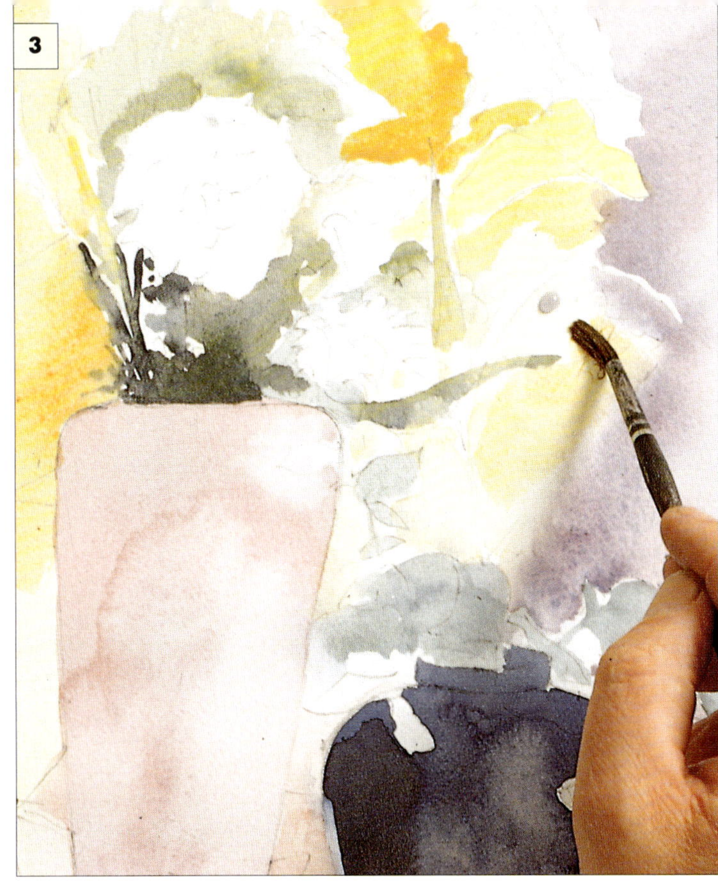

3 Après avoir peint le pot bleu et intensifié le fond jaune, l'artiste commence à peindre les feuilles et fait ainsi ressortir les feuilles blanches.

4 Il emploie des couleurs plus foncées avec la technique de l'aquarelle «humide sur humide», pour modeler la forme du vase. Il est plus facile d'évaluer l'intensité des couleurs pour le reste de la peinture, lorsque les teintes plus foncées sont déjà en place.
=> à suivre

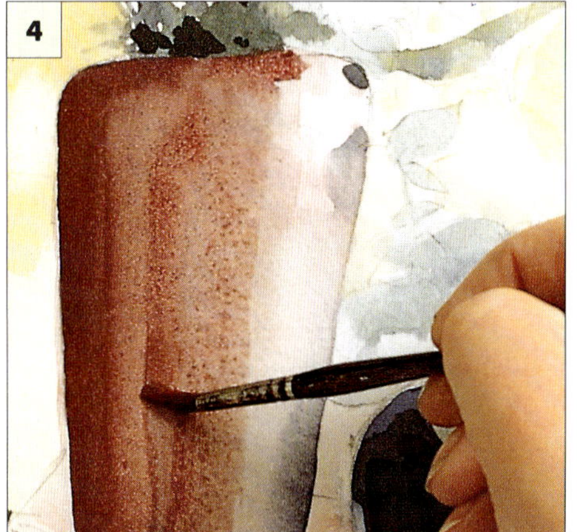

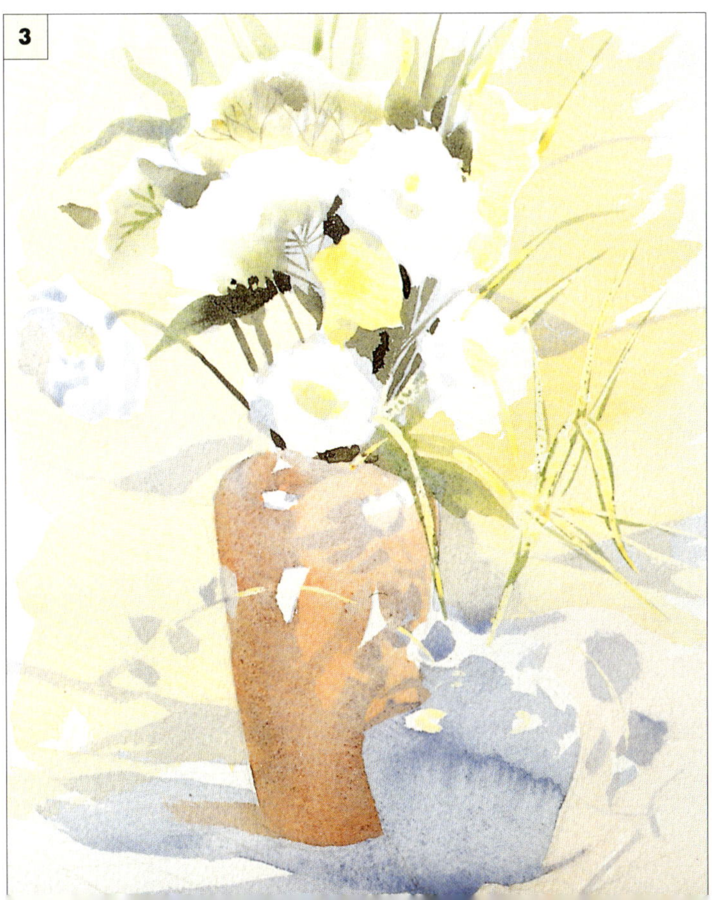

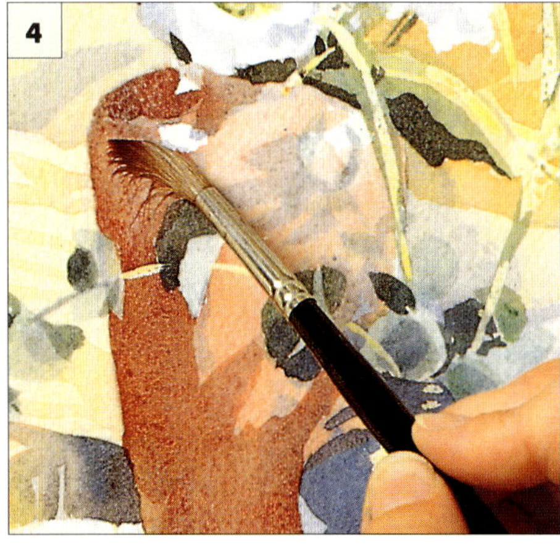

3 Le fond est peint en jaune, couvrant les lavis bleus déjà en place et épargnant les fleurs en réserve. Le jaune sur le bleu crée une nouvelle couleur.

4 On ajoute des détails aux feuilles et aux fleurs. Maintenant, on porte des accents de couleur sur le vase sans altérer les reflets.
=> à suivre

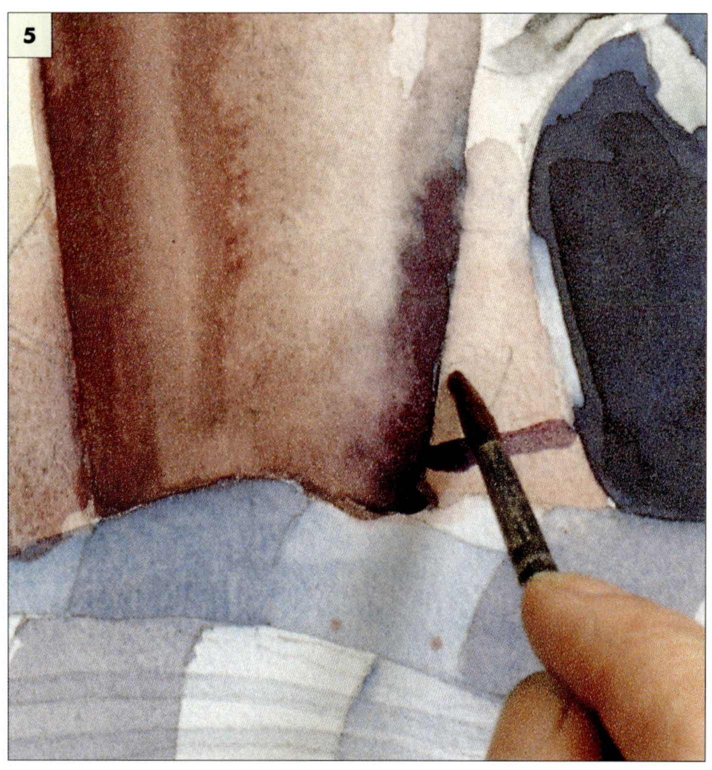

5 On fonce la couleur du pot bleu et on emploie des touches du même bleu pour le motif de la nappe et l'ombre portée sur le vase voisin.

6 Les reflets importants sur le pot bleu ont été gardés en réserve, puis teintés. Pour les reflets très petits, on applique de l'encre de Chine blanche avec un pinceau sur peinture sèche.

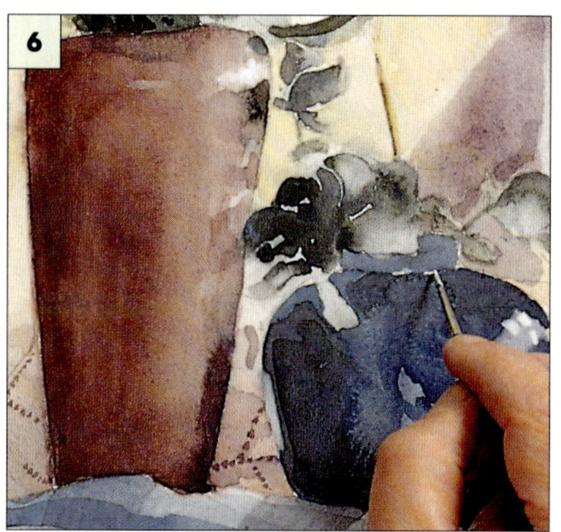

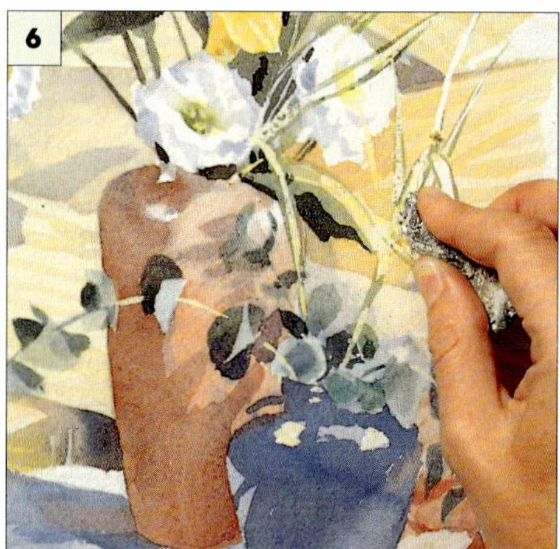

5 Après avoir peint les motifs de la nappe, on les laisse sécher, avant d'ajouter l'ombre. Les bords sont adoucis à l'aide d'un pinceau trempé dans de l'eau claire.

6 Le masquage liquide est gommé, révélant des zones blanches sur le fond jaune. Certains endroits ont été gommés plus tôt et recouverts de jaune pour créer l'effet visible à l'étape suivante.

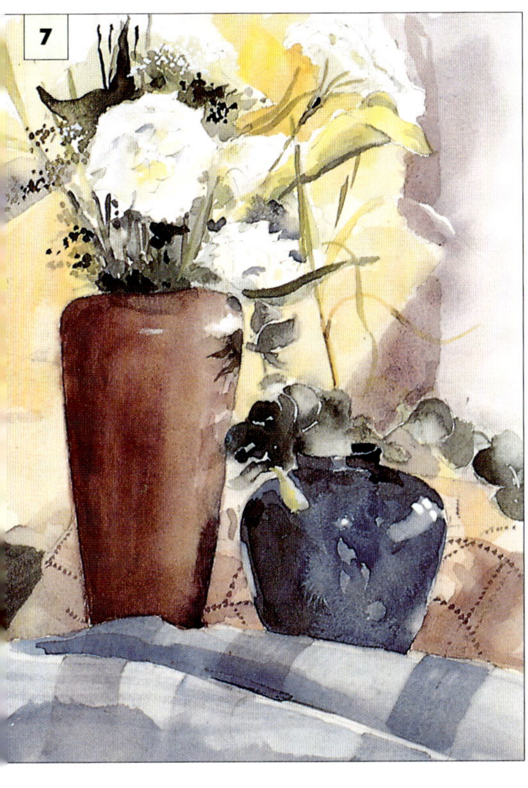

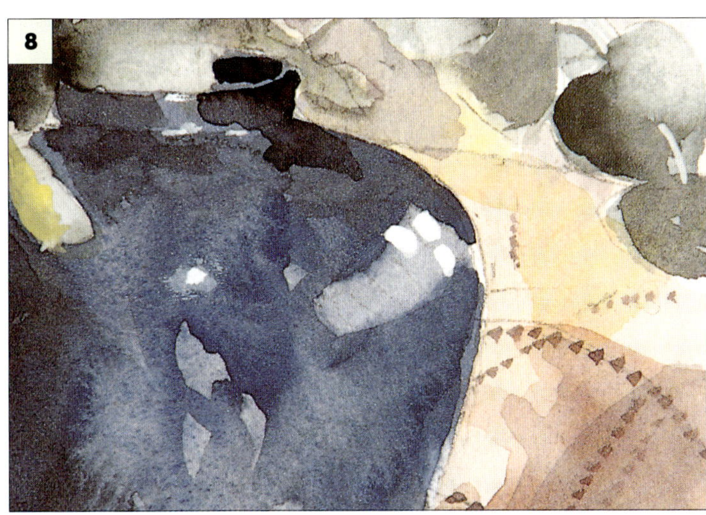

7 La peinture est terminée, l'artiste n'a pas peint les détails des fleurs blanches, mais il a conservé le dessin à la mine de plomb qui structure les fleurs.

8 On utilise l'encre de Chine blanche seulement en dernier. Quelquefois, lorsque votre travail est achevé, en jugeant du bon équilibre de l'ensemble des couleurs, vous remarquerez qu'il faut rehausser un reflet.

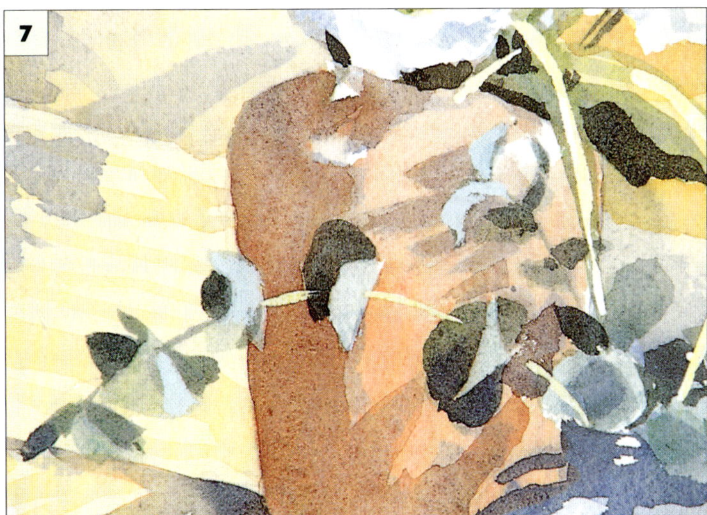

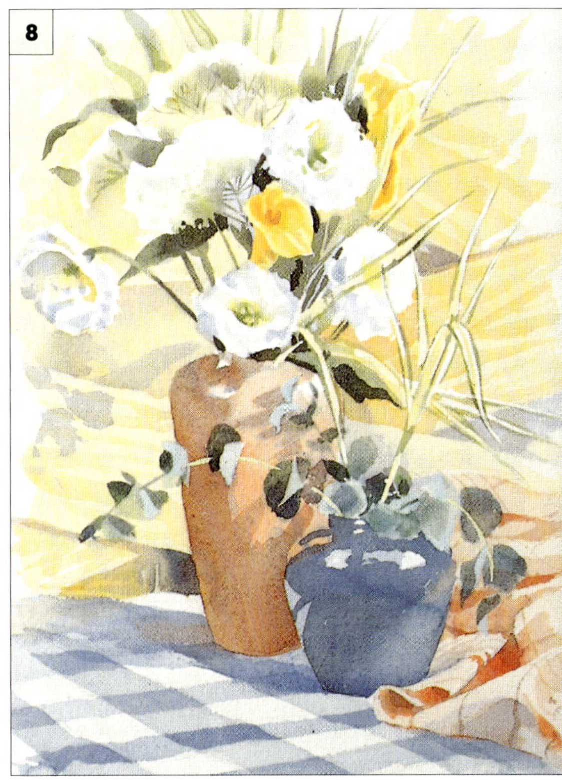

7 Le cœur clair des longues feuilles ressort souligné par un vert plus sombre. Les pâles bleus de tendance verte des feuilles rondes ont été obtenus par un mélange d'un blanc opaque avec une pointe de vert.

8 Dans la peinture des fleurs, il faut une touche de lumière qui donne une impression de fraîcheur et de vie. Chaque artiste possède sa méthode, mais tous les deux ont su éviter de surcharger les couleurs avec trop de détails.

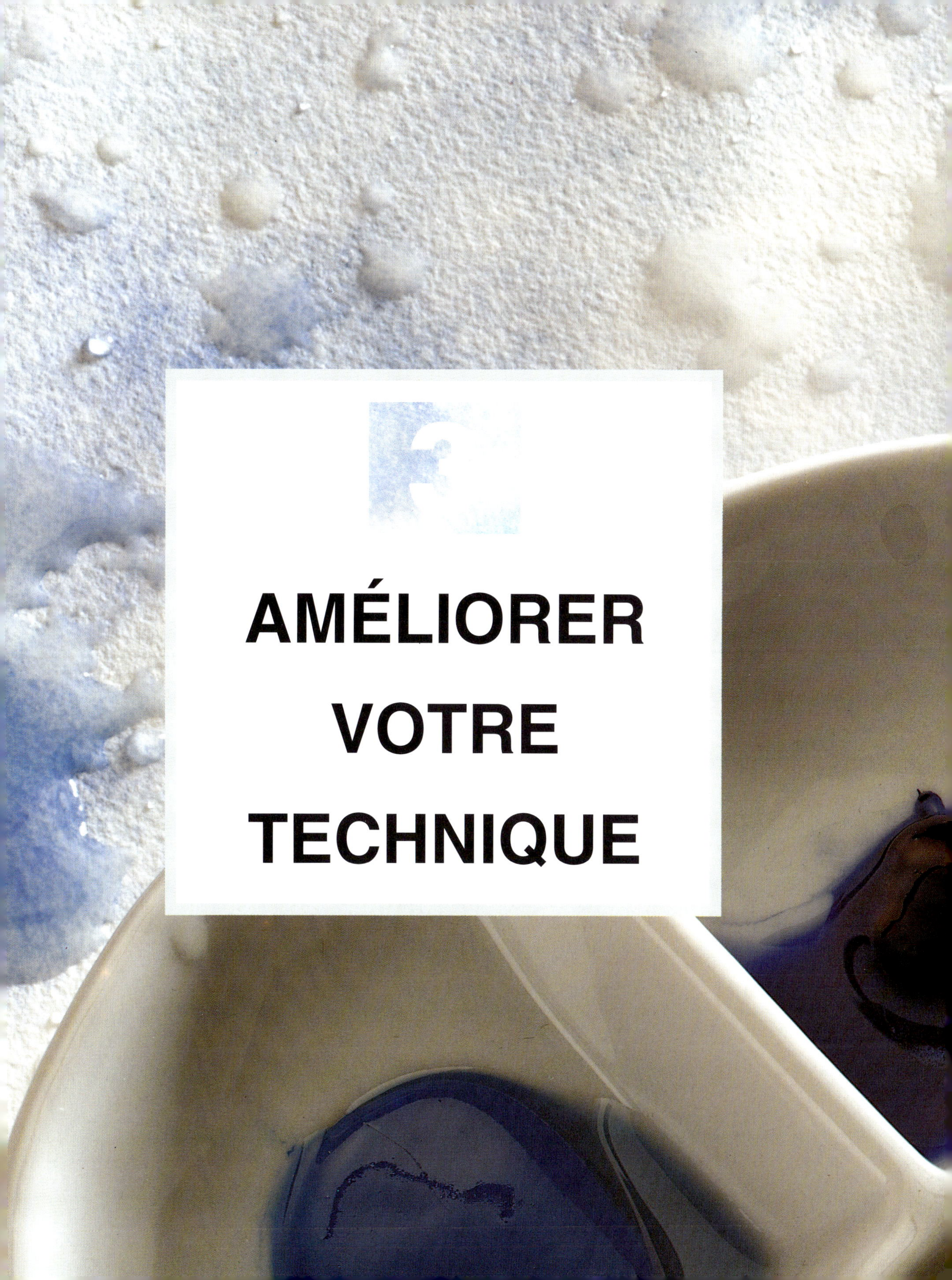

3

AMÉLIORER VOTRE TECHNIQUE

Pour peindre humide sur sec, il faut laisser sécher le lavis avant de le recouvrir (p. 40). La technique «humide sur humide» signifie que de nouvelles couleurs sont appliquées sur un lavis encore humide, ainsi les couleurs se mêlent les unes aux autres, adoucissant leur zone de contact et créant des effets très intéressants. Ces deux techniques ne sont pas totalement différentes. Il est difficile de se passer de la méthode «humide sur humide». Le lavis à plusieurs couleurs (p. 34) est un pas vers cette technique dans la mesure où les couleurs se fondent aussi (p. 50). Beaucoup d'aquarellistes utilisent les deux techniques ensemble.

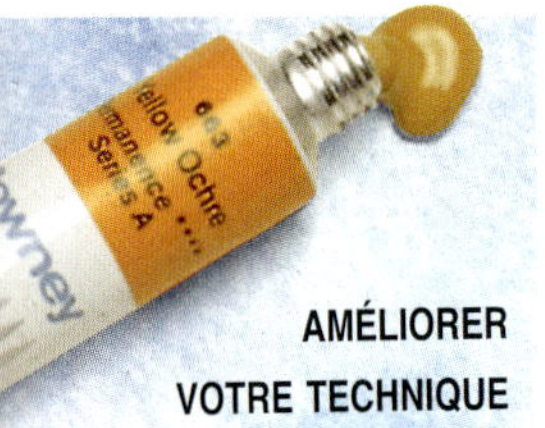

AMÉLIORER VOTRE TECHNIQUE

L'aquarelle «humide sur humide»

Peindre «humide sur humide» implique l'utilisation d'un volume d'eau important, donc il faut tendre le papier (p. 24). Même un papier épais peut gondoler. Il faut travailler rapidement car le papier doit toujours être mouillé, ou du moins humide. Ceci dit, vous avez du temps car un papier mouillé ne sèche pas rapidement. A l'exception de ces deux recommandations, il n'y a pas de règles absolues et l'attrait de ce prodédé tient à ce qu'il y a toujours une part d'imprévu.

MAÎTRISER CETTE MANIÈRE DE PEINDRE

Les effets varient en fonction du degré d'humidité du papier, mais vous pouvez les contrôler. Déposer un pinceau chargé

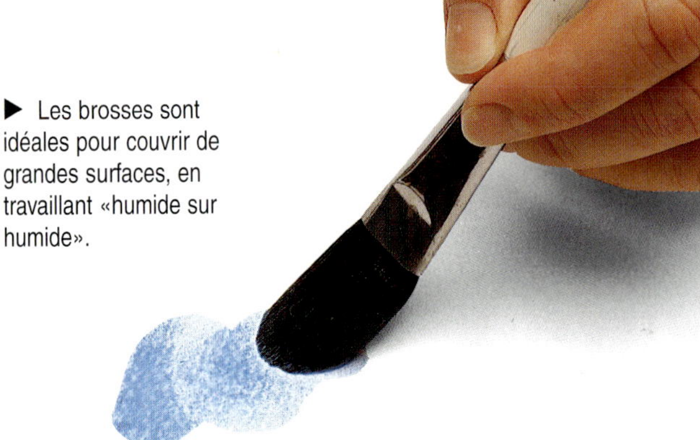

▶ Les brosses sont idéales pour couvrir de grandes surfaces, en travaillant «humide sur humide».

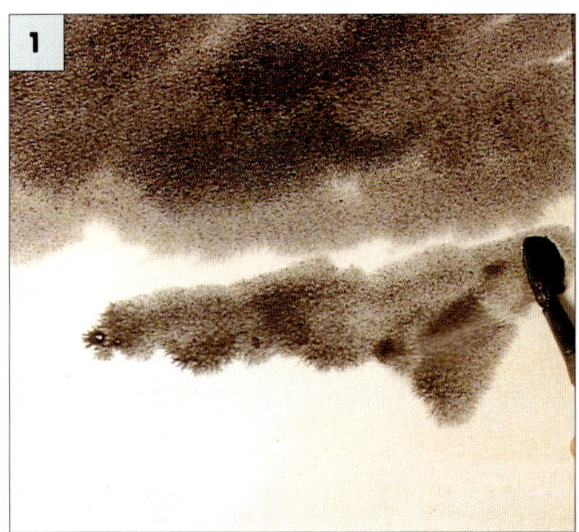

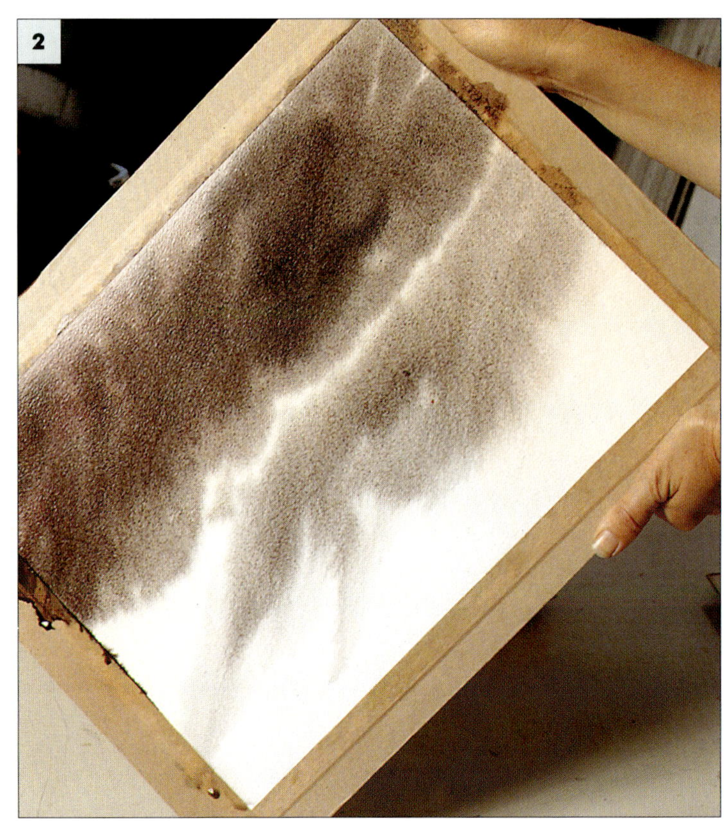

LE CONTRÔLE DE L'ÉTALEMENT DE LA PEINTURE

1 En travaillant sur un papier bien mouillé et tendu, l'artiste dépose, sur un premier lavis, un gris foncé pour représenter de gros nuages.

2 L'artiste incline sa planche sur un côté entraînant la peinture vers le bord inférieur. Il suffit de varier les angles d'inclinaison pour obtenir le résultat souhaité. Ici, l'artiste a donné un beau mouvement au lavis gris, en prenant soin de laisser une frange de blanc entre les deux bandes grises.

3 La montagne a été peinte avec une large bande de lavis gris (pas trop liquide), en utilisant la même technique (**2**) jusqu'à ce que la peinture soit harmonieusement répartie. Puis, la planche est posée à plat.

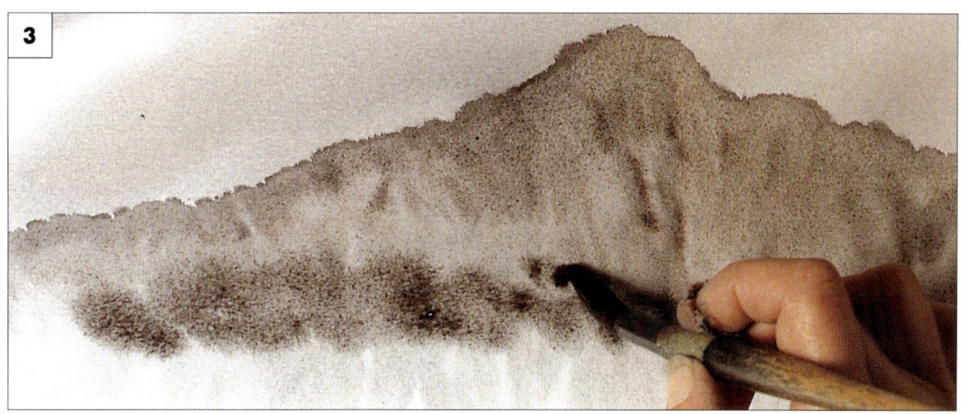

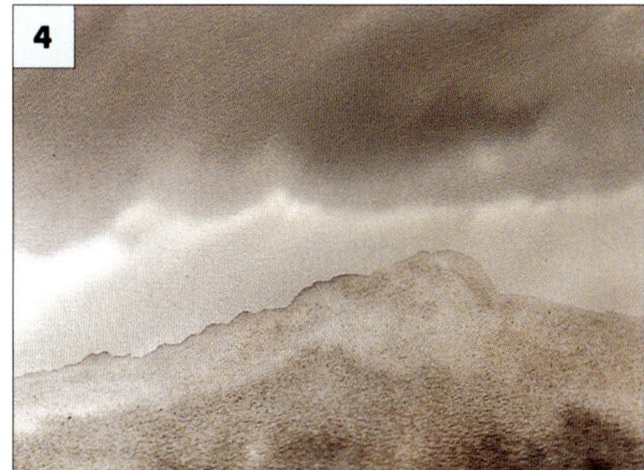

4 La peinture continue de s'étaler jusqu'au séchage. Préparez-vous à voir disparaître un effet que vous aimez. Par exemple, les taches de gris foncé rajoutées à la base de la montagne ne forment plus qu'une grande ombre diffuse. La montagne s'est également unifiée.

5 La couleur s'est répartie vers le haut et le bas de la montagne, formant une ligne de crête découpée et noire au sommet, et comme une forêt sombre en aval.

***Un cap à l'aube,* Robert Tilling**

Cet artiste tire très largement parti de cette méthode «humide sur humide», toujours associée au travail «humide sur sec» dans ses marines atmosphériques. Le ciel et la mer ont été peints «humide sur humide », au contraire de la montagne qui se détache nettement sur le ciel. Comme la montagne, les bleus profonds de la mer ont été ajoutés dans un deuxième temps.

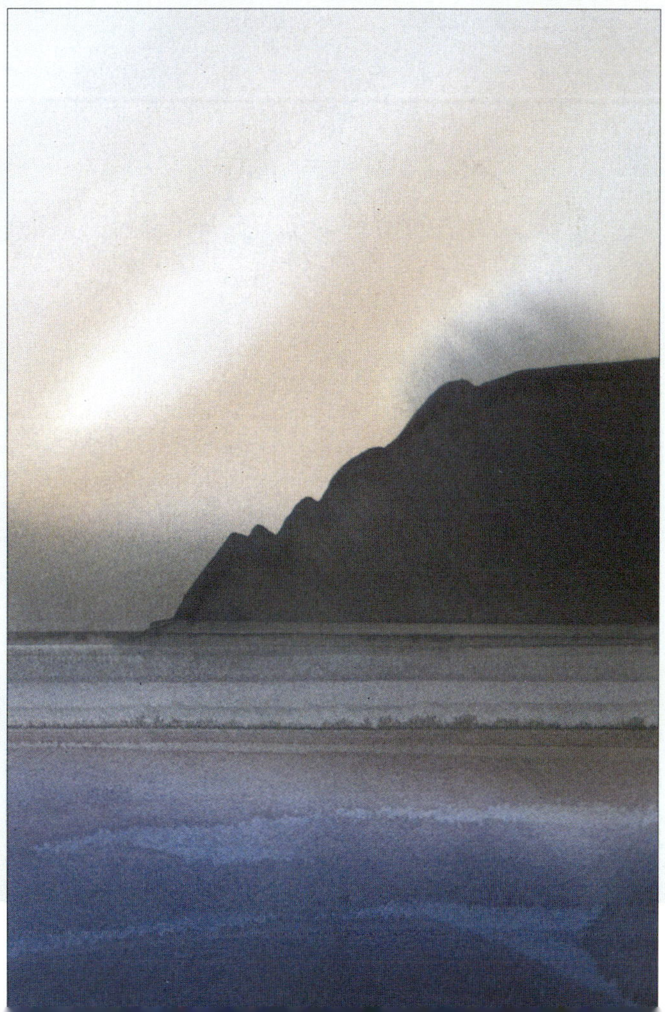

de peinture liquide sur un lavis plein d'eau équivaut à laisser tomber une pierre dans l'eau.

Le poids de l'eau de la nouvelle touche apposée chasse la couleur du premier lavis, les empêchant de se mélanger bien qu'elles s'étendent l'une sur l'autre. Si le papier est juste humide, le mélange sera plus délicat. Les artistes qui travaillent ainsi connaissent le taux d'humidité du papier qui convient, ce que l'on apprend seulement par la pratique. On peut contrôler l'étalement de la peinture en variant l'inclinaison de la planche où repose le papier. A l'horizontal, la peinture reste à peu près là où vous l'avez déposée. En inclinant la planche, vous faites couler le liquide horizontalement ou verticalement. Vous pouvez faire cela pour certains sujets, comme des ciels pluvieux ou des fleurs, les gouttelettes de peinture suggérant des feuilles ou des pétales.

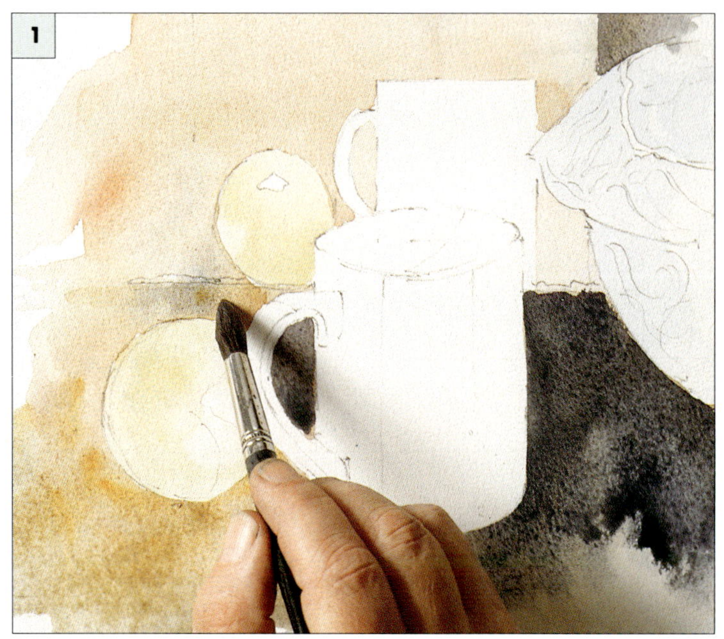

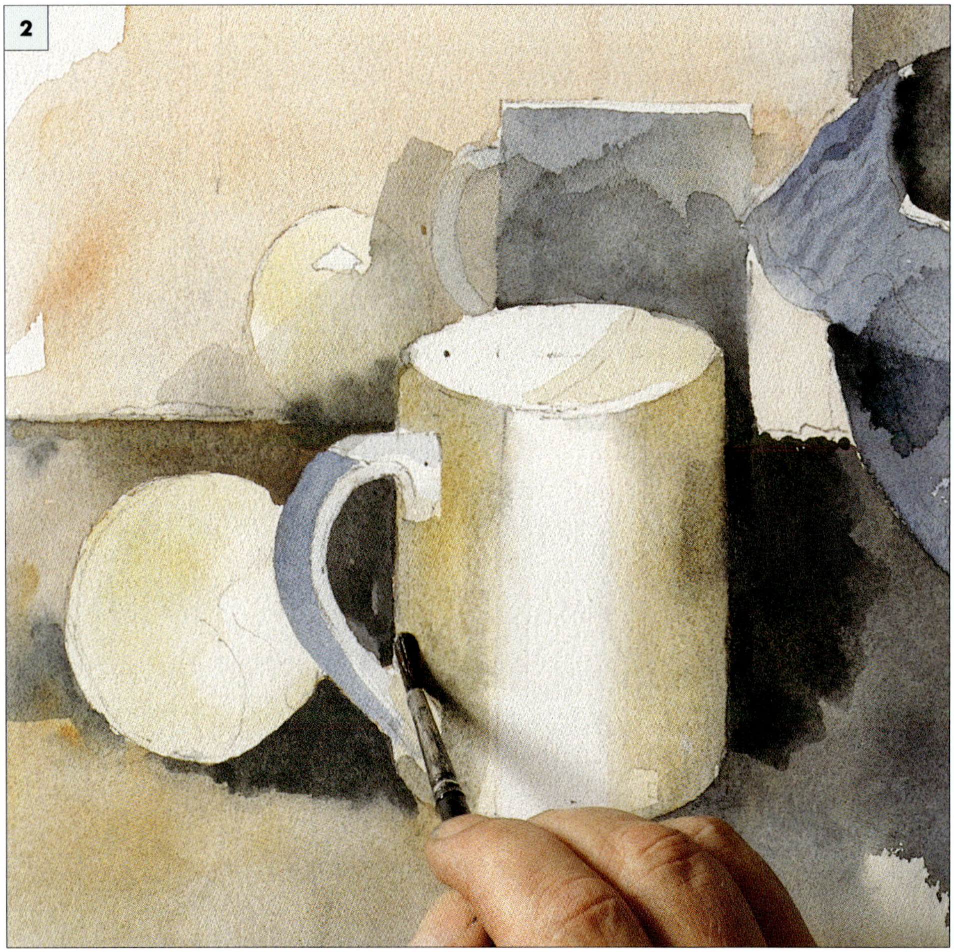

2

ASSOCIER L'AQUARELLE «HUMIDE SUR HUMIDE» AVEC L'AQUARELLE «HUMIDE SUR SEC»

1 Pour que chaque objet se détache nettement sur le fond, l'artiste a travaillé sur lavis sec. Ici, il travaille «humide sur humide».

2 Avant de travailler la tasse, il sèche le lavis autour avec un sèche-cheveux pour que la couleur soutenue du lavis n'altère pas la définition de la tasse en se mêlant à sa couleur claire.

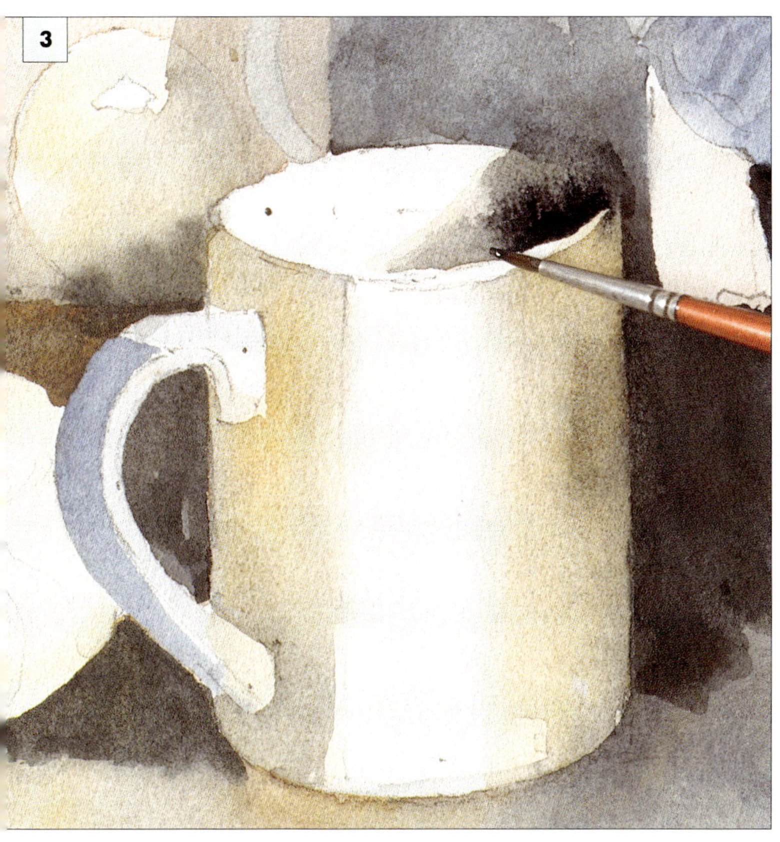

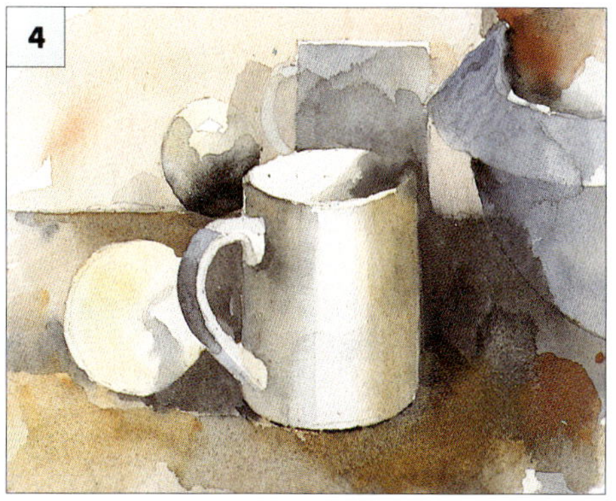

3 Il peint aussi «humide sur humide» la partie droite de la tasse et l'ombre intérieure du bord supérieur, créant ainsi un passage subtil avec le plan suivant. Pour ce travail délicat, choisissez un pinceau fin et pointu.

4 Voici une bonne utilisation du jeu des contrastes forts et atténués. Si l'aquarelle «humide sur humide» réserve des surprises amusantes, on obtient de meilleurs résultats en combinant les deux techniques : «humide sur humide» créant un aspect flou et «humide sur sec», une certaine clarté.

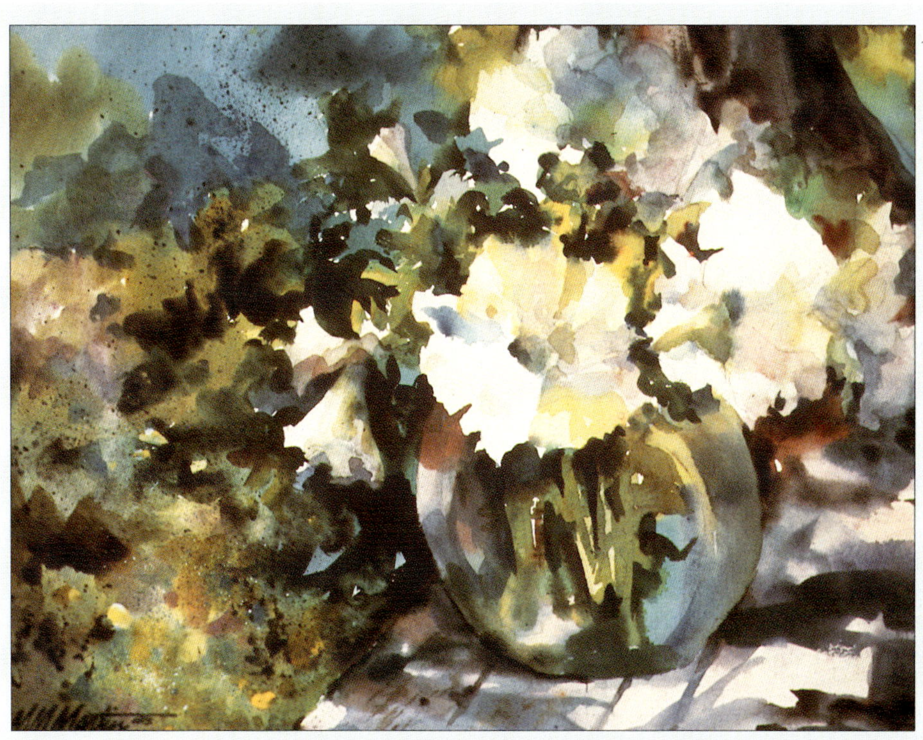

***Des ombres dansantes*, Margaret M. Martin**

Cette peinture révèle une combinaison réfléchie des deux techniques. La partie gauche et le fond sont presque entièrement peints «humide sur humide». Les formes et les couleurs sont ainsi suggérées plutôt que décrites. Mais au centre, le lavis détoure soigneusement les plans préservant leur éclat et leur forme.

En général, on pense que la touche n'est importante que pour la peinture à l'huile et que les aquarelles sont faites à base de délicats lavis uniformes. En fait, oui et non. Vous pouvez peindre avec des lavis «humide sur humide» ne comportant aucune touche de pinceau. Mais ces touches peuvent servir l'expression. Des aquarellistes peuvent construire leur peinture en

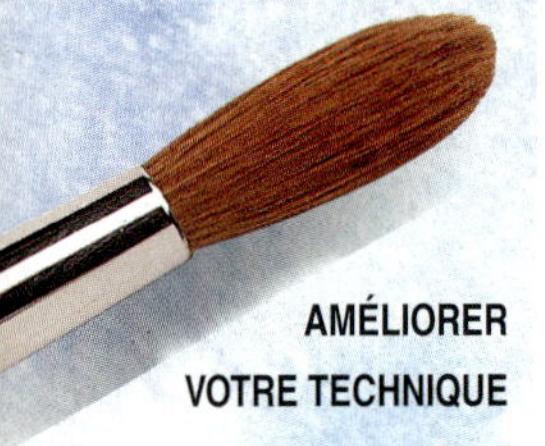

La touche

dessinant avec le pinceau et en utilisant presque aucun lavis, comme dans la peinture chinoise classique.

Il faut pratiquer le dessin au pinceau. Essayez différents types de pinceaux. Variez les prises et les pressions. Essayez de reproduire les effets différents de ces touches illustrées ici.

Dessiner au pinceau est un plaisir et découvrir la gamme des différentes touches possibles vous sera très utile plus tard. Une aquarelle «humide sur humide» comporte des petits détails ajoutés au pinceau. Vous peindrez avec plus d'assurance si vous savez comment rendre un feuillage, les feuilles ou les pétales d'une fleur, l'ondoiement de l'herbe ou les reflets d'une onde mouvante.

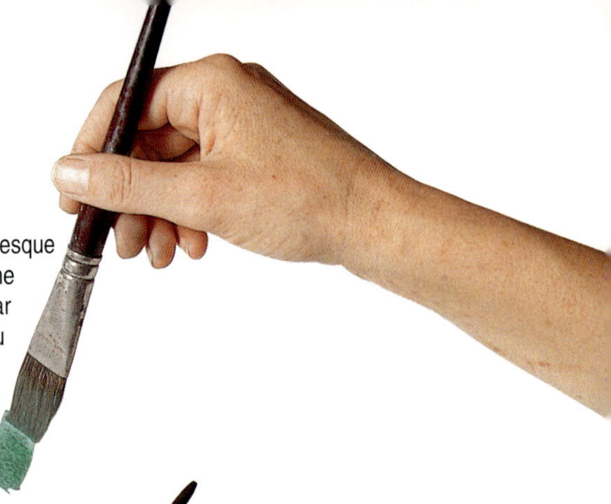

▶ Pinceau tenu presque à la verticale. Touche légère appliquée par pression du bout du pinceau plat.

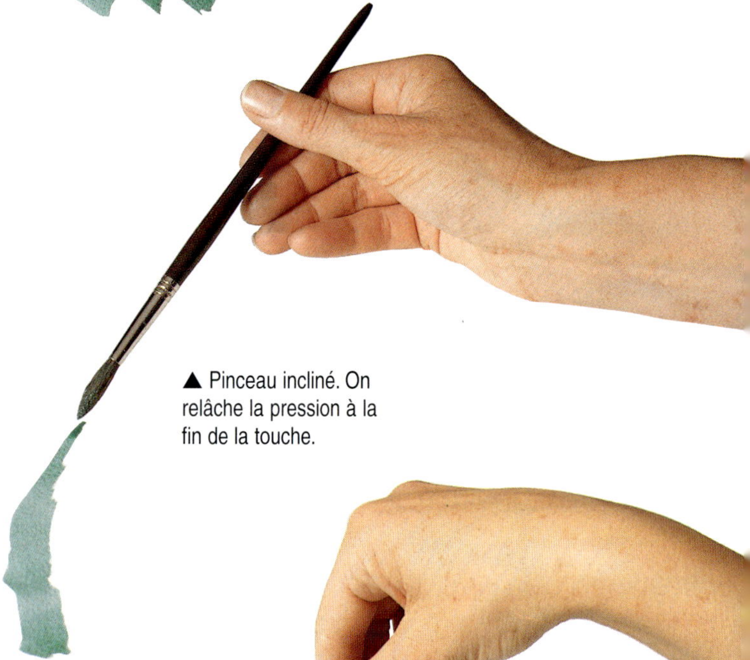

▲ Pinceau incliné. On relâche la pression à la fin de la touche.

▶ Les débutants supposent qu'il faut tenir un pinceau comme un stylo en le serrant entre le pouce et deux doigts. Si c'est le cas pour exécuter un travail minutieux, cette prise offre peu de possibilités. Pour libérer votre touche, essayez de tenir votre pinceau de différentes manières et observez comment cela conditionne le trait de couleur. Variez aussi la pression du pinceau sur le papier, en la relâchant doucement ou d'un coup à la fin du tracé.

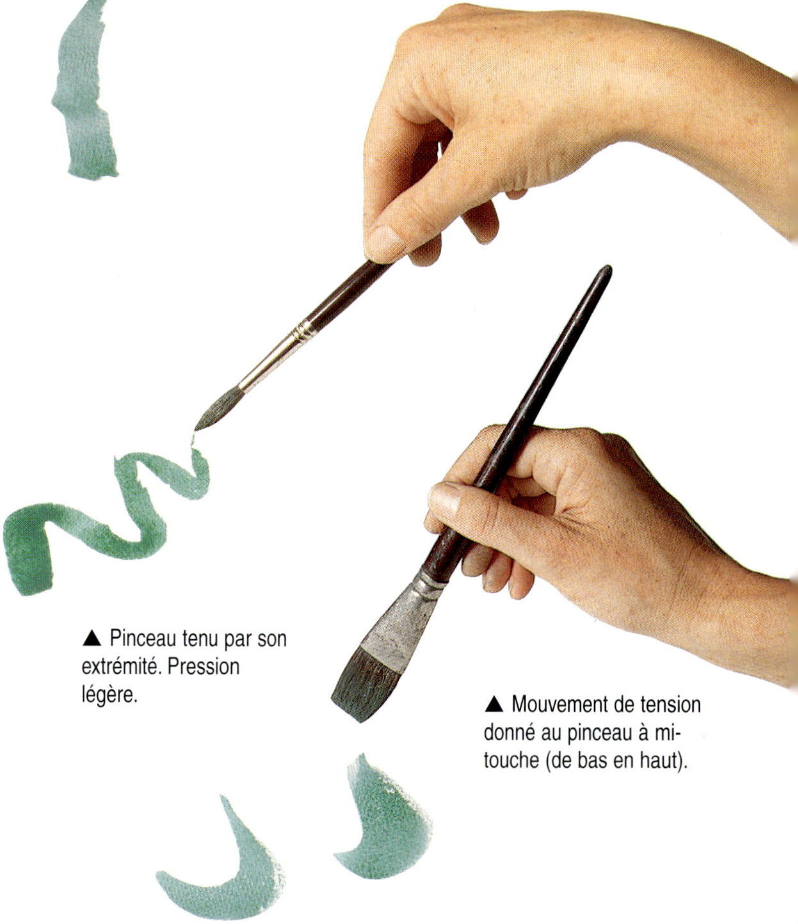

▲ Pinceau tenu par son extrémité. Pression légère.

▲ Mouvement de tension donné au pinceau à mi-touche (de bas en haut).

***Le jardin en été*,**
Paul Millichip.

Même s'il y a quelques lavis uniformes, c'est la touche qui donne son dynamisme et son émotion à la représentation. L'arbre et l'herbe à gauche, au premier plan, sont évoqués par de longs traits de couleur. Le feuillage est traité avec des touches plus brèves d'une grande variété de formes et de couleurs.

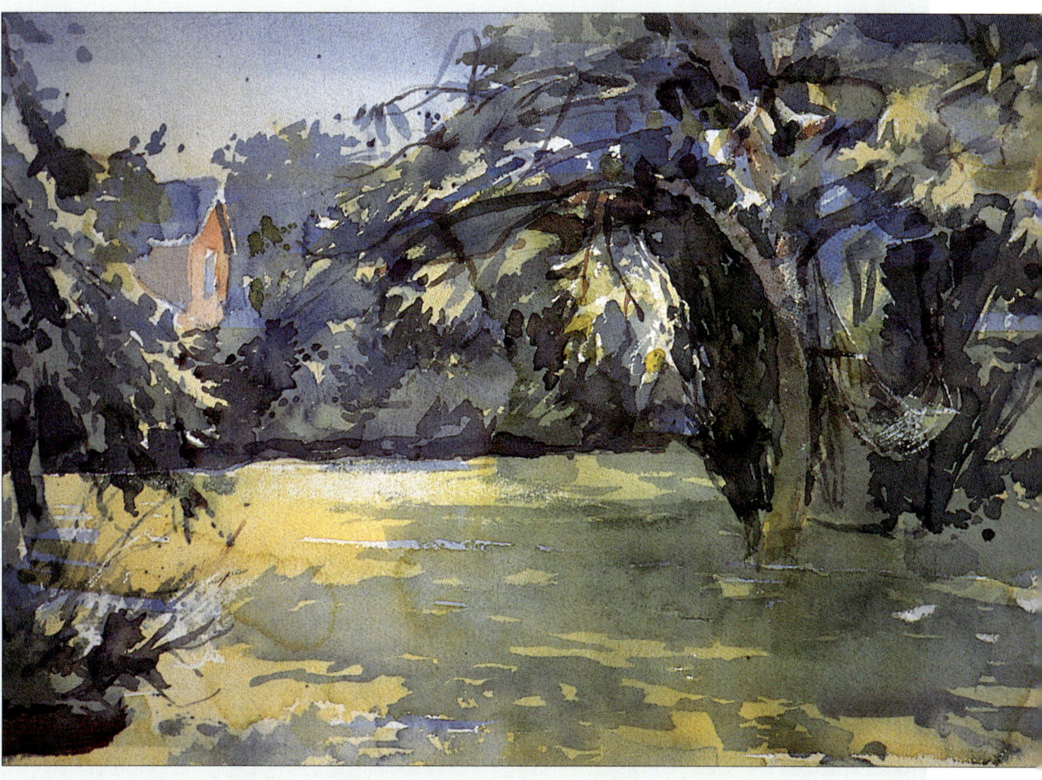

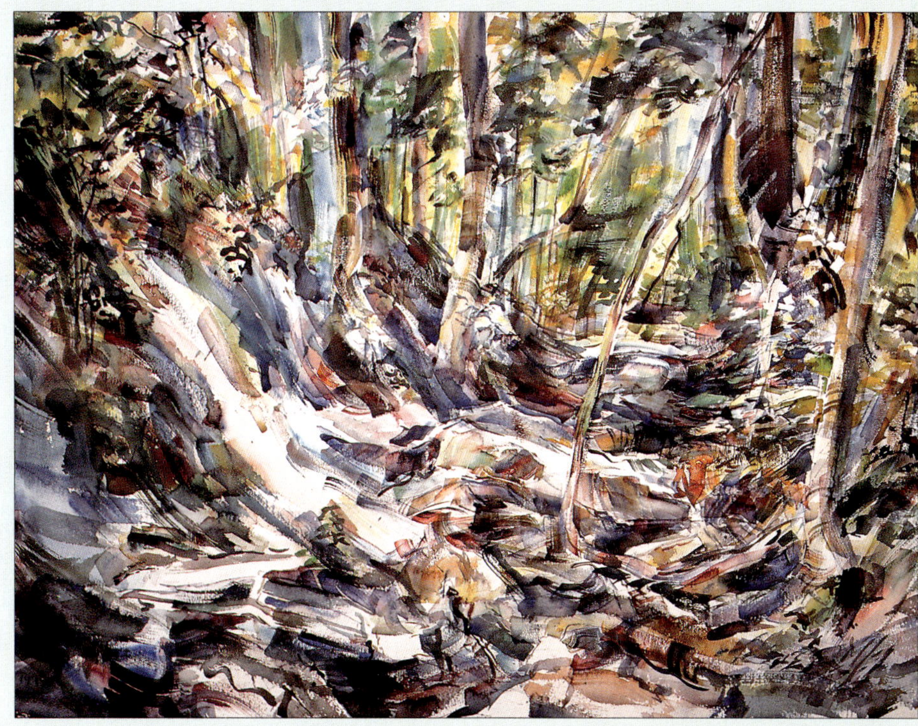

***Les environs de Pamajero No 105*,**
Alex Mac Kibbin

Cette peinture fait partie d'une série consacrée aux bois proches de la maison de l'artiste. C'est un ensemble de touches de couleur, presque toutes juxtaposées : les unes longues et rapides épousant les formes des troncs et des talus qu'elles évoquent ; les autres plus courtes et superposées par endroit. Les feuillages sont traités par de petites touches horizontales. L'artiste a merveilleusement saisi les effets changeants de la lumière.

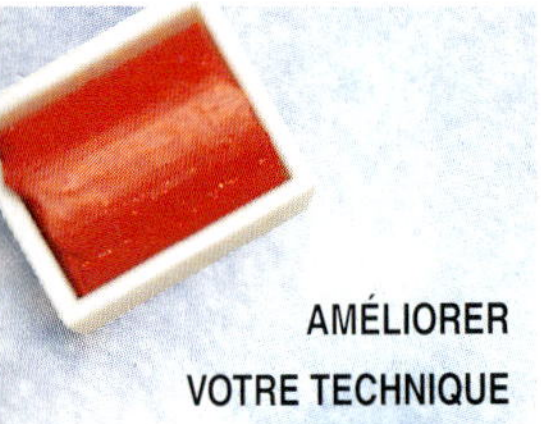

AMÉLIORER VOTRE TECHNIQUE

Le pinceau sec

Le «frottis» ou aquarelle au «pinceau sec» est une autre technique différente des précédentes. Vous travaillez avec un pinceau presque sec, en frottant la couleur sur le papier, couleur qui se fixe au niveau de la partie supérieure du grain sans en combler les creux comme le ferait un lavis. Cette technique est utile particulièrement pour rendre une texture. Les peintres animaliers l'utilisent pour reproduire la fourrure des animaux, les portraitistes pour les cheveux, les paysagistes pour l'herbe, les pierres patinées ou le flou des arbres en hiver qui se confondent avec le ciel.

Vous pouvez créer des effets de couleur complexes en superposant des couches de couleur et en écrasant votre pinceau pour que les poils ainsi écartés dessinent des traits parallèles. Après avoir trempé votre pinceau dans la couleur, tamponnez légèrement une serviette en papier pour ôter l'excédent de peinture et faites un test à part avant d'appliquer la couleur.

Un conseil : lorsque vous maîtriserez cette technique, cela vous paraîtra facile et vous aurez envie de l'appliquer à chaque fois. Or, trop d'aquarelle à sec rend une peinture monotone.

Paysage et matière

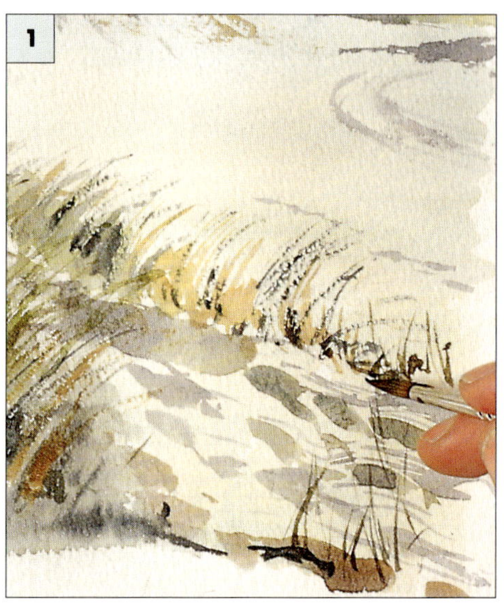

1 Suivant les effets recherchés, vous pouvez utiliser du papier blanc ou préparé avec un léger lavis (qui doit être sec). Pour faire ressortir quelques brins d'herbe, utilisez un pinceau pointu et très peu de couleur. Caressez la surface du papier du bout du pinceau en dessinant chaque brin. La couleur reste à la surface des aspérités du papier laissant une trace discontinue semblable à celle du fusain.

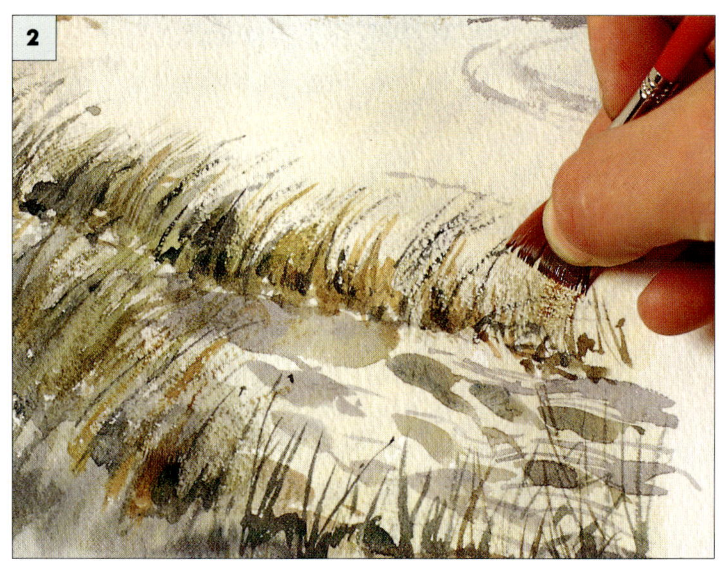

2 L'artiste emploie un pinceau plat (à bout carré) pour peindre les touffes d'herbe. Les poils du pinceau sont pincés et écartés entre le pouce et l'index, et guidés doucement sur le papier.

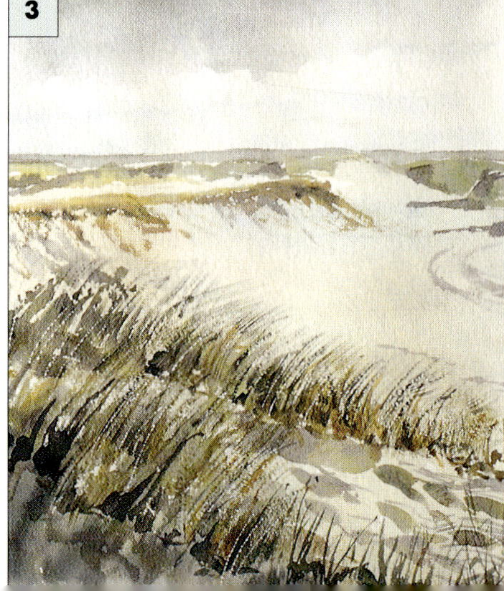

3 Cette technique du «pinceau sec» permet de traduire avec réalisme le vent qui souffle sur les oyats et le contraste de la texture de l'herbe et du sable : l'opposition aquarelle sèche et lavis est réussi. Il y a du soleil : de fines raies blanches apparaissent dans l'herbe. Cet effet de lumière est obtenu en grattant la peinture sèche avec une pointe fine.

Animaux et matière

1 Comme dans l'exemple précédent, on travaille au «pinceau sec» sur les lavis. On pose les principales couleurs, on laisse sécher et on ajoute les ombres.

2 Pour la dernière étape, le «frottis», on prend de la couleur avec un pinceau plat, on ôte l'excédent de peinture et on fait quelques essais préliminaires.

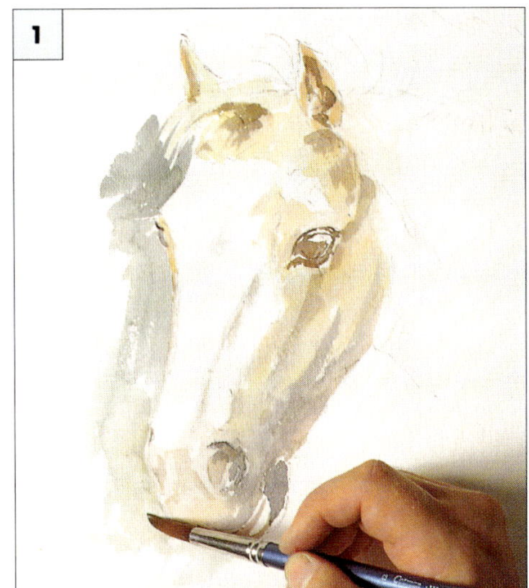

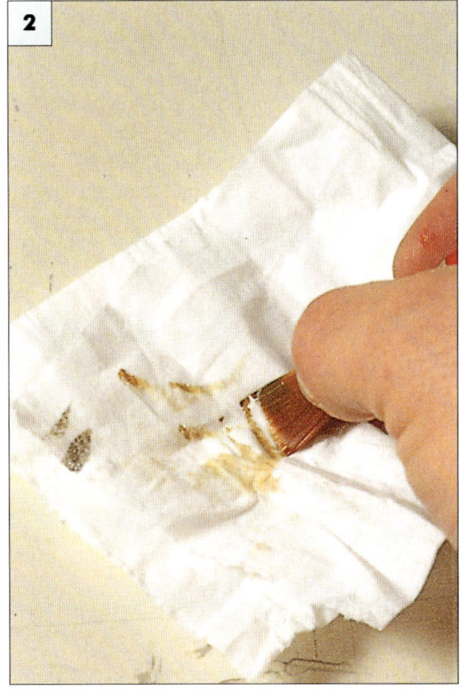

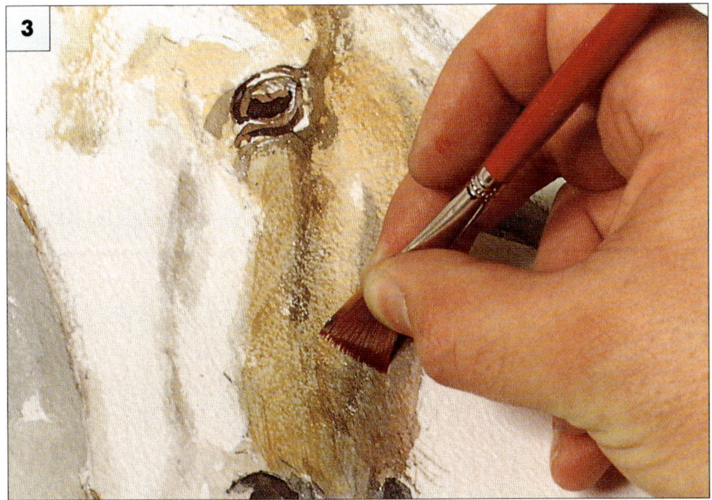

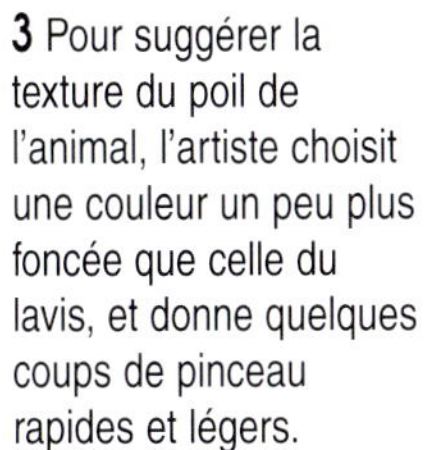

3 Pour suggérer la texture du poil de l'animal, l'artiste choisit une couleur un peu plus foncée que celle du lavis, et donne quelques coups de pinceau rapides et légers.

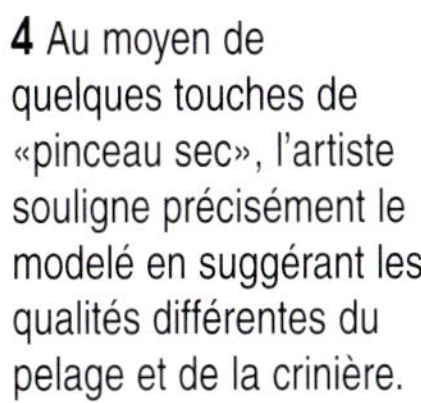

4 Au moyen de quelques touches de «pinceau sec», l'artiste souligne précisément le modelé en suggérant les qualités différentes du pelage et de la crinière.

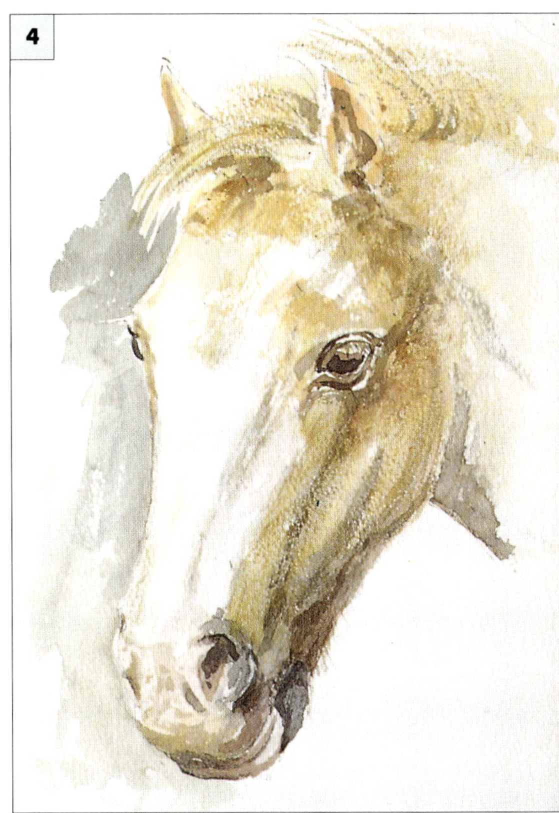

Si vous aimez peindre des paysages ou des architectures, vous découvrirez que l'une des difficultés est de rendre les matières. Par exemple, comment représenter une plage de sable ou de galets, et de la pierre ou de la brique. Il existe plusieurs astuces dont le «pinceau sec» et l'éponge (p. 76). Abandonnant le pinceau et le lavis traditionnels,

▲ La brosse à dents est idéale mais vous pouvez tout aussi bien utiliser une brosse à ongles.

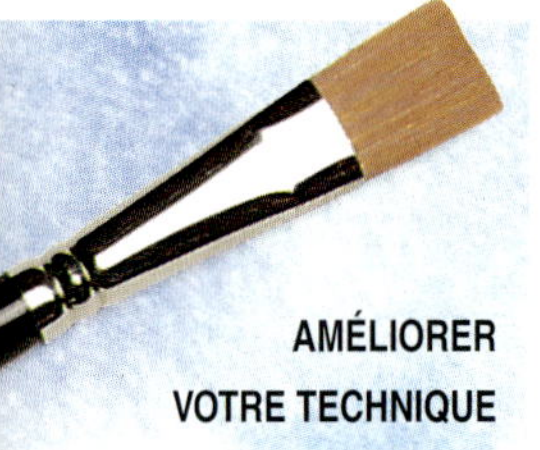

AMÉLIORER VOTRE TECHNIQUE

La projection de peinture

vous pouvez éclabousser la surface avec une brosse à dents.

La projection (sans exagération) crée des effets intéressants. Il faut que ce travail s'intègre parfaitement au lavis qui lui sert de fond. Soyez attentif à l'accord des couleurs et des tons. D'ailleurs, vous pouvez utiliser la même couleur pour les deux (lavis et projection). La couleur ainsi projetée paraîtra plus sombre car elle se superposera au lavis. Mais faites attention à la diffusion trop large de la couleur projetée et masquez avec du papier les parties que vous souhaitez protéger.

De la même façon, vous pouvez diffuser de l'eau à la place de la couleur. Cela se fait aussi sur lavis humide ou mouillé. D'ailleurs, on associe parfois la projection d'eau et le travail «humide sur humide» (p. 64). Pour rendre de la matière, il vaut mieux projeter de la couleur. Mais la technique à l'eau a d'autre usages.

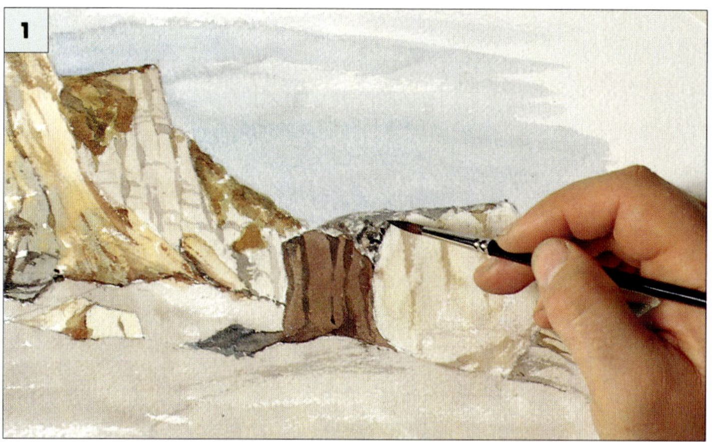

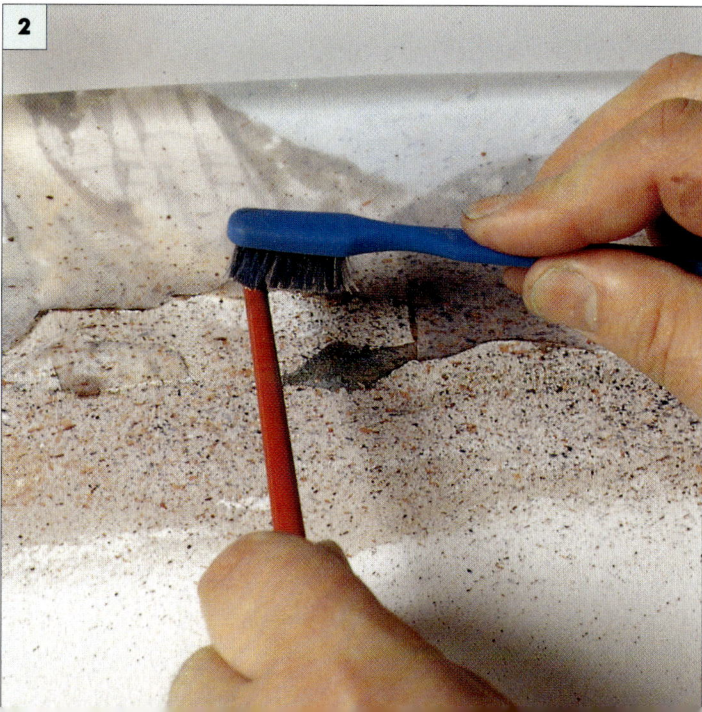

L'AQUARELLE PAR PROJECTION

1 La projection de peinture est l'une des dernières étapes du travail. Ici, l'artiste a fini de peindre les falaises et les rochers. Le premier plan, cependant, semble plat et morne.

2 L'artiste a masqué les parties achevées de l'aquarelle avec du calque pour ne pas les tacher au cours de la projection de la peinture. Il superpose deux projections sur le lavis clair du premier plan.

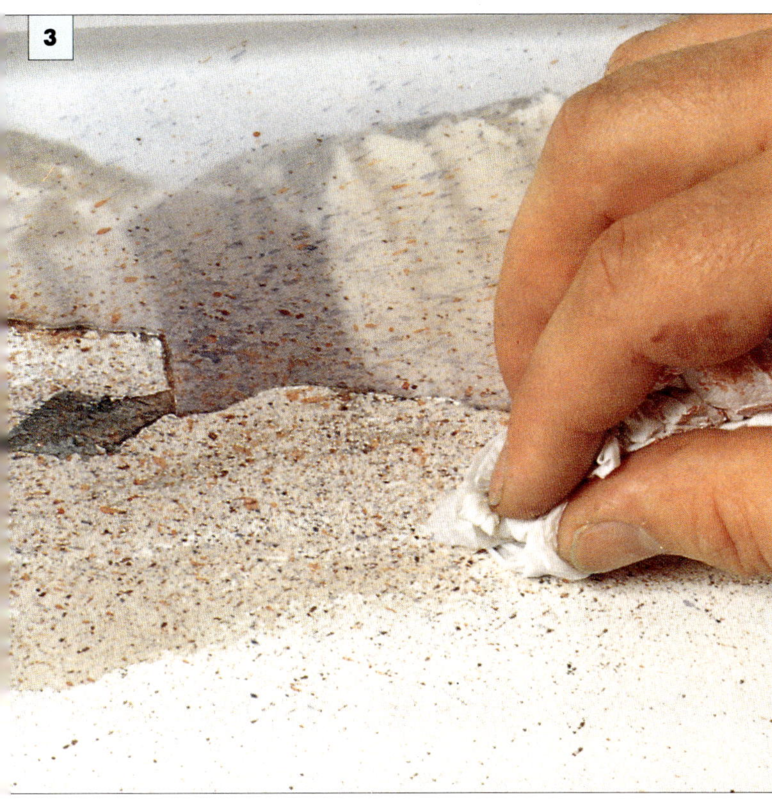

3 Réduisez ou éclaircissez les taches avec du coton ou une éponge, lorsque la peinture est encore humide.

4 Cette technique permet d'évoquer avec réalisme le sable et les galets. La ligne sombre, formée par l'accumulation de peinture à la lisière du papier de protection, reproduit l'ombre qui se forme sur la plage au pied de la falaise.

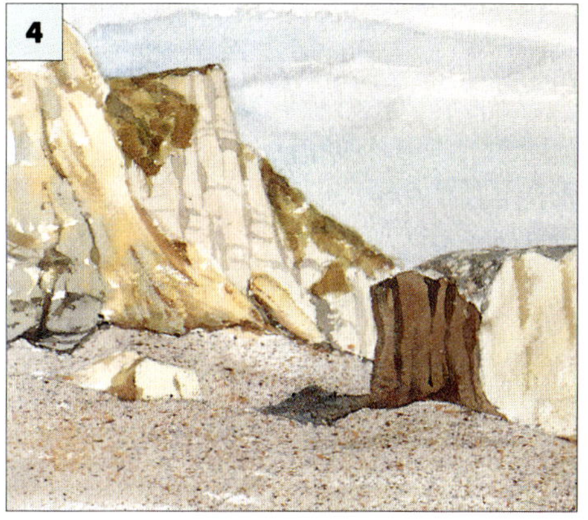

***Nature morte aux pamplemousses,* Rachel Gibson**

La peinture à la brosse peut être très décorative. Ici, elle enrichit le fond. L'artiste protège le motif du papier peint à l'aide d'un masquage liquide (p. 80). Elle fait sa projection et enlève le masquage liquide, faisant apparaître le motif blanc.

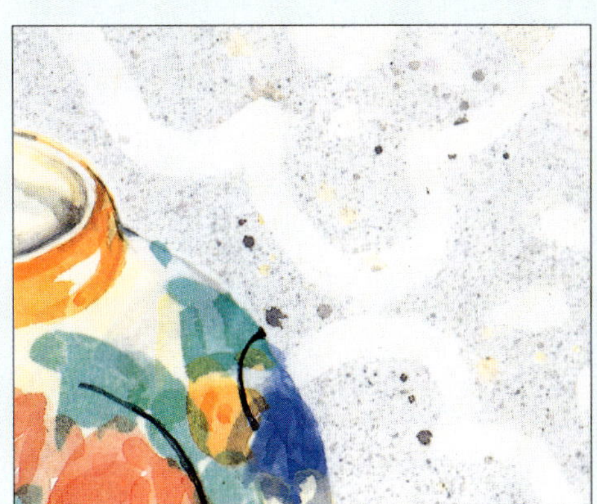

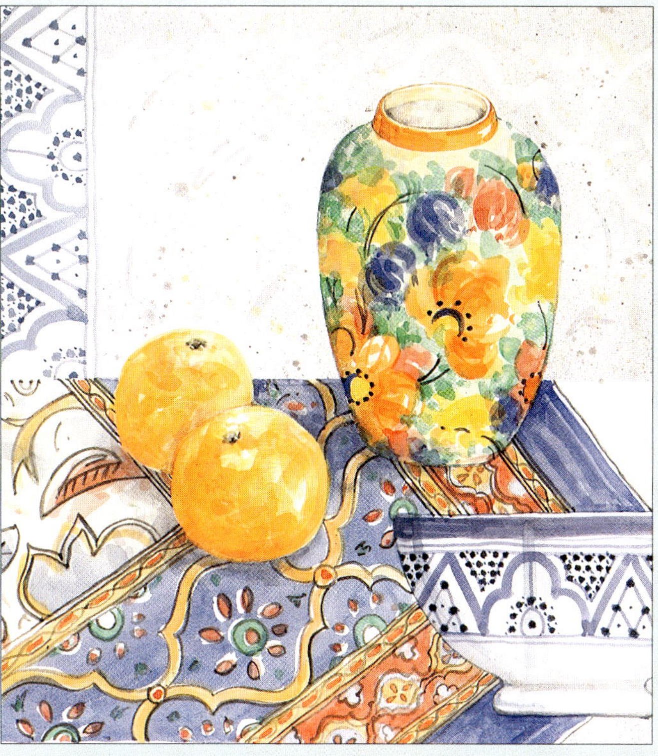

PROJECTION DE GOUACHE

1 Parfois, vous trouverez des effets difficiles à rendre avec des couleurs transparentes, comme les embruns à la crête d'une vague. Dans ce cas, la solution est d'utiliser de la gouache blanche projetée ou de l'aquarelle sèche.

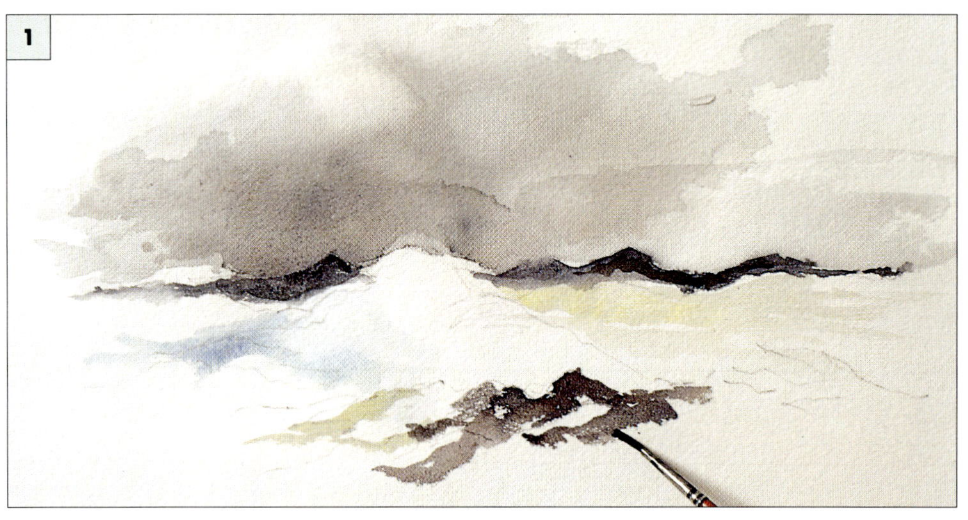

L'EAU

1 Projetez l'eau en passant votre pouce sur la tête de la brosse à dents, tournée vers le haut.

2 L'eau qui se dépose sur la peinture humide ou mouillée forme des gouttes et des taches irrégulières.

MASQUAGE FLUIDE

3 Le masquage fluide plus épais est difficile à vaporiser. Il faudra trouver la bonne orientation de la brosse à dents.

4 Lorsque c'est sec, retirez le masquage par légers frottis du bout du doigt.

5 C'est la bonne technique pour traduire les effets d'un temps hivernal. Les mouchetés blancs évoquent une tempête de neige. Protégez votre travail autour car les particules plus lourdes que l'eau se projettent plus loin et ce produit est difficile à retirer.

UN VAPORISATEUR À BOUCHE

6 Cet appareil permet une pulvérisation plus fine que la brossse à dents.

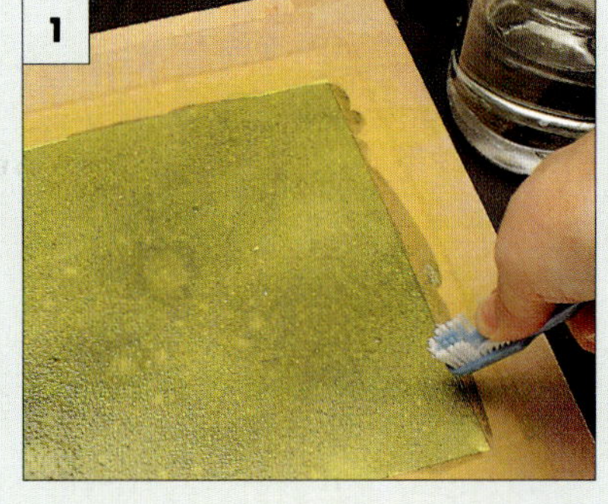

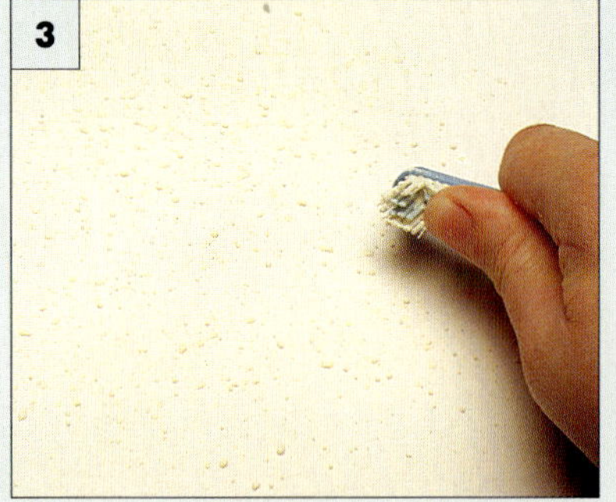

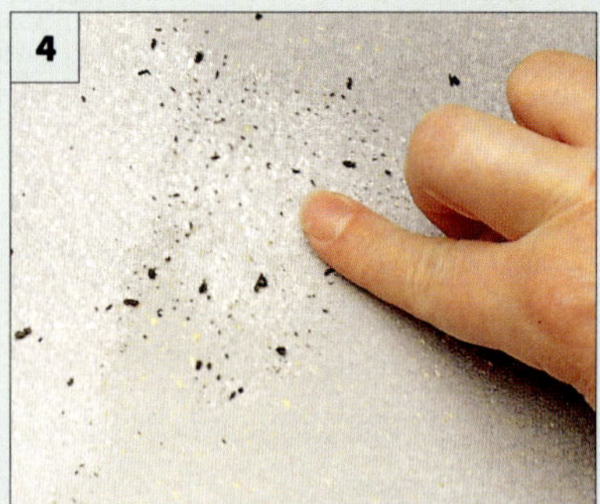

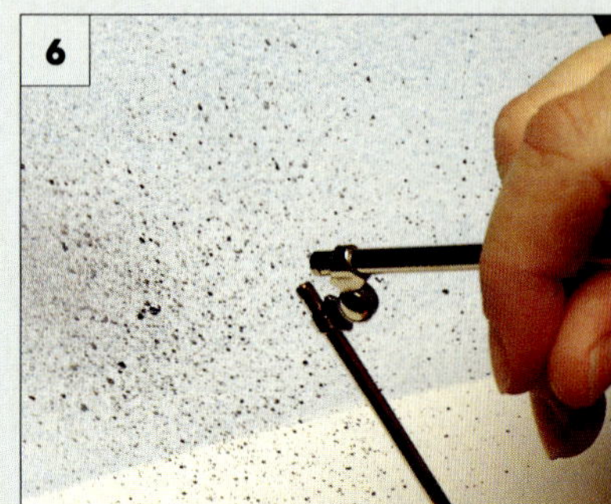

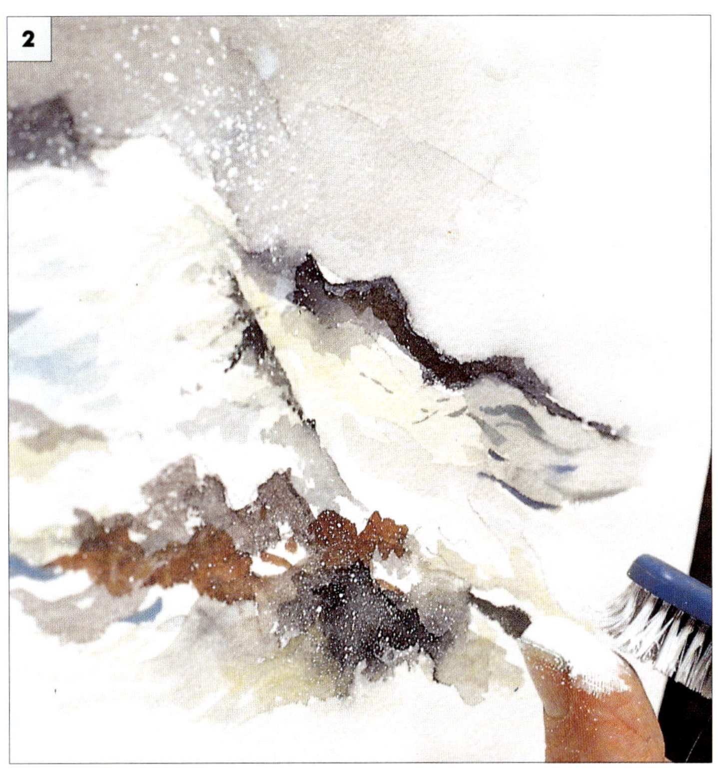

2 La vaporisation de la gouache blanche devrait être l'étape finale de votre peinture. Si vous travaillez dessus, vous remuez la couleur, détruisant ainsi l'effet. La préparation de gouache doit être assez épaisse pour ne pas se fondre dans le lavis. Testez toujours votre mélange. Si vous faites une erreur, vous pouvez ôter la gouache, mais cela implique de nettoyer toute la surface et de recommencer.

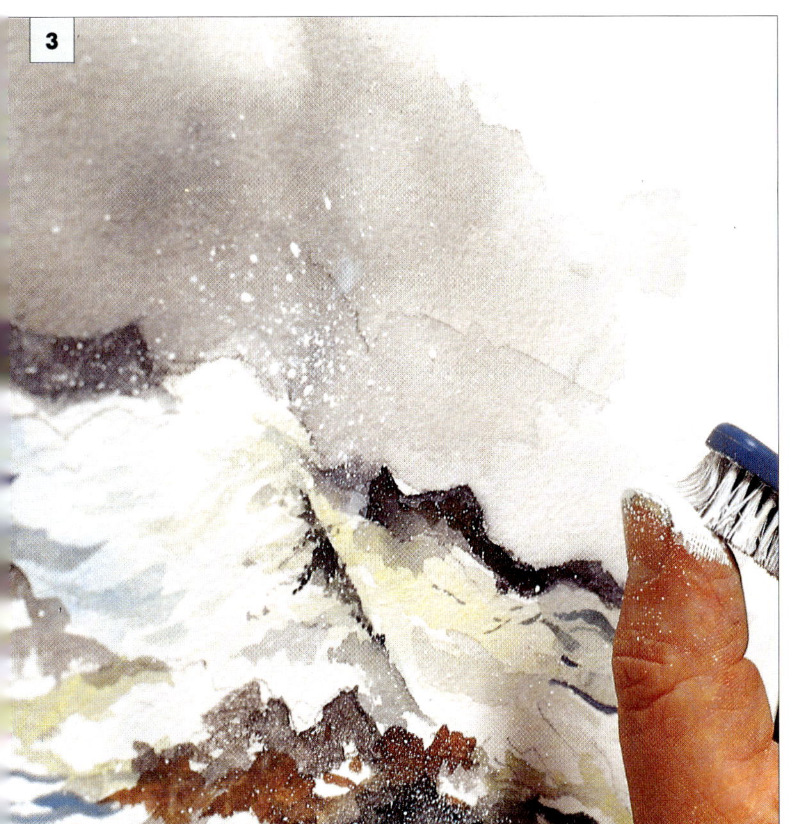

3 L'épaisseur de la gouache contrairement à la fluidité de l'aquarelle permet d'en contrôler plus précisément la diffusion. Maintenez la brosse à quelques centimètre du papier et passez rapidement le pouce ou la queue d'un pinceau sur les poils.

4 L'effet de lumière est supérieur lorsque la vaporisation est légère.

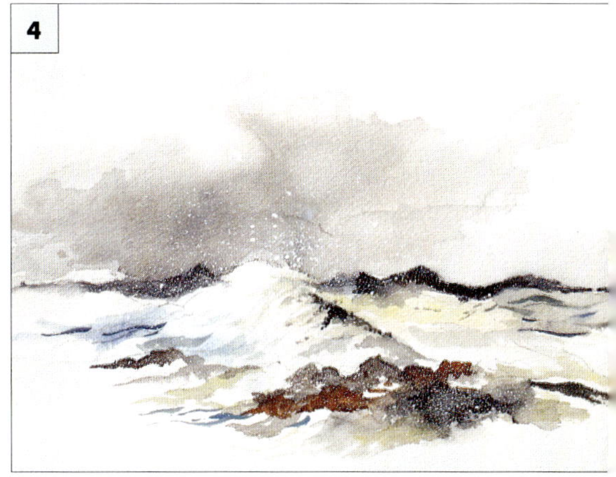

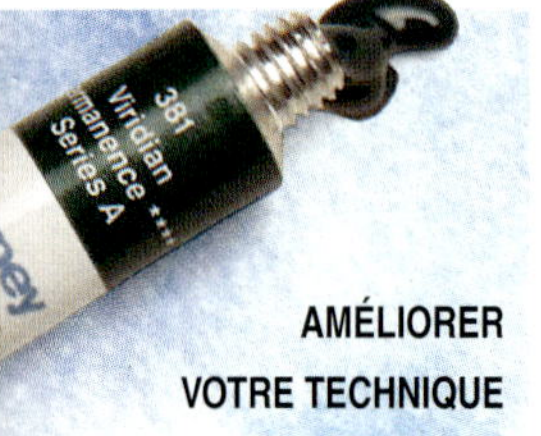

AMÉLIORER
VOTRE TECHNIQUE

La peinture à l'éponge

Vous avez déjà rencontré cet outil essentiel, la petite éponge (naturelle ou synthétique), et vous savez l'utiliser pour appliquer un lavis (p. 30). On peut aussi l'employer de manière plus expérimentale ou, du moins, pour créer des effets de matière.

Les empreintes de couleur laissées par l'éponge sur le papier sont très différentes de ce que l'on obtient avec un pinceau. Avec l'éponge, vous obtenez un effet tacheté idéal pour peindre des vieilles pierres, des feuillages denses ou des fleurs. Pour contrôler la quantité de couleur, il suffit d'essorer l'éponge lorsque vous souhaitez appliquer une couleur plus légère. On peut peindre ainsi des textures mais aussi des formes en appliquant davantage de peinture pour créer des ombres. Si vous avez appliqué trop de peinture, recouvert un blanc ou un reflet, il suffit de presser délicatement l'éponge humide et propre sur la couleur qu'elle absorbera. On peut faire la même chose sur une couleur sèche. On peut peindre toute une aquarelle à l'éponge, mais vous ne pouvez pas obtenir des lignes ou des bords nets. Vous utiliserez probablement le pinceau pour les dernières touches de définition.

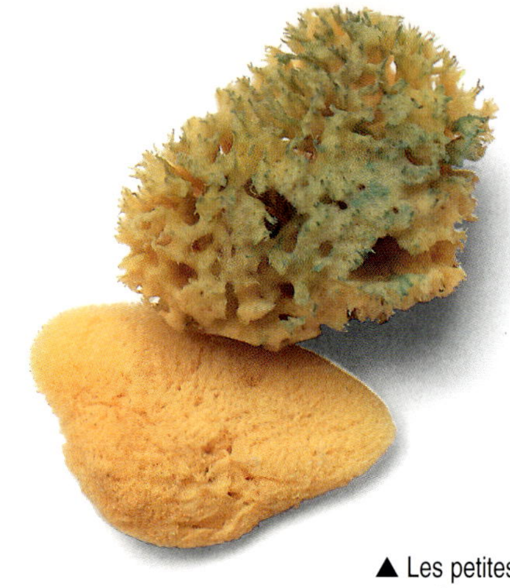

▲ Les petites éponges naturelles sont de texture plus ou moins fine qu'il faut choisir en fonction de la matière que l'on souhaite reproduire.

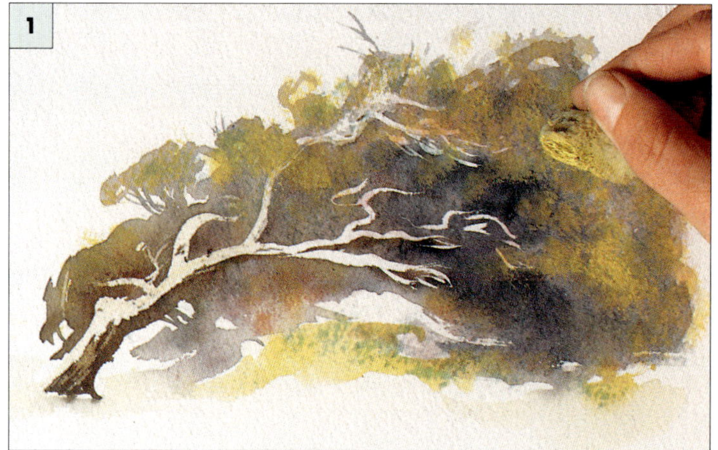

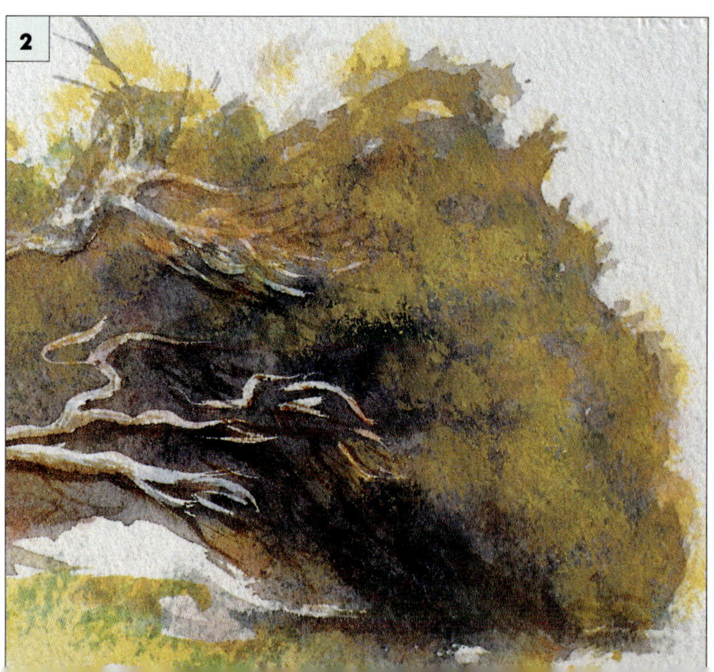

La texture du feuillage

1 Dans cette étude d'arbre, l'artiste peint d'abord le tronc et les branches avec une gomme liquide (p. 80). Une fois le lavis vert foncé du feuillage, sec, et le masquage gommé, elle tamponne avec l'éponge une solution épaisse de couleur jaune citron pour matérialiser les parties les plus claires de l'arbre.

2 L'effet est séduisant et réaliste : la meilleure façon de représenter le caractère vaporeux de ce pin méditerranéen.

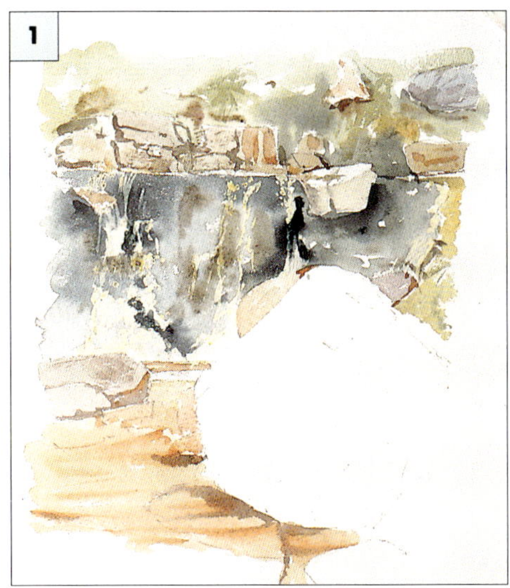

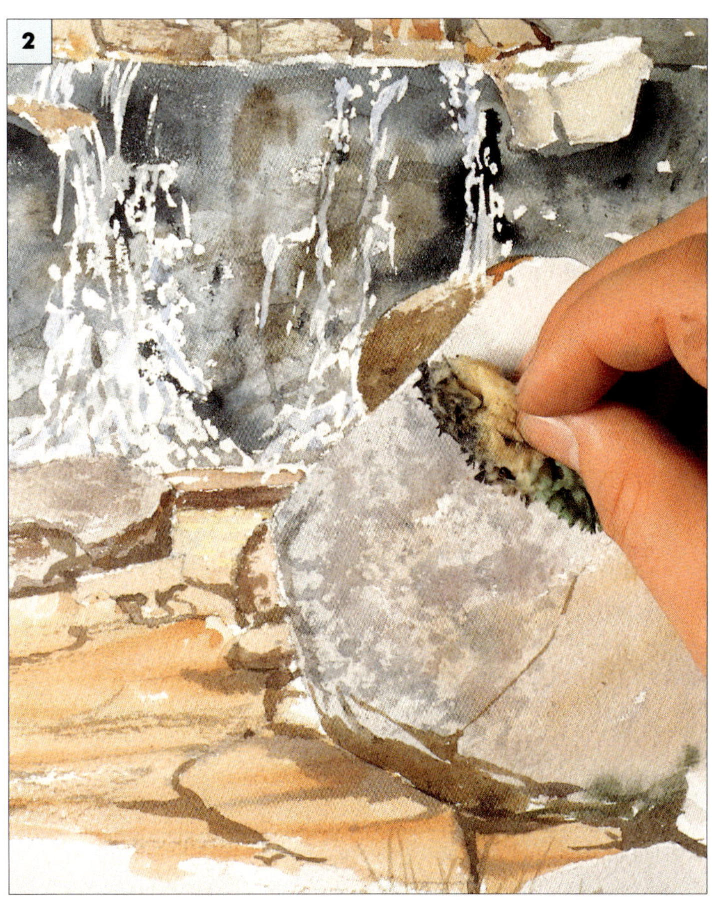

LA TEXTURE DE LA ROCHE

1 L'éponge ne doit être utilisée que pour le gros rocher au premier plan qui, à cette étape, est encore en réserve.

2 L'aquarelle presque achevée, on applique au pinceau un lavis gris clair pour le rocher.

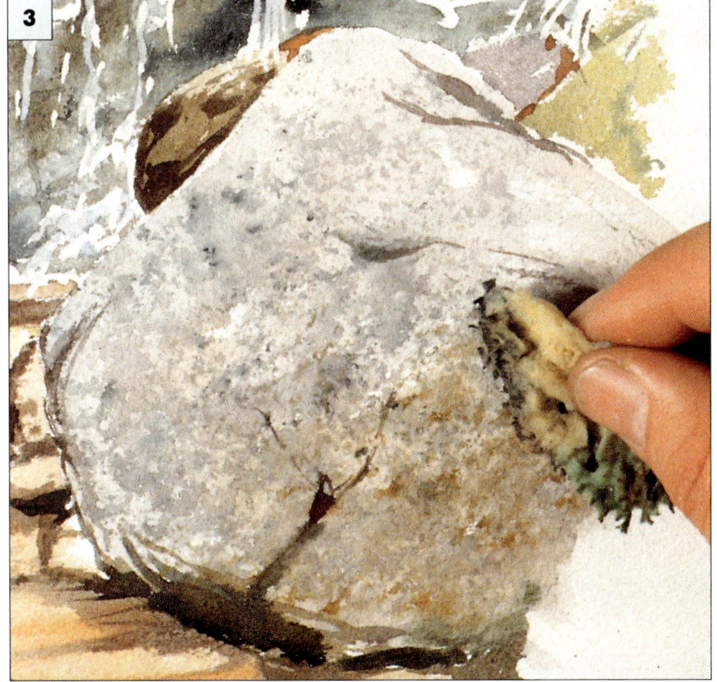

3 La superposition d'un brun-gris pâle et d'ocre jaune rend parfaitement la matière et la couleur de la roche altérée.

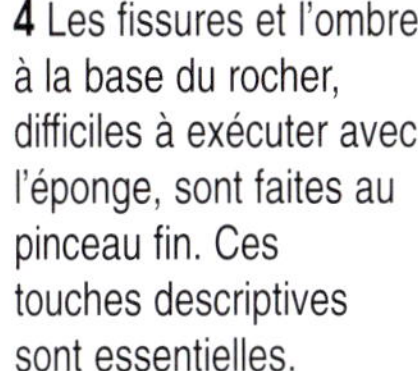

4 Les fissures et l'ombre à la base du rocher, difficiles à exécuter avec l'éponge, sont faites au pinceau fin. Ces touches descriptives sont essentielles.

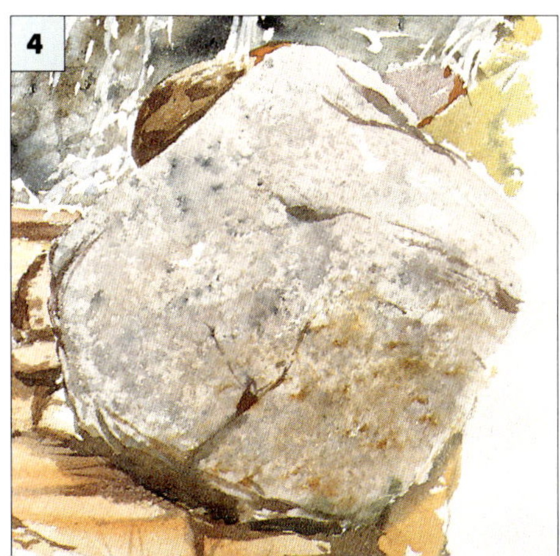

AMÉLIORER VOTRE TECHNIQUE

Ouvrir des blancs

Dans le chapitre précédent, vous avez vu comment on ouvre des blancs en retirant partiellement la couleur d'un lavis. Ce que vous allez voir en détail est important, surtout pour les ciels.
Les débutants sont effrayés à l'idée de peindre des nuages, ce qui est naturel jusqu'à ce que l'on devienne astucieux.

Il y a toujours le danger de tout gâcher en poussant trop son travail. Comment fait-on pour peindre des nuages blancs sur un ciel bleu, puisqu'une couleur claire ne peut recouvrir totalement une couleur plus sombre ? La solution est d'enlever la couleur sombre en «ouvrant» des blancs. Pour peindre de vrais nuages, appliquez un lavis bleu régulier ou dégradé, et lorsqu'il est encore humide, passez une éponge sèche, un pinceau sec ou un chiffon. Pour les protubérances arrondies des sommets des cumulus, utilisez le même principe, mais tamponnez le papier au lieu de l'essuyer. Ces exemples illustrent les différents effets que l'on peut obtenir en ouvrant des blancs plus ou moins purs dans des lavis simples ou superposés. Vous pouvez bien sûr utiliser ce procédé pour d'autres caractéristiques d'un paysage, par exemple, les effets de lumière dans des feuillages, ou les champs et collines ensoleillés aux couleurs changeantes.
On peut «ouvrir» un blanc sur un lavis déjà sec, mais c'est plus délicat et le résultat peut ne pas être parfait. Une toute petite quantité de gomme arabique (vendue en bouteille), mélangée à l'eau de l'aquarelle, améliore la fluidité et l'éclat des couleurs et évite la fixation du pigment sur le papier. La gomme arabique facilite ainsi le travail.

Les cirrus

1 Pour peindre ces longues bandes de nuages sur un ciel bleu, on applique un lavis dégradé. Ne vous inquiétez pas s'il n'est pas parfait, puisque vous enlèverez une grande quantité de peinture.

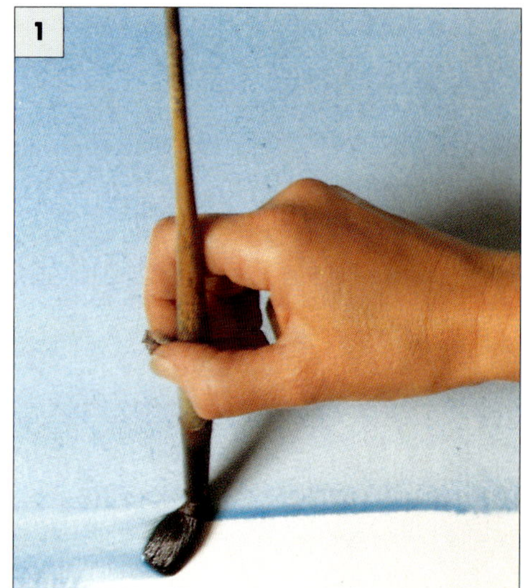

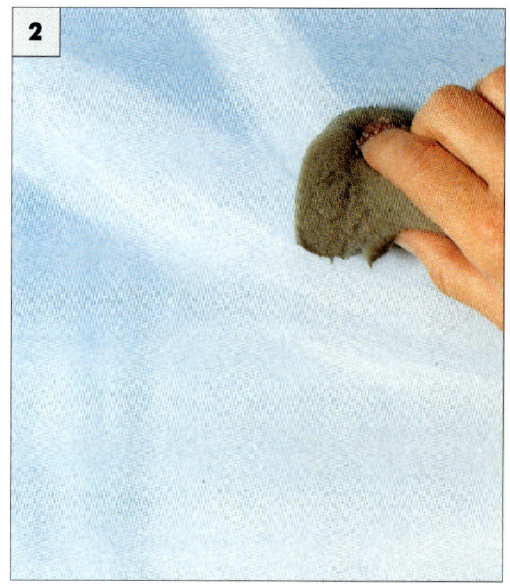

2 Utilisez une éponge ou du coton légèrement mouillés. Passez le sur le lavis mouillé suivant la forme et le mouvement du nuage.

3 On ne peut pas réaliser un effet comme celui-ci avec une autre méthode. Absorber la couleur est la chose la plus facile et la plus utile dans la technique de l'aquarelle.

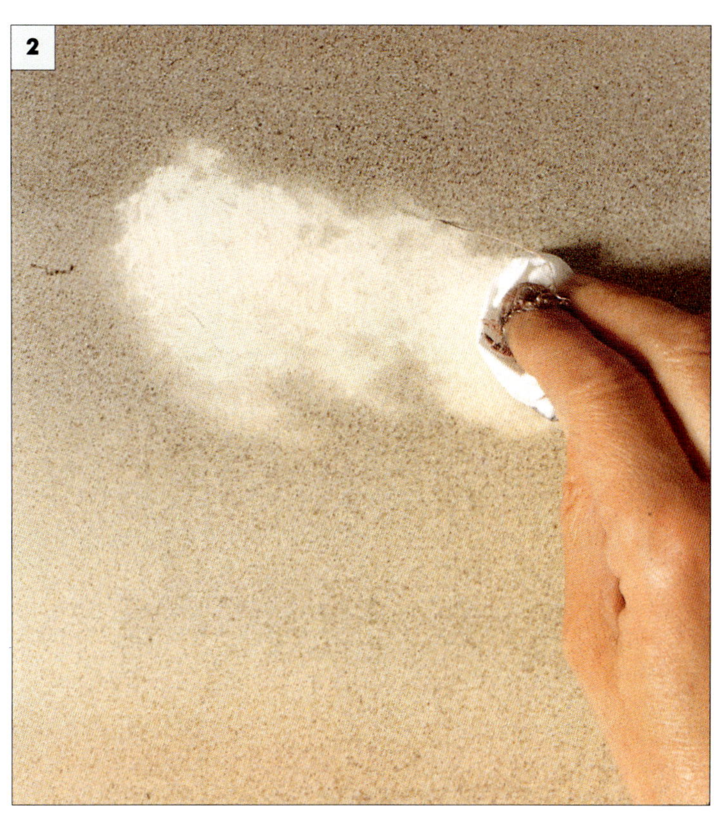

Les cumulus

1 Ici, on a d'abord appliqué un lavis ocre jaune pâle ; puis après séchage, un lavis dégradé plus soutenu permettant de créer des blancs nuancés.

2 Pour absorber la couleur, on utilise un tampon de tissu ou un mouchoir en papier sec que l'on froisse pour obtenir des effets de marbrure. Avec un tampon de coton plus doux et absorbant, on n'obtiendrait pas ces petites taches de couleur nuancées que le tissu froissé n'a pas absorbé.

3 Ces passages très nuancés des couleurs aux blancs légèrement teintés évoquent les nuages d'une manière très convaincante. Pour donner plus d'intensité à ce ciel, vous pouvez ajouter quelques touches de lavis humide plus sombre à la base du nuage. On utilise simultanément deux techniques sur lavis humide. C'est un travail délicat où le dosage de la couleur est très important pour conserver au ciel ses qualités.

Vous savez retirer de la couleur, «ouvrir» des blancs, etc. Voyons maintenant comment rendre le papier imperméable à la couleur. Le produit qui s'impose est le masquage fluide ou la gomme liquide.
Le masquage fluide est souvent employé car sa manipulation est plus aisée que l'application de peinture autour des reflets ou

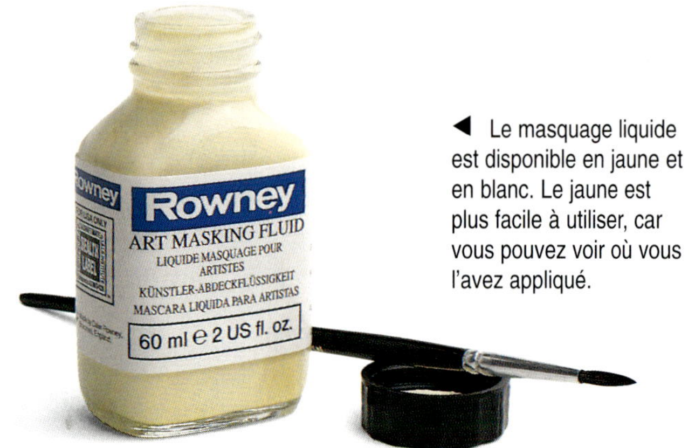

◄ Le masquage liquide est disponible en jaune et en blanc. Le jaune est plus facile à utiliser, car vous pouvez voir où vous l'avez appliqué.

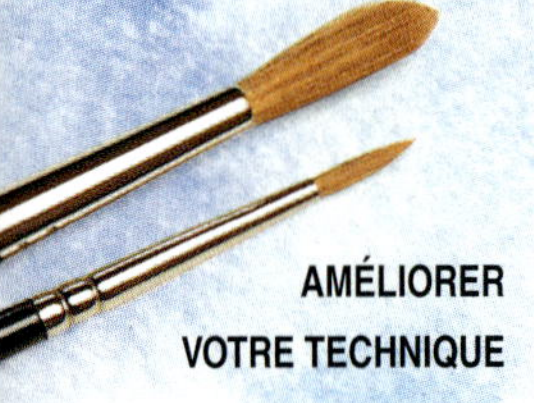

AMÉLIORER VOTRE TECHNIQUE

Le masquage fluide

rehauts (p. 46). Ce produit incolore ou teinté s'applique au pinceau. Sec, il forme un film imperméable et s'élimine facilement par un léger frottis (doigt ou gomme). C'est un produit d'utilisation pratique qui a d'autres qualités : puisqu'on utilise un pinceau comme pour les couleurs, on obtient des réserves ou des blancs qui ont la qualité picturale d'une touche de couleur. On ne peut pas détourer des blancs aussi complexes avec des lavis.
Ce produit liquide se vaporise (p. 72) également sur le papier avant d'appliquer la couleur. Lorsque le lavis est sec et le masquage ôté, il reste des gouttelettes et des mouchetés blancs. C'est une méthode idéale pour peindre la neige. Lavez tout de suite la brosse ou le pinceau que vous venez d'utiliser et épargnez vos vêtements, car le masquage fluide sec est difficile à enlever.

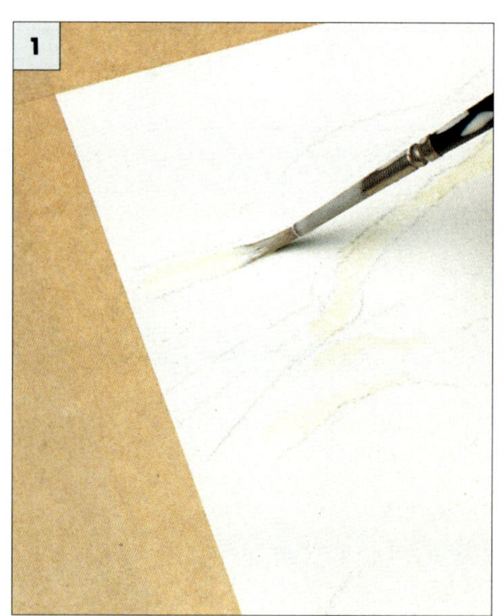

1 Dessinez votre composition, appliquez la gomme liquide délicatement ou plus largement suivant les parties traitées. Apposez un lavis brun-jaune sur l'ensemble lorsque le liquide de réserve est sec.

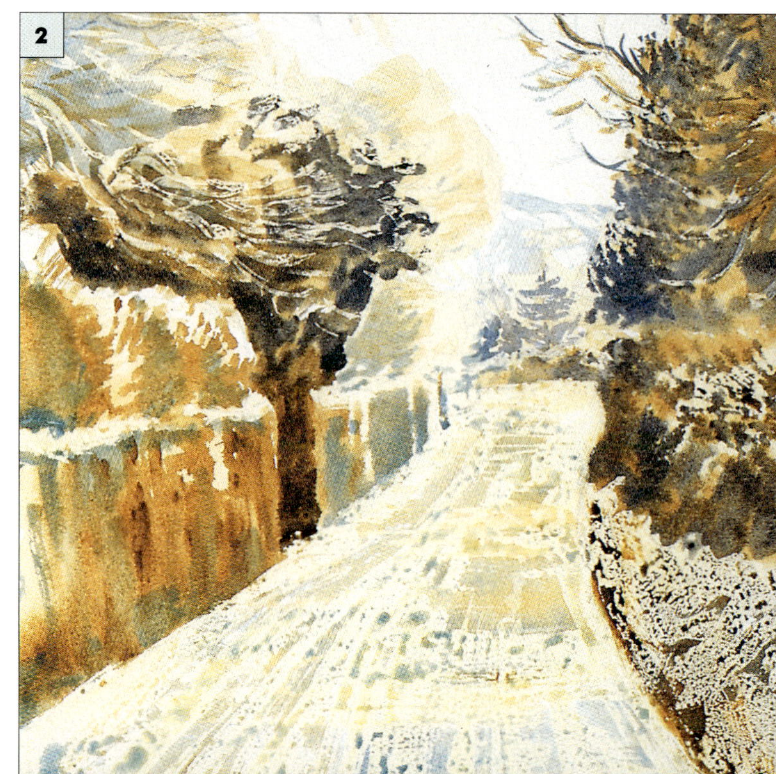

2 Ajoutez les dernières couleurs alors que la gomme liquide est toujours en place. Les gouttes de couleur tombées sur le fluide par inadvertance partiront lorsque vous ôterez le produit.

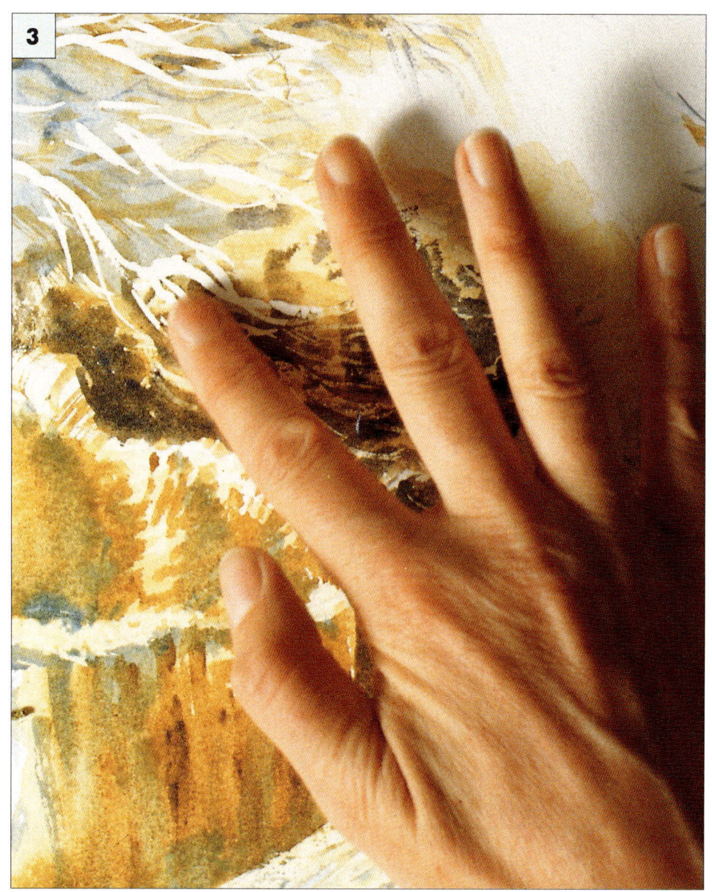

3 Pour retirer le masquage liquide, frottez le bout du doigt ou une gomme. Vous révelerez ainsi des blancs aussi dynamiques que les touches de couleur.

4 Dans ce cas précis, l'artiste s'aperçoit qu'il a laissé des blancs trop importants. Il ajoute alors quelques lavis bleus clairs (bleu ceruleum) pour la route, le talus et l'arrière-plan.

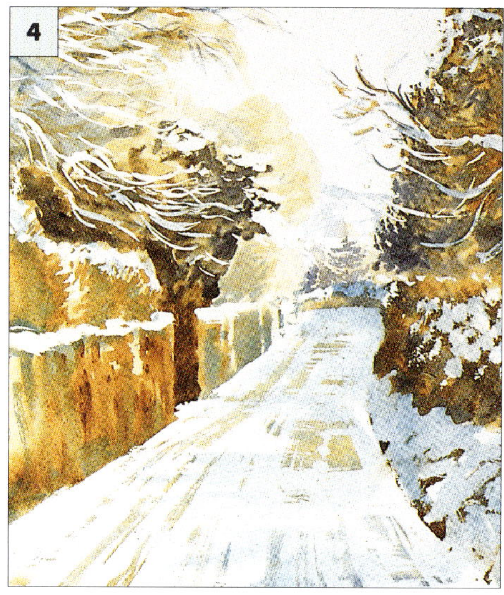

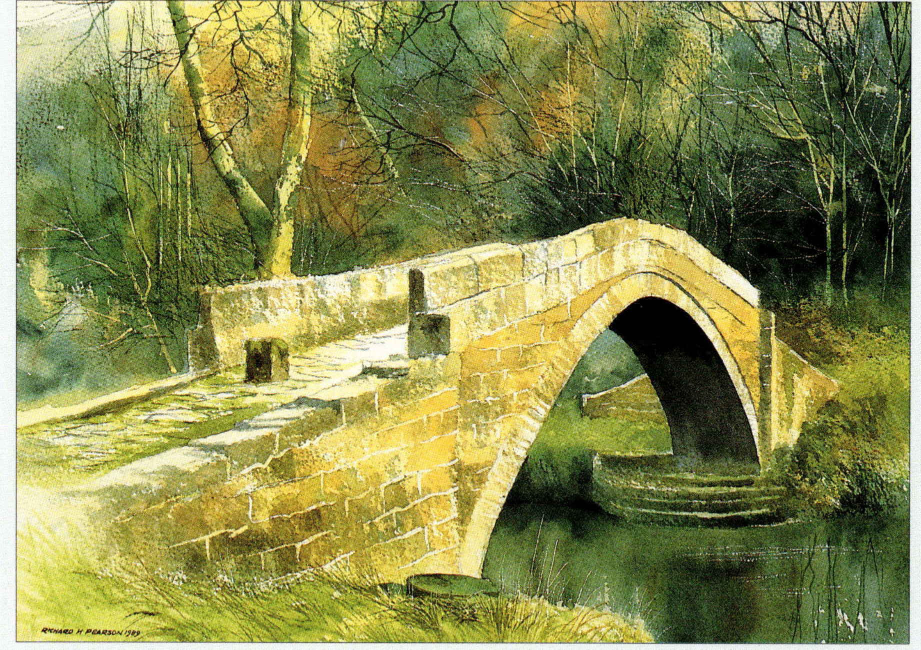

Le pont du mendiant à Glaisedale, Richard Pearson

L'artiste ne voulait pas des blancs purs, c'est pourquoi il a posé un lavis ocre jaune à l'endroit du pont et des arbres avant d'appliquer de la gomme liquide sur les petits troncs d'arbre et les joints des pierres du pont. Les délicats entrelacés des branchages ont été obtenus par grattage sur le lavis sec, car la gomme liquide est trop épaisse pour des lignes aussi ténues.

Cette technique repose sur l'incompatibilité de la cire et de l'eau. Le principe est simple : la cire repousse l'eau. Néanmoins, ce type de réserve est sensiblement différent de ce que l'on obtient avec la gomme liquide. Vous pouvez utiliser des crayons à la cire blancs ou même une simple bougie.
Le peintre et sculpteur, Henry Moore

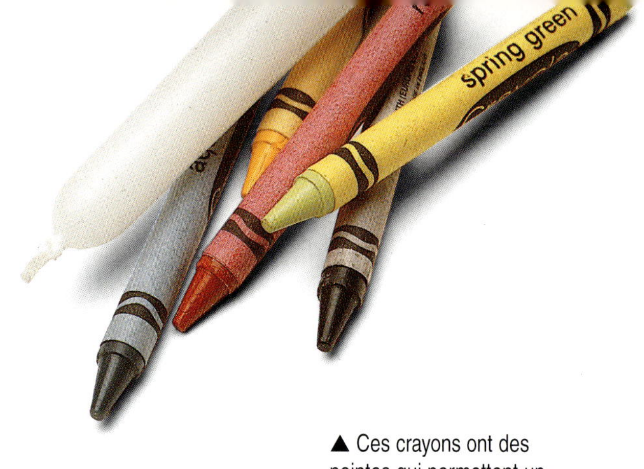

▲ Ces crayons ont des pointes qui permettent un dessin précis. On peut également les tailler.

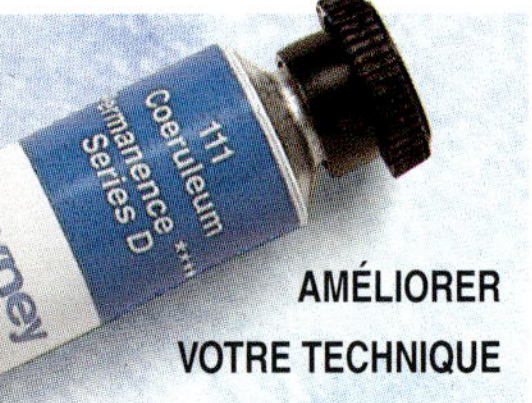

AMÉLIORER VOTRE TECHNIQUE

La réserve à la cire

(1898-1986), développa cette méthode le premier dans une série de superbes dessins représentant des gens qui s'abritaient dans le métro de Londres, pendant les raids aériens de la Seconde Guerre mondiale.
Les effets sont modulables suivant la quantité de cire appliquée par pression plus ou moins forte du crayon, et le type de papier utilisé. Sur un papier à grain fin, la cire fait un écran total à la peinture. Mais le papier à aquarelle a en général beaucoup de grain et la cire se fixe en surface seulement, laissant la peinture s'infiltrer dans les minuscules cavités du papier en formant des petits points de couleur.
Cette technique est idéale pour le rendu des textures, par exemple, la pierre, les troncs d'arbre, la patine des vieux édifices, tout comme les nuages ou les reflets changeants de la lumière dans l'eau. Les crayons à la cire, peu onéreux, existent dans toutes les couleurs, ce qui permet de créer des effets très variés.

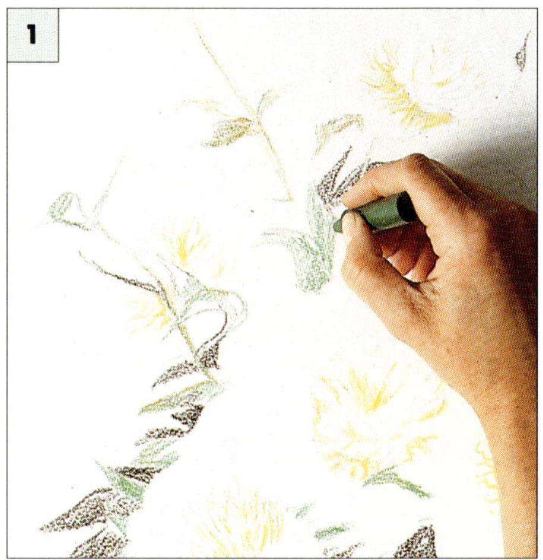

1 Les étamines de ces fleurs sont dessinées à la cire jaune, les feuilles à la cire noire et verte. La cire est appliquée légèrement pour laisser passer la couleur.

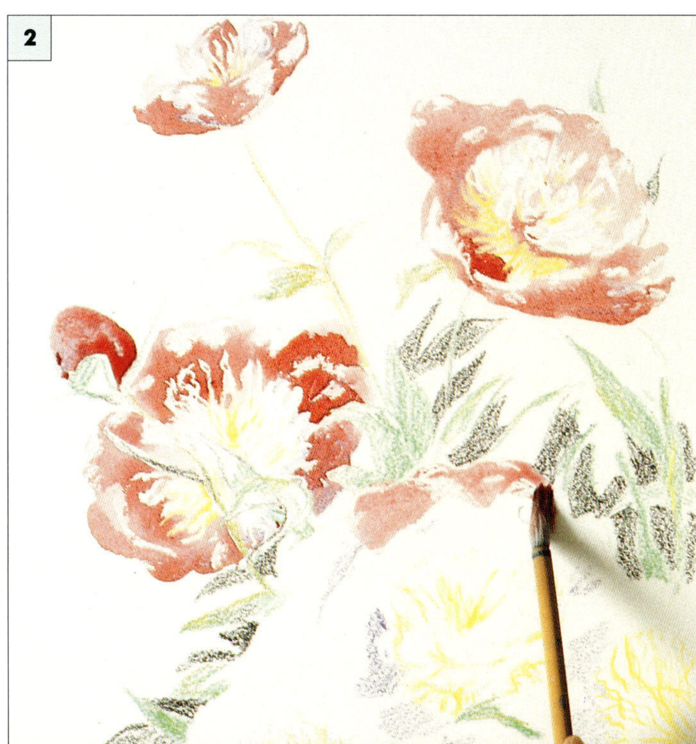

2 Pour les pétales, dont la cire blanche réserve les extrémités et le cœur de la fleur, on applique une solution concentrée d'alizarine cramoisie avec un pinceau chinois (bambou et soie naturelle). Ce pinceau est parfait pour les fleurs car il offre à la fois une grande variété et une grande précision de touche.

La clairière,
Debra Manifold

La réserve à la cire convient tout à fait aux effets de matières contrastés, comme ici l'eau et les arbres. L'artiste a d'abord appliqué des lavis légers à grandes touches souples. Sur le lavis sec, elle réserve à la cire des parties claires et poursuit son travail en alternant cire et couleur.

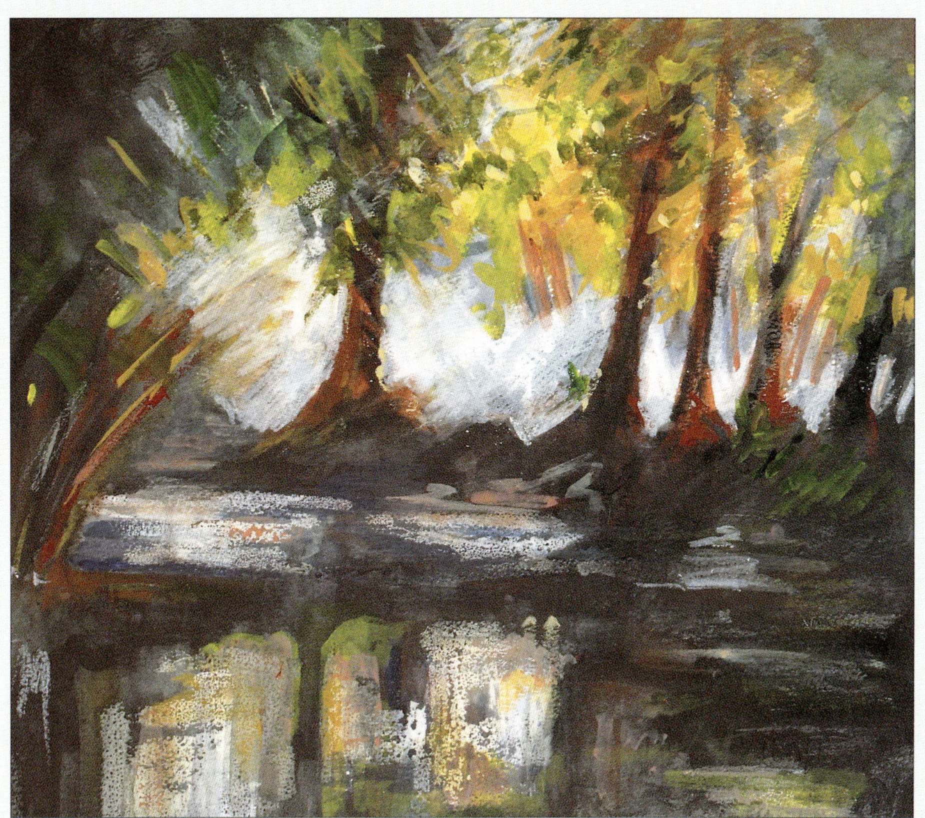

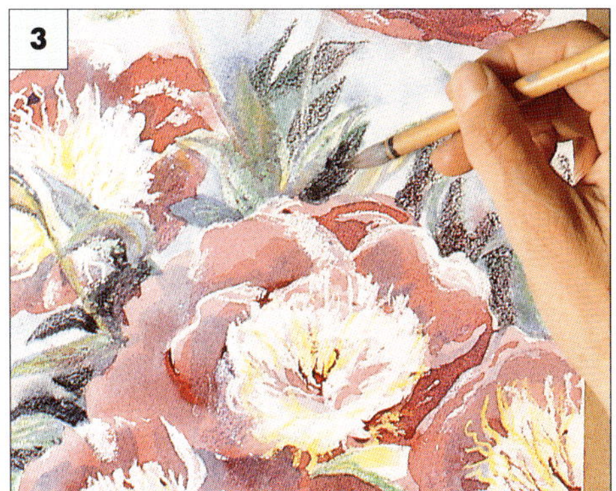

3 Le vert à base de vert émeraude et de jaune de cadmium est posé sur le noir du crayon à la cire. Le vert est plus lumineux aux endroits où la cire est plus légère.

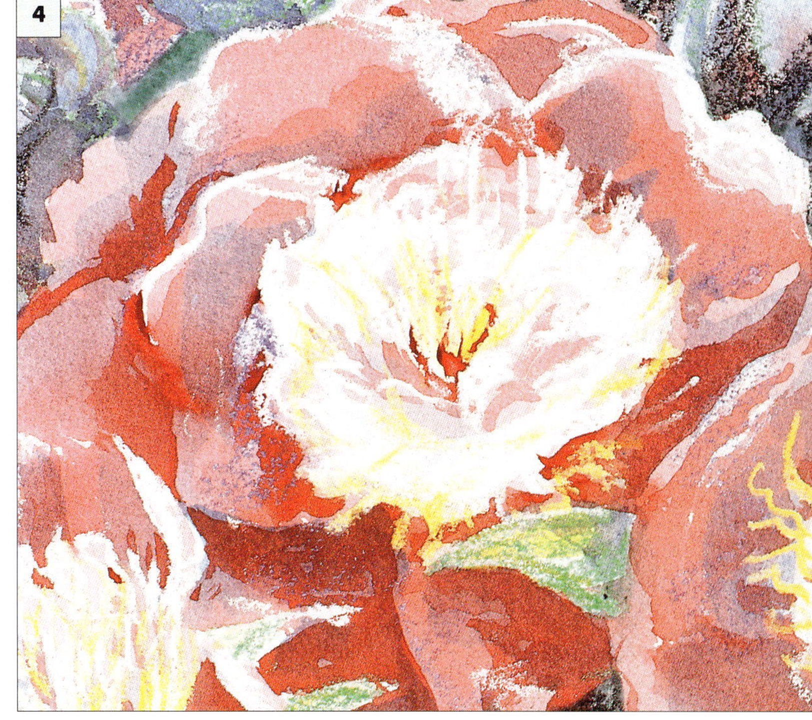

4 Ce détail d'une fleur permet de voir précisément les effets de réserve à la cire. L'alizarine cramoisie a glissé sur les étamines exécutées à la cire jaune, qui se détachent ainsi sur le rouge.

Les techniques que nous venons de voir sont relativement modernes et représentent l'aboutissement de l'expérience de génération d'aquarellistes. Le dessin au lavis est aussi ancien que les couleurs diluées dans l'eau. Plus proches de nous, sont les dessins aquarellés réalisés à la plume et à l'encre. Le dessin au lavis est encore utilisé bien souvent pour

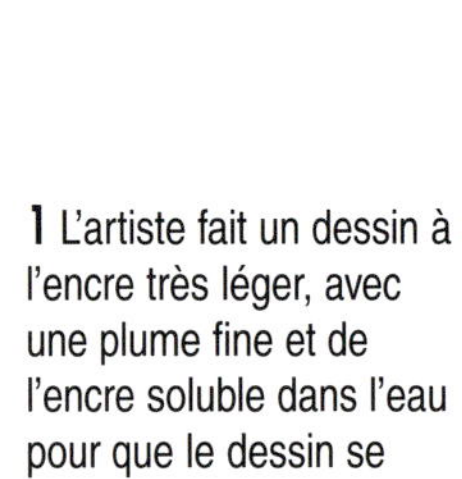

▲ Essayez différents stylos et plumes pour trouver ceux qui conviennent à votre type de travail.

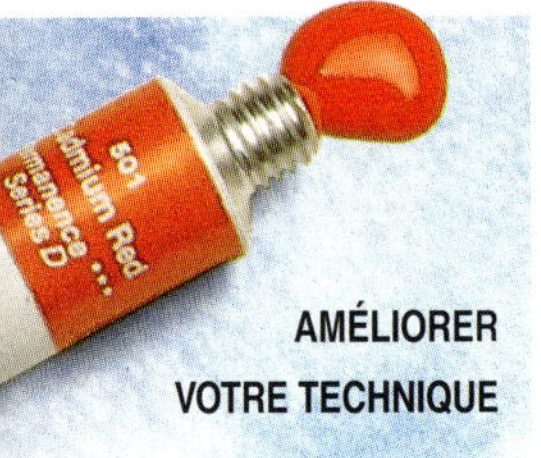

AMÉLIORER VOTRE TECHNIQUE

Le dessin au lavis

l'illustration. Mais de nombreux aquarellistes font usage de cette technique avec plus d'audace et de liberté, où lignes et couleurs sont intimement liées.

Il n'y a pas de règles pour le dessin au lavis. Vous pouvez commencer par le dessin ou par la couleur sur laquelle vous dessinez des détails, ou travaillez les deux en même temps. Il en est de même pour le matériel. Vous pouvez utiliser une plume, un stylo à plume ou un crayon, qui plus clairs s'accordent mieux à des lavis légers. Si vous choisissez le stylo, il faut trouver celui qui vous convient, celui que vous avez le mieux en main et dont vous aimez le trait. Allez dans un magasin spécialisé où vous pouvez essayer différents stylos. Soyez prudents avec les feutres car s'ils sont bon marché et pratiques pour dessiner, les couleurs pâlissent vite. Pour les dessins au lavis traditionnels, on utilisait de l'encre résistante à l'eau, qui permettait de superposer les lavis. Certains de nos artistes contemporains préfèrent au contraire utiliser l'encre soluble dans l'eau. On choisit donc son encre en fonction des effets recherchés.

1 L'artiste fait un dessin à l'encre très léger, avec une plume fine et de l'encre soluble dans l'eau pour que le dessin se fonde avec les couleurs.

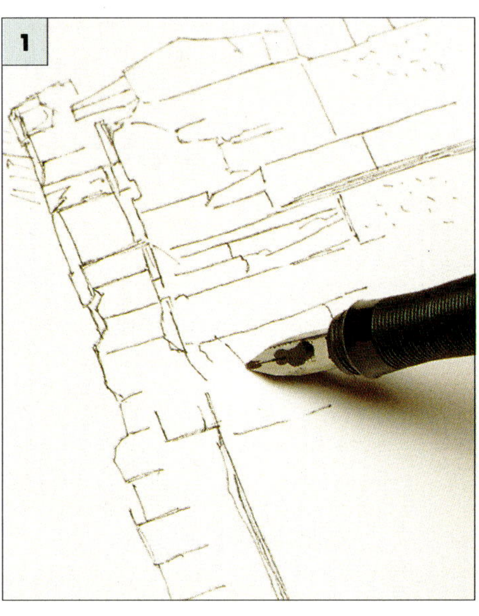

2 Elle utilise un pinceau chinois pour rehausser son dessin de touches de couleurs légères.

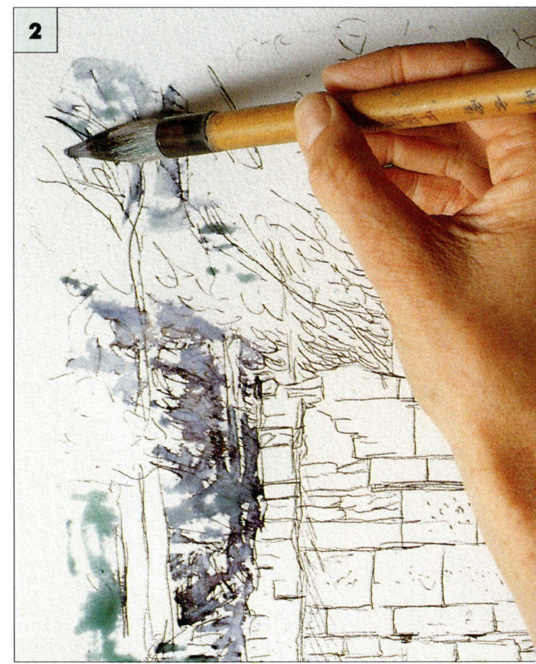

***Rhododendrons,* Audrey Mac Leod**

Cette artiste aime tirer parti du contraste d'un dessin précis et nerveux associé à des couleurs très délicates. Elle exploite pleinement ces deux techniques. Elle adoucit ses couleurs en les épongeant, cela se voit sur les feuilles. Elle travaille la couleur avec une grande économie de moyens. Sur les fleurs, les touches de couleur délicates suggèrent la forme.

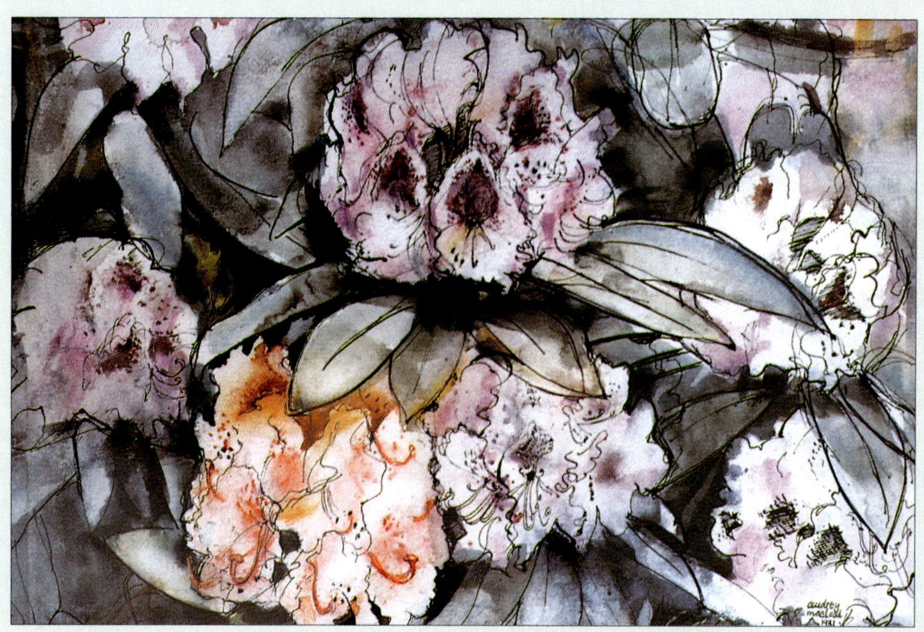

3 Le dessin de cette structure en pierre reste très présent. l'encre et la peinture se fondent délicatement pour indiquer les ombres légères de ce vieux mur.

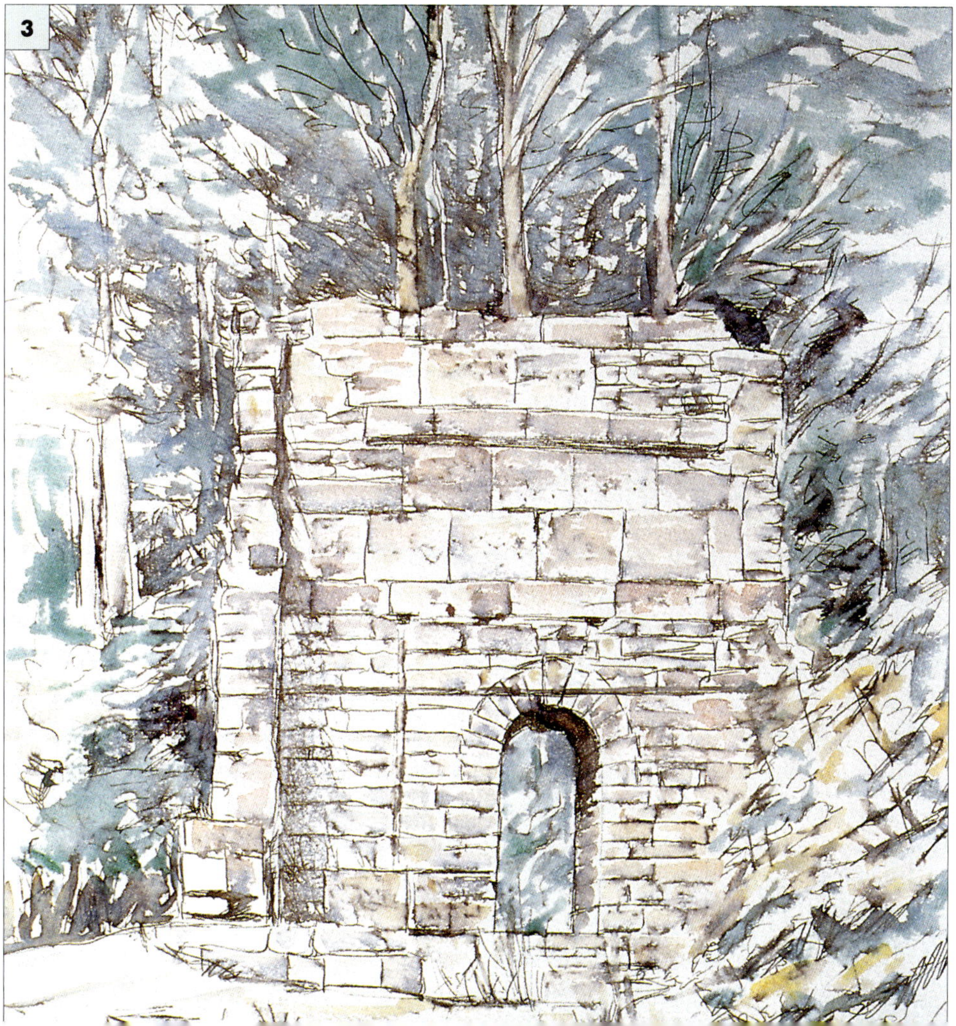

3

Les effets inattendus de l'aquarelle font partie du charme et de l'intérêt de cette technique. Ce sont les débordements, les bavures et les mélanges intempestifs de couleur. Si vous essayez de corriger un lavis encore humide au pinceau, les couleurs se mélangent en formant des taches, et les bords s'enflent d'eau et frisent comme de la dentelle.

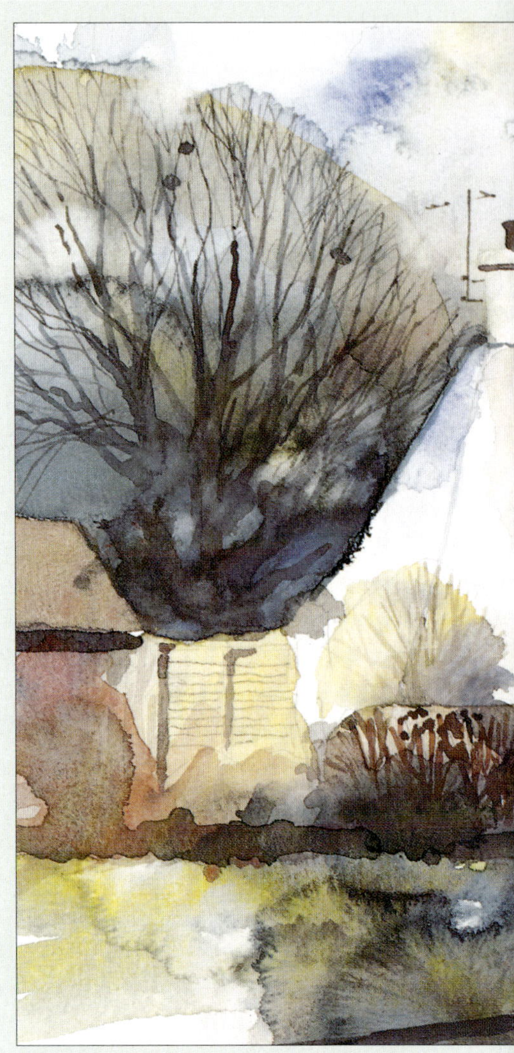

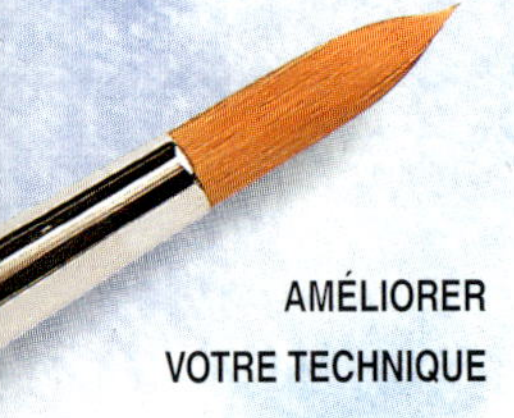

AMÉLIORER VOTRE TECHNIQUE

Les effets spéciaux

Ces accidents peuvent gâcher un travail, alors que vous avez fait de votre mieux pour obtenir un lavis parfait. Toutefois, ces effets spéciaux, comme la granulation (p. 40), constituent l'un des ces «heureux accidents», qui peuvent être considérés comme des techniques à part entière. Ces effets contrôlés permettent de rendre des textures ou de suggérer des formes qui conviennent pour représenter des fleurs, des nuages, des feuillages ou des reflets dans l'eau. Les reflets dans l'eau ont une couleur diffuse et leurs contours sont nets mais déformés. Pour cela, il suffit d'ajouter une couleur ou de l'eau claire sur un lavis encore humide.

RÉALISATION

1 Suivant la technique de l'aquarelle humide, on applique deux couleurs qui alors se mélangent. Les effets sont plus évidents lorsque l'on n'intervient pas.

2 La couleur que vous ajoutez à une autre doit être un peu plus chargée d'eau que la première. Ici, le jaune se diffuse sur le rouge et de petites touches liquides jaunes sont déposées avec la pointe du pinceau.

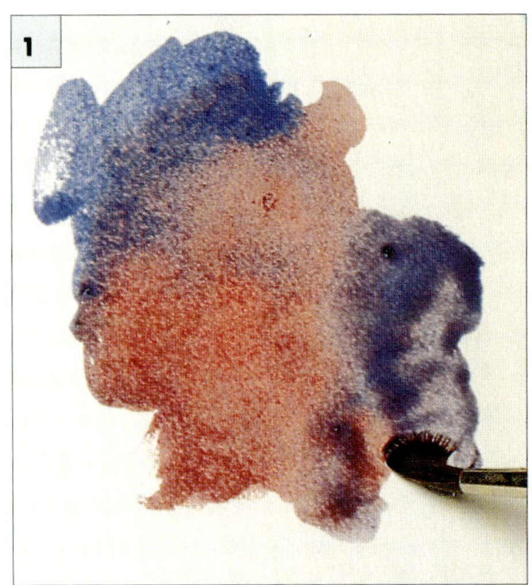

1

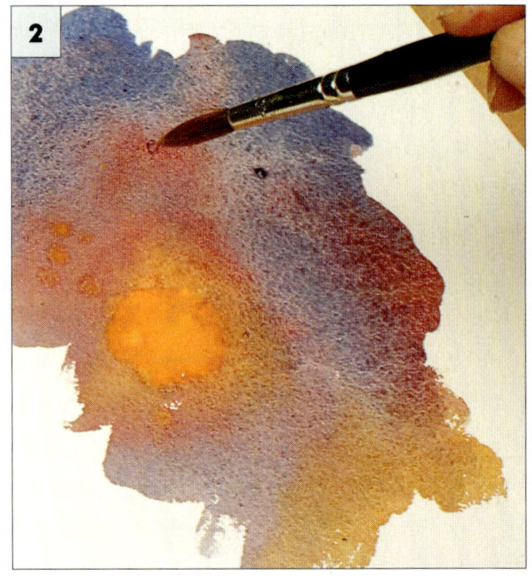

2

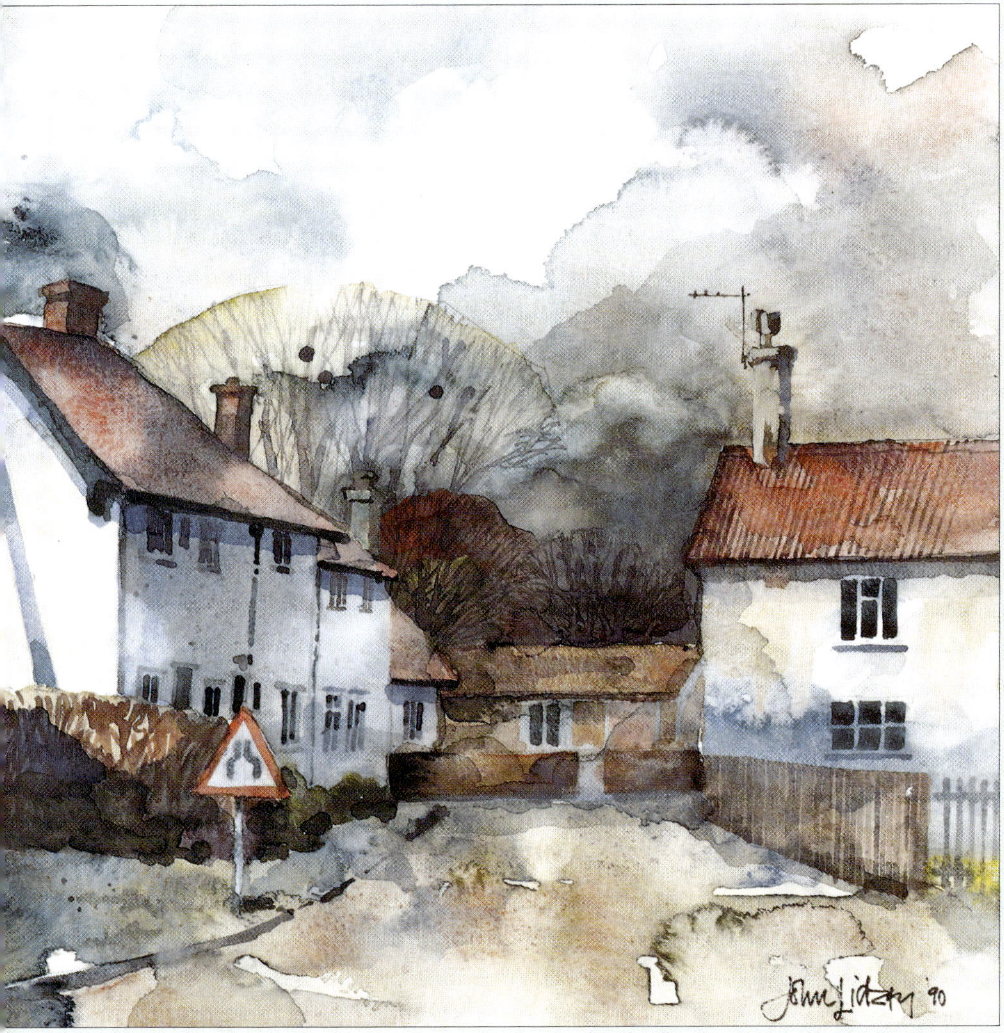

***L'entrée du village,* John Lidzey**

Cet artiste aime utiliser ces effets particuliers. Le premier plan à gauche se compose de trois taches de couleur aux formes diffuses à dominantes bleue, jaune et rouge, qui s'accordent aux arbres du second et arrière plans. Elles équilibrent et dynamisent cette composition.

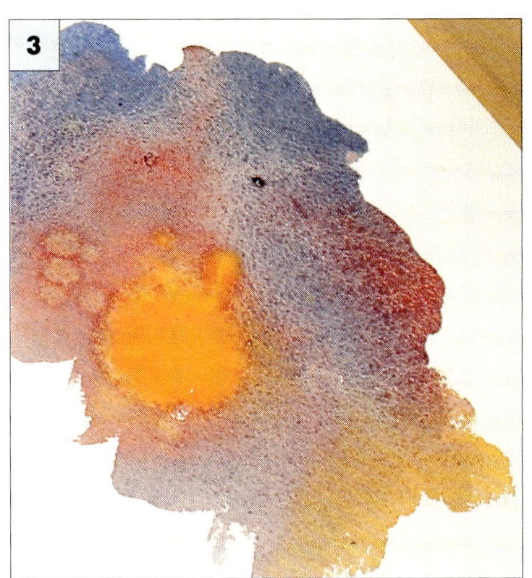

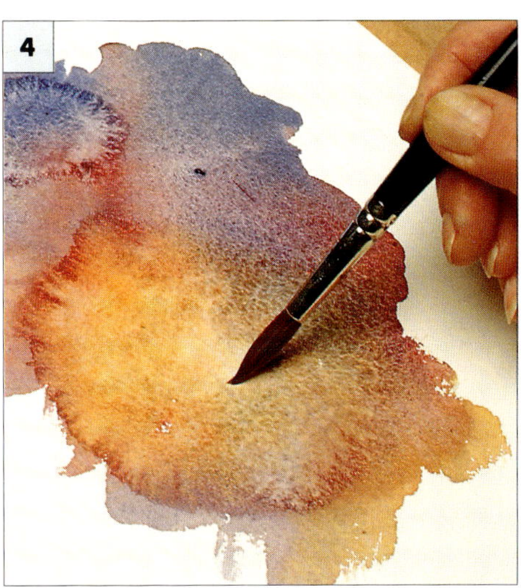

3 Il faut une ou deux minutes pour que la tache jaune se développe. Elle continue de s'étendre jusqu'au séchage.

4 Ici, on rajoute de l'eau claire sur la tache jaune encore humide. Sous le poids de l'eau, les pigments jaunes et rouges s'accumulent en faisant de petite taches ou sont repoussés vers l'extérieur formant une ligne dentelée et colorée. Au centre, la surface est décolorée.

Les corrections

Avant de mener à bien une aquarelle, il faut savoir corriger ses erreurs. Il nous arrive à tous de faire déborder un lavis qu'il faut alors nettoyer ou de changer une couleur qui ne convient plus lorsque le travail est déjà bien avancé. Il est donc réconfortant de savoir qu'il existe des solutions à ces «faux pas».

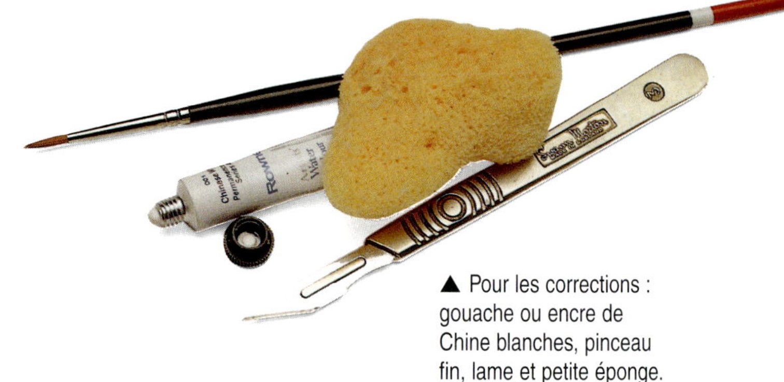

▲ Pour les corrections : gouache ou encre de Chine blanches, pinceau fin, lame et petite éponge.

La technique de correction est différente selon que vous commencez ou terminez votre peinture. Vous pouvez retirer ou nettoyer la couleur avec une éponge (p. 76) et de l'eau claire ou, plus radicalement, en rinçant le papier et en épongeant l'eau et la couleur. Cela, seulement si dès le départ la composition, les proportions ou la couleur initiale ne conviennent pas.

Lors des dernières étapes, on intervient souvent sur de petites surfaces en épargnant avec soin les couleurs voisines. Utilisez une petite éponge ou des coton-tiges. Laissez sécher avant de repeindre. Si votre aquarelle est tachée, vous pouvez recouvrir les taches avec un blanc opaque ou mieux, les gratter avec une lame fine d'un couteau et non la pointe qui, elle, risque de trop creuser le papier.

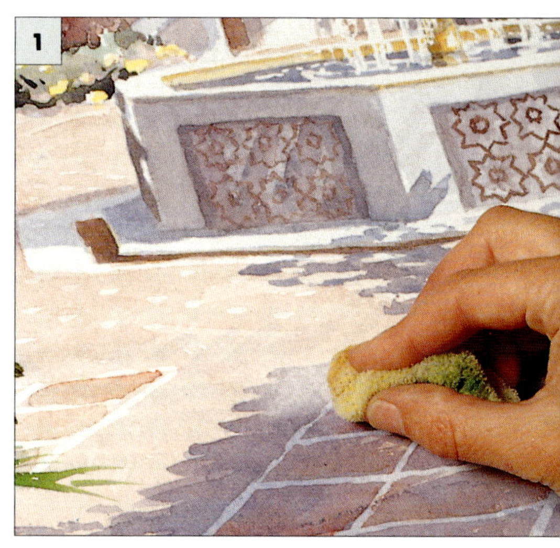

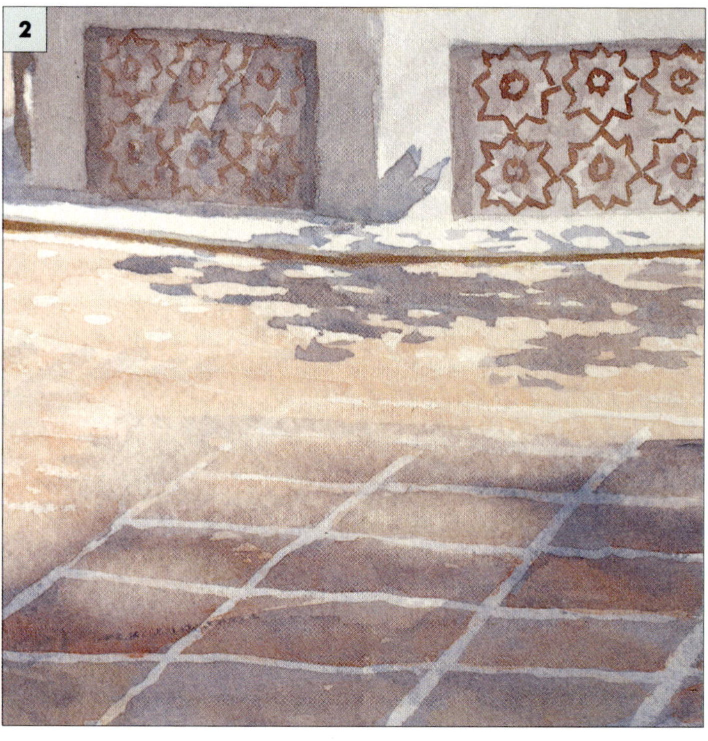

1 Détail de la cour de la maison andalouse (pp. 126-129).
On a éclairci l'ombre sur le dallage de la cour, ici au premier plan, qui était trop dessinée et trop foncée. Pour adoucir la couleur et fondre le dessin, on a utilisé une éponge et de l'eau propre.

2 Après ce travail, la surface est trop décolorée. Après séchage, il faudra repeindre ces ombres dans le ton de celles portées à la base de la fontaine au second plan.

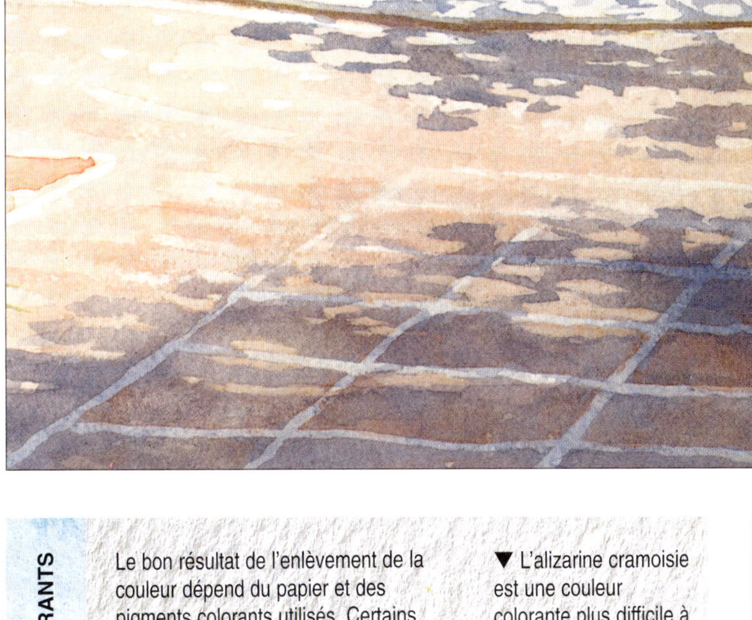

3 On a d'abord appliqué un lavis bleu-mauve qu'on a laissé sécher. On le recouvre ensuite partiellement avec un lavis rouge additionné d'une pointe de gouache blanche, accordé aux différents lavis roses de l'ensemble de la cour. La correction est presque invisible.

LES PIGMENTS COLORANTS

Le bon résultat de l'enlèvement de la couleur dépend du papier et des pigments colorants utilisés. Certains pigments agissent comme une teinture et laissent toujours une trace de couleur, d'autres disparaissent complètement. Il en est de même pour les papiers qui absorbent plus ou moins la couleur. Choisissez un papier facile à nettoyer.

▼ L'alizarine cramoisie est une couleur colorante plus difficile à ôter qu'un bleu outremer qui ne laisse quasiment aucune trace. Quelques jaunes et verts (comportant du jaune) sont impossibles à faire disparaître complètement.

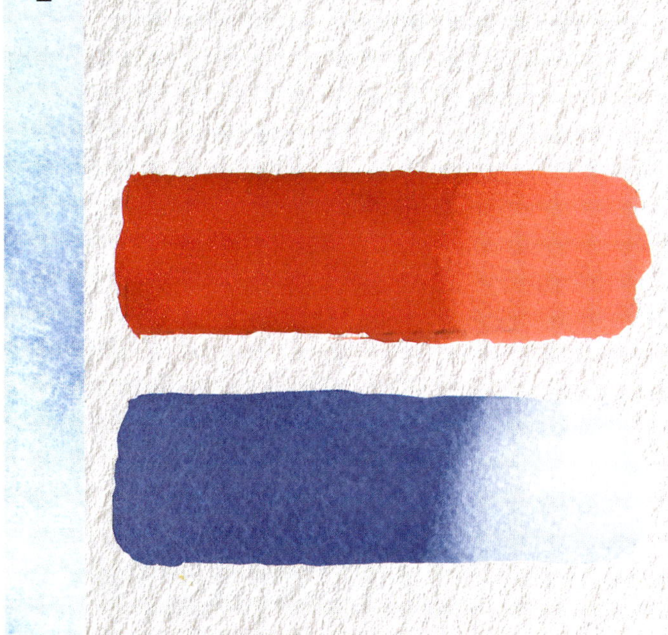

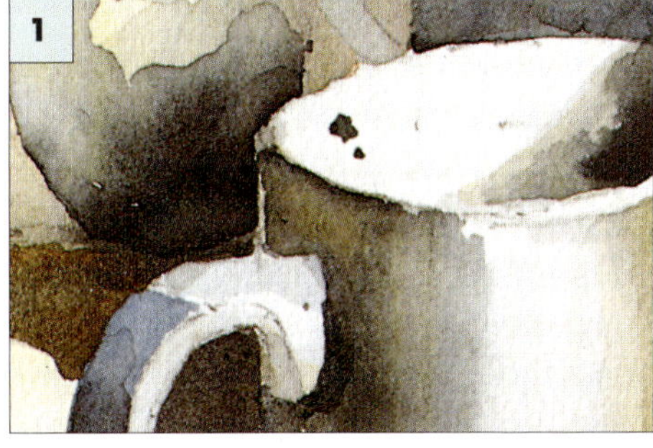

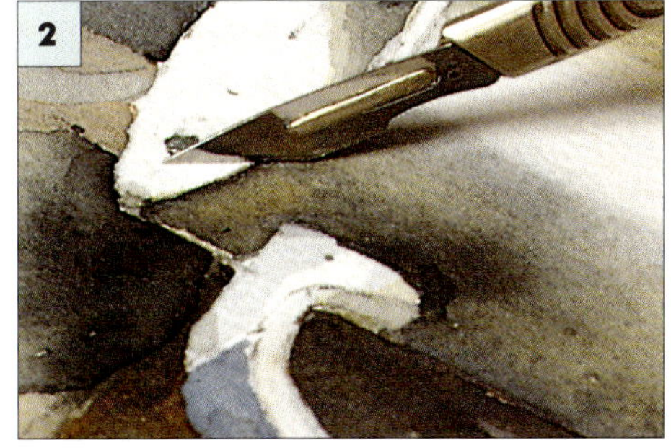

1 Il arrive que l'on tache une surface blanche, mais la correction est facile.

2 Vous pouvez recouvrir la tache avec un blanc opaque mais la tache risque de transparaître. Il vaut mieux donc la frotter avec une lame. Mais faites attention de ne pas creuser le papier.

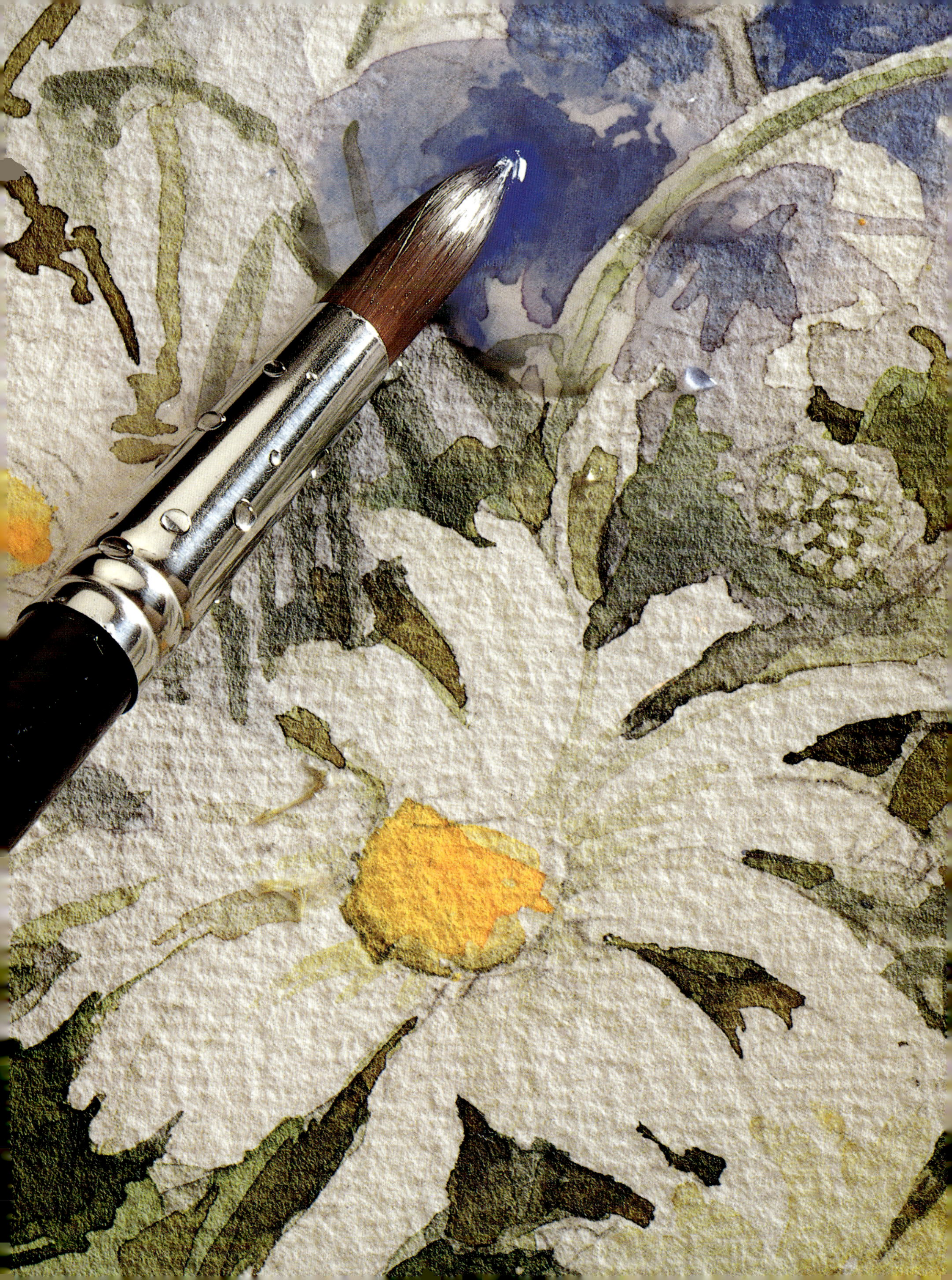

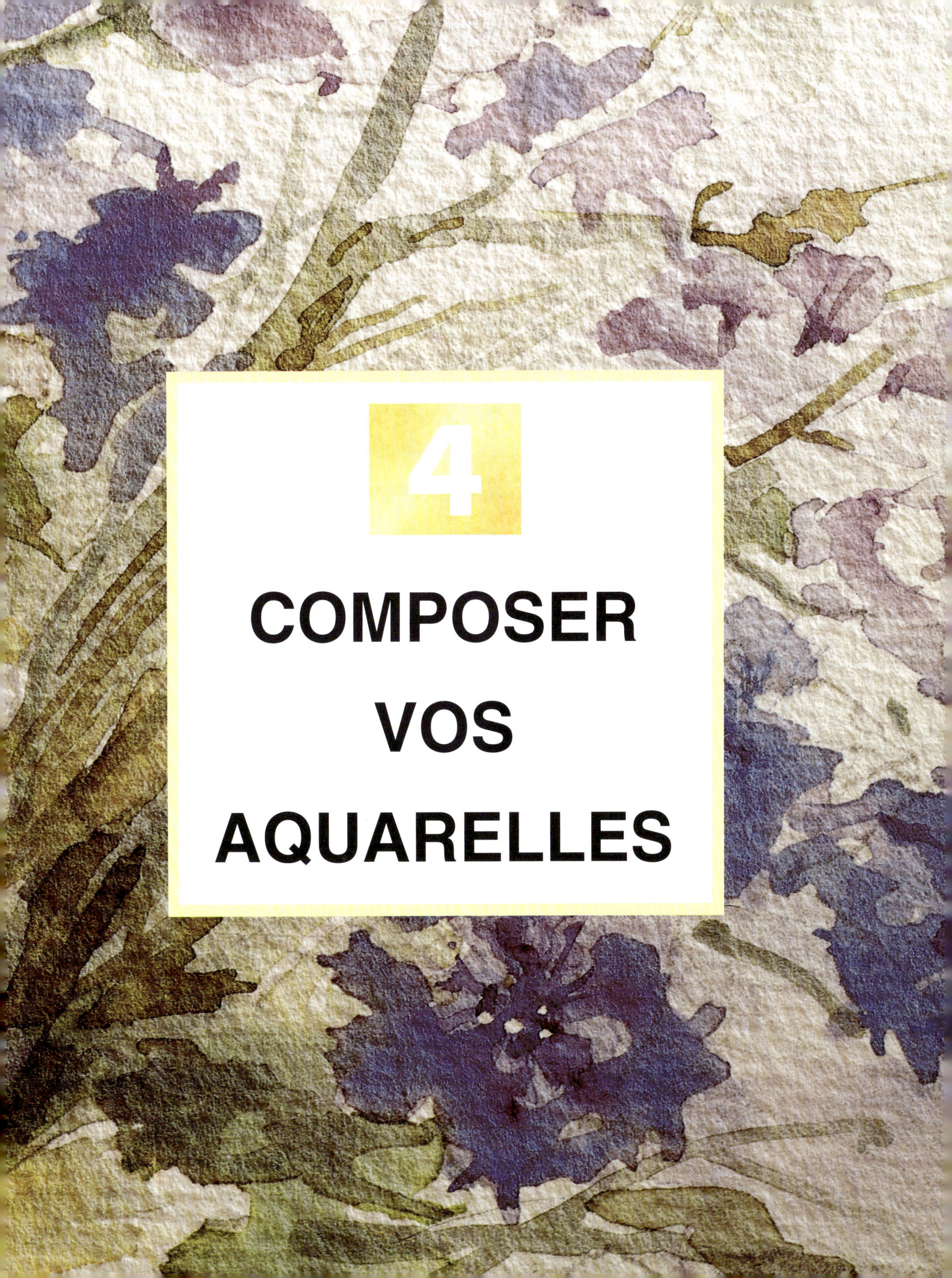
4
COMPOSER
VOS
AQUARELLES

Si vous n'avez pas de sujet en tête et que la vue de votre fenêtre, ou le bouquet de fleurs que vous venez d'acheter, ne vous inspire pas, choisissez une photographie, une carte postale ou trouvez une image séduisante dans un magazine. Ceci peut constituer une bonne source d'inspiration pour votre premier essai.

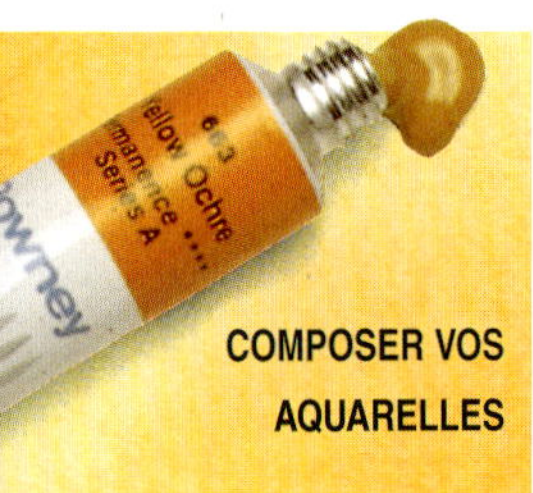

La peinture d'après photographies

Si vous avez un album de photographies, choisissez un sujet pas trop compliqué, un paysage pas trop détaillé par exemple. En feuilletant un magazine, vous pouvez également trouver des sujets relativement simples qui constituent de bons débuts. Evitez les scènes avec des personnages lorsque la photo n'est pas de bonne qualité.

Cela ne doit pas devenir une habitude mais c'est pratique lorsque l'on ne dispose pas de beaucoup de temps et que l'on souhaite réaliser sa première «œuvre». Si vous avez réservé un dimanche pour peindre un paysage et qu'il pleut à torrents, il est préférable de le peindre à l'aide de photographie, plutôt que de ne rien peindre du tout. Composer d'après nature sera une prochaine étape.

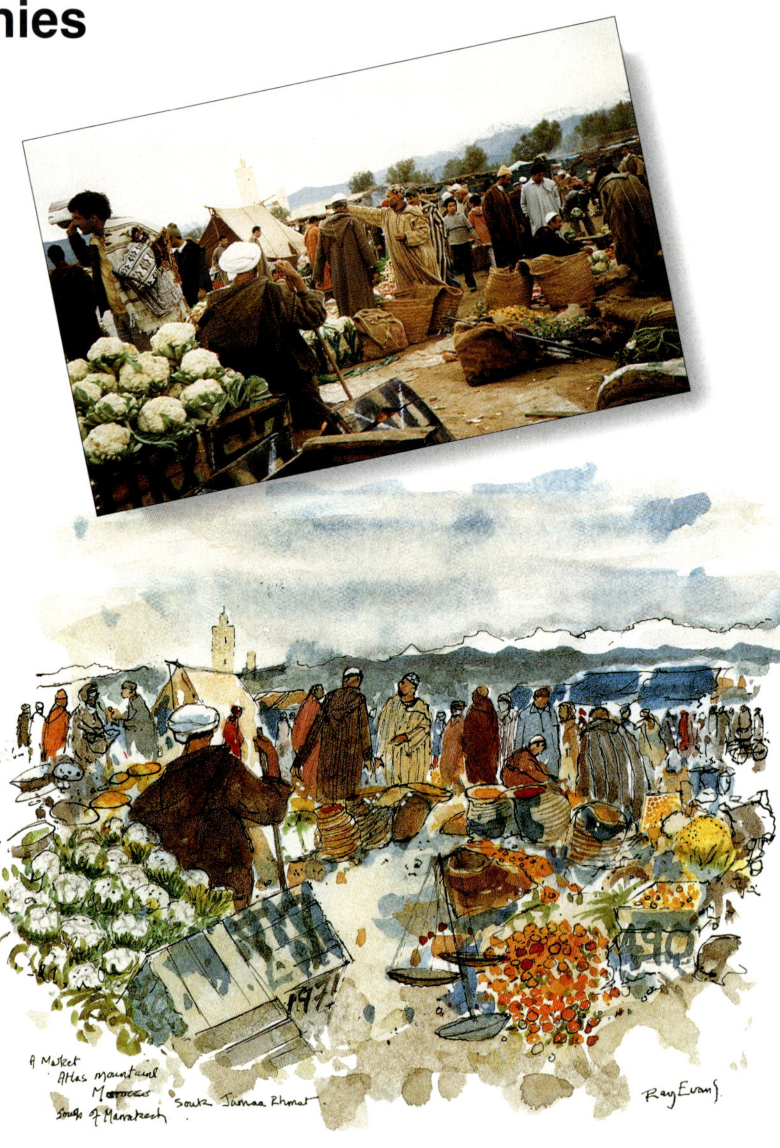

▶ ***Un marché au Maroc*, Ray Evans**

L'artiste s'est inspiré d'une photographie qu'il a interprétée. Il a supprimé certains détails et personnages pour donner plus de force à sa composition. Par exemple, il a supprimé le personnage au tapis du second plan qui conduit le regard du spectateur hors de la scène. Il a également simplifié le fond pour lui donner plus de profondeur et inventé les balances au premier plan.

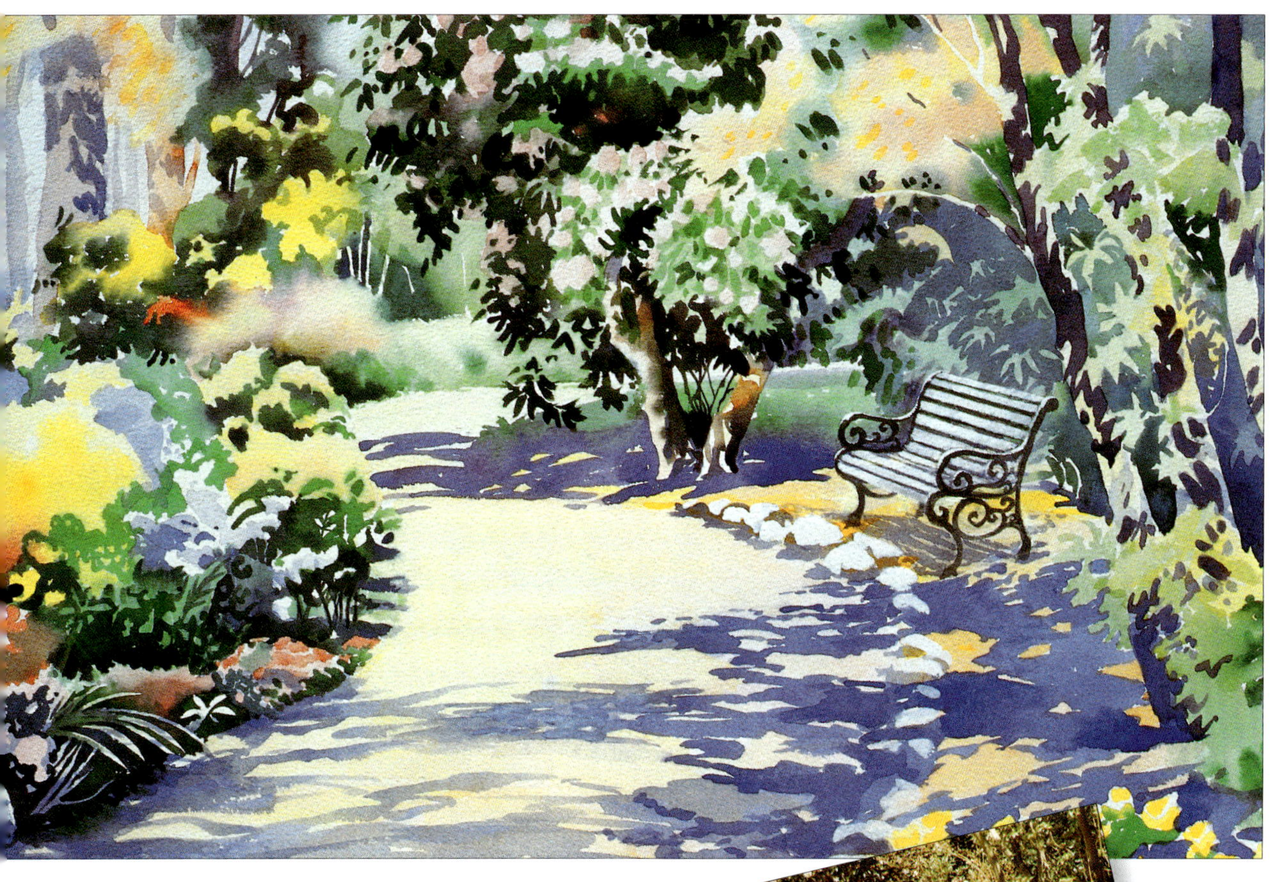

EXERCICE CRÉATIF

Avec la photographie, il y a toujours des pièges. Elle est un peu tyrannique car vous vous sentez obligé de lui être fidèle, ce qui n'est pas toujours une bonne chose. D'autre part, les photographies modifient aussi la réalité en jouant avec la lumière et les couleurs : les ombres sont déformées et trop foncées, et le ciel est d'un bleu trop profond.

N'essayez pas de recopier trop fidèlement la photographie : observez les couleurs, les éléments que vous pouvez simplifier, et ne vous conformez pas au format. Interprétez vous-même la photographie et faites votre propre composition. Utilisez des bandes de papier blanc pour la recadrer à votre guise. Choisissez vos couleurs et votre lumière. Le secret de réussite est de vous sentir libre et de faire confiance à votre inspiration.

▲ A la découverte de Wisley, Hazel Soan

Cette artiste utilise très souvent des photos, même si elle peint également sur le motif. Ici, elle a gardé la composition générale de la photo, mais a choisi une autre palette plus colorée et mis en valeur le premier plan. Elle attire le regard du spectateur au cœur de la composition, en ajoutant le blanc à droite.

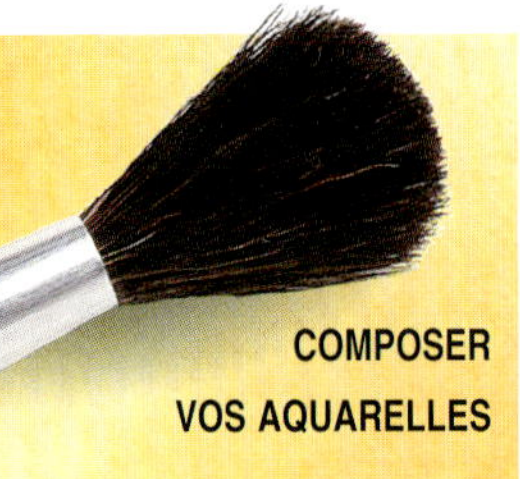

La peinture sur le motif

Si on a du mal à interpréter une photographie, on a aussi les mêmes difficultés en travaillant sur le motif qu'il s'agisse d'un paysage, d'une nature morte ou d'un portrait. Une peinture, même si elle doit rendre compte de la réalité, ne doit en aucun cas être une copie. C'est une traduction, et vous, en tant que traducteur, avez le pouvoir de sélectionner ce qui est important pour votre sujet, et d'arranger les éléments à votre gré. A vous de sélectionner et de recomposer les éléments qui vous semblent importants. Lorsque vous mettez en place les éléments d'une nature morte (p. 136), vous faites ce travail automatiquement. Pour un paysage, vous ne pouvez pas changer les éléments, mais vous choisissez un point de vue esthétique et vous êtes libre d'en organiser et interpréter chacune des parties. Vous pouvez élaguer votre sujet, mais il ne s'agit pas de simplifier ou d'omettre certains éléments simplement parce qu'ils présentent des difficultés d'exécution.

▼ ***La côte de Pembrokeshire*, Paul Millichip**

Les figures jouent un rôle très important. Techniquement, elles donnent une échelle et de la profondeur à la composition. D'autre part, leur présence humanise le paysage et crée une ambiance particulière. Un autre artiste aurait pu peindre cette plage vide, en donnant plus d'importance aux éléments naturels.

▶ ***Les tulipes*, Shirley Felt**

D'un sujet commun, l'artiste a réalisé une interprétation singulière. Même si les fleurs sont peintes avec soin et réalisme, c'est le motif de la gerbe qui a retenu son attention. Les fleurs envahissent toute la feuille et les autres éléments sont accessoires. La table, les vases et le fond deviennent abstraits et servent de faire-valoir au bouquet éclatant.

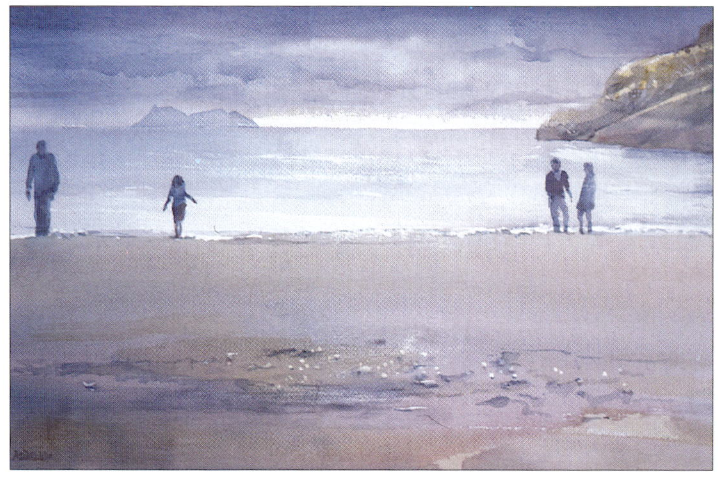

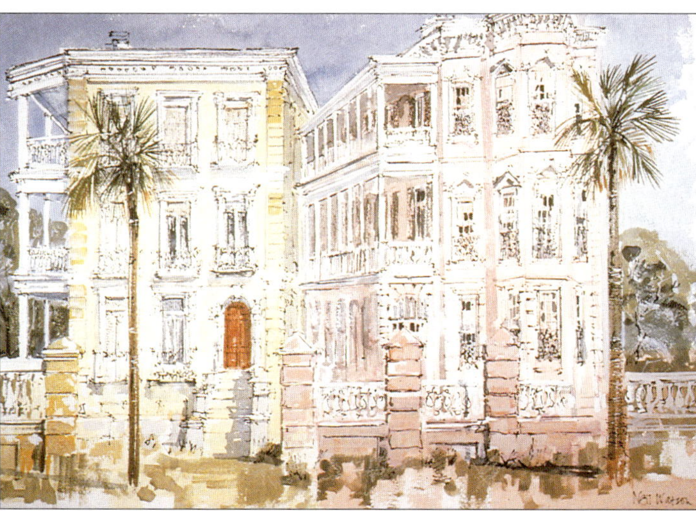

▶ **Battery, Charleston, Neil Watson**

A partir d'une photographie, votre interprétation est quelque fois limitée car vous n'avez qu'un point de vue et pas le choix des éléments qui la composent à moins de modifications radicales. Sur le motif, c'est différent. Ici, par exemple, l'artiste a juxtaposé deux édifices qui en réalité étaient éloignés l'un de l'autre.

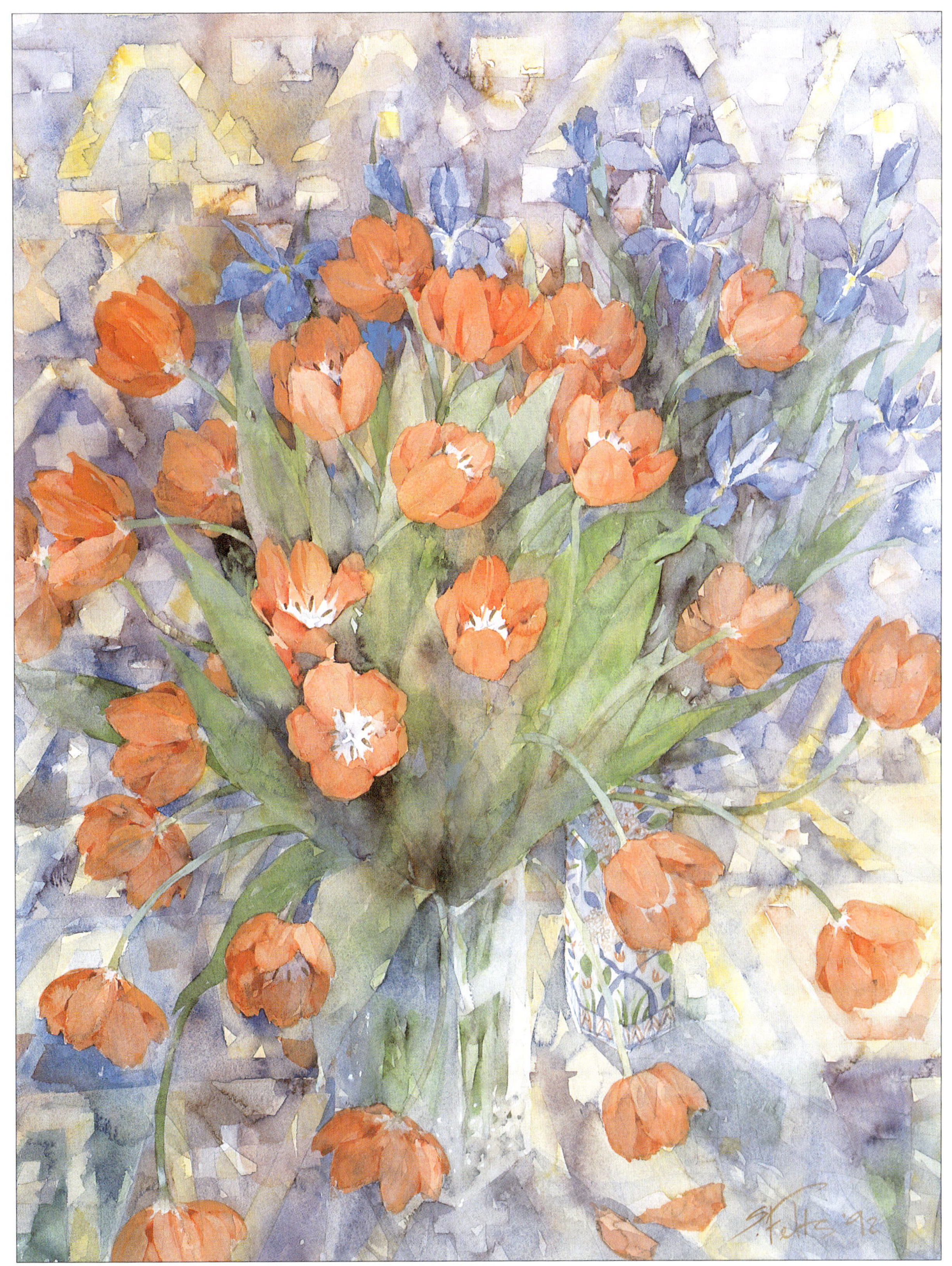

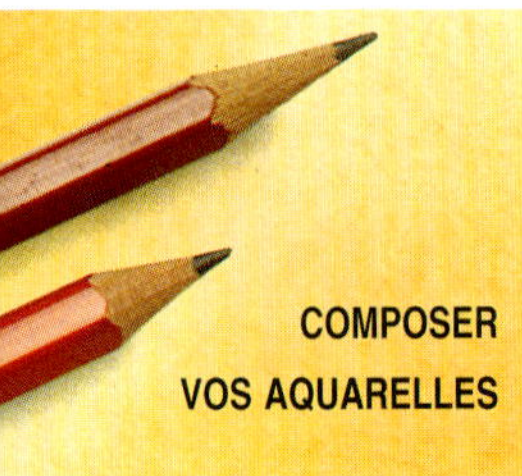

Le croquis

Pour s'habituer à peindre sur le motif, il est bon de commencer par des séries de croquis colorés. L'aquarelle est le médium idéal. Travaillez sur un petit format en «croquant» rapidement des impressions.
Le croquis est souvent considéré comme un exercice d'extérieur. En fait, tous les sujets sont bons à traiter : un paysage ou un coin de votre salon. C'est particulièrement utile pour les paysages que l'on ne peut pas achever sur place (p. 98). Le croquis est appréciable tout comme les photographies : pour un même sujet, vous pouvez combiner les deux. En fait, c'est l'idéal : vous vous êtes imprégné de votre sujet, vous avez vos notes de croquis et les photos qui par leur objectivité vous donnent en même temps un autre regard et un certain recul.
Il existe deux types de croquis : celui que l'on exécute par plaisir sur le moment et le croquis qui va servir de notes pour une composition plus poussée. Dans ce cas, il faut aussi une certaine pratique et visualiser le résultat définitif que vous souhaitez obtenir pour prendre des notes utiles. Lorsque vous faites un croquis rapide, vous enregistrez des impressions générales et vous n'avez pas le temps de poser chaque couleur. Alors, écrivez, notez les couleurs précisément. Par exemple, notez «nuage bleu-mauve». Cela vous apprend à analyser les couleurs.

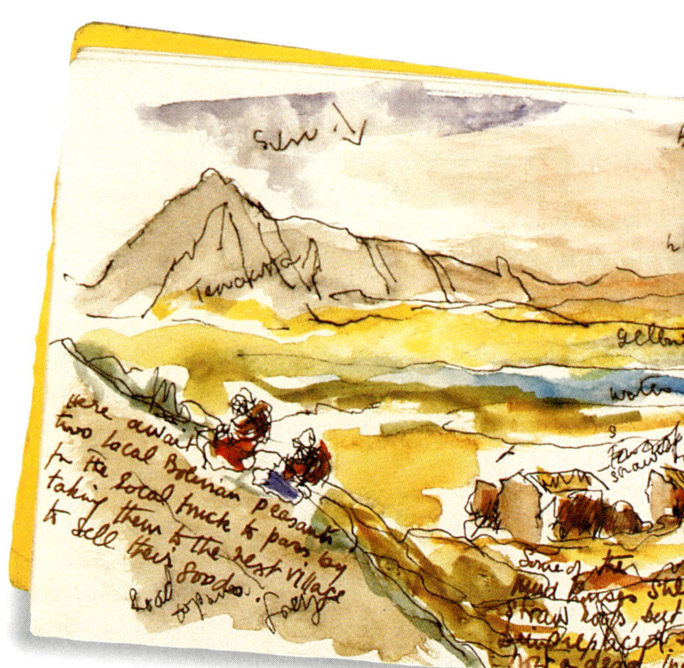

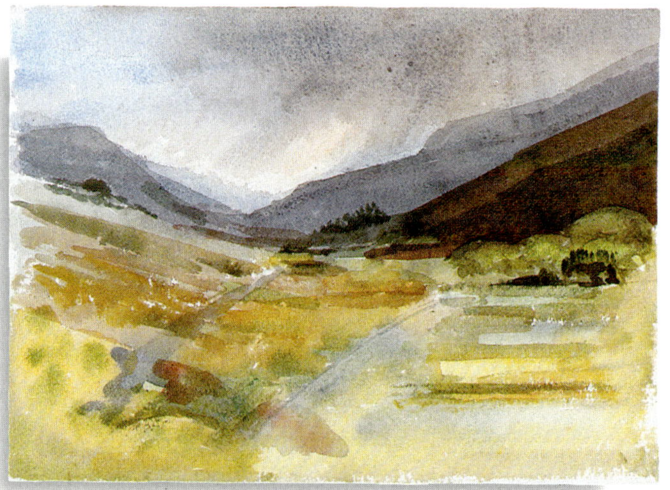

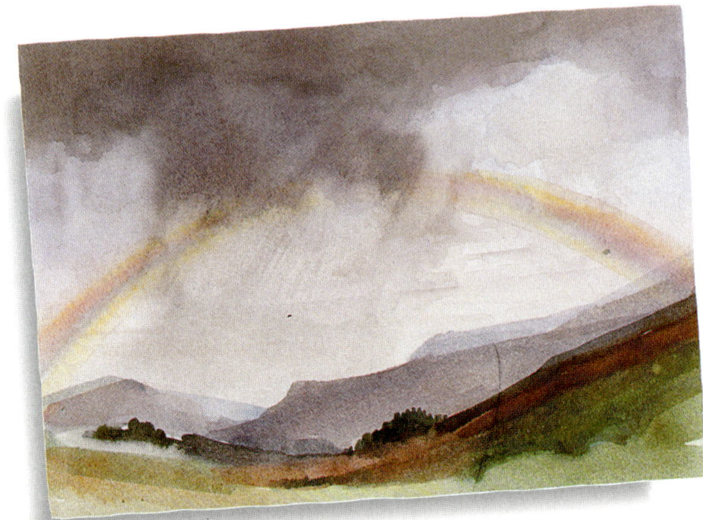

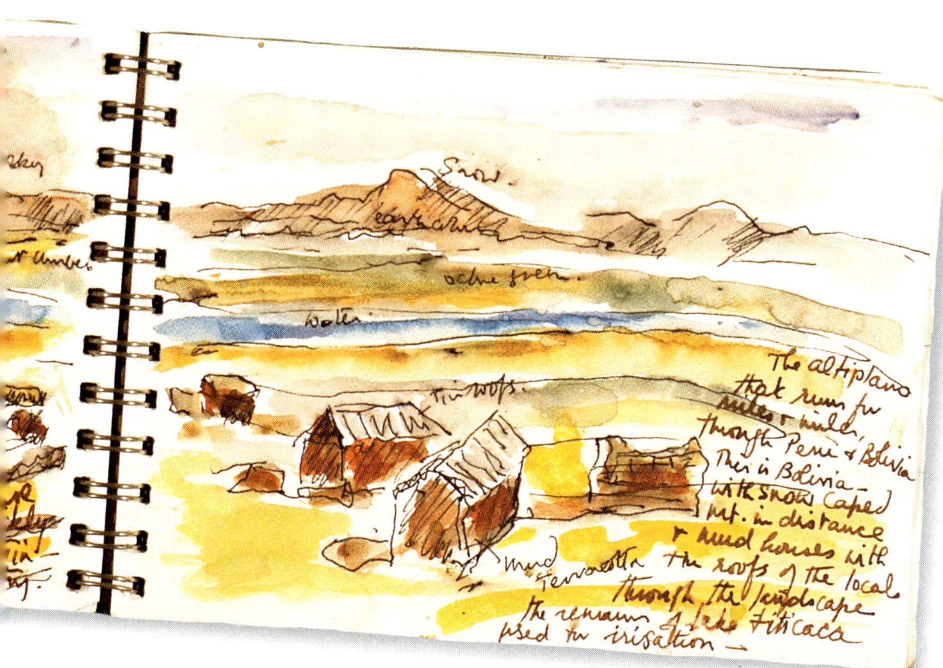

◀ **Bolivie, cordillère des Andes, Daphne Casdagli**

Il faut de la pratique pour croquer avec assurance un si vaste paysage sur un petit carnet à croquis. Les spirales permettent de travailler sur deux pages. L'artiste a écrit des notes complémentaires sur les couleurs, la lumière, les habitants et leur maison.

◀ **Paysages irlandais, Clarice Collings**

Ces deux croquis font partie d'une série de onze esquisses, peintes le même jour, au même endroit, mais dans des conditions atmosphériques extrêmes et changeantes. En moins d'une demi-heure, l'artiste a su rendre avec beaucoup de vie ses impressions.

▶ ***Objets posés sur un rebord de fenêtre*, John Lidzey**

Comme beaucoup d'artistes, il affectionne le croquis. Comme ici, il a maintes fois étudier les effets de la lumière qui pénètre dans une pièce. Son travail est une source de références pour l'étude de la lumière.

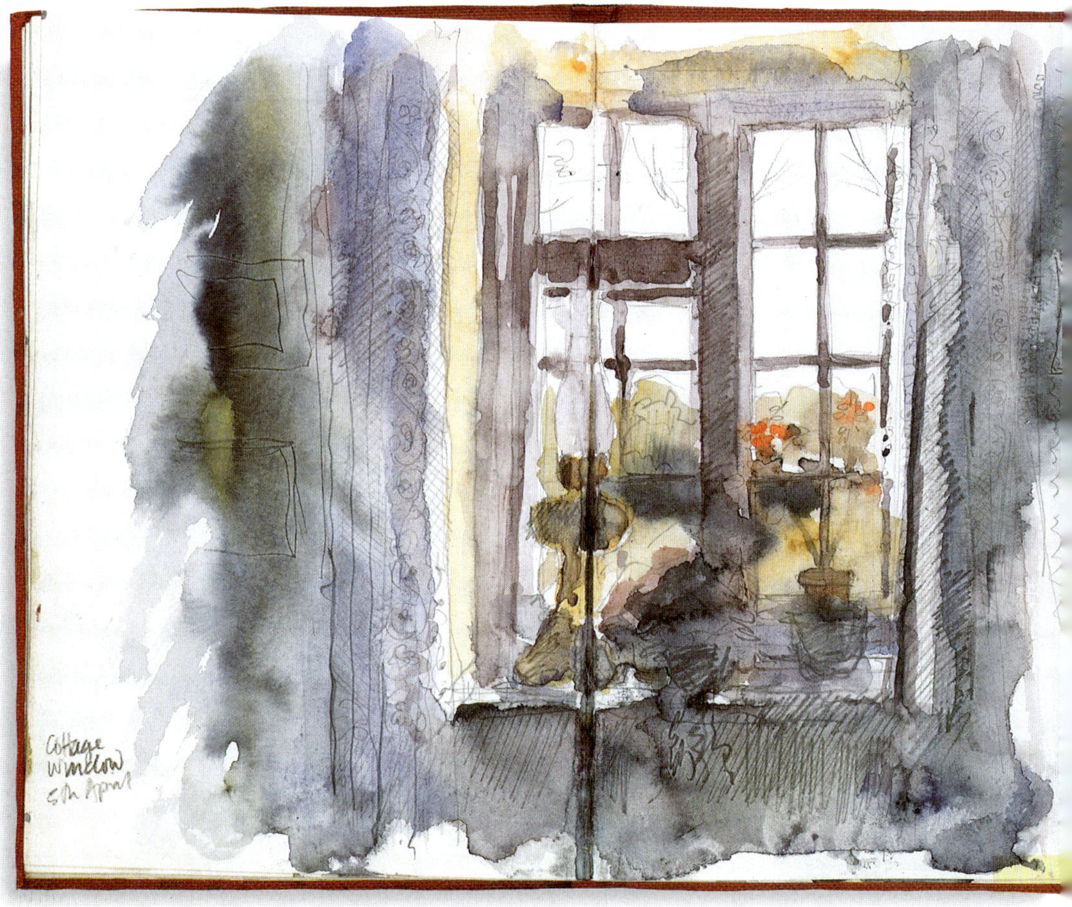

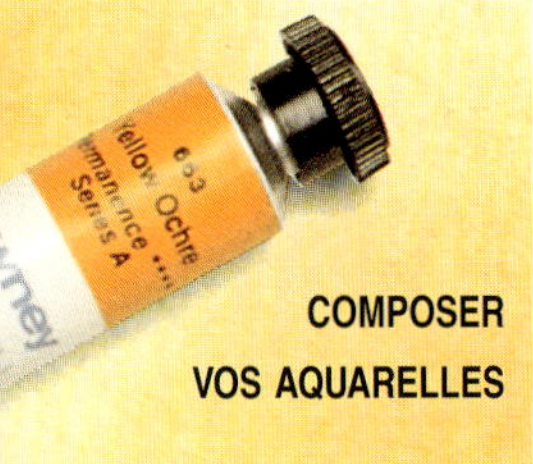

Le travail en plein air

Peindre ou faire des croquis sur le motif demande un peu plus d'organisation que si l'on travaille à l'intérieur. Il faut préparer le matériel nécessaire et c'est une bonne idée de faire une liste (comme celle qui se trouve sur l'autre page), que vous accrochez à côté de votre matériel de peinture.
Il vous faudra un équipement spécial.

Pensez à emporter un siège pliant car rester longtemps debout ou assis par terre est inconfortable. Le chevalet n'est pas indispensable lorsque vous avez une planche à dessin ou un carnet à croquis sur les genoux. Si vous achetez un chevalet, il doit être léger et solide. Il faut également pouvoir régler la hauteur et l'inclinaison du support de la planche à dessin.
En plein air, lorsqu'il fait chaud, les couleurs sèchent rapidement et la réflexion de la lumière sur le papier vous empêche de bien voir les couleurs. Mettez-vous plutôt à l'ombre ou portez un chapeau.

▼ Il y a deux types de chevalets de campagne : en bois et en métal (tous les deux pesant à peu près le même poids). On règle la hauteur des pieds et l'inclinaison du support pour la planche à dessin.

▶ Pour composer, vous pouvez utiliser un viseur ou un cadre en carton qui vous donne une idée très précise du résultat.

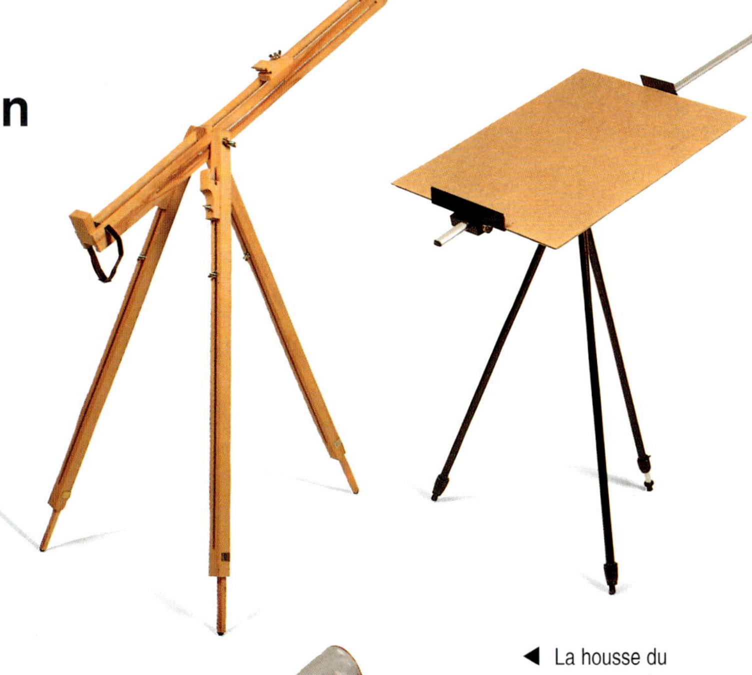

◀ La housse du chevalet est utile si vous faites de longues marches.

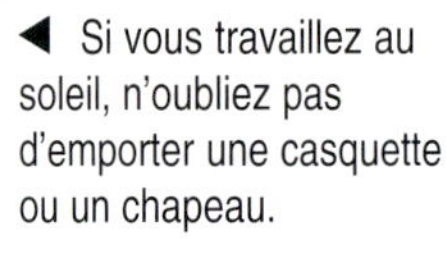

◀ Si vous travaillez au soleil, n'oubliez pas d'emporter une casquette ou un chapeau.

▶ Une chaise de jardin peut faire l'affaire mais elle est un peu haute pour attraper votre matériel à terre (à droite). L'idéal est ce petit siège conçu spécialement pour le travail en plein air (à gauche).

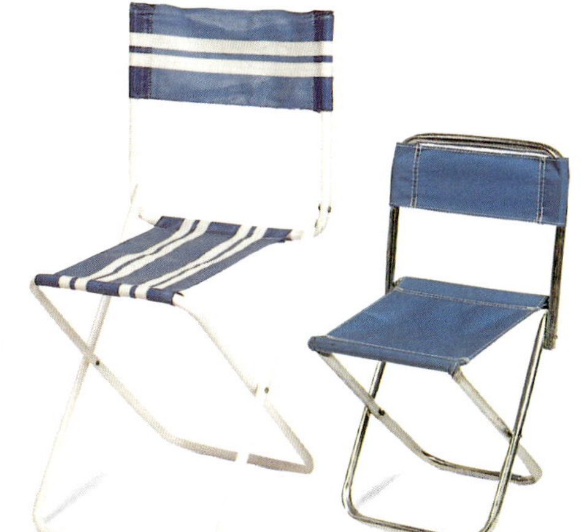

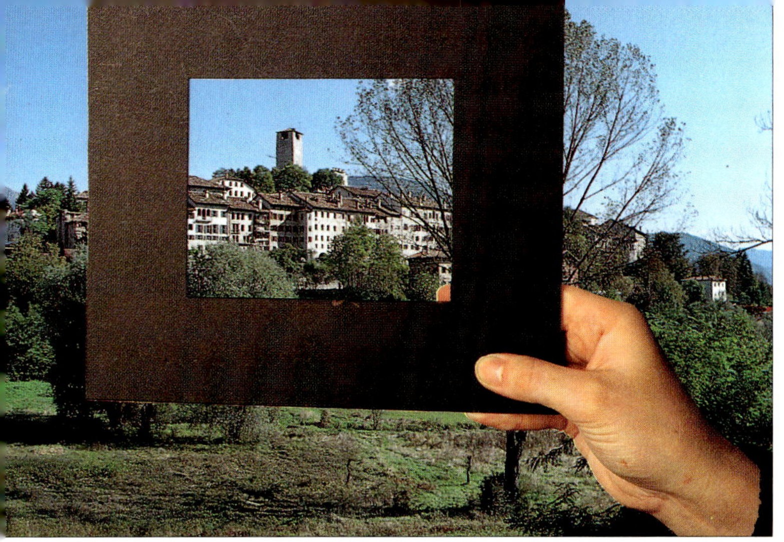

Finalement, dans ce matériel, la pièce la plus importante ne coûte rien. Il s'agit d'un cadre de papier rigide, une «fenêtre» rectangulaire qui vous permet devant un vaste paysage de sélectionner à votre guise une partie de la vue. Les bords larges du cadre isolent le sujet et concentrent la composition. Bras tendu, en déplaçant ce cadre, choisissez la vue que vous avez envie de peindre.
Il est judicieux d'avoir au préalable repéré le site qui vous convient pour éviter une marche pénible avec un matériel un peu lourd et encombrant. Si vous peignez directement sur le motif au lieu de faire des croquis, vous pouvez envisager de faire votre composition, puis le jour suivant de la peindre. Mais au cours d'une même journée, la lumière change et vous oblige à travailler rapidement. Cest pour cela qu'il convient de procéder par étapes, même sur plusieurs jours.

▶ Pour de petits croquis pour lesquels il n'est pas nécessaire de tendre le papier, utilisez un carnet ou un support rigide (bois, carton) sur lequel vous fixez votre feuille de papier.

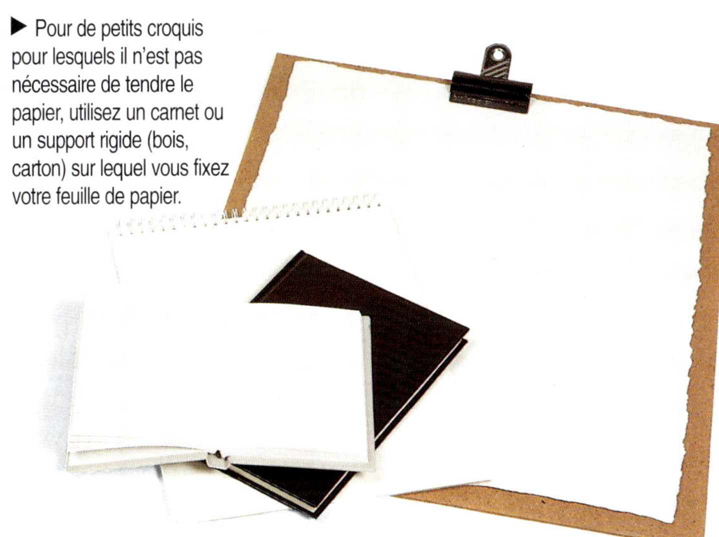

Matériel
(de gauche à droite)

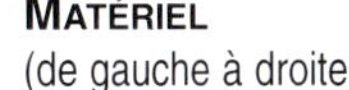

● Un étui à pinceaux.

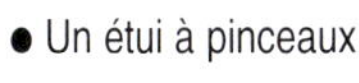

● Une bouteille d'eau.
● Des pots à eau : ils doivent être stables et se fermer.
● Un sac plastique pour protéger votre travail de la pluie.
● Du papier type «essuie-tout».

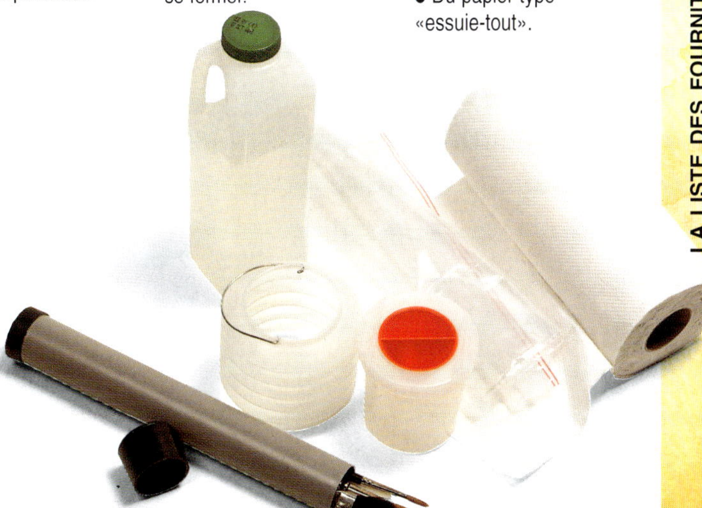

LA LISTE DES FOURNITURES

● Des pinceaux (quelques-uns suffisent).
● Une boîte de peinture (assurez-vous qu'il ne vous manque pas de couleurs).
● Ou bien, des tubes ou des pains.
● Un carnet à croquis ou une planche à dessin, et des feuilles de papier.
● Des punaises, du ruban adhésif ou des pinces à dessin.
● Une bouteille d'eau.
● Un pot en plastique pour préparer les lavis.
● Un crayon, une gomme pour le dessin et un couteau fin pour tailler le crayon.
● Un siège pliant.
● Des éponges et du papier «essuie-tout».
● Un sac en plastique pour protéger votre travail de la pluie.

Les paysages et les marines

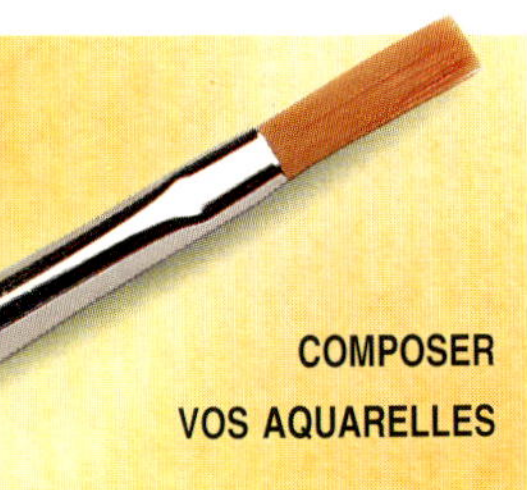

Ce n'est pas une coïncidence si la technique de l'aquarelle s'est considérablement développée au XVIIIe et XIXe siècles, alors que la peinture de paysage suscitait un intérêt nouveau. L'aquarelle fluide et transparente semble avoir été inventée pour saisir les effets de lumière et d'atmosphère.

Observez les œuvres ou des reproductions d'artistes comme John Sell Cotman (1782-1842), et J.M.W. Turner (1775-1810) et du grand peintre américain Winslow Homer (1836-1910). Leurs œuvres seront pour vous une grande source d'inspiration.

CHOISIR UN SUJET

Le seul inconvénient à observer les œuvres des autres est que l'on aurait aimé avoir eu l'idée de ces sujets. En fait, l'impact d'une œuvre tient à l'interprétation du sujet qui en lui-même n'est pas important. Un bon artiste peut faire un excellent tableau avec n'importe quel sujet, une tempête en mer ou une petite arrière-cour.

Un paysage n'est pas nécessairement une vue panoramique, cela peut être simplement un arbre dans un champ, un parc ou quelques rochers sur une plage. Si vous travaillez dehors, choisissez pour commencer un lieu familier. Pensez à la lumière qui peut changer avec le temps et l'heure de la journée. Un lieu sans intérêt sous un ciel gris peut s'animer et se colorer au soleil levant ou au soleil couchant.

Si vous avez un peu d'appréhension à peindre directement sur le motif, commencez à travailler d'après une photographie. Si pendant les vacances, vous avez réalisé de belles photos de paysage, regardez si

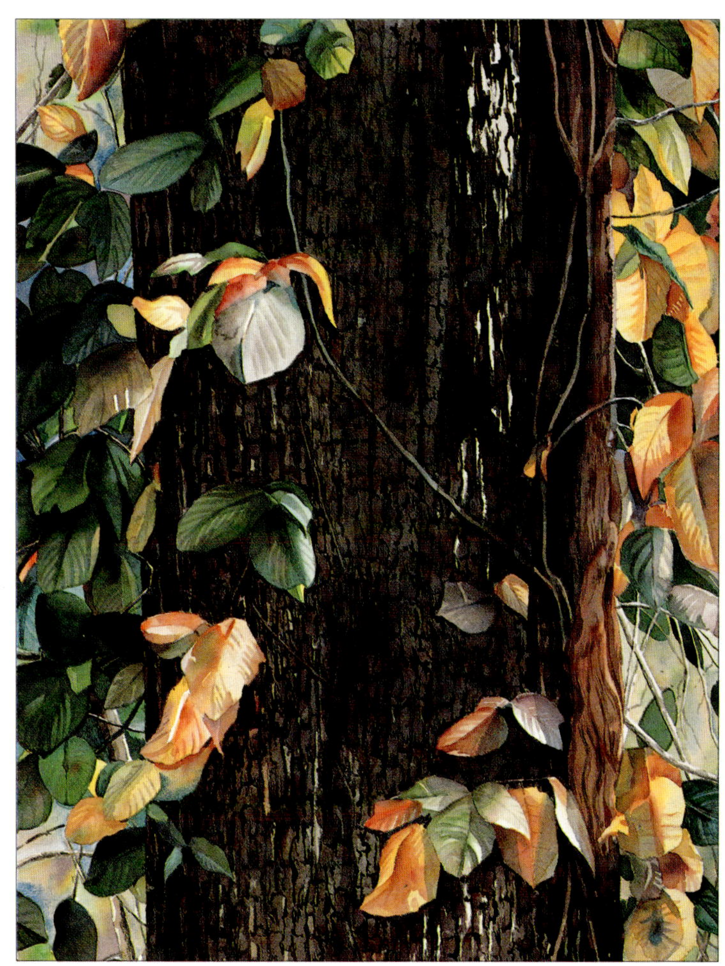

▲ ***Changement de saison*, Joel Smith**

Souvent, vous pouvez donner de la force et de l'originalité à votre peinture, en privilégiant un aspect qui vous séduit. Ici, l'artiste s'attache à représenter les formes et les couleurs des feuilles délicates sur l'écorce rugueuse. Il n'a gardé que les éléments qui lui permettaient d'exprimer son idée.

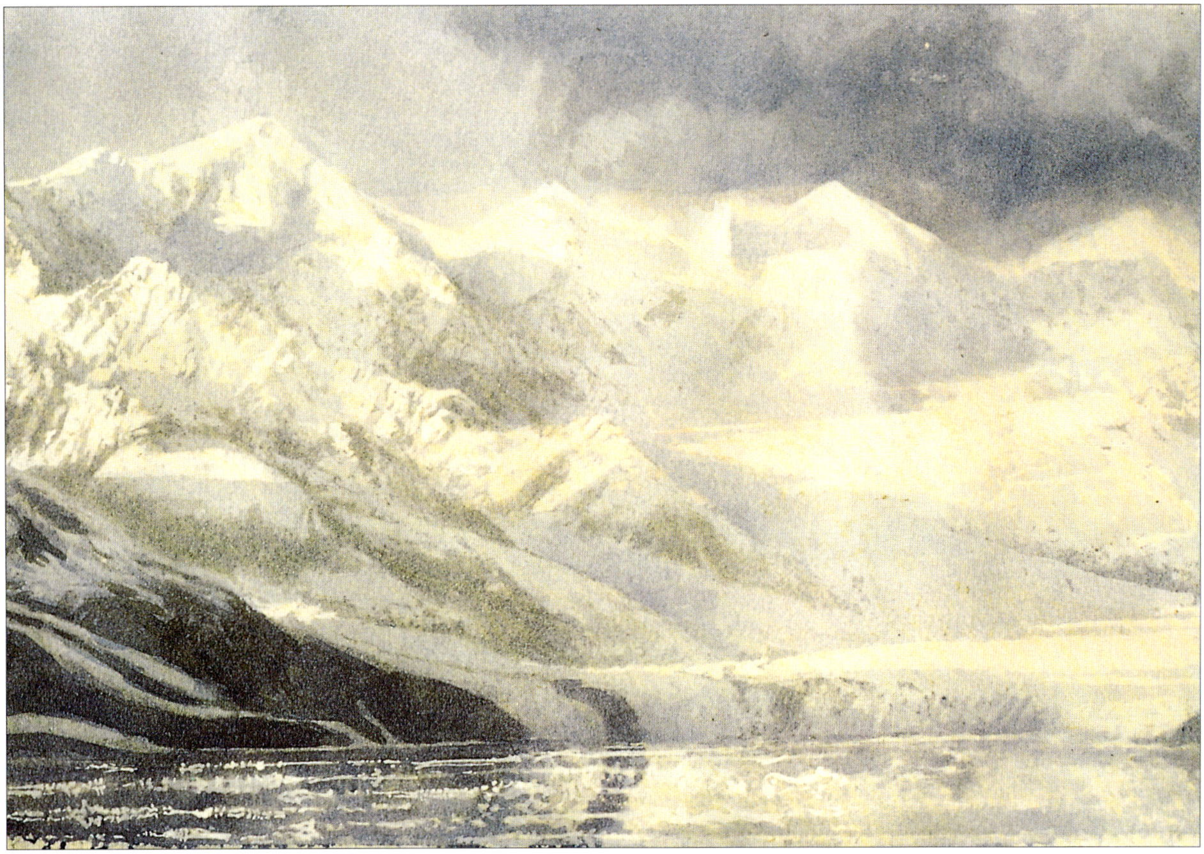

▲ ***Le glacier Harvard, Alaska*, Tim Pond**

Ce sujet tire sa force de la majesté du paysage. La difficulté principale est de composer de vastes ensembles sur la feuille de papier. Il est utile de travailler sur un papier grand format, pour laisser la composition se développer au gré de votre travail.

l'une d'entre-elles ne mériterait pas d'être reproduite en peinture. Il ne suffit pas de faire des exercices, il faut être motivé et aimer son sujet.

LA COMPOSITION

La seconde étape est de savoir comment transposer et recomposer en peinture ce paysage photographié. Par exemple, si vous peignez un arbre, vous devrez vous poser le problème suivant : quelle place et quelle importance lui donner dans votre composition ? Allez-vous le situer sur le côté ou au milieu de votre peinture ? Allez-vous le peindre en entier ? Si vous travaillez sur le motif, réglez ces questions

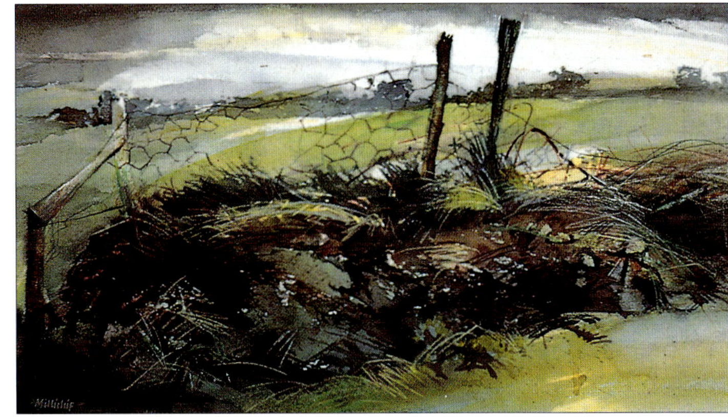

▲ ***Vent dans le nord du pays de Galles*, Paul Millichip**

Comme Joel Smith, cet artiste a choisi un détail dans ce paysage : le grillage d'une clôture et les hautes herbes enchevêtrées du premier plan. A l'arrière-plan, on devine un paysage, esquissé avec quelques touches de gris et de vert, et des lavis légers et gris pour le ciel.

▶ ***Promenade dans les Downs,***
Elisabeth Harden

Dans une composition, il faut savoir harmoniser les différents plans : le premier plan, le plan médian et l'arrière-plan. Ici, les herbes du premier plan conduisent aux sillons du champ, guidant ainsi le regard du spectateur à travers ce paysage.

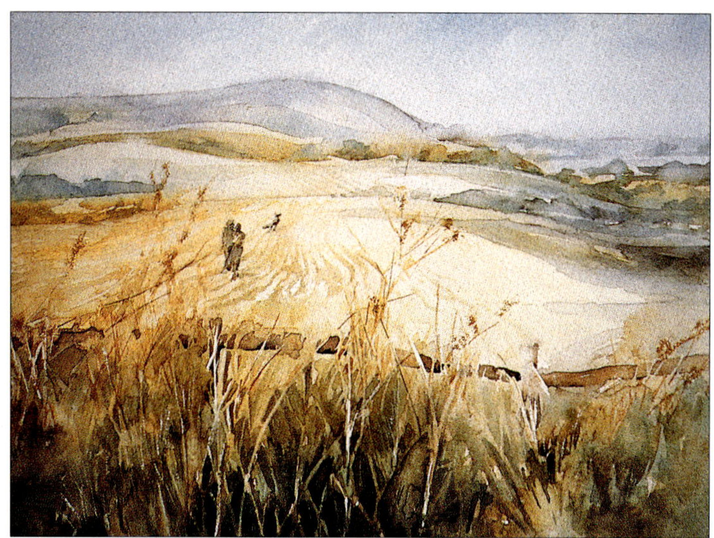

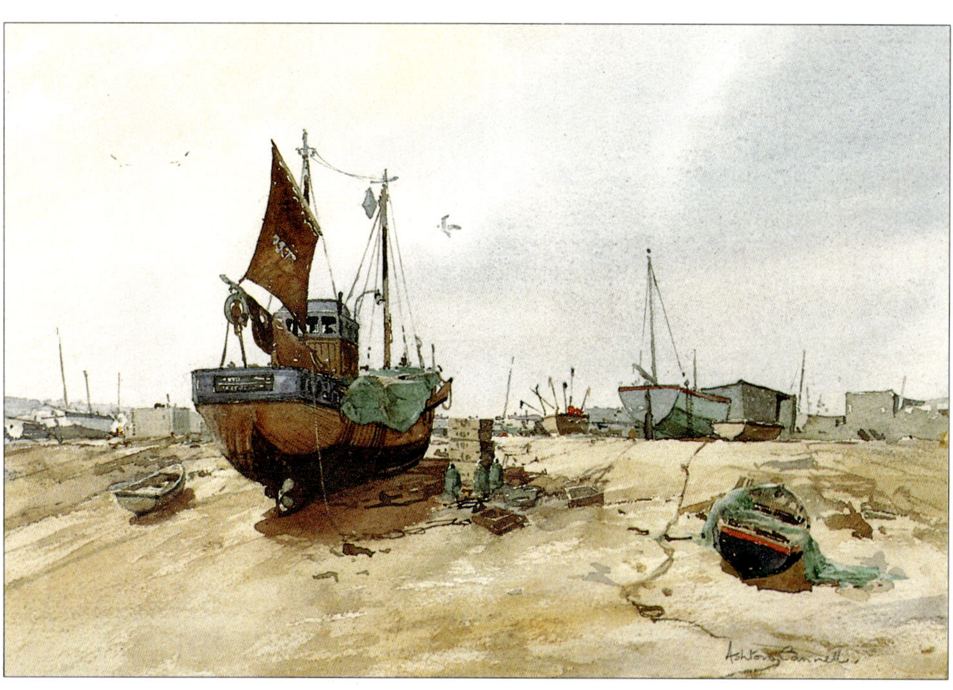

▲ ***Echouage, Hastings,***
Ashton Cannel

Une forme dominante doit avoir une contrepartie. Ici, celle du grand bateau est équilibrée par l'ombre et une série de formes plus petites alentour.

importantes avant de commencer à peindre. Utilisez le cadre de papier (p. 99) afin de trouver la meilleure composition. Vous trouverez probablement que l'arbre est mieux situé sur le côté, avec son ombre formant un contrepoids. Même s'il existe quelques règles fixes et rigoureuses en matière de composition, il vaut mieux éviter la stricte symétrie qui est ennuyeuse et manque d'harmonie. Pour une marine ou un paysage plat, ne placez pas la ligne d'horizon au milieu de la feuille. Donnez beaucoup plus d'espace au ciel, surtout s'il est nuageux ou orageux, avec une petite bande de terre ou de mer juste pour le fixer.

Un autre aspect de la composition d'une peinture est l'appréhension de la réalité. Vous ne devez pas reproduire précisément ce que vous voyez : une bonne peinture n'est pas une copie, mais une vision du monde. En composant une peinture,

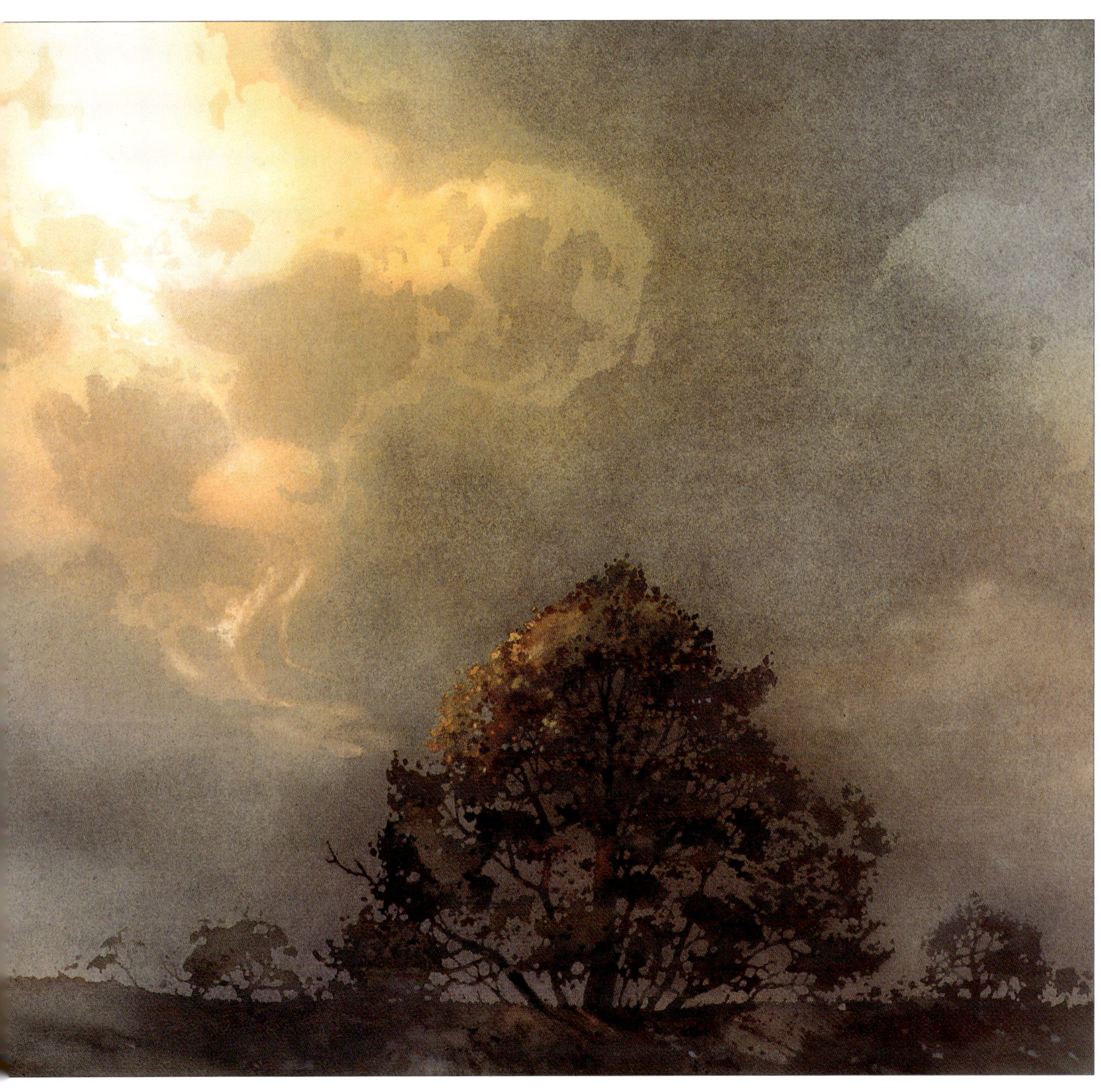

vous transposer la réalité. Un paysage réussi doit être interprété et non copié. S'il y a des barrières, des cabines téléphoniques ou des personnages, demandez-vous s'ils apportent ou non quelque chose au paysage. Dans le cas contraire, soyez sans pitié mais pas systématiquement. Quelquefois, une barrière est la petite touche qui convient pour animer un premier plan, ou une figure au second plan donne l'échelle d'un paysage.

▲ ***La tempête*, Roland Roycraft**

Intéressant à peindre, le ciel joue aussi un rôle capital dans la composition d'un paysage. Ici, il est le sujet principal de la peinture. Même s'il n'occupe qu'une partie d'un paysage, vous pouvez vous servir des nuages (au besoin, inventez les), pour ajouter de la couleur et du mouvement à l'ensemble.

▼ ***Le grand canyon en hiver,***
Pat Berger
L'espage est suggéré par des couleurs qui pâlissent, traduisant ainsi l'éloignement et l'ombre très foncée du premier plan qui évoque la profondeur du canyon. La ligne sinueuse du fond du canyon entraîne également le regard du spectateur qui se perd entre les monts gris.

Tous ces conseils s'appliquent également si vous travaillez à partir de photographies. Même si vous prenez une photo en pensant au paysage que vous voulez peindre, gardez un esprit critique et cherchez à l'améliorer en changeant la composition, peut-être en éliminant certains détails et en en mettant d'autres en valeur.

REPRÉSENTER L'ESPACE

Pour un sujet simple, comme un parc ou un jardin, vous n'aurez pas trop à vous soucier de l'espace, mais pour une marine, un paysage de haute montagne ou une vue panoramique, vous devez suggérer l'immensité et la profondeur du paysage. Comment représenter cet espace tridimensionnel sur la surface d'une feuille de papier ? Ce n'est pas difficile, à condition d'observer quelques règles simples. Vous aurez probablement remarqué que ces collines lointaines semblent bleues ou d'un gris de tendance bleue et paraissent beaucoup plus pâles que tout ce qui est proche de vous. Cet effet, appelé perspective aérienne, est provoqué par des particules de poussières dans l'atmosphère qui diffusent la lumière, en for-

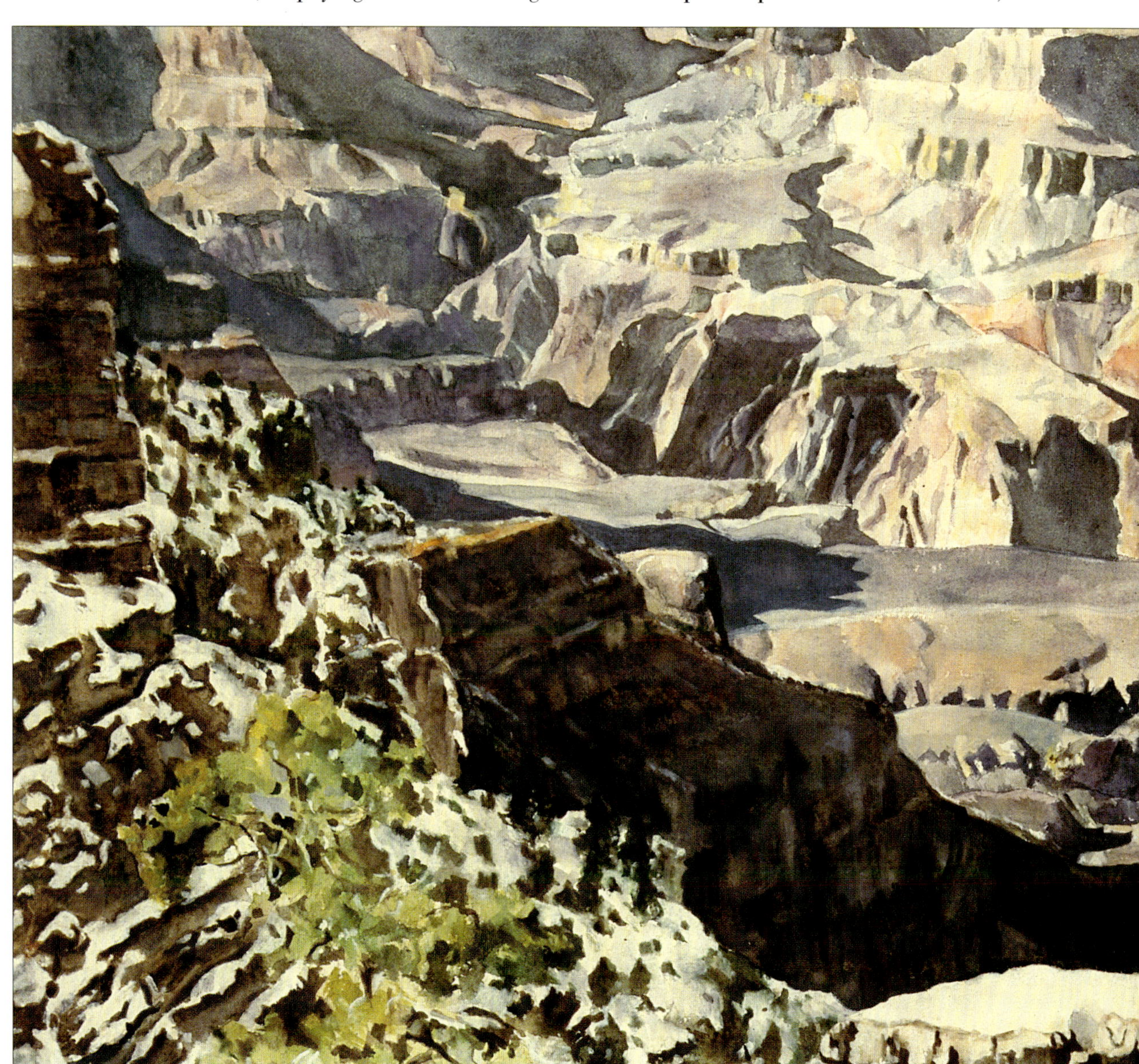

mant une série de voiles toujours plus épais enveloppant les éléments du paysage lointain. Pour garder des couleurs claires à l'arrière-plan, il est conseillé de travailler du fond vers le premier plan, en commençant par de légers lavis bleus et gris et en intensifiant les couleurs progressivement jusqu'au premier plan. Les détails et les effets de lumière sont plus nets et plus marqués lorsque les choses sont proches de vous. Si vous peignez le premier plan de cette manière, vous repoussez d'autant l'arrière-plan.

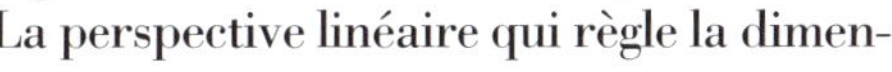
La perspective linéaire qui règle la dimen-

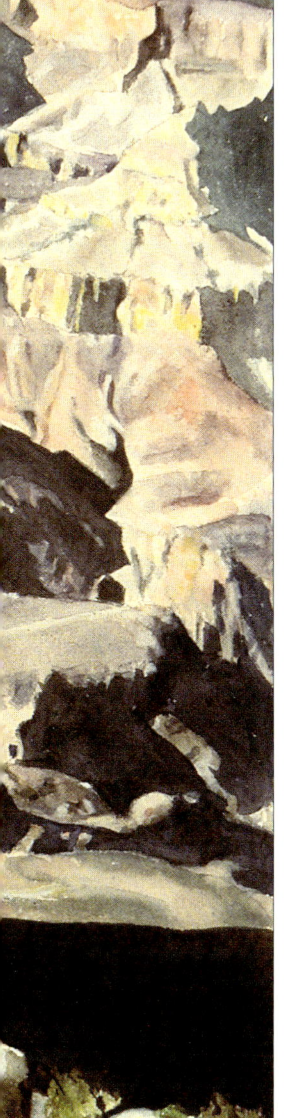

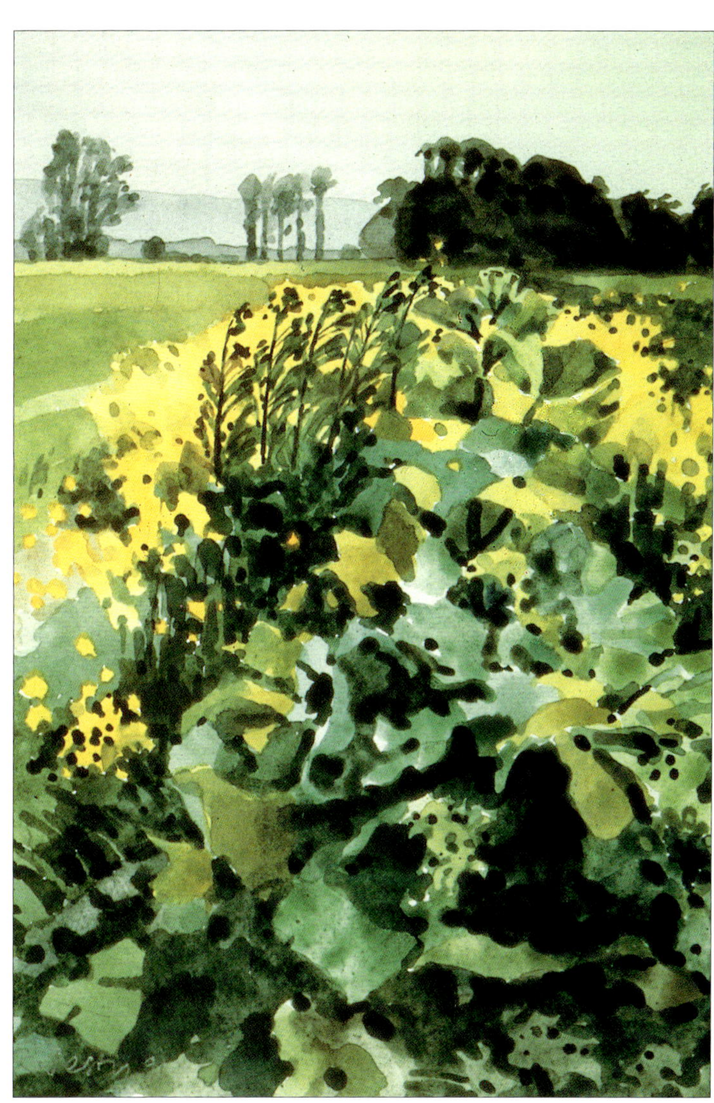

▶ ***La lisière d'un champ, Sedgemoor*, Ronald Jesty**

Ici, la perspective linéaire donne l'espace. Le premier plan dynamique et coloré envahit les 4/5 de la composition, comme ces plantes énormes pour rejeter encore plus loin les limites du champ par un raccourci saisissant.

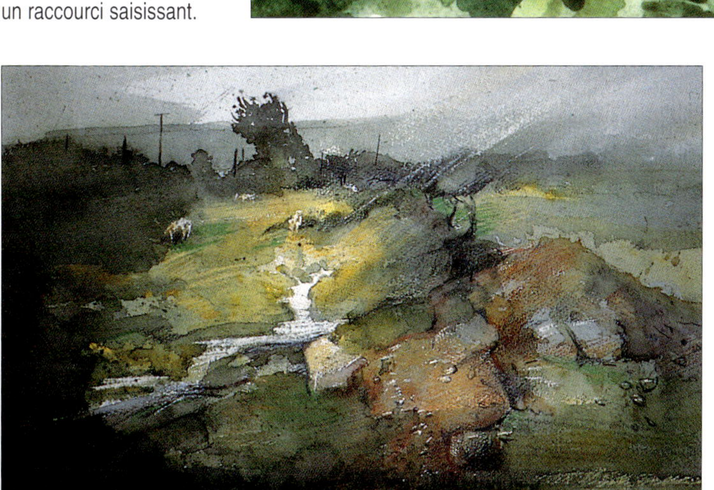

◀ ***La vallée de Gwaun sous la pluie*, Paul Millichip**

Dans ce paysage flou, c'est la lumière associée à la couleur qui structure l'espace. La rivière brillante et les pierres blanches concentrent la lumière au premier plan et attire le regard. C'est l'événement dynamique de la composition.

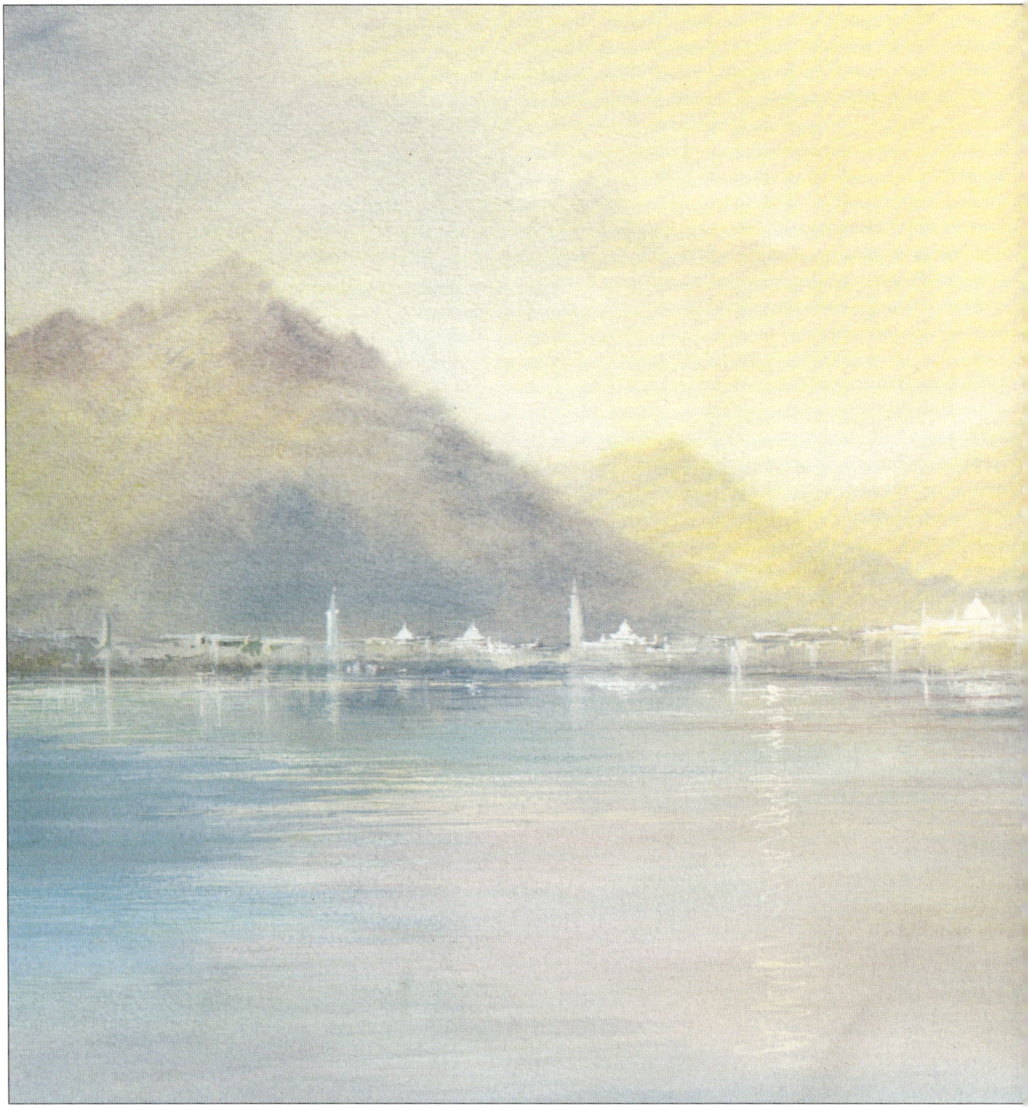

▶ ***Ajmer, Rajasthan*, Paul Kenny**

La délicate harmonie colorée et lumineuse de cette aquarelle, où les montagnes dorées s'évanouissent dans le ciel, suggère l'espace et la légèreté de l'air. Comme le sujet principal, la ville couronnée de dômes et de minarets délicats est au second plan. Le premier plan ne doit pas retenir l'attention. Le reflet central définit le plan d'eau et guide le regard vers la cité brillante.

sion et la direction des lignes s'apparentent au paysage comme à l'architecture (p. 118). Souvenez-vous que les arbres et les champs paraissent d'autant plus petits qu'ils sont éloignés et que les parallèles semblent converger dans le lointain. Dans un paysage, les lignes parfaitement droites sont rares. Cependant, vous pouvez peindre un champ labouré dont les sillons parallèles, comme les rives d'une rivière, semblent se rejoindre dans le lointain. Lignes, couleurs et lumière sont des éléments qu'il faut observer sur le motif avant de pouvoir suggérer en peinture l'espace et la profondeur.

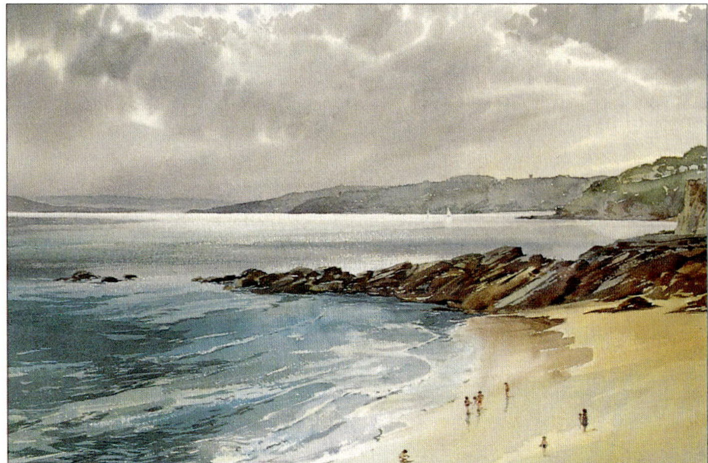

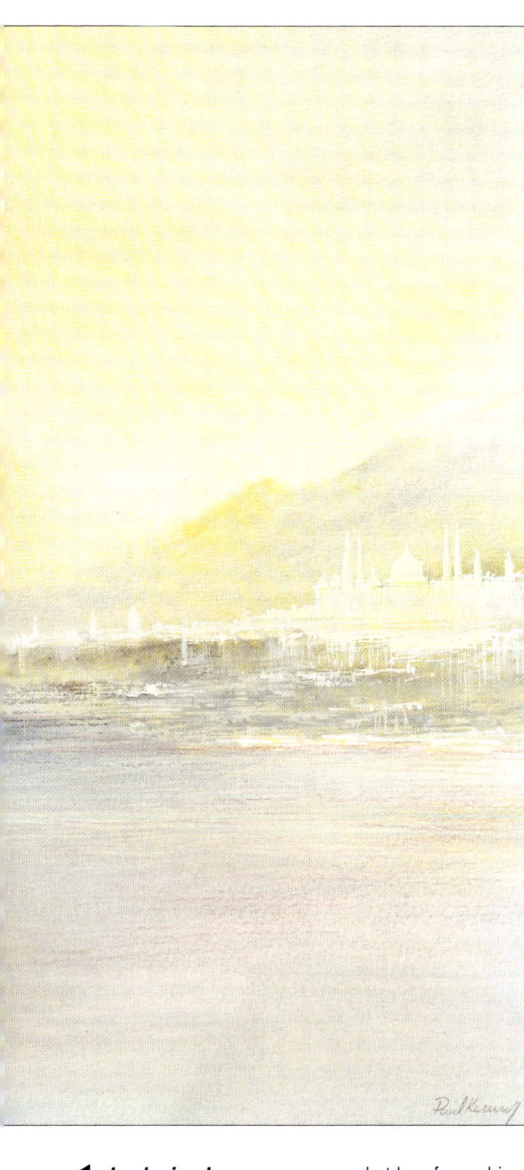

◀ ***La baie de Carbis à Saint-Ives,* Ashton Cannel**

Le grand ciel par son traitement participe à l'ampleur de la composition. Les principes de la perspective s'appliquent au ciel comme à tous les autres éléments d'un paysage. Les nuages, juste au-dessus de votre tête, semblent plus grand et leur forme bien définie. Au contraire, dans le lointain, ils se fondent et pâlissent devenant plus clairs que les falaises ou les collines.

Proposition de nouvelles couleurs

Même si vous pouvez obtenir un large assortiment de couleurs à partir des dix de la palette, vous ne parviendrez pas toujours à créer une ombre par un mélange. Si vous voulez agrandir votre palette ou ne pas perdre de temps en mélangeant les couleurs, choisissez une ou deux des couleurs présentées ici.

Vert de vessie — Vert cobalt — Vert olive

Bleu de cobalt — Indigo — Bleu phtalique

Jaune indien — Jaune de Naples — Terre de Sienne brûlée

Rouge de Venise — Noir de fumée

Le mélange des verts

Ce nuancier offre des couleurs obtenues à partir de mélanges de couleurs de la première palette. Cette série de vert n'est pas exhaustive. Il y a bien d'autres verts dans la nature et peut-être qu'à partir de nouvelles couleurs présentées ci-dessus, vous obtiendrez une gamme plus riche. A chacun de composer son propre nuancier.

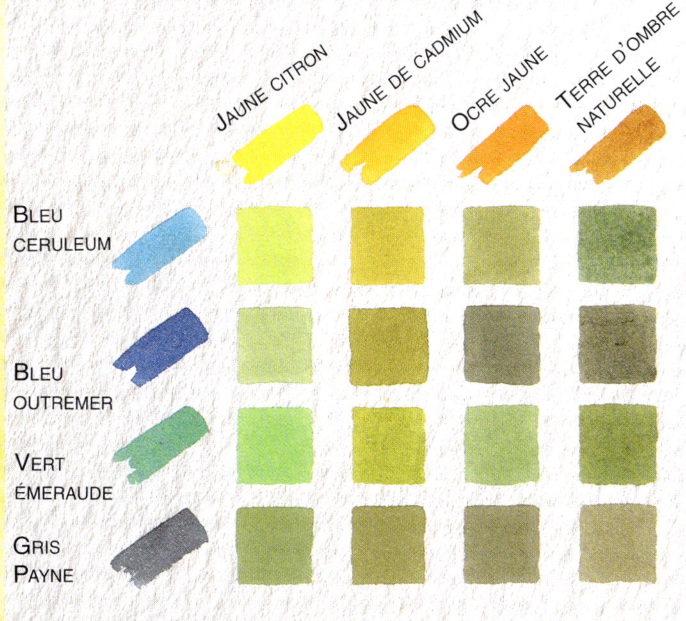

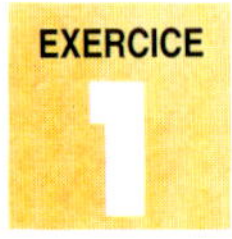

Emploi de couleurs claires et foncées. 

Simplification de la forme des arbres. 

Ajout de détails avec un stylo. 

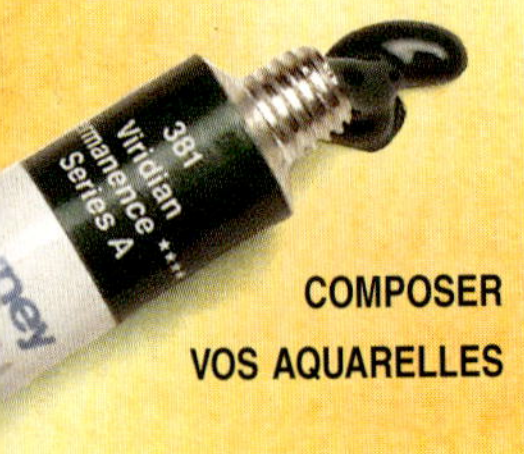

La peinture des feuillages

Peindre le feuillage des arbres dans le détail n'est pas chose facile, particulièrement si vous êtes très près au point de voir chaque rameau et chaque feuille très distinctement. Les feuillages dissimulent la forme de l'arbre qu'il faut malgré tout dessiner car c'est la manière dont les branches poussent sur les troncs qui donne à l'arbre son caractère. Regardez votre sujet les yeux mi-clos supprimant ainsi beaucoup de petits détails qui distraient l'attention.

N'oubliez pas que le feuillage possède toujours des couleurs foncées. Au soleil, le feuillage est vert vif, preque jaune, à l'ombre il devient gris-bleu sombre ou presque violet. Tant que vous n'aurez pas bien observé ces variations des couleurs, vous ne pouvez pas vraiment peindre un arbre. Alors prenez le temps d'analyser votre sujet.

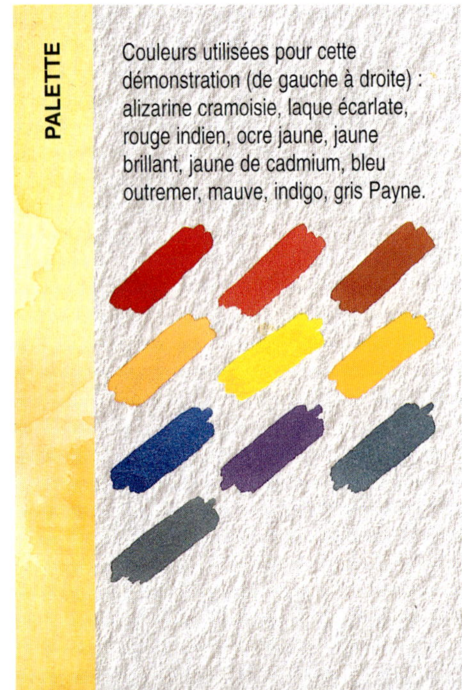

PALETTE

Couleurs utilisées pour cette démonstration (de gauche à droite) : alizarine cramoisie, laque écarlate, rouge indien, ocre jaune, jaune brillant, jaune de cadmium, bleu outremer, mauve, indigo, gris Payne.

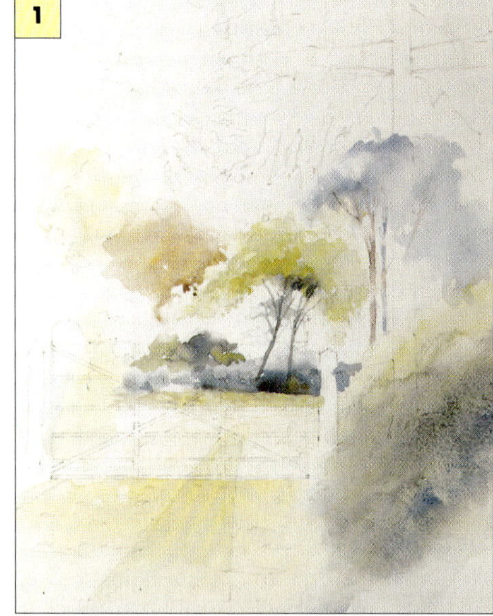

1 D'abord, l'artiste esquisse la composition et dessine avec soin la barrière et le tronc du grand arbre. Ces deux éléments structurent la composition. Il faut veiller aux bonnes proportions de l'ensemble.

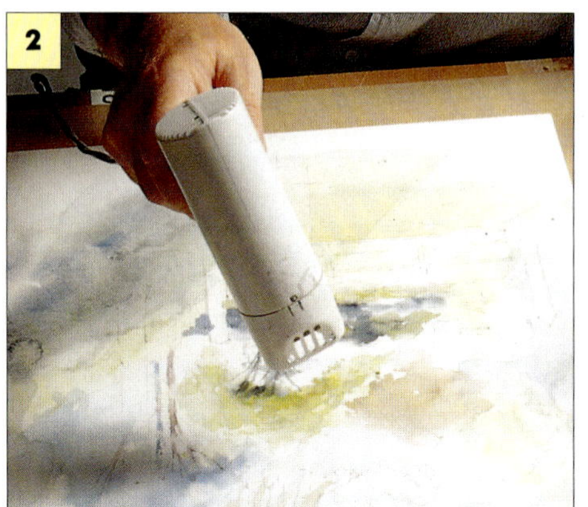

2 On sèche les premiers lavis au sèche-cheveux. Sauf si vous travaillez «humide sur humide», veillez à ce que la peinture sèche bien à chaque étape de votre travail.

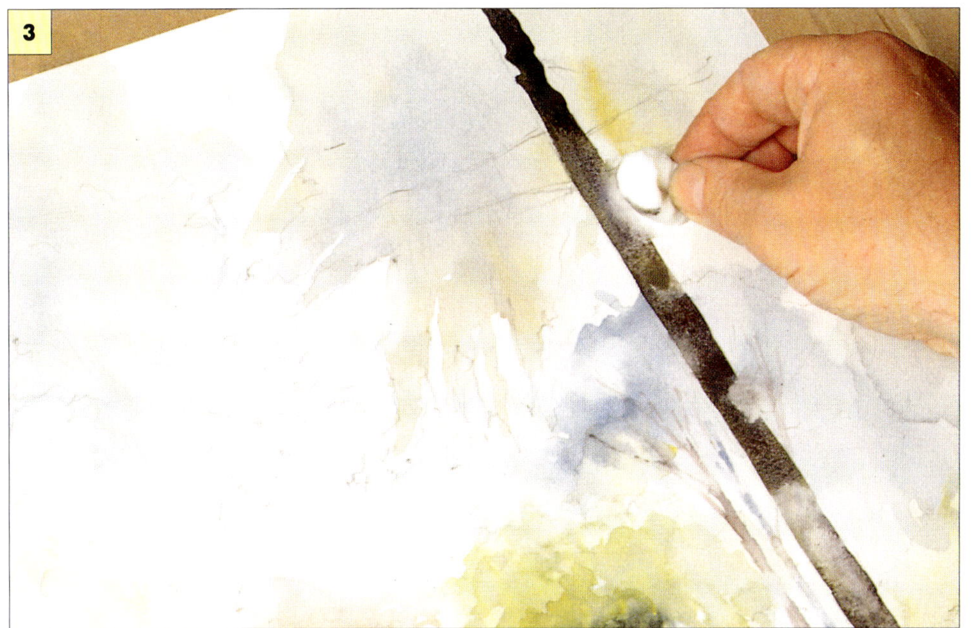

3 Pour peindre avec précision le tronc du grand arbre, on utilise un pinceau pointu. Pour créer des effets de lumière sur le tronc, on tamponne la peinture encore humide avec un coton. Dans la réalité, les troncs et les branches ne sont jamais monochromes.
=> à suivre

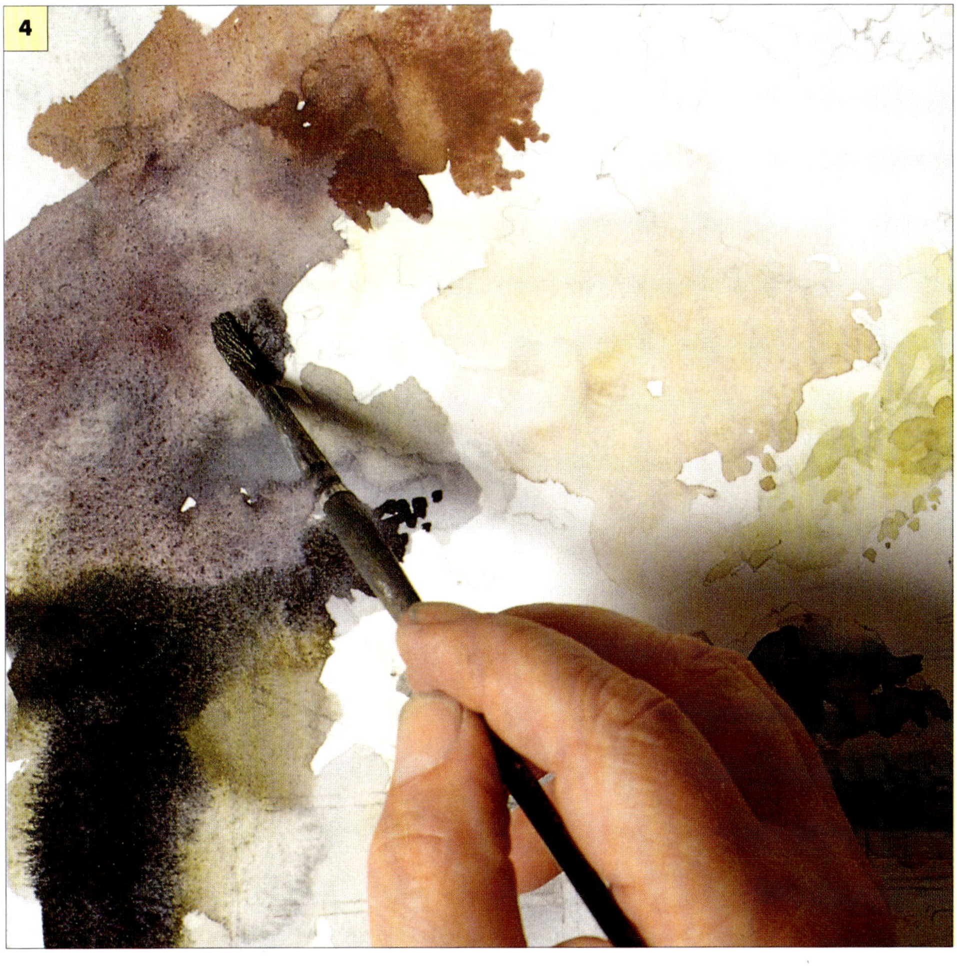

4 La proximité de ces feuillages très sombres et très clairs crée un violent contraste. L'artiste utilise «humide sur humide» un superbe marron et de l'indigo pour le feuillage le plus foncé. Il n'emploie pas encore de vert à ce stade.
=> à suivre

5 Une fois les premiers lavis sombres secs, le peintre redessine certaines parties du feuillage par petites touches d'indigo concentré, accusant ainsi le contraste avec le jaune brillant du feuillage ensoleillé de l'arrière-plan.

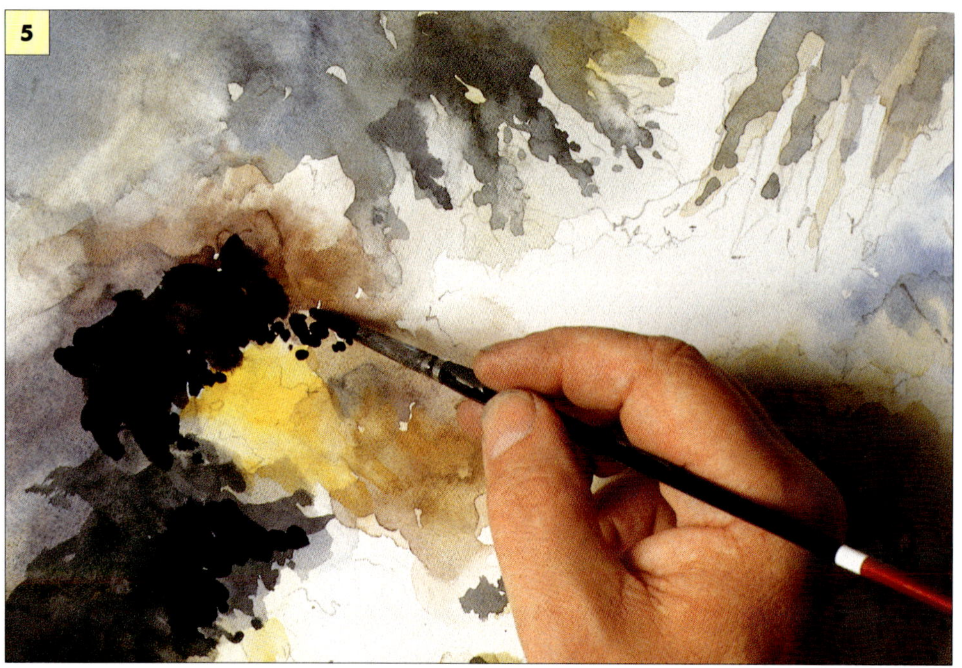

6 Superposer les lavis pour renforcer les couleurs, c'est bien, mais il faut de toute façon prévoir ces contrastes dès les premières applications de couleur. A partir de cet arbre presque terminé, le peintre va procéder de la même façon pour l'arbre clair (à droite), en respectant l'harmonie des couleurs.

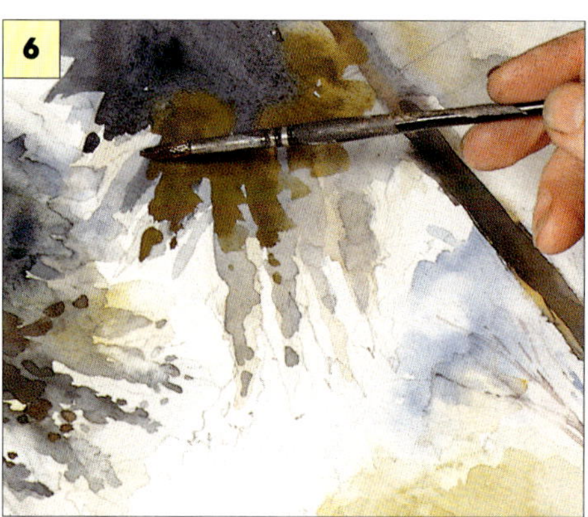

7 La barrière est exécutée avec soin car elle est au centre de la composition.

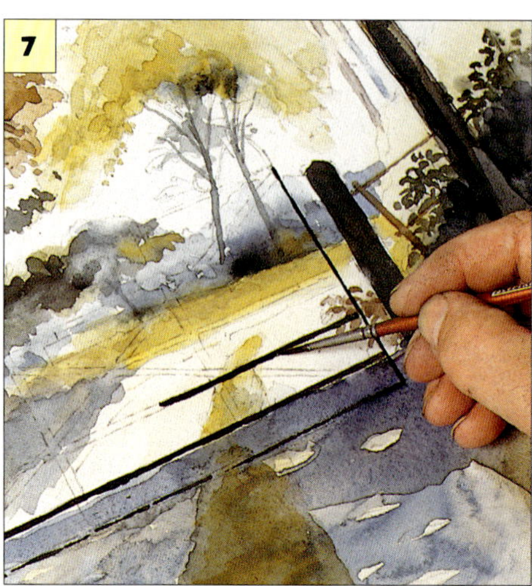

8 A ce stade, certaines parties sont achevées : la barrière et la partie inférieure de l'arbre, juste au-dessus. Certaines surfaces manquent encore de couleur et il faut terminer le premier plan, et apporter quelques détails aux autres arbres.

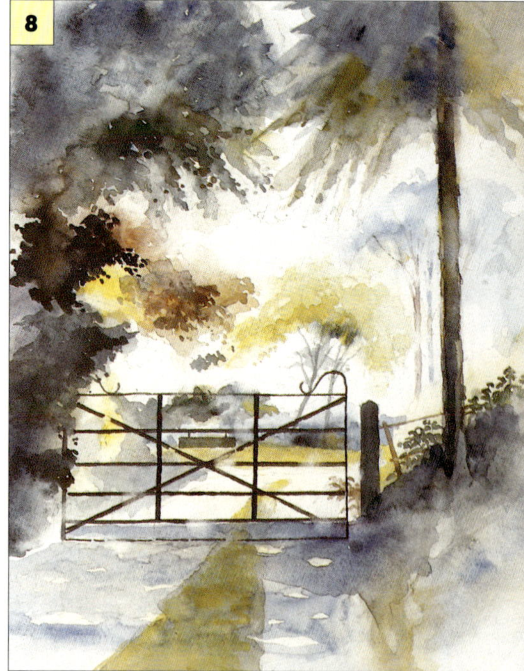

9 Le mélèze a une ramification très particulière. De ses branches presque horizontales pendent des rameaux verticaux. Pour dessiner ces détails délicats, on utilise une plume.

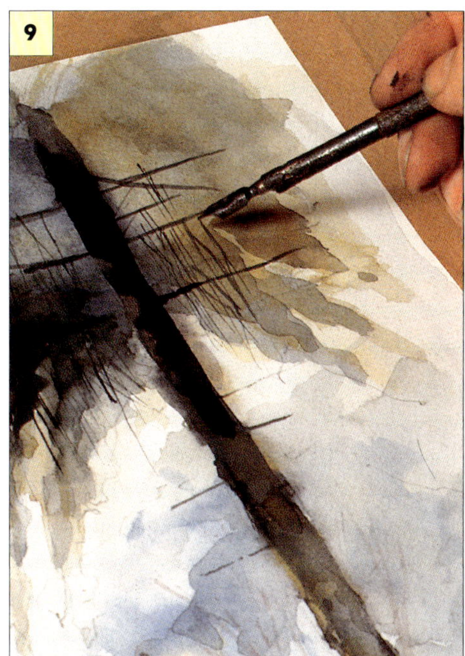

10 D'ordinaire, on utilise de l'encre, mais ici le peintre préfère employer de l'aquarelle très concentrée. Il charge sa plume avec la couleur absorbée par le pinceau.

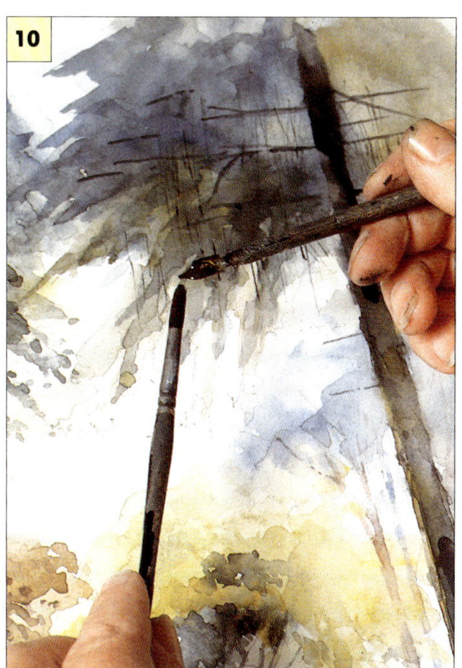

▶ Paysages aux mélèzes, John Lidzey

En dernier lieu, on a retravaillé à la plume le premier plan et les arbres. Après avoir assombri la partie supérieure de l'arbre, à gauche, on a appliqué sur lavis sec des hachures légères à grands traits de crayon. On a rehaussé à la gouache blanche la barrière et les reflets de lumière sur le chemin qui avait été recouverts de lavis par accident. La masse des feuillages est constituée d'un ensemble de contours et de tons dans lequel l'artiste a su introduire les détails qui permettent de les identifier.

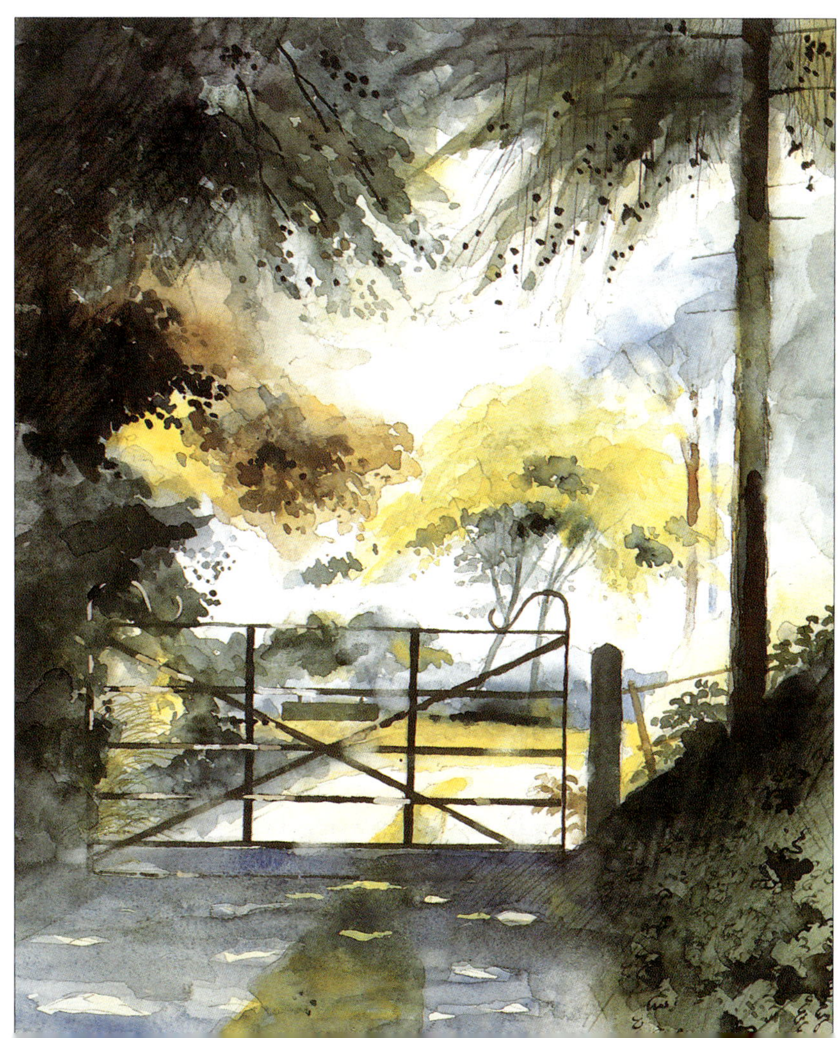

Il existe des sujets plus passionnants que l'eau, mais les formes complexes et la gamme étonnante des couleurs qu'elle reflète sont difficiles à saisir. L'erreur courante est de chercher à reproduire chaque ridule de l'eau. Ainsi, on surcharge inutilement sa peinture sans pouvoir reproduire le mouvement de l'onde, inhérent à la nature de l'eau.

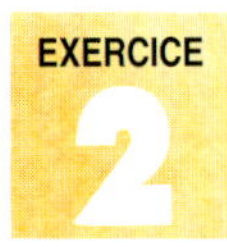

Création d'une impression de mouvement. 

Utilisation de la technique du Wax Resist. 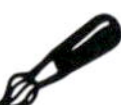

Travail à partir d'une photo. 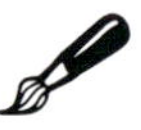

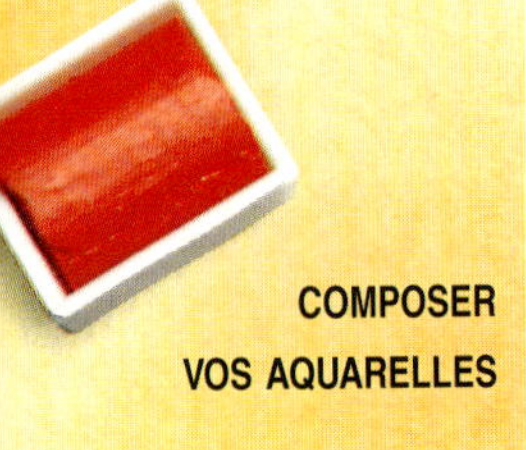

COMPOSER VOS AQUARELLES

La peinture de l'eau

Comme pour les arbres, il s'agit d'interpréter le sujet. Analysez le motif général et les formes, et définissez le mouvement de l'onde qui se répète sans cesse. Certaines techniques, comme la réserve à la cire, sont adpatées à l'exécution de marines. Servez-vous aussi de gouache blanche ou employez le masquage liquide pour réaliser les reflets ténus des rides de l'eau.

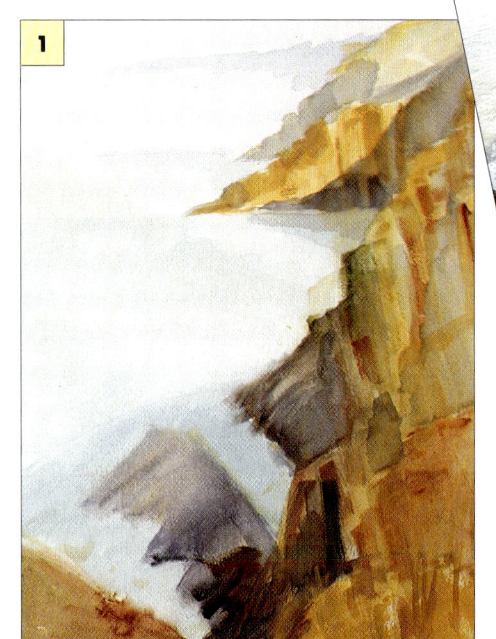

1 L'artiste a mis en place le ciel, la mer et les falaises avec des lavis gris légers. Elles s'est inspiré de la photographie ci-dessus à sa manière. Elle a accentué les diagonales des falaises qui donnent beaucoup plus de force à la composition que ne le feraient des verticales.

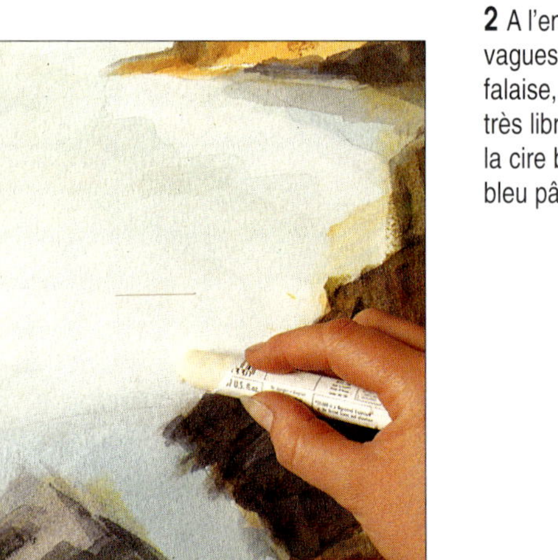

2 A l'endroit où les vagues se brisent sur la falaise, elle a appliqué très librement un crayon à la cire blanche sur le lavis bleu pâle.

PALETTE

De gauche à droite, les couleurs utilisées, ici, sont : alizarine cramoisie, terre de Sienne brûlée, ocre jaune, bleu outremer, vert émeraude, vert de vessie, gris Payne, encre de Chine blanche.

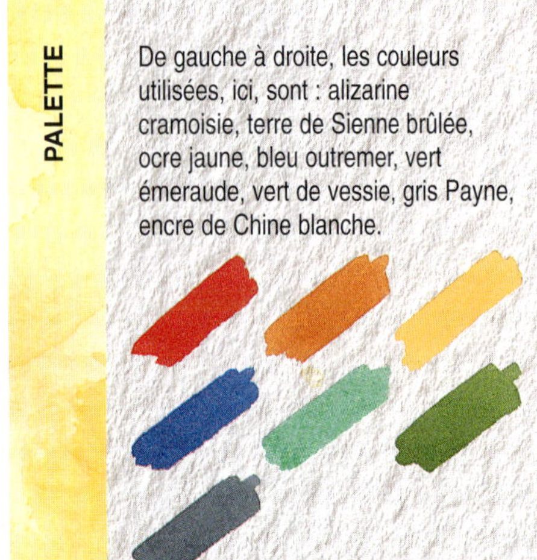

3 Le bleu plus soutenu passé sur la cire glisse en laissant des gouttelettes et des petites taches qui rapellent l'eau. Le crayon à la cire est ensuite utilisé pour les falaises (voir illustration 4 et la peinture achevée).

4 Comme la cire est tendre, il suffit de la gratter avec une lame pour faire réapparaître la couleur initiale plus claire. Ces hachures rapellent les strates de la roche. Utilisez un papier fort et faites attention de ne pas l'écorcher.

5 L'arbre de la photographie au premier plan a été supprimé sur la peinture. Le peintre a estimé qu'il affaiblissait la composition et l'a effacé avec du coton et de l'eau claire.

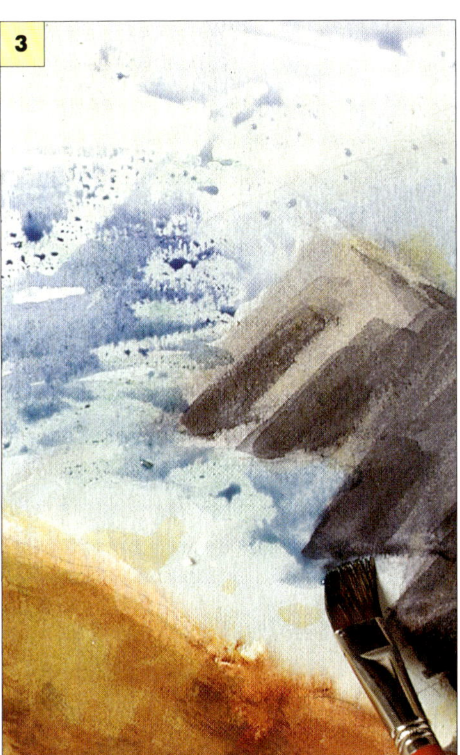

3

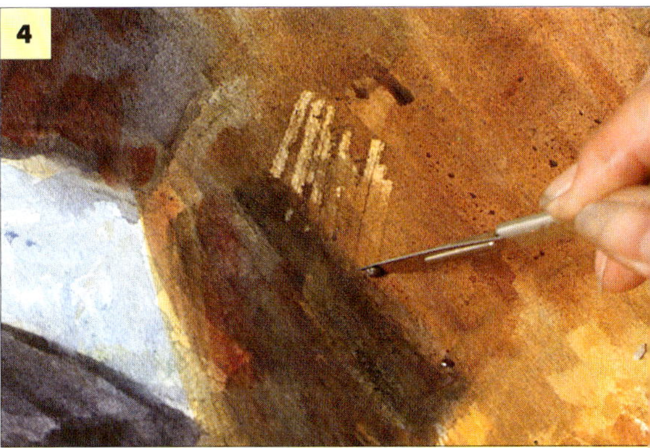

4

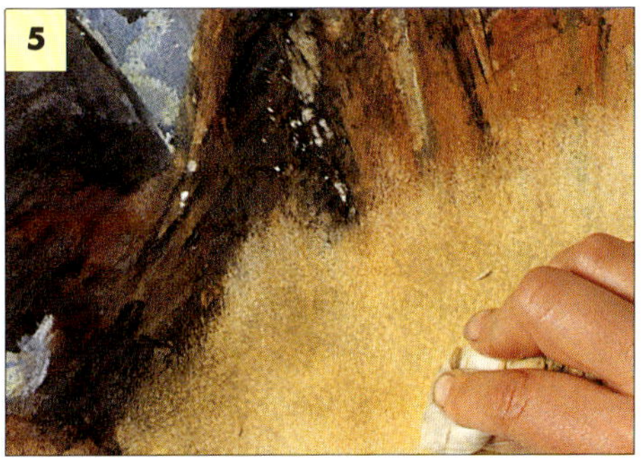

5

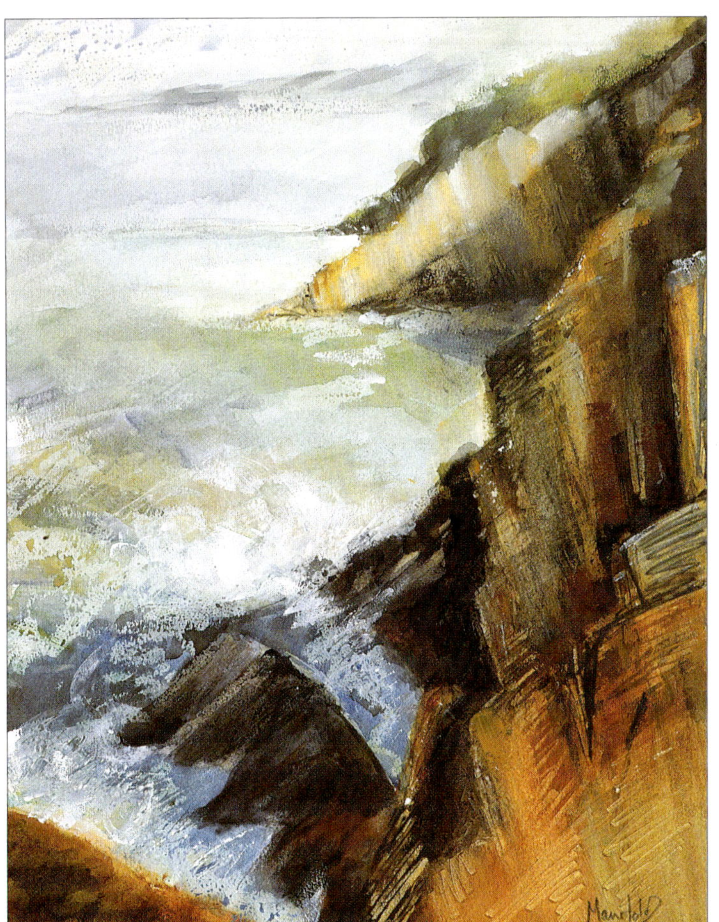

◀ ***Les falaises de Devon*, Debra Manifold**

Les corrections et les parties repeintes sont invisibles. Cette peinture dynamique et pleine de mouvements est pourtant bien issue de cette photographie un peu fade. Sachez reconnaître les éléments de la photographie dont vous pourrez tirer parti pour donner du caractère à votre travail.

Trouver son style

Toutes ces peintures représentent des paysages mais leur style et leur technique sont tous différents. Vous serez plus attirés par certains de ces paysages et, c'est autant de gagné, car faire ces choix vous aide à définir votre propre style.

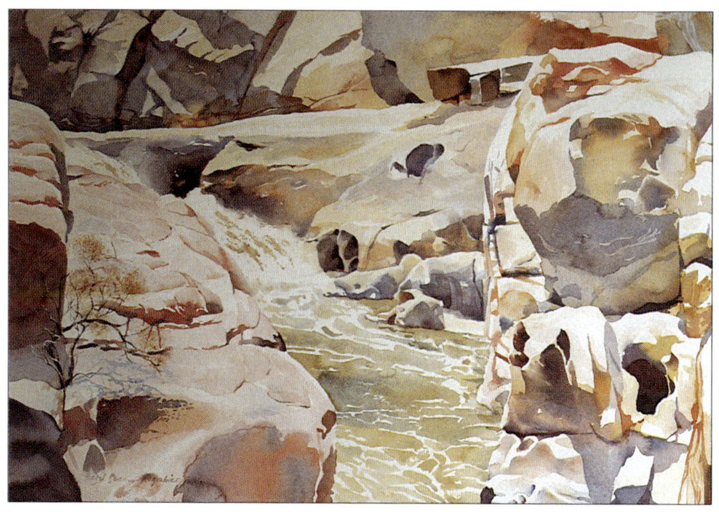

▲ ***Les chutes*, Hazel Soan**

On a composé cette scène en peignant, avec des lavis, les rochers et l'eau et en indiquant précisément l'emplacement des contrastes lumineux et colorés. Il n'y a pas de ciel, mais les contrastes très marqués dénoncent une lumière forte. Il y a également des ombres plus douces exécutées suivant la technique «humide sur humide».

▶ ***La petite maison dans les bois*, Ronald Jesty**

L'artiste travaille «humide sur sec» et superpose les lavis pour obtenir des couleurs sombres et intenses. Les taches vives de lumière sont essentielles et la composition est rigoureuse. Pour peindre ces feuilles jaunes claires, on a utilisé de la gomme liquide pour protéger la couleur. Le temps de passer les lavis verts, puis d'ôter la gomme, on les a repeintes en jaune.

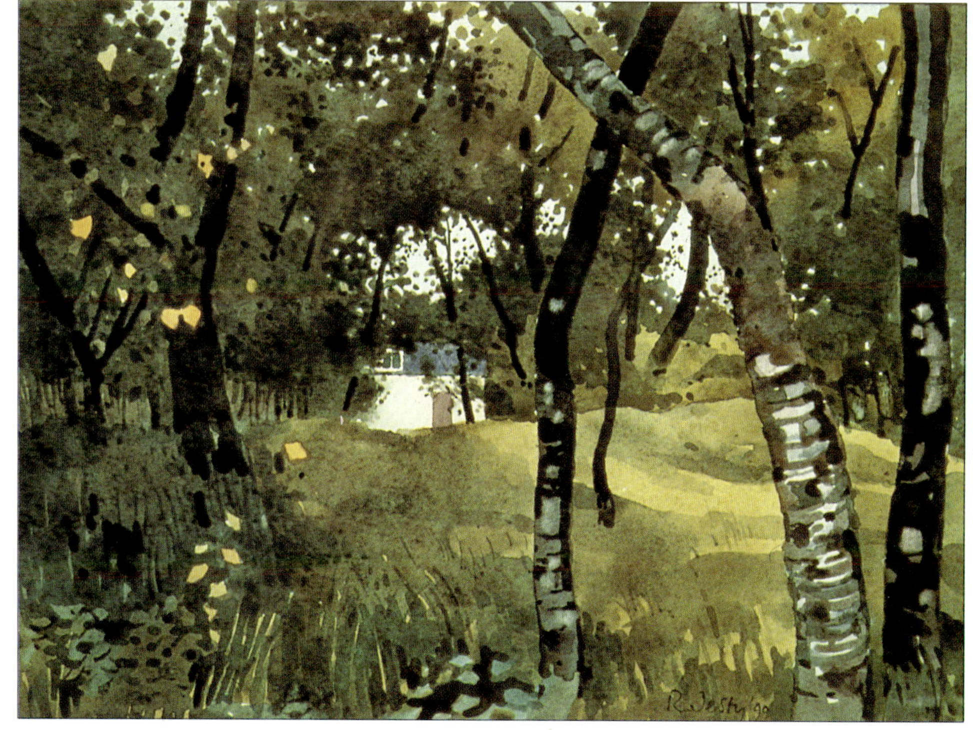

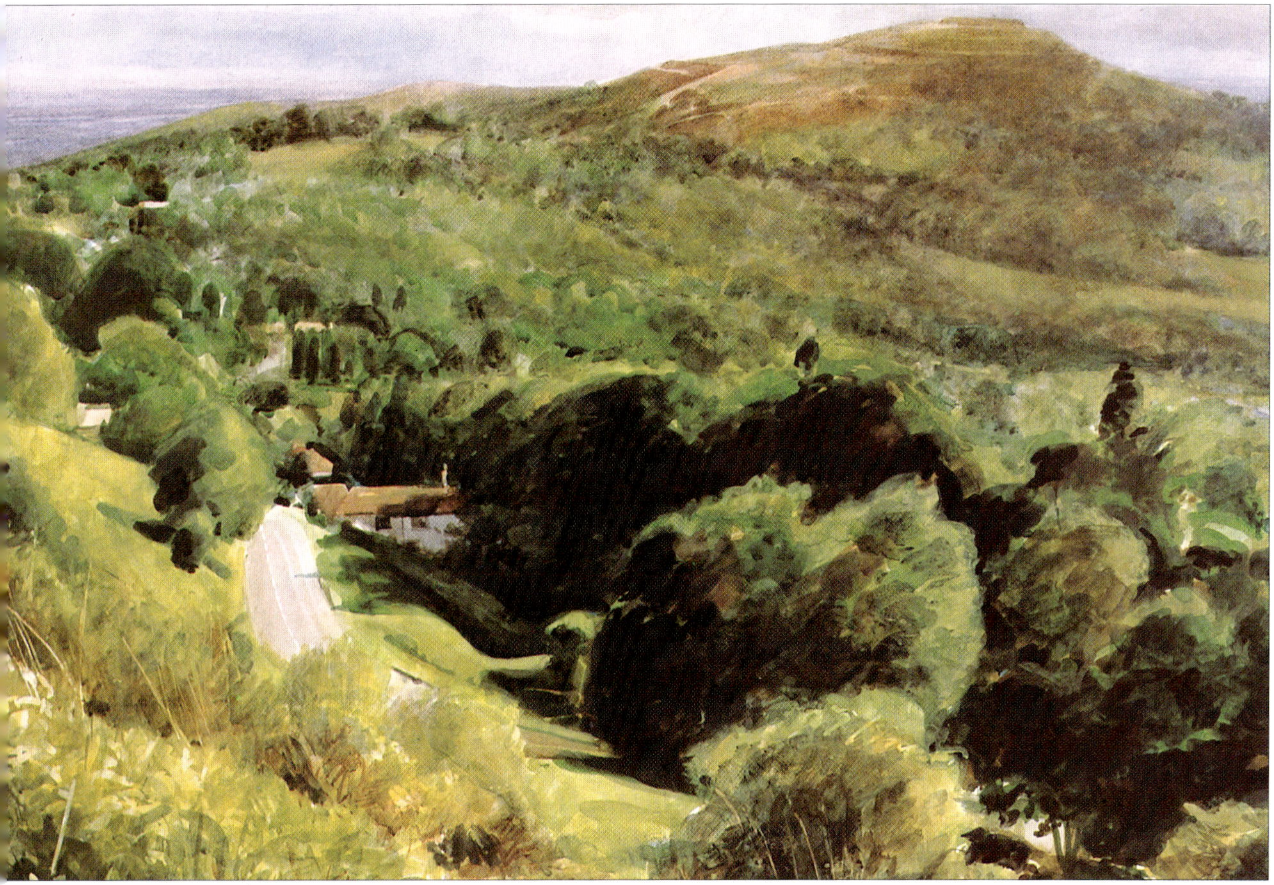

▲ ***La route du Jubilé, dans les collines de Malverne*, David Prentice**

La touche est apparente, plus particulièrement dans les arbres au premier plan. Les touches de couleur sont nerveuses, séparées et orientées différemment. Elles sont encore plus visibles lorsqu'il s'agit de superposer des couleurs sombres à des couleurs claires. Dans ses travaux aux pastels, David Prentice exploite la dynamique du trait et joue avec la touche du pinceau.

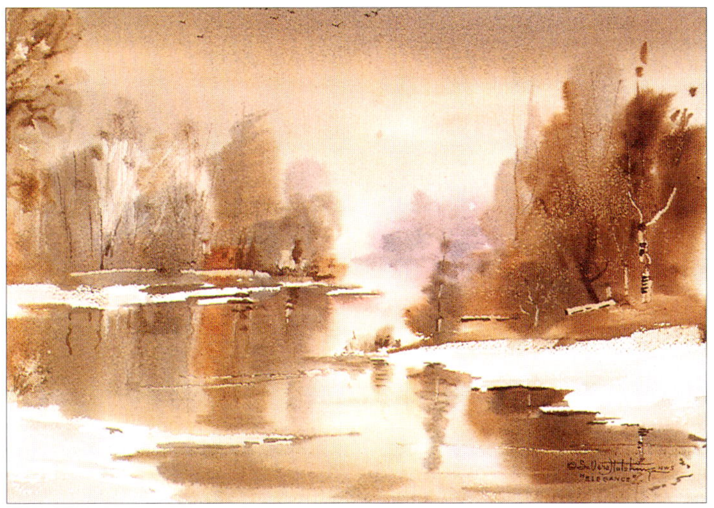

◄ ***L'élégance*, La Vere Hutchings**

Ici, la technique «humide sur humide» rend parfaitement les effets de brume d'un jour couvert. Les arbres et leurs reflets se confondent dans l'eau et leurs cimes dans le ciel. A la fin, juste quelques touches pour suggérer les troncs et les branches des arbres («humide sur sec»).

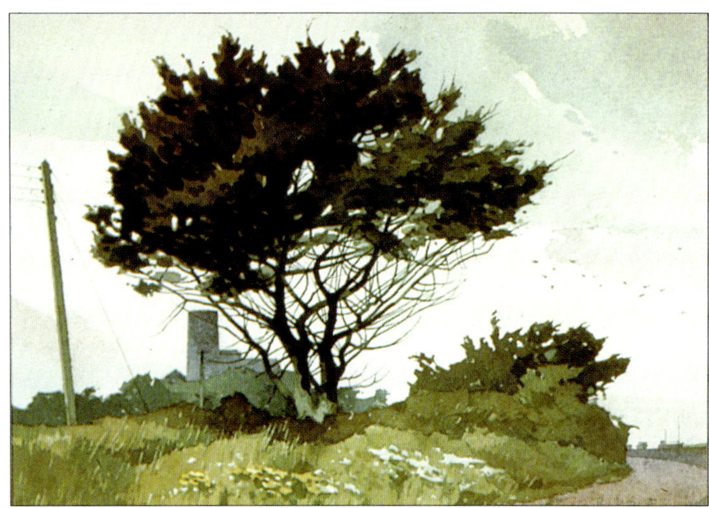

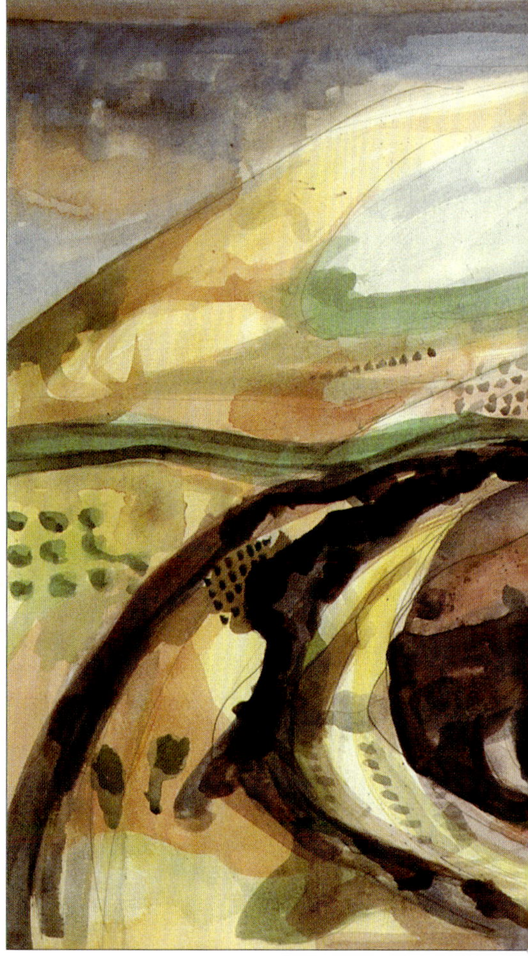

▲ *Le pin de Monterey*, Ronald Jesty

Ici, il s'agit de faire le «portrait» d'un arbre qui se détache sur le ciel pâle. Le feuillage à contre-jour est très sombre, on peut le traiter plus simplement dans son ensemble. Mais c'est différent pour le tronc et les branches qu'il faut peindre en respectant leur belle configuration. L'effet est séduisant.

▶ *Crépuscule au camp de recherche Whale*, Tim Pond

La touche est aussi importante dans le travail de Jesty que dans celui de Pond, mais la technique de ce dernier est très différente. Il peint les nuages et leurs reflets avec des petites touches nerveuses et contrariées qui donnent mouvement et réalisme à cette marine. Le ciel tourmenté et son reflet mettent en valeur l'éclat doré du soleil couchant sur l'eau.

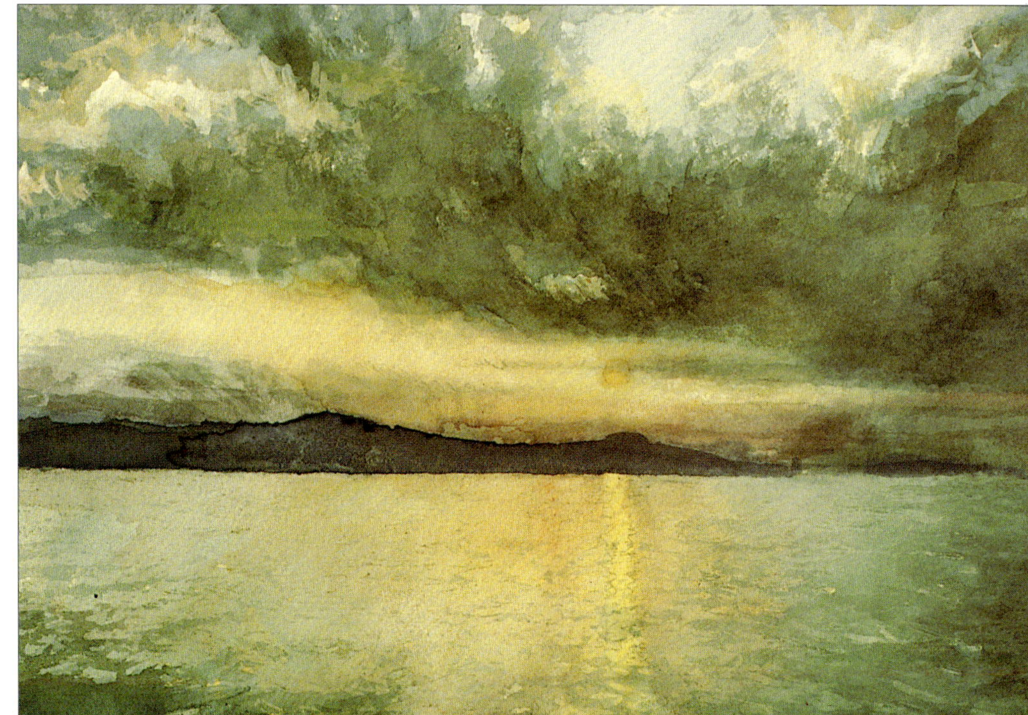

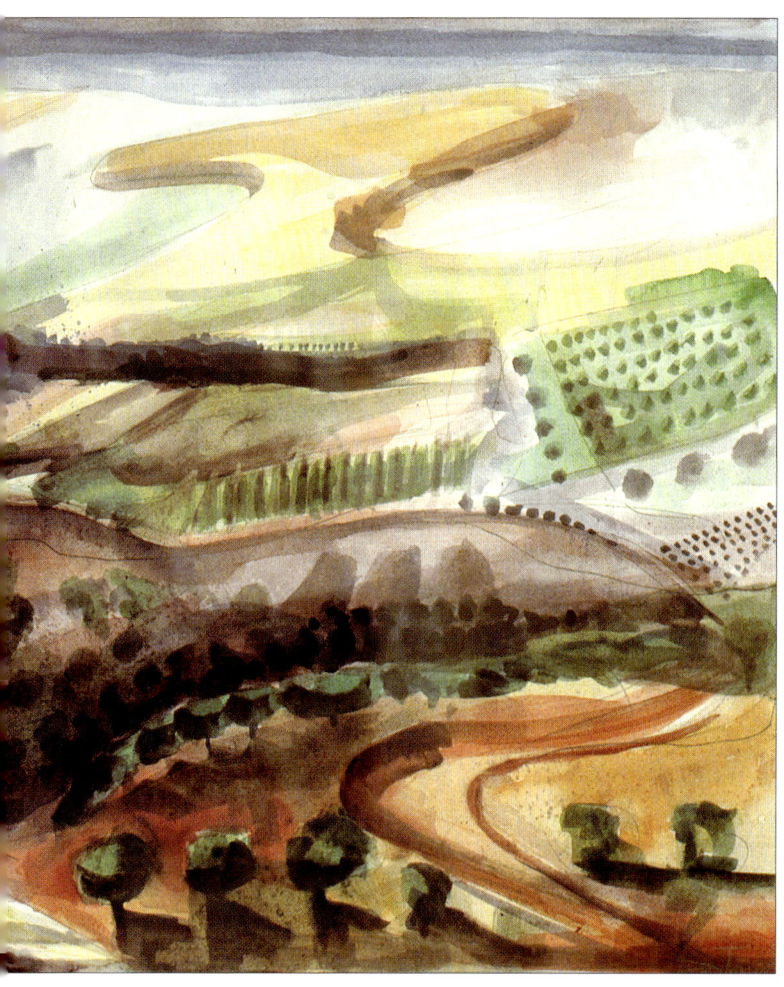

◀ ***Paysage de Chypre*, David Ferry**

Cette aquarelle a été exécuté rapidement comme une esquisse sur le motif. L'artiste a voulu harmoniser les courbes prononcées de ce paysage de collines avec le motif régulier des lignes d'arbres. Les larges traits colorés de pinceau structurent ainsi le paysage.

▶ ***L'éclaircie*, Roland Roycraft**

Même en pleine lumière, la neige est rarement blanche et les ombres sont plus foncées qu'on ne peut l'imaginer. Les premiers lavis sont jaunes pâles et bleutés. Ce sont les bleus soutenus de tendances grise et verte très forts des ombres qui, par contraste, font paraître les reflets blancs.

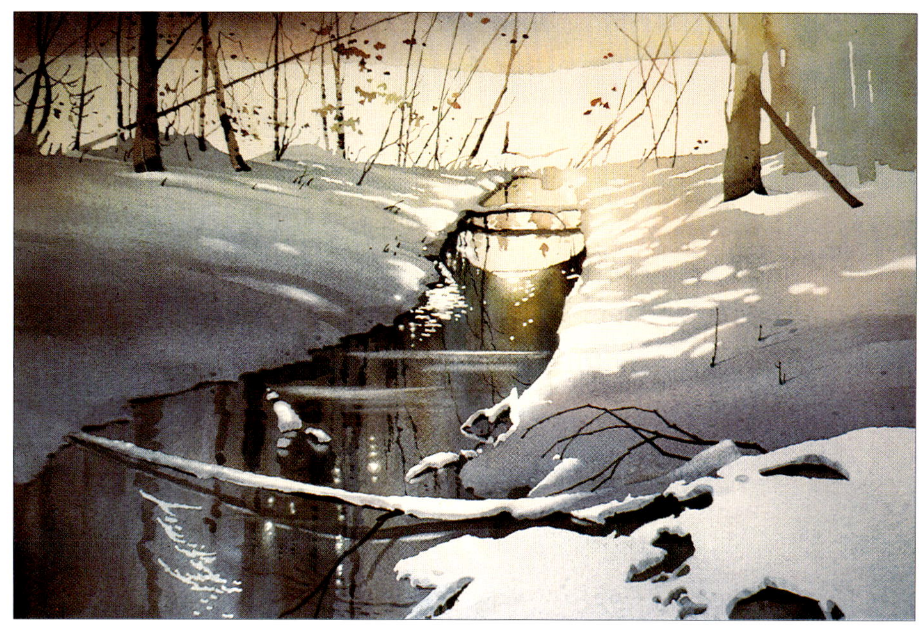

Architecture et paysages urbains

COMPOSER VOS AQUARELLES

L'aquarelle convient tout particulièrement aux sujets d'architecture. Un lavis régulier monochrome ou avec des effets de matière suggère la texture de la pierre d'une façade. Vous pouvez définir des contours nets ou des détails décoratifs avec un pinceau fin. Les rendus architecturaux exécutés par des architectes ou des professionnels de ce type de vues sont le plus souvent aquarellés. Certains sont des œuvres d'art.

CHOISIR UN SUJET

Le terme «sujets architecturaux» s'applique aussi bien à une scène urbaine, une église ou une cathédrale, qu'à une ancienne gare ou à des bâtiments de ferme dans un paysage. Cela peut aussi désigner un détail d'un édifice comme une porte ou une fenêtre.
Le choix du sujet vous appartient, mais si votre dessin n'est pas sûr, ne commencez pas par une vue panoramique de ville. Le dessin d'architecture n'est pas facile et a besoin, comme les structures, de bases solides. Le dessin pour un paysage n'est pas aussi rigoureux. Même si cette architecture occupe une petite partie de votre peinture, elle doit être convaincante. Donc, avant de commencer, il faut vous familiariser avec la perspective.

LA PERSPECTIVE

On se fait à tort tout un monde de la perspective. La perspective linéaire prévoit la diminution des objets en profondeur. Avec l'éloignement, une rangée de

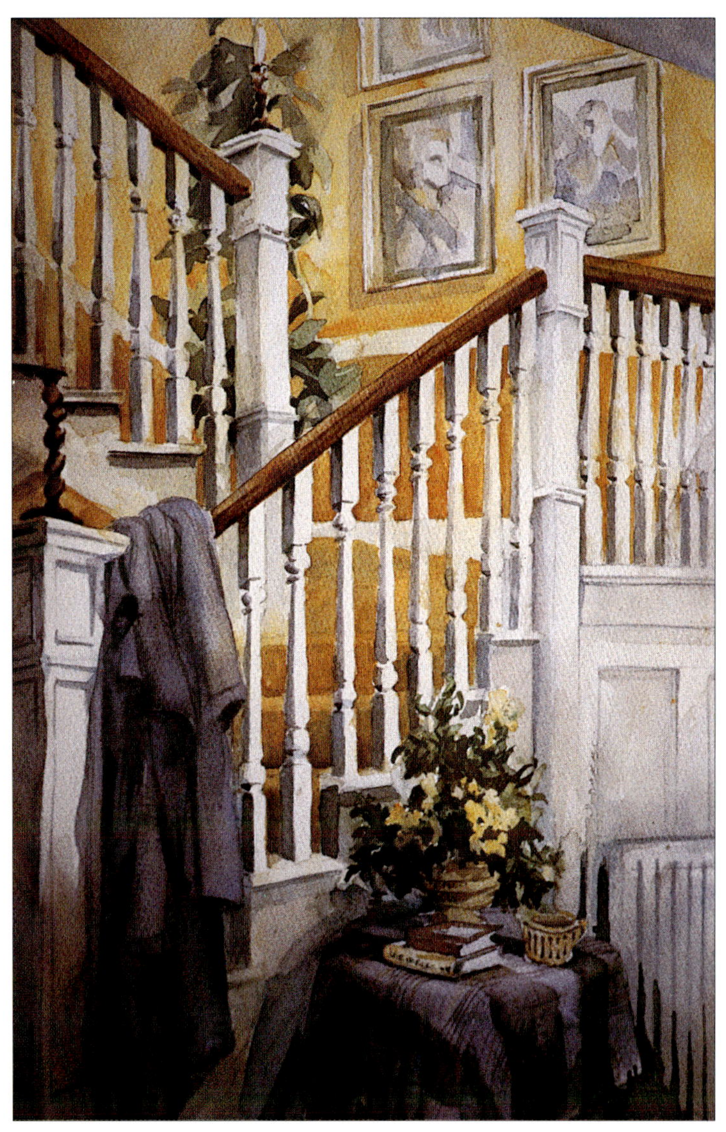

▲ ***L'escalier*, Elisabeth Harden**

L'intérieur d'un appartement est un excellent sujet et présente les avantages d'une nature morte. L'artiste a changé de place certains objets pour obtenir une meilleure composition.

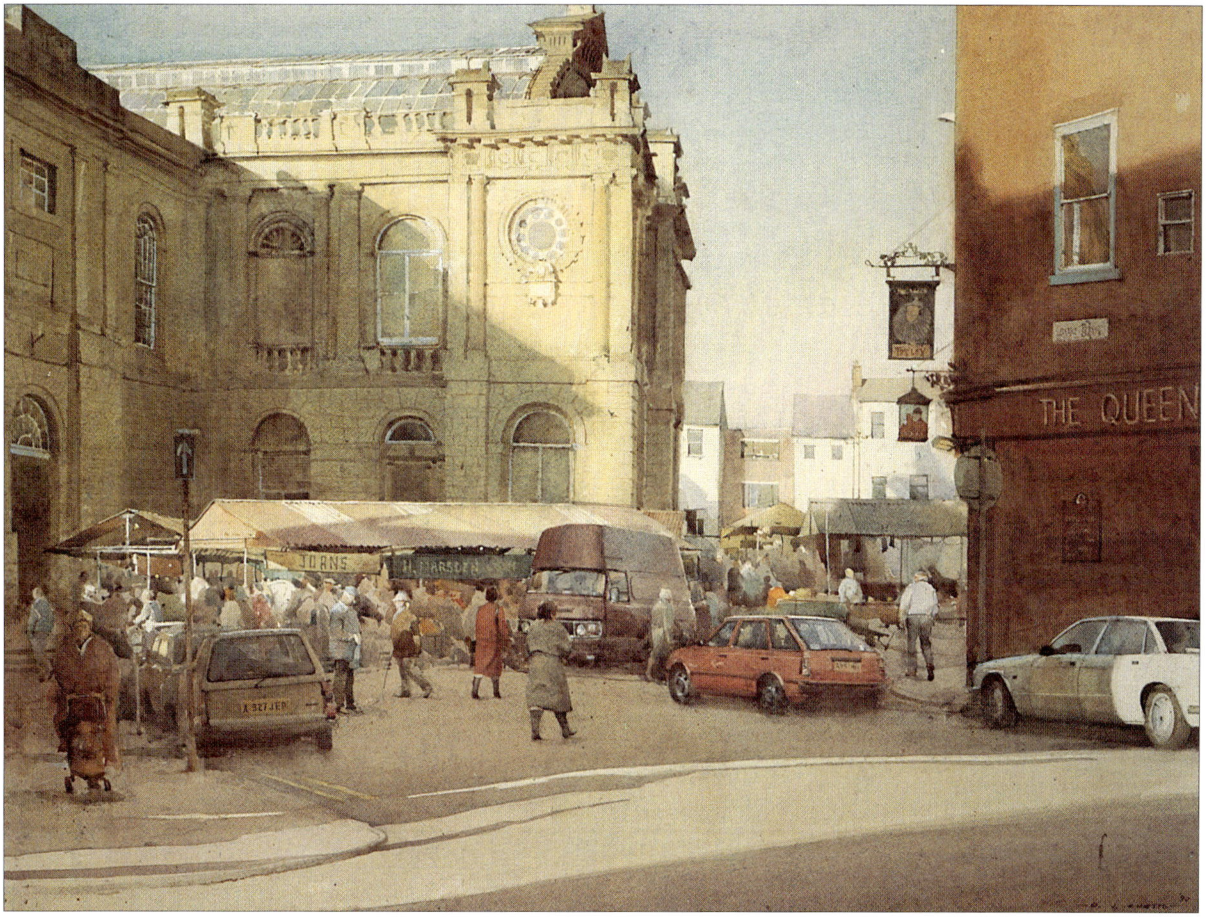

▲ ***Le marché du vendredi à Doncaster*, David Curtis**

Pour peindre une scène urbaine de ce type, il faut être très observateur. Respectez une échelle et soignez la perspective. Curtis fait de très nombreux croquis de personnages, de voitures et de caractéristiques urbaines qu'il consigne dans un carnet. Cette documentation lui sert à composer des aquarelles plus élaborées.

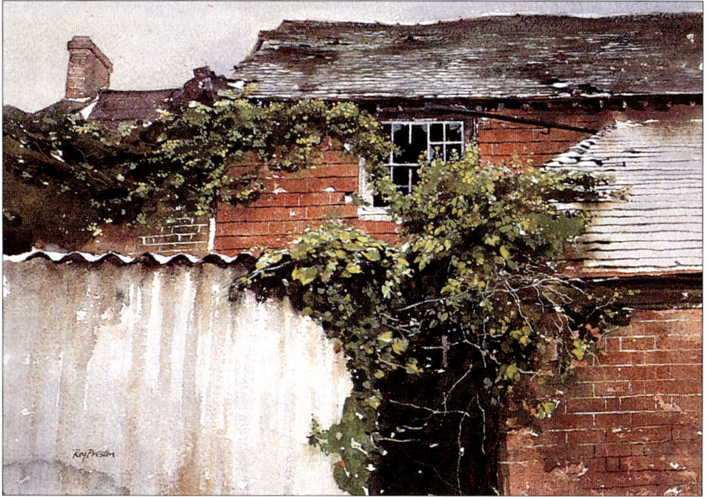

◄ ***Une ferme en ruine*, Roy Preston**

Les artistes sont souvent très inspirés par les vieilles bâtisses aux fenêtres brisées, aux murs délabrés et aux toits percés. Comme les ruines antiques, ce sont des morceaux d'histoire émouvants. Preston a fait un gros plan de cette maison pour mettre en valeur la diversité des matériaux.

Points de vue cohérents

Lorsque vous dessinez un sujet architectural, vous ne devez pas bouger car la ligne d'horizon changera suivant que vous travaillez assis ou debout. Ces pages présentent différentes positions des points de fuite et de l'horizon.

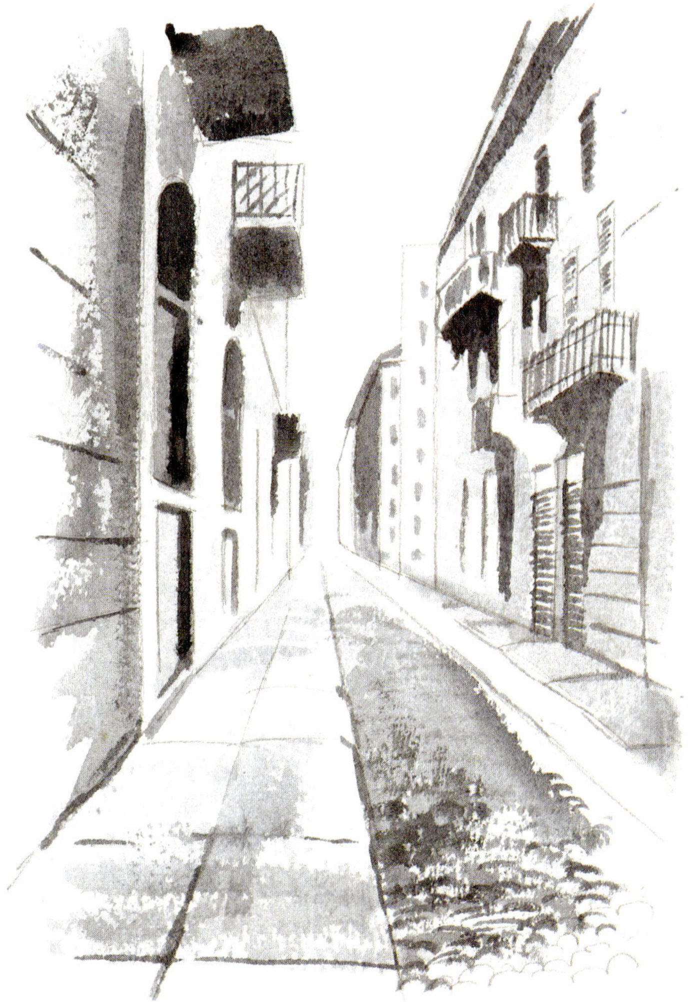

poteaux téléphoniques de même hauteur, et régulièrement espacés, semblent rapetisser et s'amenuiser tout comme l'espace qui les sépare. Ce phénomène est une illustion courante en peinture. La perspective permet de transposer sur la feuille de papier un espace à trois dimensions.
A la diminution des objets en profondeur s'ajoute une diminution de la vision latérale qui a pour effet de déformer les lignes. Ce que l'on pourrait appeler la perspective curviligne. Observez les déformations des lignes d'un édifice en perspective. Dans une rue bordée de maisons, votre regard est à la hauteur des portes alors que la ligne des toits est descendante. Par contre, si vous regardez la même rue du haut d'une colline, la ligne des toits est descendante.
Le point de vue du spectateur détermine, à l'intersection du rayon visuel et de l'horizon, le point de fuite où toutes les lignes convergent. Ce point de fuite principal change lorsque vous vous déplacez. Il peut même sortir du cadre si vous choisissez un angle de vue très oblique.

Le point de fuite central
Dans le cas d'un point de fuite (PF) principal, ici central, vous observez comment toutes les lignes parallèles y convergent. Mais ce point de vue strictement frontal engendre une composition trop symétrique et ennuyeuse. Choisissez un angle de vue pour décentrer le point de fuite (ci-contre).

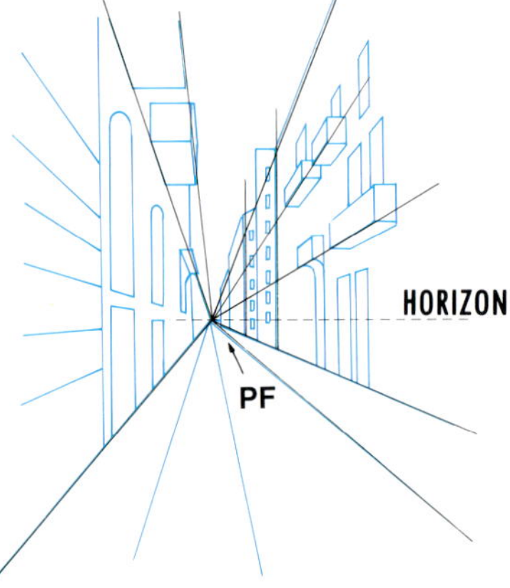

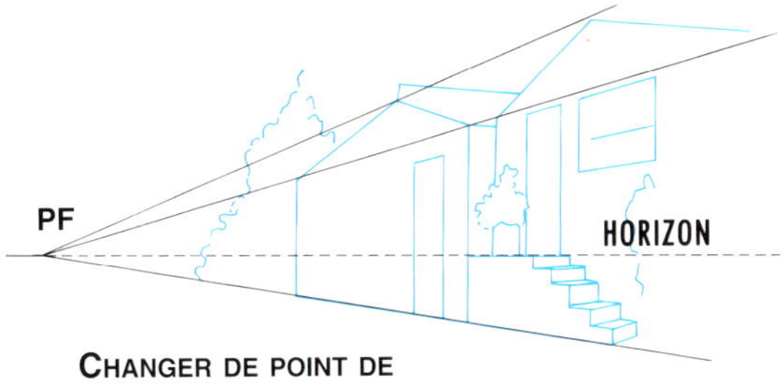

PF

HORIZON

Changer de point de vue

L'angle de vue est ici très aigu et le point de fuite sort du cadre de la représentation. Alors, commencez par tracer la ligne d'horizon. Chaque ligne fuyant vers l'horizon de part et d'autre du plan horizontal de cette ligne sera droite.

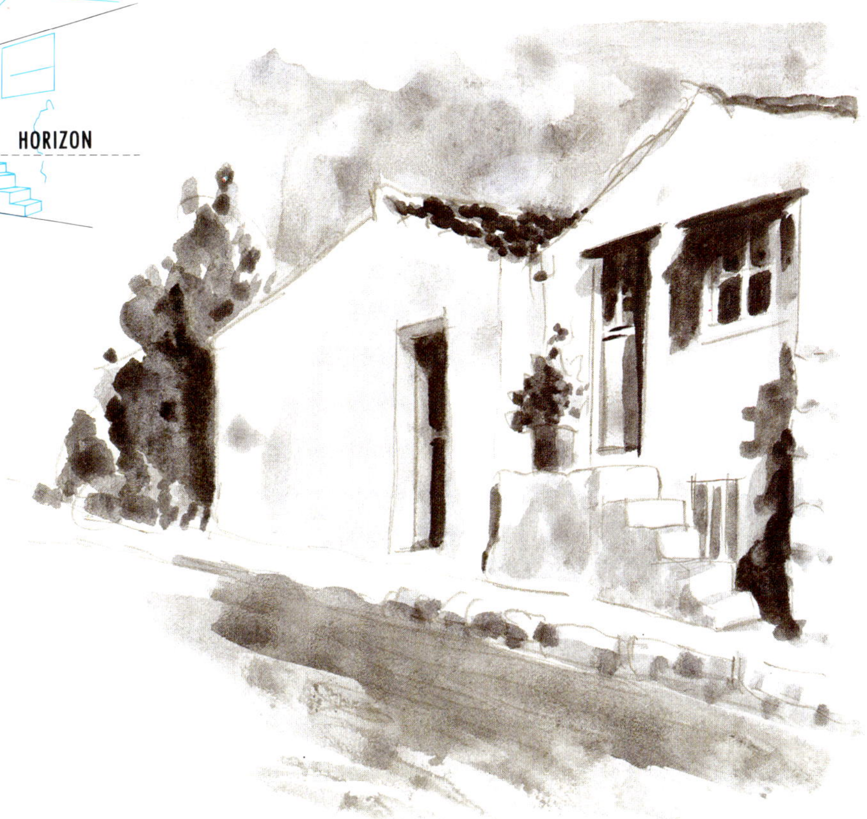

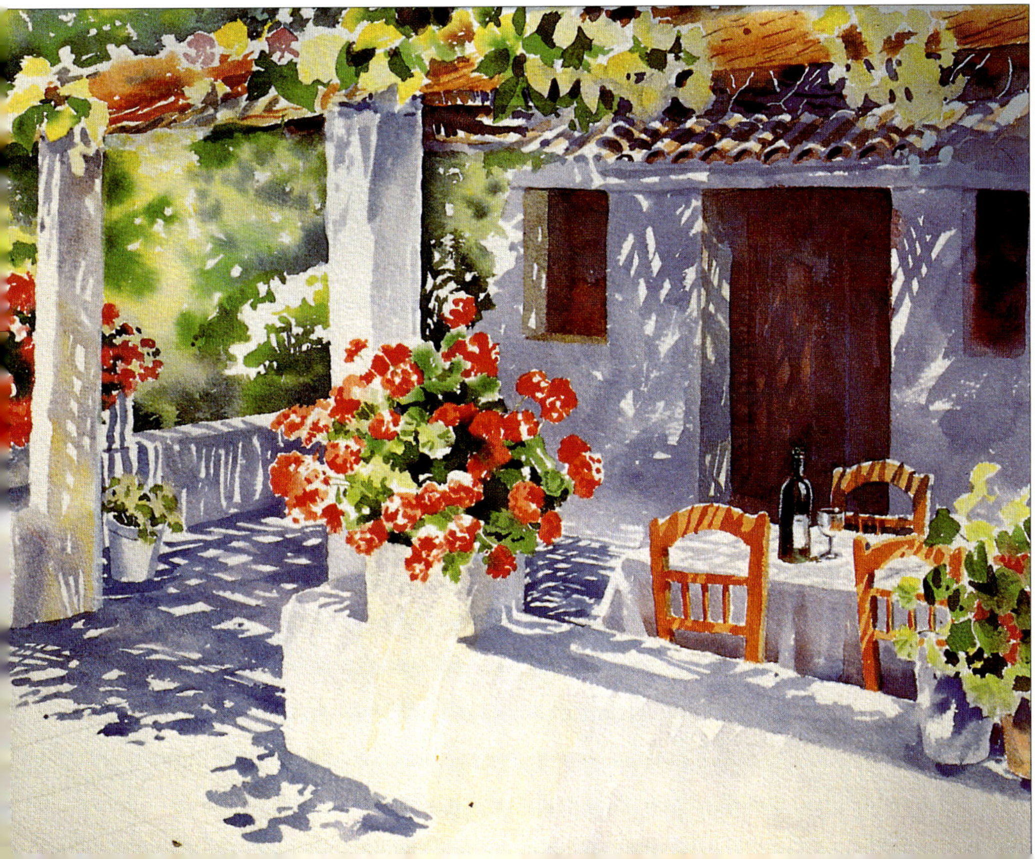

◀ ***Hacienda*, Hazel Soan**

Cette aquarelle très vivante illustre le double rôle de la perspective. Si le rendu de la perspective est juste, comme ici, la composition est solide. L'harmonie générale naît du rapport équilibré des grandes diagonales fuyantes avec les verticales des piliers, portes et fenêtres.

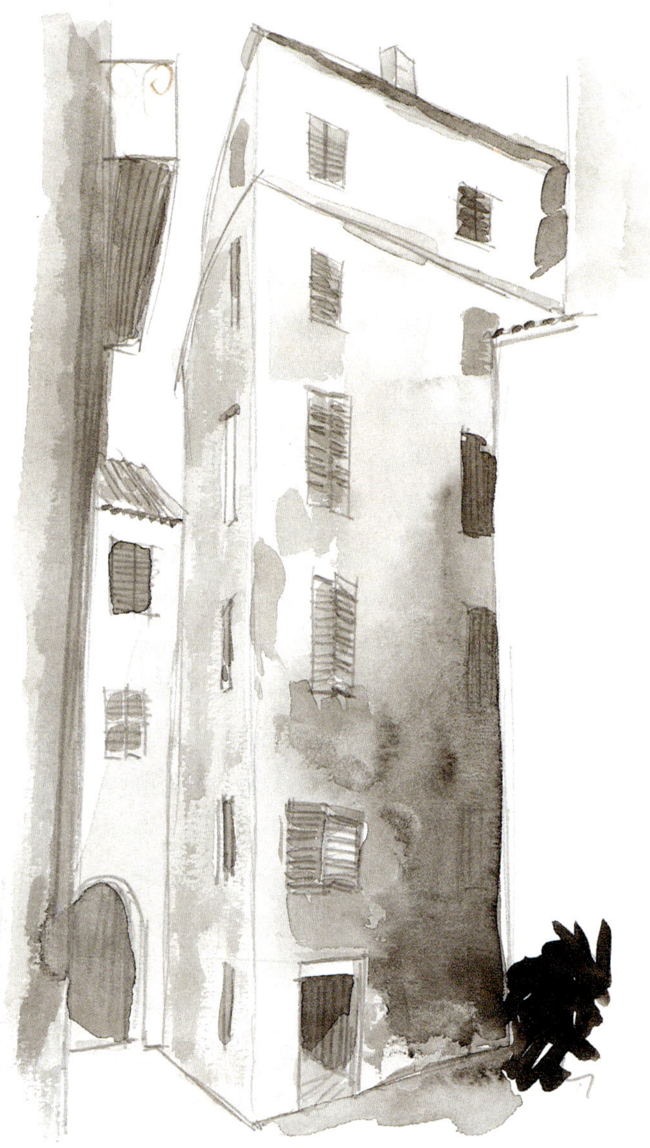

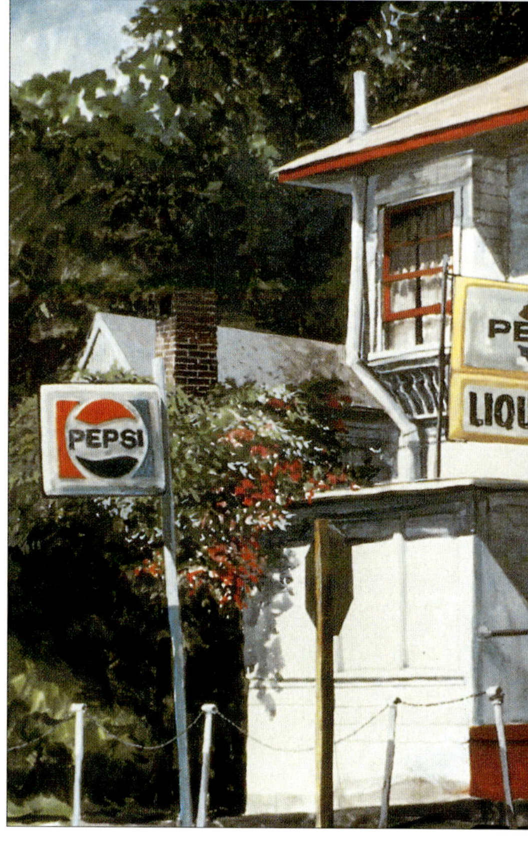

▲ La supérette Ed, Bryn Craig

Ici, il y a deux points de fuite principaux correspondant aux deux parties (façades) de la construction. La ligne d'horizon est en gros à la hauteur du toit de l'annexe (sous le panneau «Liquors»). A partir de là, il est facile de tracer les angles des autres lignes de fuite.

Deux points de fuite

Lorsque vous voyez en même temps les deux plans d'un édifice, il y a deux points de fuite distincts sur la même ligne d'horizon à la hauteur de votre regard. Ces contructions sont hautes, donc les effets de fuite seront plus accusés. Pour vérifier les angles de ces lignes de fuite, tenez votre crayon à bout de bras parallèle à la ligne d'un toit ou d'une fenêtre.

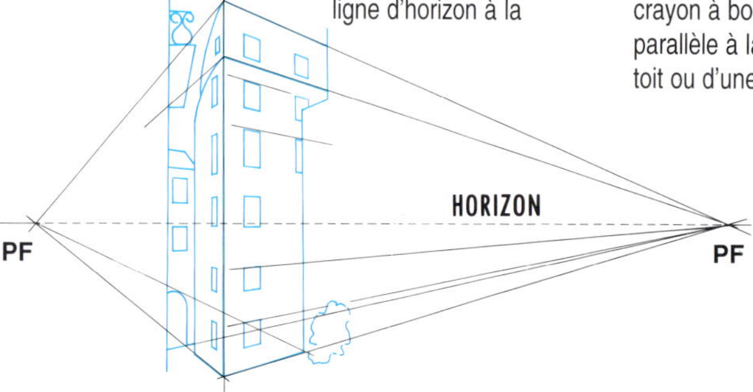

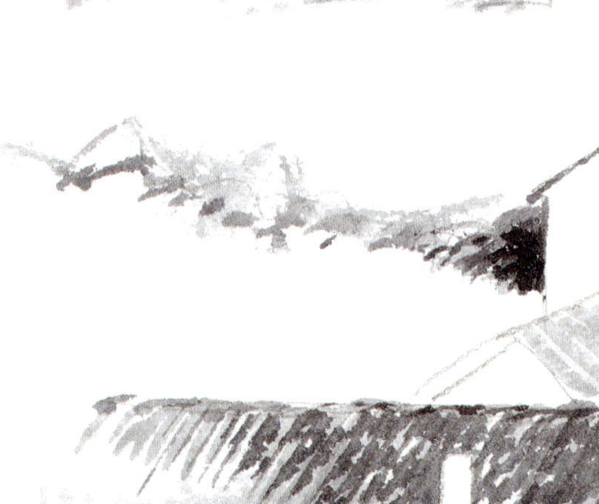

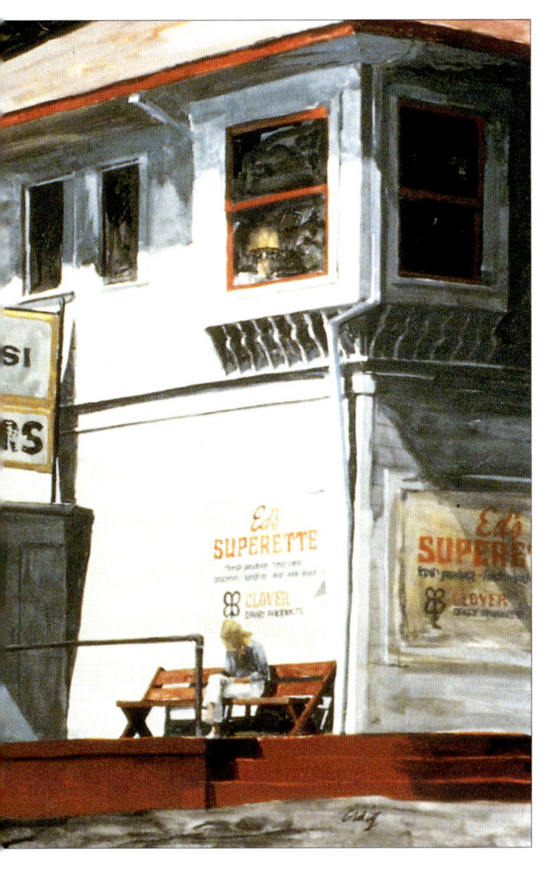

Mélange des gris et des couleurs neutres
Les bruns et les gris sont les couleurs dominantes des édifices. Faites des mélanges de couleurs neutres en utilisant plutôt trois couleurs primaires (p. 39). Vous n'avez pas besoin de nouvelles couleurs si ce n'est un bleu de cobalt plus froid que l'outremer et une terre de Sienne brûlée et/ou du rouge de Venise qui est la couleur de la brique.

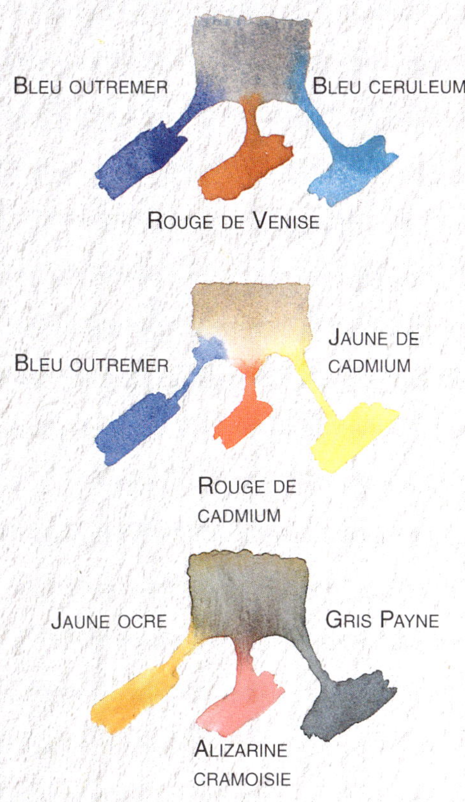

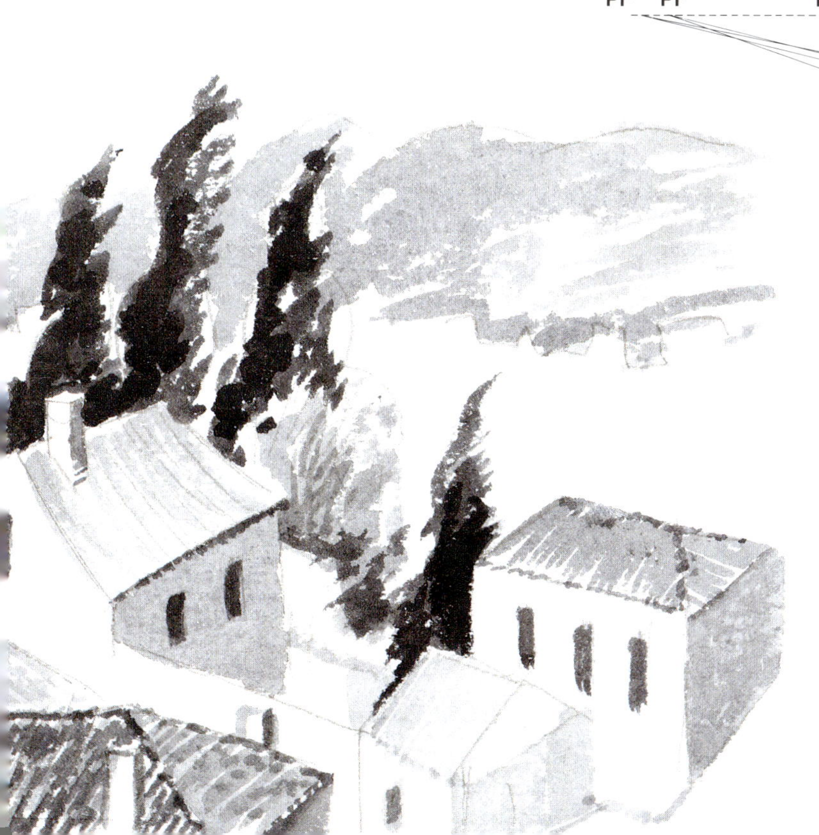

Points de fuite multiples
Les constructions bien souvent ne sont pas alignées. Lorsque vous représentez un groupe de maisons, chacune peut avoir un point ou des points de fuite différents. Ici, ils sont multiples sur une ligne d'horizon haute.

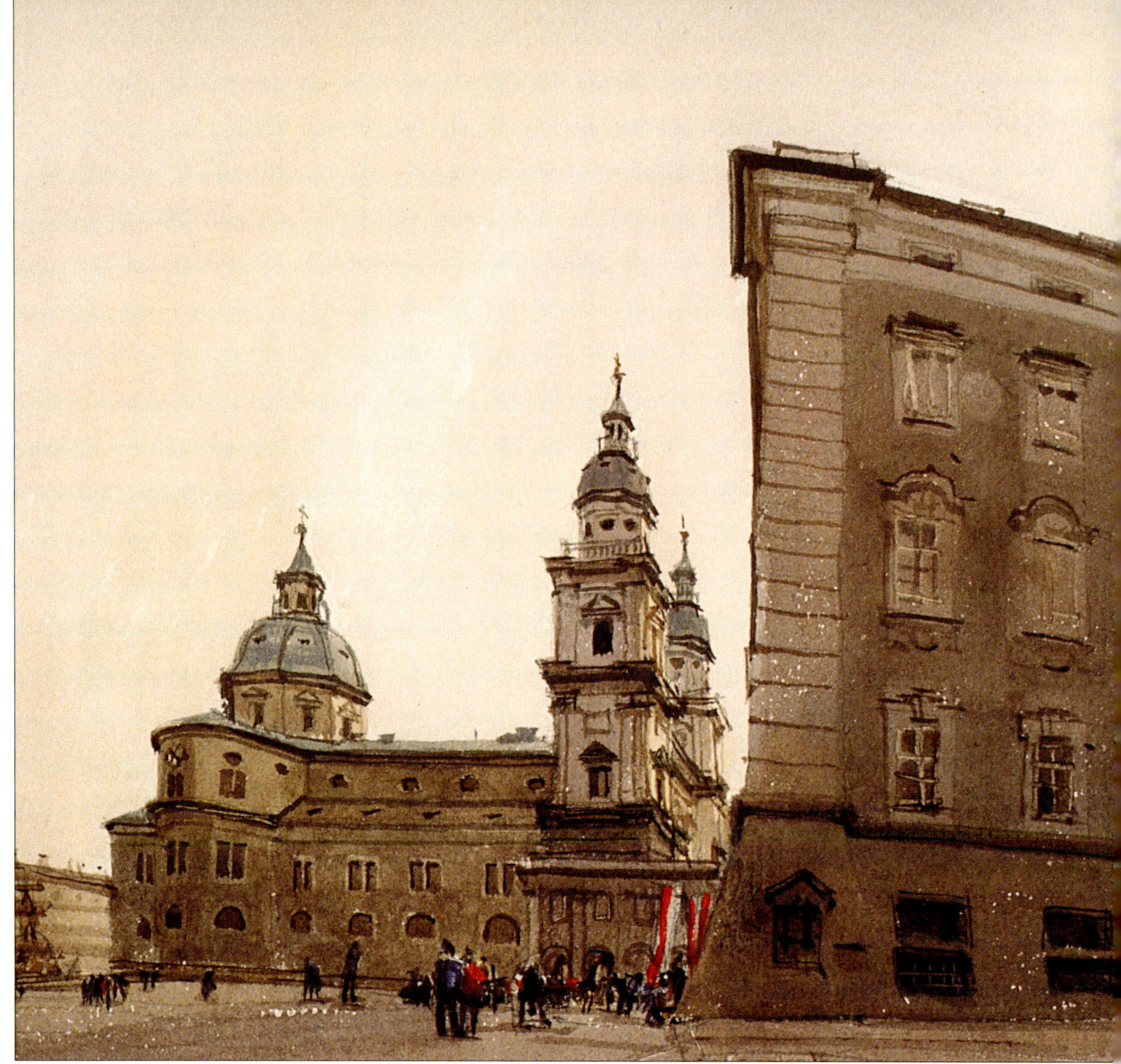

▲ Salzbourg, la résidence de l'archevêque, John Newberry

Le point de vue bas fait l'intérêt de cette composition. La ligne d'horizon est basse et les lignes de fuite sont accusées, augmentant ainsi la hauteur de cette façade plate qui se dresse comme une dalle au premier plan.

Alors, en dehors du point de fuite principal, il existe autant de points de fuite qu'il y a de groupes de lignes fuyantes. L'observation est aussi importante que la connaissance des règles en matière de perspective.

LA COMPOSITION

La perspective a ses lois mais aussi des qualités expressives. Regardez un édifice sous différents angles, de face, de côté, d'un point de vue élevé ou bas. La vue frontale est certainement la moins intéressante avec sa succession de verticales et d'horizontales. Si vous cherchez à obtenir un effet de mouvement, la diagonale est dynamique, alors que l'horizontale est par définition statique.

Vous n'avez pas la même liberté d'action dans un sujet architectural que dans un paysage, où il est aisé de déplacer un arbre, alors que vous ne pouvez pas changer les proportions d'une fenêtre ou d'un toit. Votre seule liberté, c'est le choix de l'angle de vue. La hauteur d'un édifice est impressionnante vue de dessous et les lignes de fuites accentuent cet effet. Dans le cas contraire, un point de vue élevé donne souvent aussi des effets intéressants.

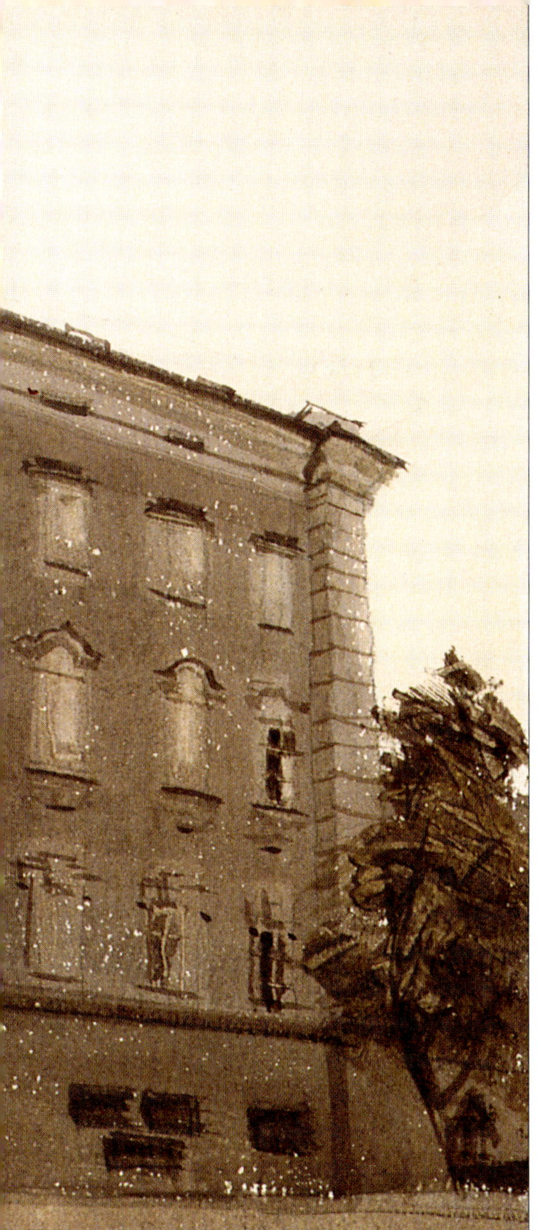

Sachez que vous n'êtes pas davantage obligé de peindre la totalité d'un édifice. Dans une rue, vous n'avez pas le recul nécessaire et le détail de la devanture d'un magasin, des fenêtres ou des balcons préservent autant d'intérêt que la rue tout entière. Lorsque vous faites du «découpage», allez-y franchement et coupez le morceau de toit qui déborde de la composition.

▼ Le pub, Prospect of Whitby, Phil Wildman

Le caractère de cette aquarelle est donné par la solide construction du premier plan. Les pieux et les marches conduisent le regard vers la maison blanche dont ils renforcent la verticalité. C'est le point de vue qui met le mieux en valeur ce fameux pub londonien. Quelque fois, c'est le point de vue déterminant pour la composition qui s'impose à vous. Il ne vous reste alors qu'à régler les points de détails.

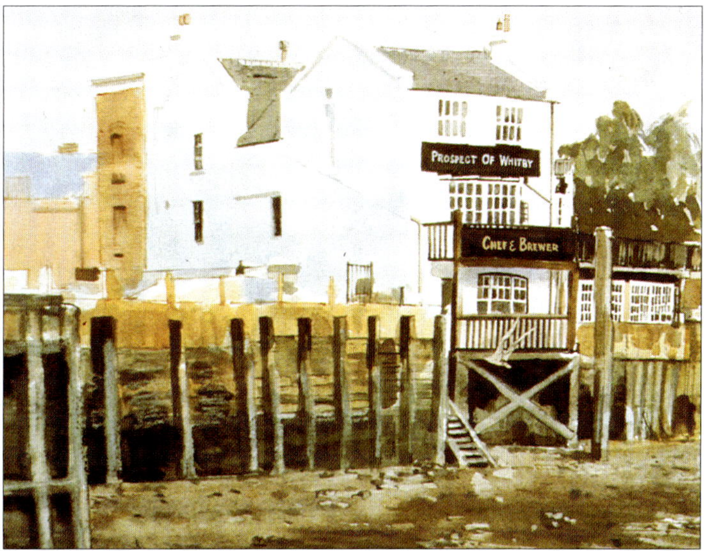

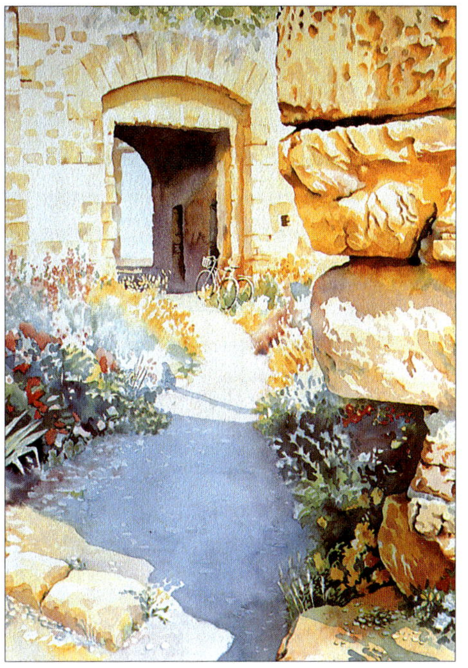

◀ *La ruine*, Hazel Saon

Cette aquarelle est merveilleusement composée. le porche, sujet principal, est décentré et orienté de manière à laisser paraître l'intérieur de sa voûte. Le mur en gros appareil fait le «contrepoint» au premier plan, comme la belle tache bleue de l'ombre répond aux reflets dorés de la pierre au soleil.

Les peintres qui ne sont pas inspirés par l'architecture sont cependant souvent fascinés par l'apparence que leur donne le soleil. Les jeux d'ombre et de lumière peuvent transformer le mur le plus banal en un théâtre de formes et de couleurs surprenantes.
Il faut travailler rapidement pour saisir les ombres. Elles changent sans cesse et sont plus intéressantes les unes que les autres. Si vous travaillez sur le motif, choisissez votre sujet (avec les ombres) la veille. Dès le départ, indiquez les ombres et ne les changez plus. Si vous prenez une photographie, vous n'aurez pas ces problèmes, mais notez les couleurs naturelles avec précision, car la photographie peut les dénaturer.

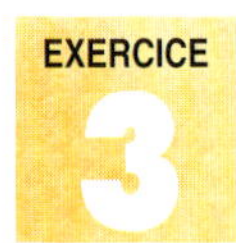

Elaboration de la composition. 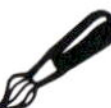

Peinture des ombres. 

Utilisation du masquage fluide. 

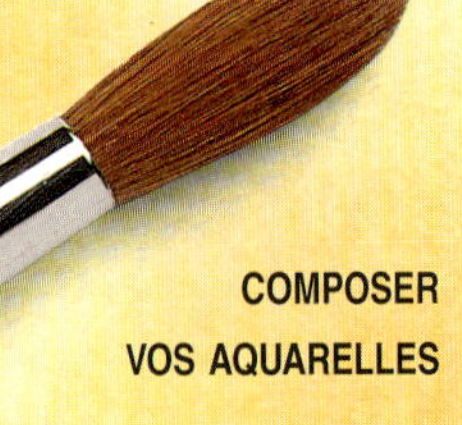

Le soleil et les ombres

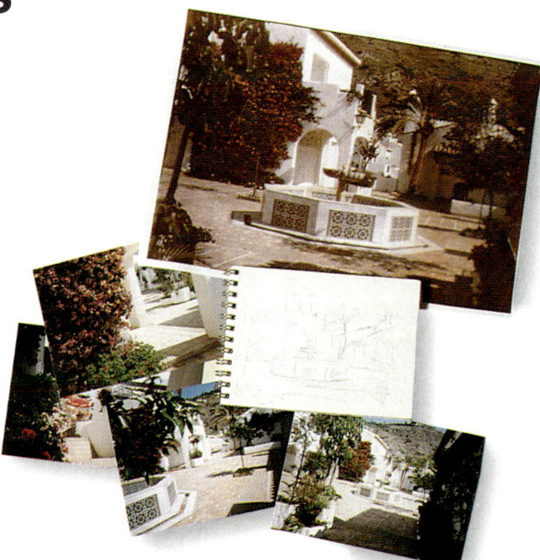

1 Lors d'un week-end en Espagne, l'artiste a fait un croquis rapide pour mettre en place sa composition et a pris plusieurs photographies de détails pour finir le travail en atelier. Sur le dessin, elle réserve avec la gomme liquide toutes les zones de reflet de lumière.

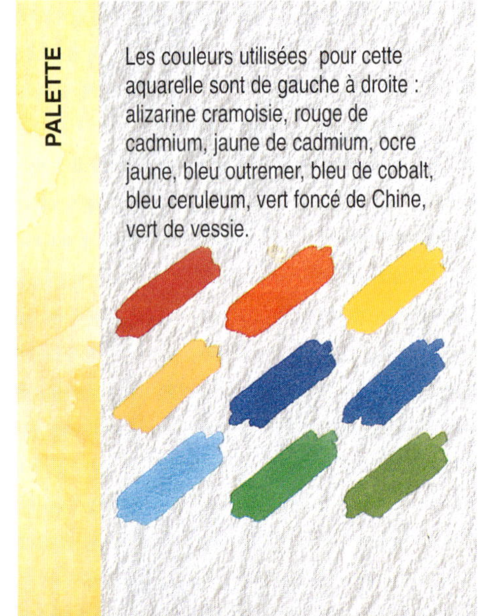

PALETTE

Les couleurs utilisées pour cette aquarelle sont de gauche à droite : alizarine cramoisie, rouge de cadmium, jaune de cadmium, ocre jaune, bleu outremer, bleu de cobalt, bleu ceruleum, vert foncé de Chine, vert de vessie.

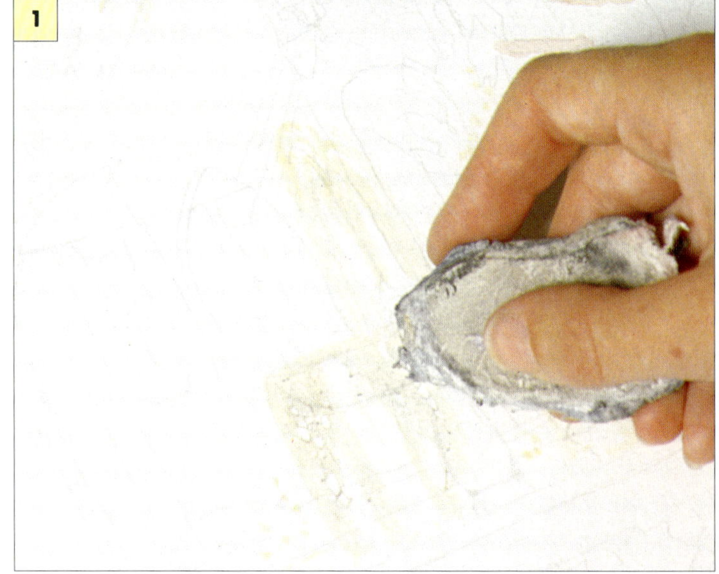

2 Même si elle travaille en atelier, elle procède de la même façon que sur le motif en peignant les ombres en premier. C'est plus sage lorsque le motif et/ou les ombres ont une grande importance.

3 Le masquage liquide est enlevé dans la zone d'ombre du dallage au premier plan. Un second lavis recouvrira le premier, teintant ainsi les blancs.

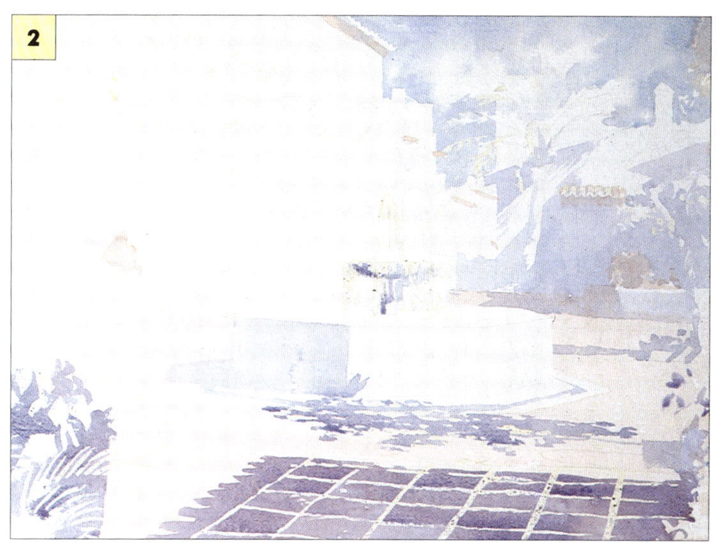

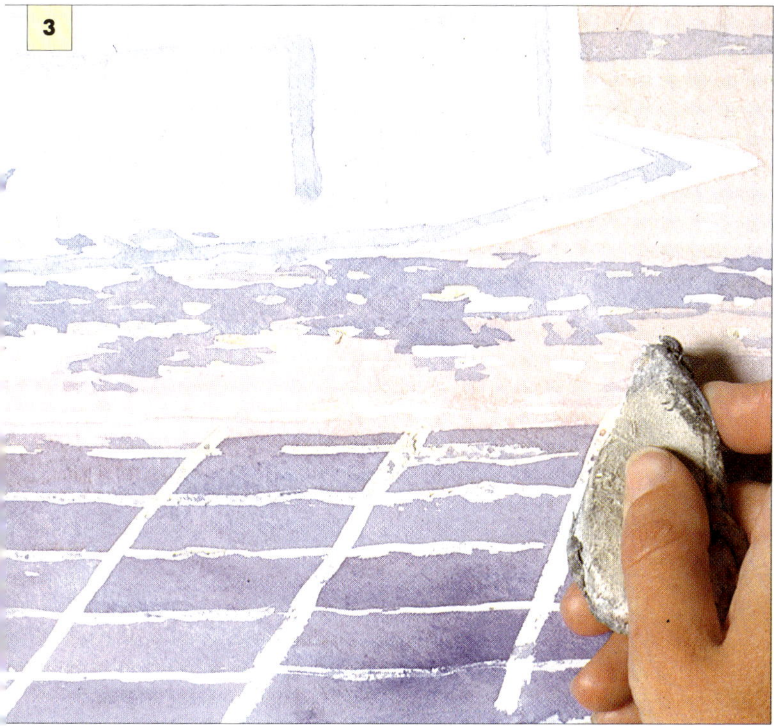

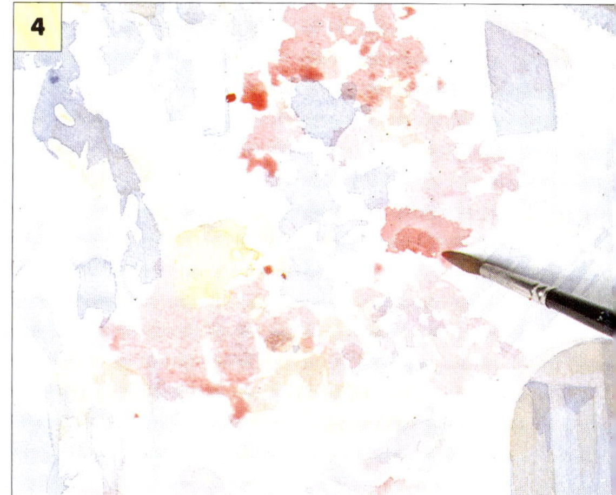

4 Les roses et les jaunes de l'arbre fleuri sont aussi importants que les couleurs des ombres, et seront appliqués à l'étape suivante. Ces couleurs seront retravaillées, foncées, au fur et à mesure.

5 Cette aquarelle est peinte «humide sur sec» dans son ensemble. Mais ici, l'artiste peint «humide sur humide» les fleurs et les feuilles pour obtenir des nuances colorées délicates.

=> (à suivre)

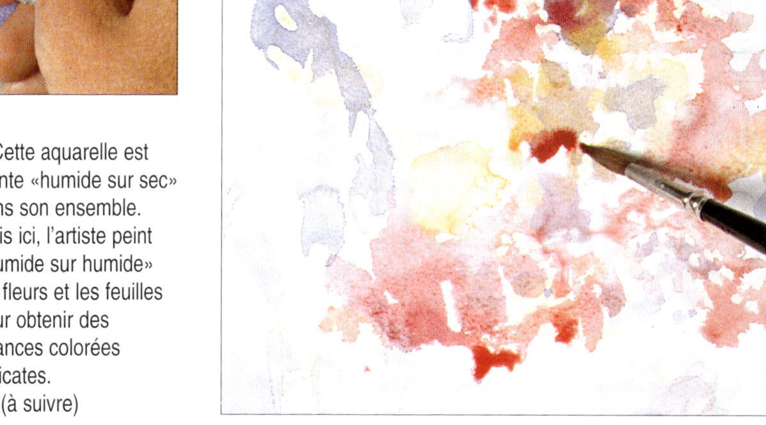

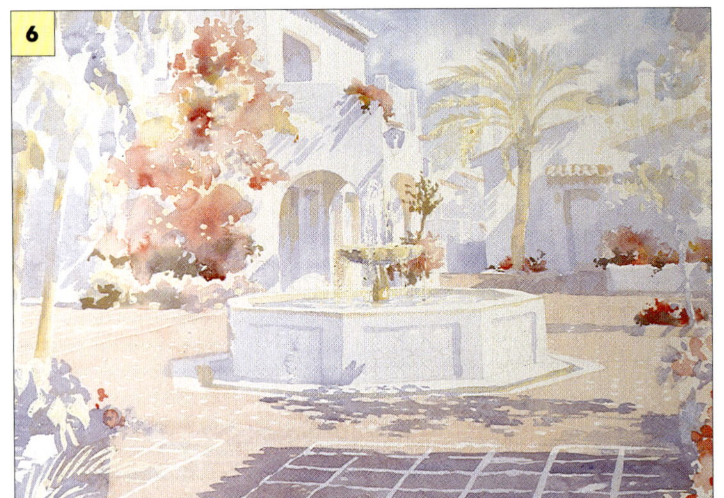

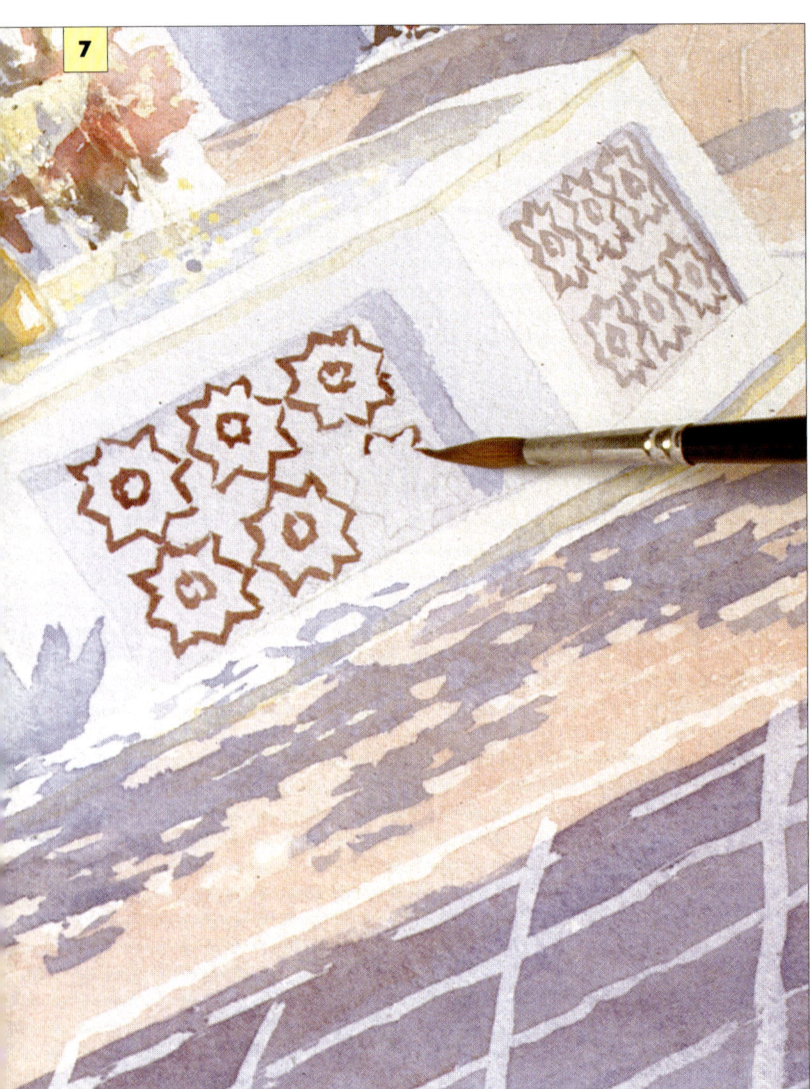

6 A cette étape du travail, la gamme des couleurs est définie, même si l'addition de lavis est nécessaire pour forcer et enrichir l'ensemble. Il faut toujours avoir une vision globale de la peinture.

7 Un brun concentré de tendance bleue sert à peindre le délicat motif qui orne le bassin de la fontaine. La même couleur plus diluée est utilisée pour la partie droite de la cuve. L'effet de perspective doit être rendu également par le motif des étoiles qui, plus éloignées, sont plus petites. Cette fontaine au centre du sujet doit être peinte avec soin.

8 Le feuillage du petit arbre vert à droite est peint à l'éponge, ce qui lui donne une texture légère et pas trop courante.

9 La grande variété des touches donne beaucoup de vie à cette aquarelle. Les grosses feuilles ovales sont peintes avec un pinceau rond. Le peintre travaille sur un plan incliné et la peinture s'accumule en une tache de couleur plus sombre à la base de chaque touche.

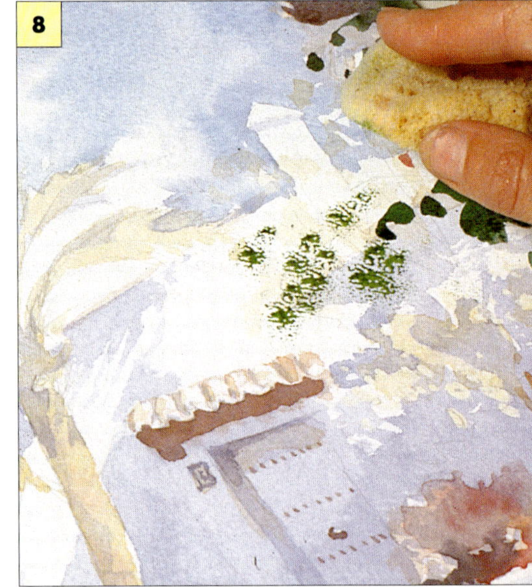

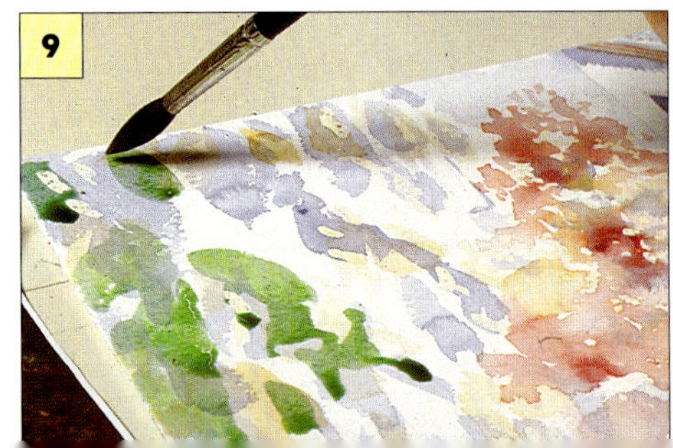

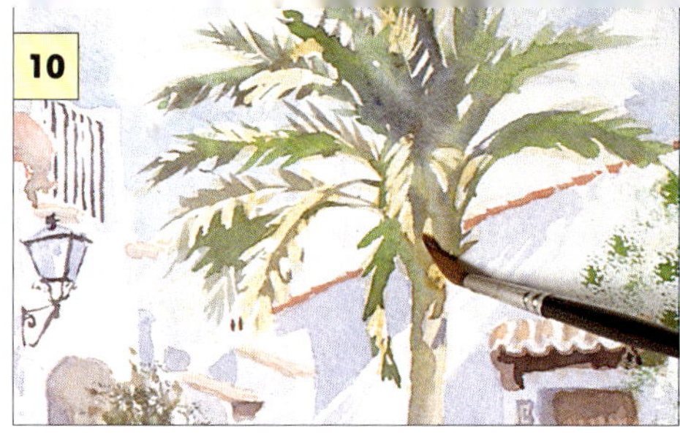

10 Les longues feuilles pointues du palmier sont peintes avec un pinceau fin en touches très rapides.

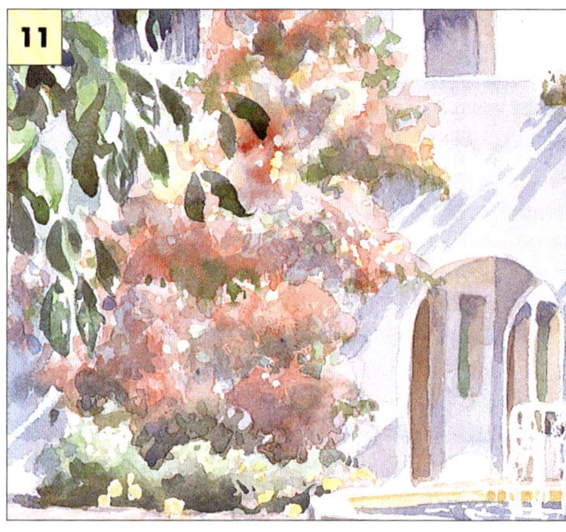

11 Pour faire les bouquets de fleurs arrondis, on a utilisé de la gomme liquide. On a enlevé le masquage après le séchage du premier lavis, puis on a gardé certains blancs et teinté les autres de jaune pâle. Les grandes feuilles sombres sur l'arbre fleuri ont été peintes après.

▼ Une cour intérieure en Espagne, Hazel Soan

Presque à la fin de son travail, l'artiste trouve que l'ombre au premier plan est trop colorée et trop solide. C'est l'ombre portée d'un autre bâtiment. Elle décide de décolorer cette partie et d'y repeindre l'ombre plus légère d'un arbre qui s'accorderait mieux à l'ensemble (voir construction pp. 88-89).

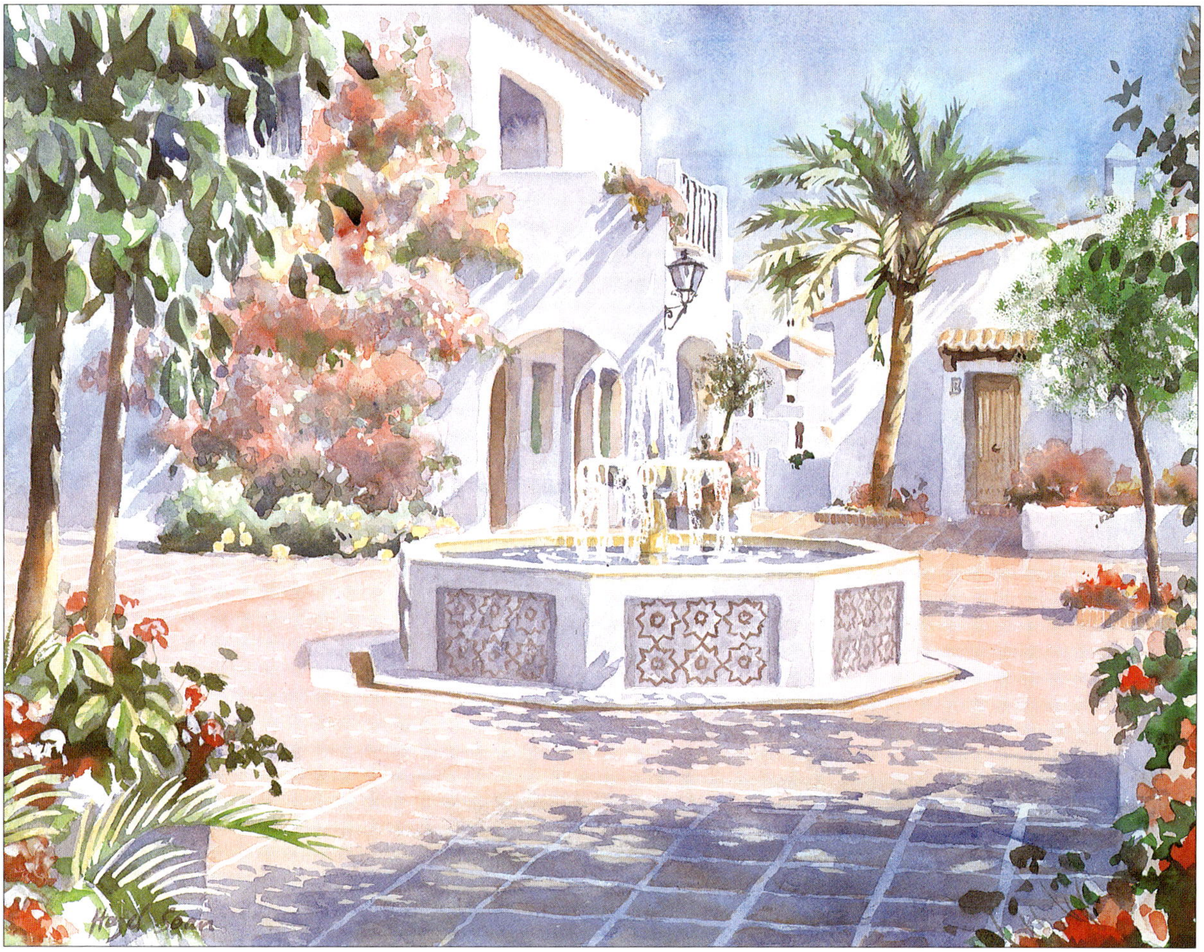

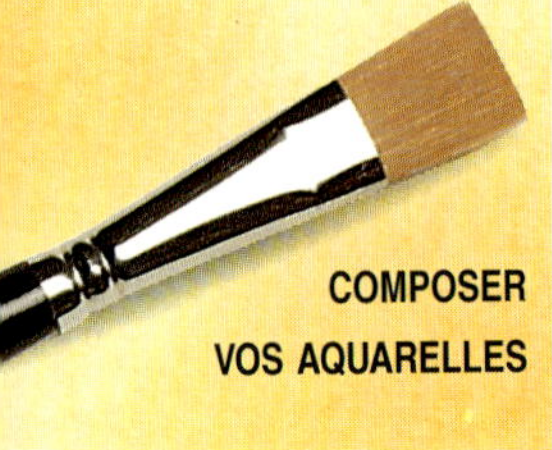

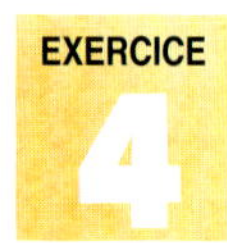

Utilisation d'un assortiment limité de couleurs.

La méthode «humide sur humide».

Mélange des différentes techniques.

La création d'une atmosphère

Parfois, vous vous sentez attiré par un objet en raison de l'atmosphère qui l'entoure. Pour traduire cette atmosphère, il faut choisir soigneusement vos couleurs.

Imaginez que vous dessiniez une plage en été et que vous vouliez évoquer un sentiment d'insouciance : utilisez des couleurs légères et lumineuses, et ignorez les couleurs sombres s'il y en a. Au contraire, pour exprimer la mélancolie d'un édifice abandonné ou le caractère sinistre d'une ville industrielle, choisissez des couleurs très sombres en travaillant un jour où il ne fait pas beau. Le choix des couleurs est personnel et vous devez prendre des libertés avec la réalité.

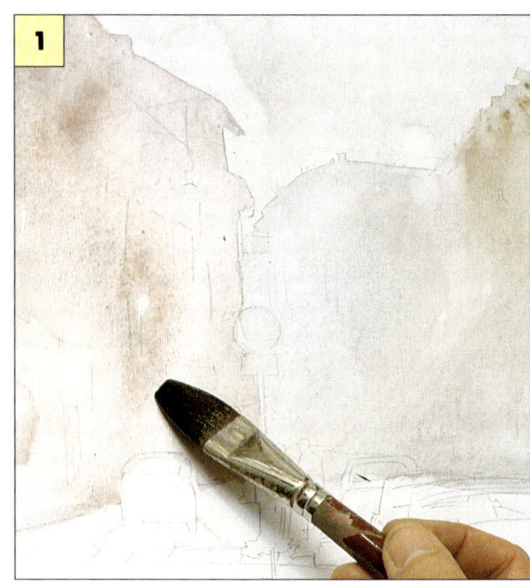

1 Il faut atténuer la manière de rendre les effets d'une lumière diffuse d'un jour brumeux. L'artiste peint «humide sur humide» et laisse les couleurs se fondre. Seule la partie supérieure du papier a été mouillée pour que la couleur n'envahisse pas le premier plan, celui du trottoir, qui sera peint d'une autre couleur.

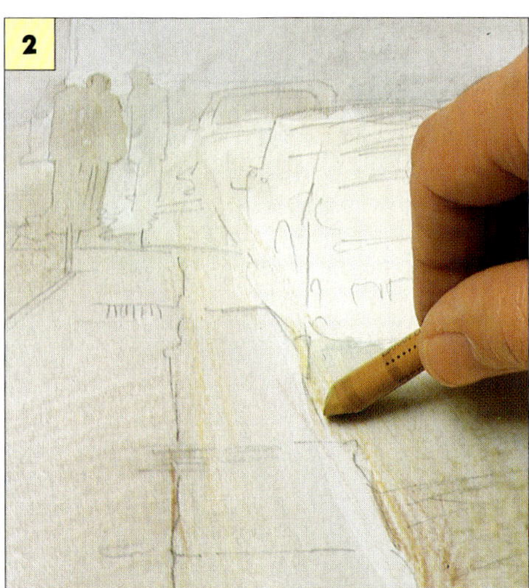

2 On emploie un crayon à la cire ocre jaune pour dessiner un lavis sec (ocre jaune clair). On le recouvrira d'un lavis de la même couleur pour que les traits de crayon restent visibles.

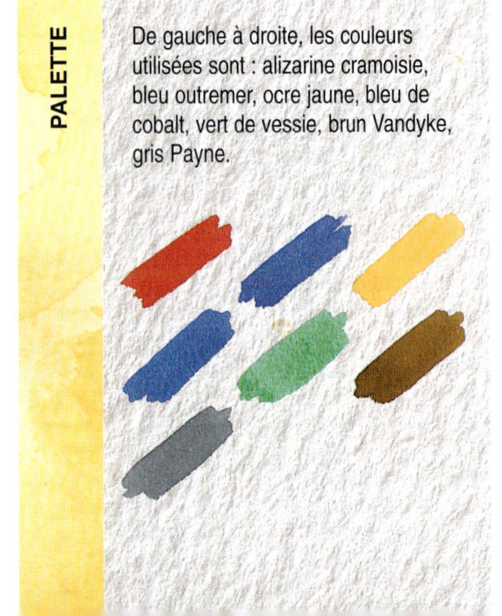

PALETTE

De gauche à droite, les couleurs utilisées sont : alizarine cramoisie, bleu outremer, ocre jaune, bleu de cobalt, vert de vessie, brun Vandyke, gris Payne.

3 On a fini d'appliquer les lavis «humide sur humide». On termine en peignant «humide sur sec». Les effets spéciaux (couleur surchargée d'eau) sur la façade du bâtiment de droite sont moins visibles lorsque la peinture est achevée, parce qu'ils se perdent au milieu des autres parties dont la matière est aussi riche.

4 Le trottoir au premier plan est vaporisé de gouttelettes d'ocre brun en frottant le pouce sur la brosse pleine de peinture.

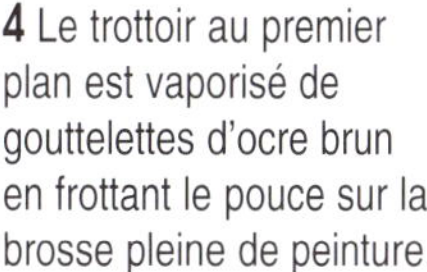

5 L'ombre du panneau de l'arrêt d'autobus est peinte avec soin. Elle a son importance dans la composition et par contraste, elle accentue la clarté du rayon de soleil, qui fait une tache de lumière sur le trottoir.

6 Les nuages ont été peints avec la technique du «buvard». Un papier enduit de couleur est appliqué sur la feuille où il dépose la peinture en taches irrégulières.

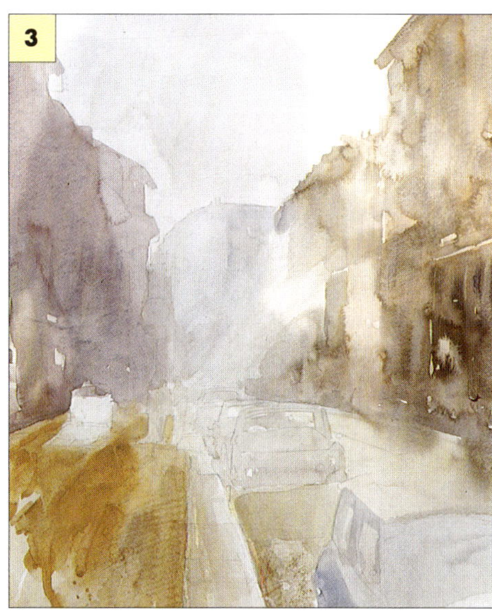

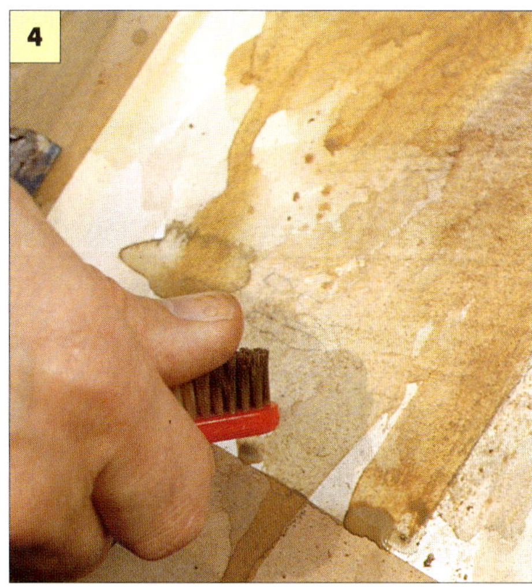

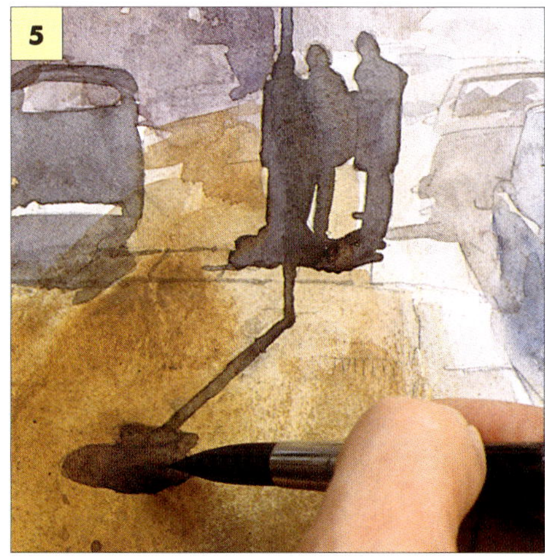

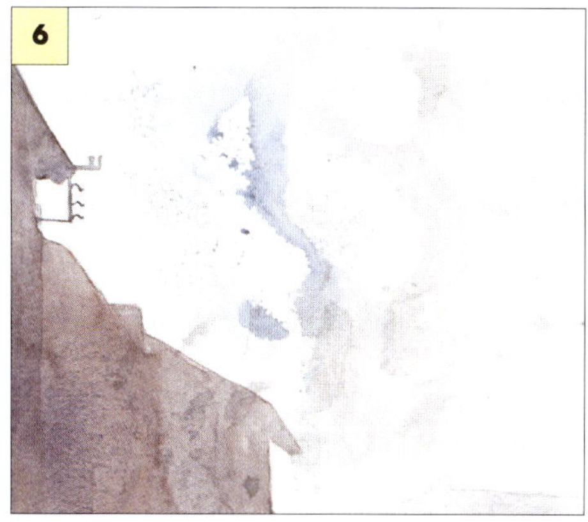

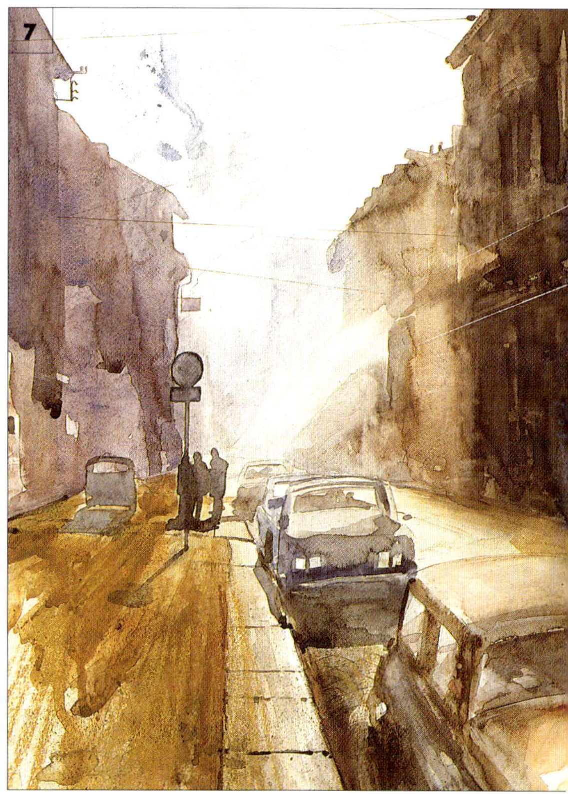

▲ ***Une rue à Milan,***
Phil Wildman

C'est une peinture d'atmosphère. Les couleurs sombres et la palette réduite composée de bruns de tendance ocre et de gris de tendance mauve créent un sentiment de solitude tranquille. Cette impression est confortée par le rayon de soleil qui filtre dans la brume, les voitures vides et le petit groupe immobile qui attend l'autobus.

Accorder la technique et le sujet

Vous avez peut-être déjà adopté un style et une technique qui vous conviennent. Mais un sujet nouveau peut faire appel à une autre technique. Par exemple, si vous voulez peindre un édifice ou les détails d'un balcon, la technique «humide sur humide», idéale pour les paysages, n'est alors plus adaptée. Ces compositions vous proposent des idées que vous pourrez exploiter.

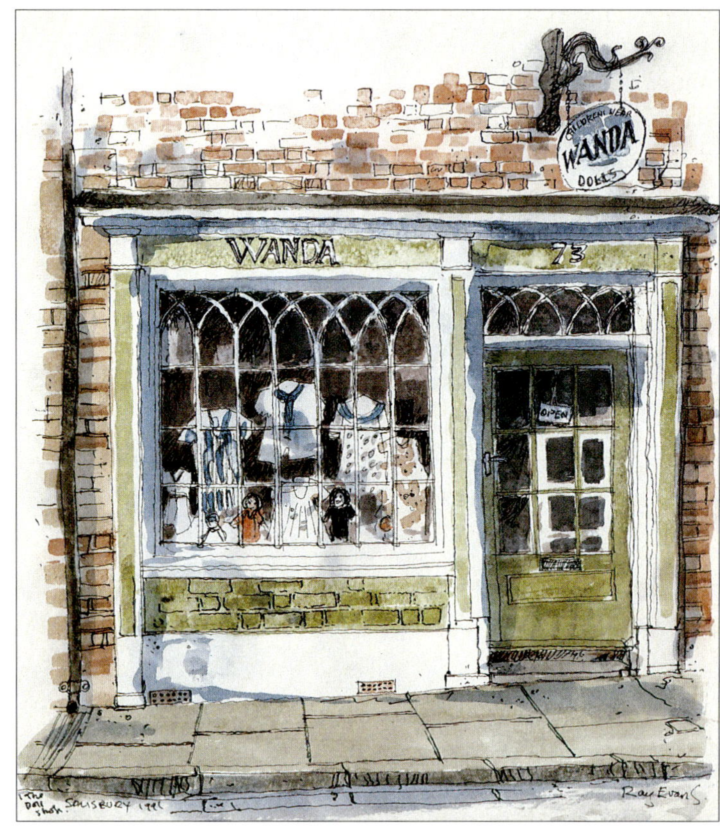

◄ ***Rougeoiement du soir*, Margaret M Martin**

L'artiste recherche avant tout la qualité de la lumière, qui lorsque le soleil est bas, transforme l'énorme ponton du quai et le cargo. L'ensemble de l'aquarelle est peinte «humide sur humide» pour rendre l'atmosphère et «humide sur sec» lorsqu'il s'agit de structurer la composition.

◀ ***La maison de poupée*, Ray Evans**

L'artiste a choisi la plus belle partie de l'édifice. Le dessin au lavis permet de rendre dans le détail tout le charme de la devanture de cette boutique, son architecture colorée sur fond de briques roses et le délicat dessin de la vitrine.

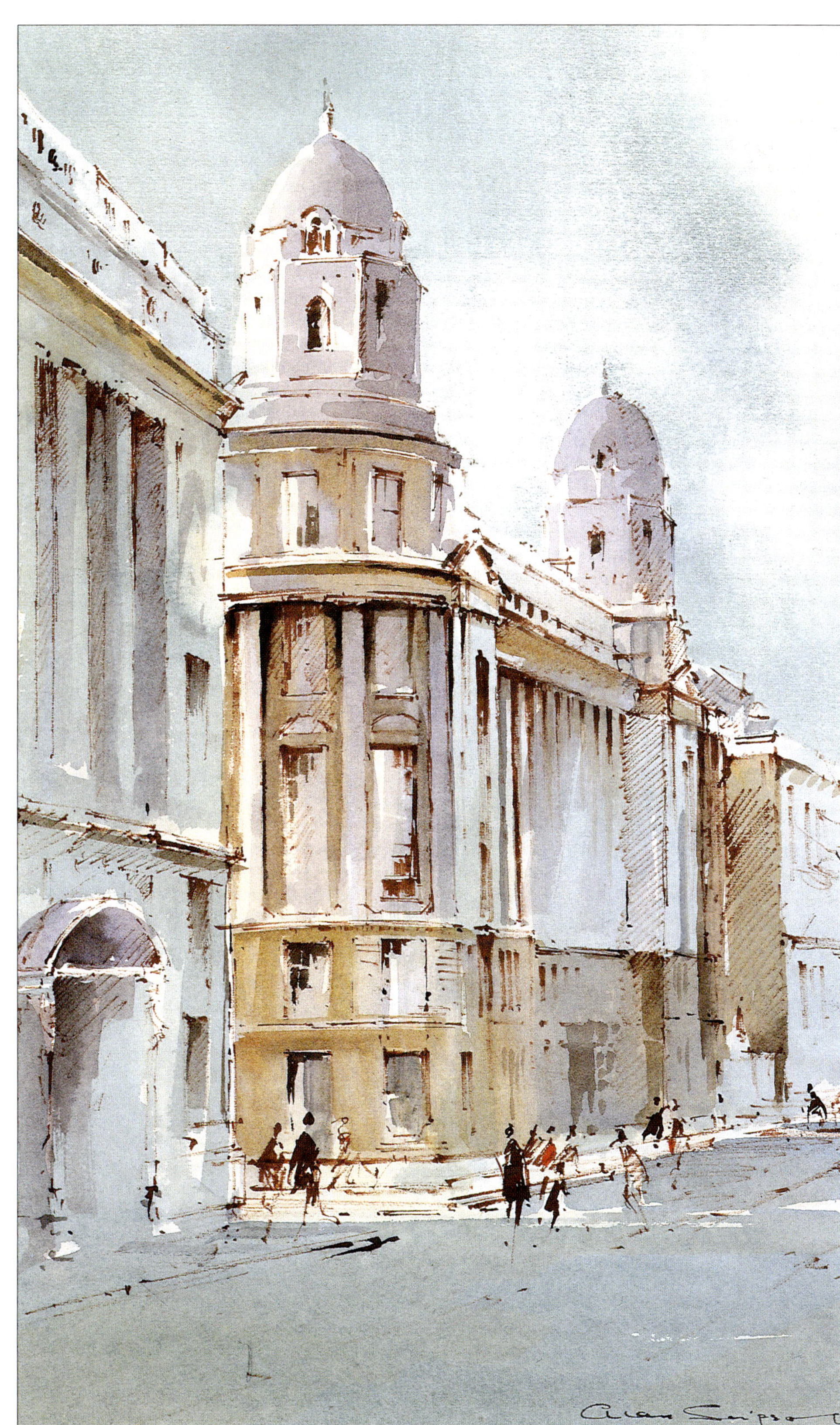

▶ ***Whitehall*, Alan Simpson**

L'aquarelle, La maison de poupée, a été dessinée à la plume fine et à l'encre noire. Ici, le peintre a utilisé un bambou taillé, instrument plus fruste, dont le trait épais et rugueux s'intègre bien aux lavis délicats.

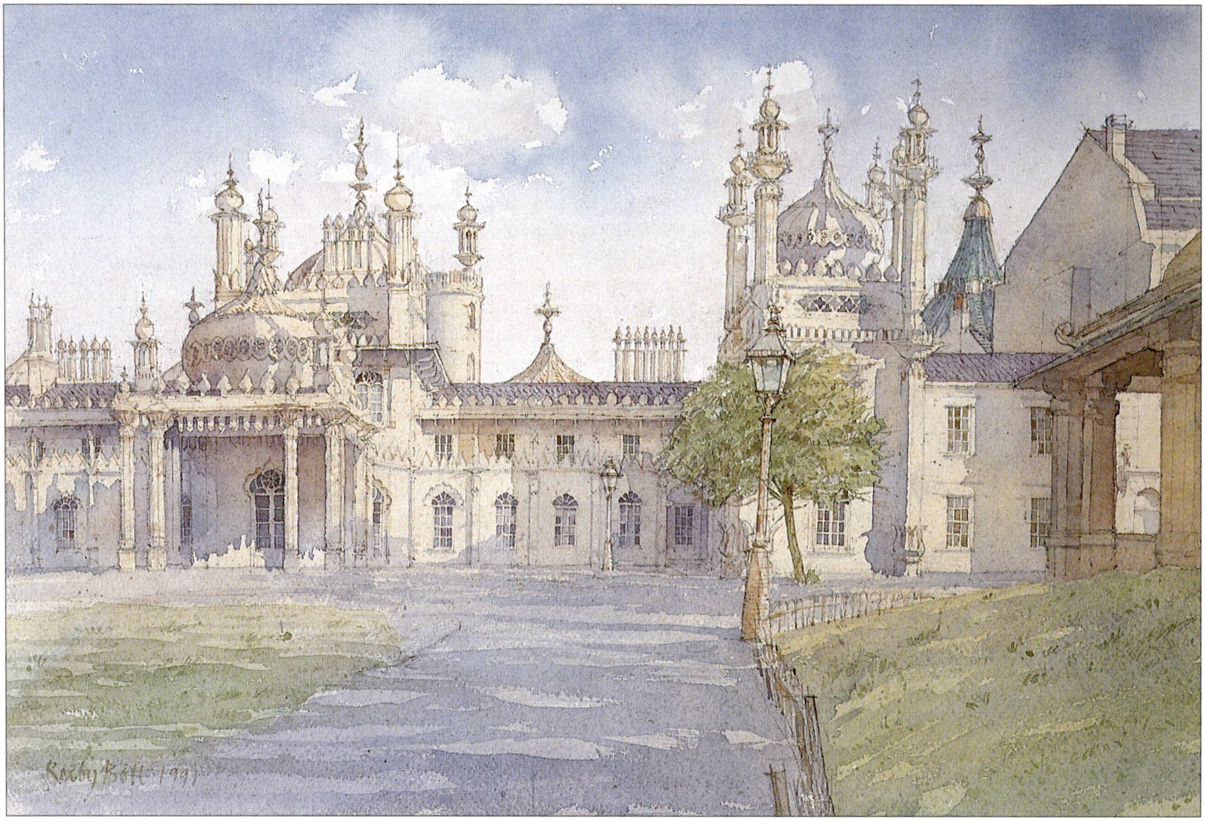

▲ ***Le pavillon à Brighton*, Dennis Roxsby-Bott**

Pour un sujet complexe, le dessin préparatoire doit être rigoureux. Lorsque les premiers lavis sont secs, vous pouvez effacer les lignes de construction ou redessiner sur le lavis. Comme ici, le crayon de texture légère se marie bien avec une palette délicate.

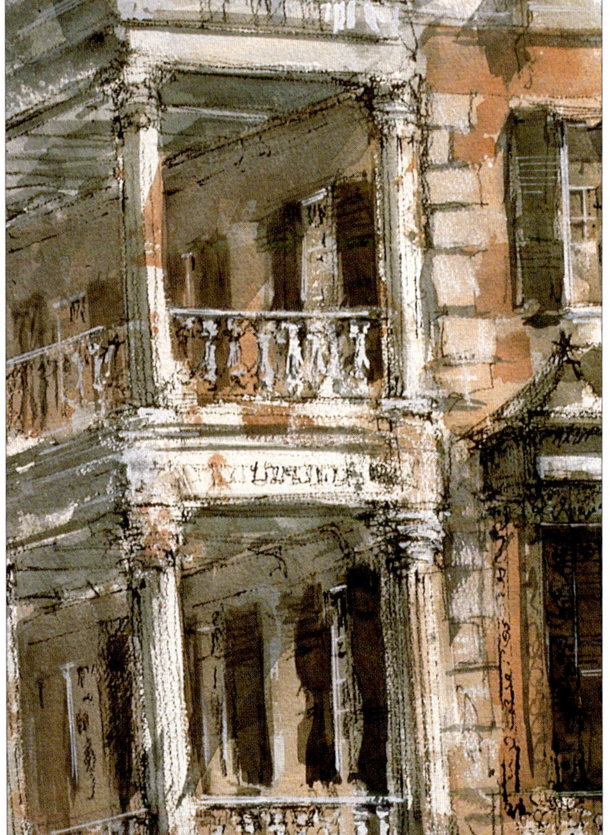

◀ **Des balcons, Neil Watson**

A nouveau, aquarelle et dessin ont été associés. Ces médiums sont si intimement liés qu'on ne peut pas dissocier la couleur du dessin. Le gros grain du papier, par sa texture, donne plus de corps à la couleur.

▶ **Jeune garçon assis sur un dauphin, Janet Boulton**

Le premier plan est le point fort de la composition. Le lavis sec est retravaillé au crayon tendre et gras. Tous ces exemples d'association de l'aquarelle et du dessin démontrent que c'est la technique idéale et courante pour les sujets d'architecture.

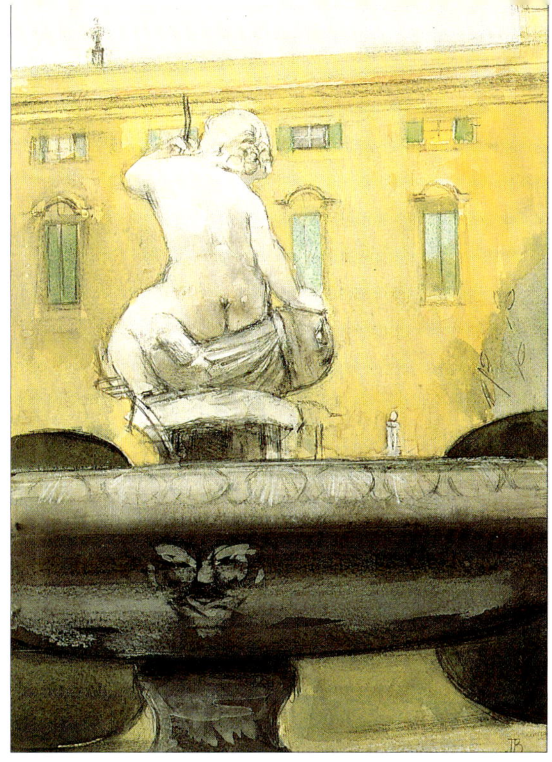

▼ ***De l'autre côté du port*, Hydra, David Curtis**

Ici, tous les détails sont faits au pinceau fin. Dans une vue d'ensemble, il est important de donner les caractéristiques principales de chaque édifice : son volume, sa taille, ses ouvertures. Au second plan, il mentionne uniquement les toits et les fenêtres qui suffisent à identifier parfaitement toutes ces maisons.

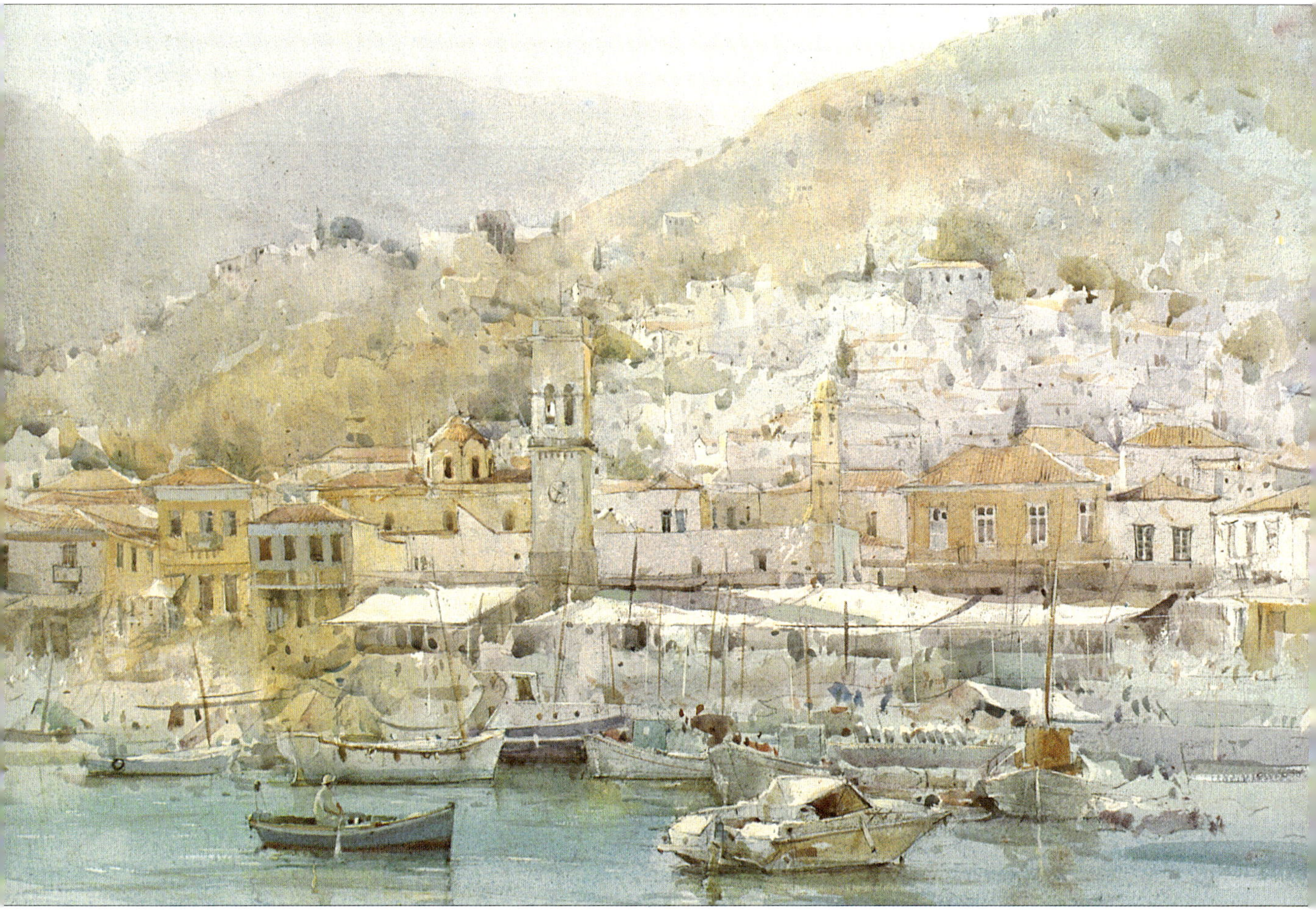

Les natures mortes et les fleurs

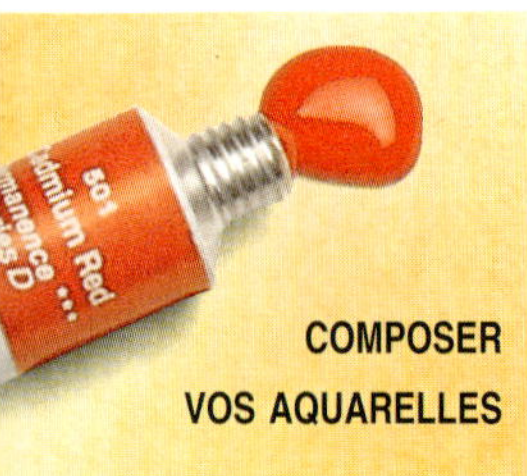

COMPOSER VOS AQUARELLES

Une nature morte est aussi stimulante à peindre qu'un paysage ou une architecture. C'est un sujet très riche, que vous pouvez contrôler entièrement et qui vous exerce à la composition. Vous avez tout le temps pour peindre ce que vous avez choisi, ce qui n'est pas le cas sur le motif.

LE CHOIX DU SUJET

La nature morte n'est pas nécessairement un sujet d'intérieur. Même si le cliché associe des coupes de fruits, des bouteilles et des vases de fleurs posés sur une table, il y a des sujets d'extérieur tout aussi séduisants. Des transats vides sur une plage, des fleurs dans un patio, une sculpture dans un jardin ou des

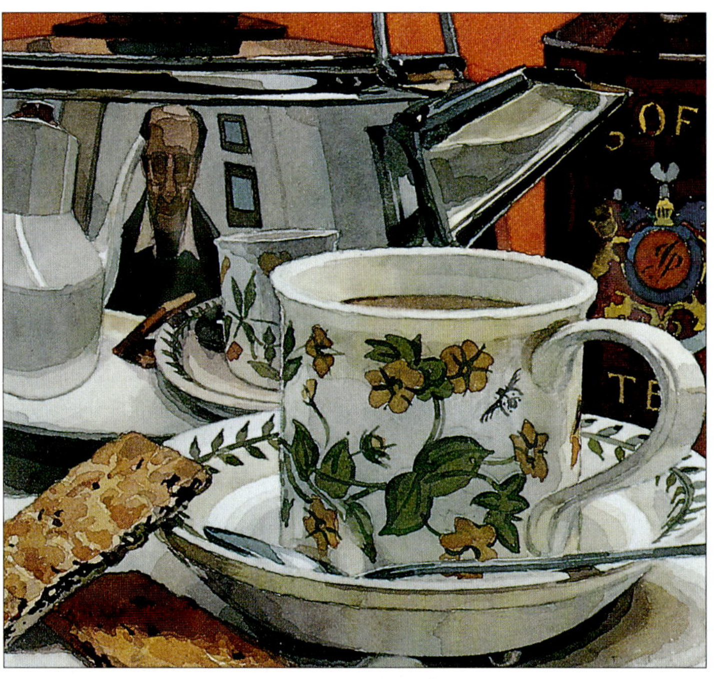

▲ ***Une jolie tasse de thé*, Ronald Jesty**

L'artiste a tiré le meilleur parti de ces quelques objets ordinaires. Il a donné à chaque détail toute son importance, le motif de la tasse, les raisins de Corinthe du gâteau. Il a peint avec humour son reflet sur la théière apportant ainsi sa touche personnelle.

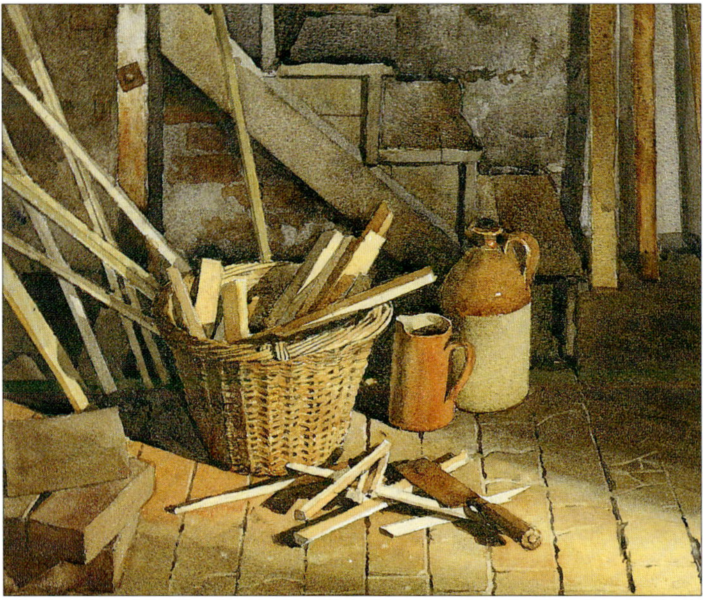

▶ **Nature morte dans une cave, Terry Longhurst**

Dans Une jolie tasse de thé, Jesty ne s'intéresse qu'à son sujet, il ne tient pas compte de l'arrière plan. Ici, on voit les objets dans une pièce. Ces quelques éléments mettent en valeur la nature morte.

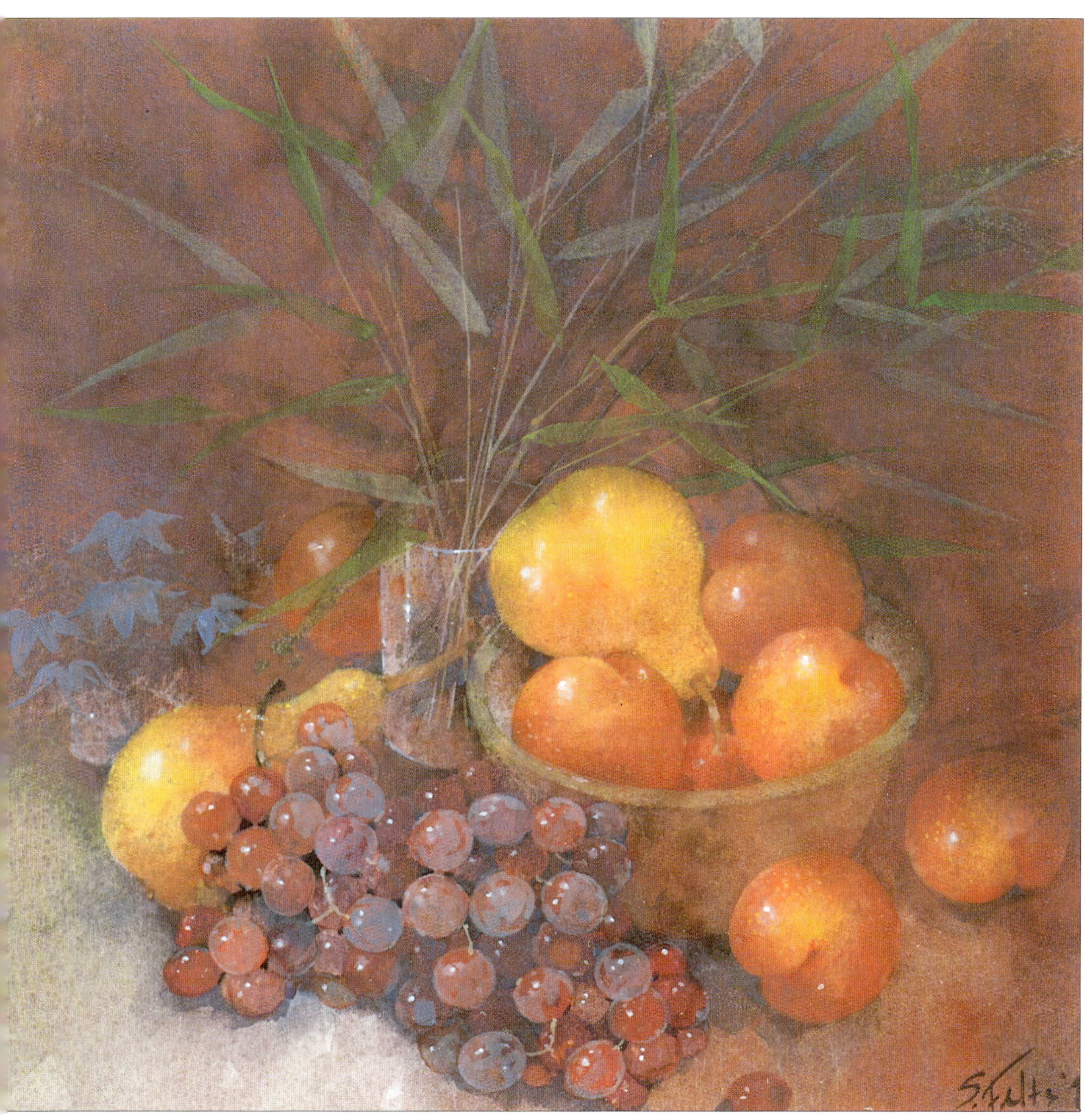

▲ ***Nature morte aux fruits,* Shirley Felts**

Le sujet de cette délicieuse aquarelle est plus conventionnel : des fleurs et des fruits, synonymes de nature morte depuis que ce genre existe.L'orchestration des couleurs est remarquable. Les violets, les bruns de tendance rouge et les bleus de la grappe de raisins, en accord avec le fond, servent habilement les couleurs des autres fruits qui paraissent ainsi encore plus lumineuses et brillantes.

outils, seraient un bon point de départ. Cependant, pour commencer, composez à l'intérieur, vous pourrez plus facilement choisir ce qui vous plait : des fleurs, des fruits dans une coupe ou les restes d'un repas sur la table. La plupart des natures mortes ont un thème qui permet de relier les objets les uns aux autres, par exemple, la cuisine. On

dispose alors les fruits et les légumes en ajoutant un couteau et une planche à découper.
Le thème qui harmonise la composition peut être plus visuel. Par exemple, un vase de fleurs bleues auprès duquel vous déposez un livre bleu, auront en commun une couleur.
Certaines natures mortes sont narratives même autobiographiques, comme celles de Van Gogh à ses débuts. Alors qu'il était garçon de ferme et peignait des scènes paysannes, il fit une nature morte avec des souliers boueux et éculés. Plus tard, installé dans le sud de la France, il a peint une pile de livres sur une table. Il dévorait les livres et l'on pouvait même reconnaître le titre de certains ouvrages de cette composition.

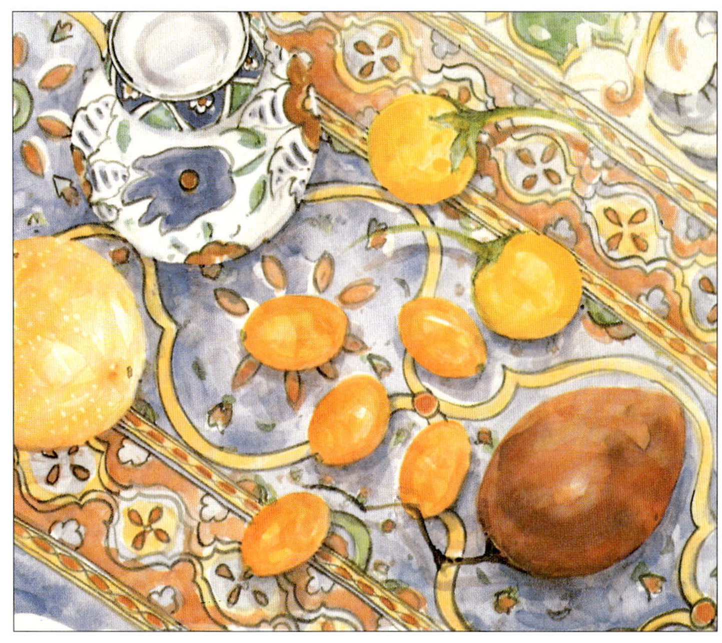

1 Un vase, seul, bien souvent ne remplit pas une composition. Ici, on a ajouté le petit pot bleu et l'assiette de fruits. Chaque élément participe à l'harmonie générale bleue et rose.
2 Dans la première disposition, l'arrière-plan est inesthétique, alors on a déplacé les objets à une extrémité de la table. L'angle de vue est plus serré. On a rééquilibré en profondeur l'espace entre les trois éléments.
3 Pour animer et colorer le fond, on a fixé un tissu bleu que l'on a drapé.
4 On a ôté la serviette qui compliquait inutilement la composition.

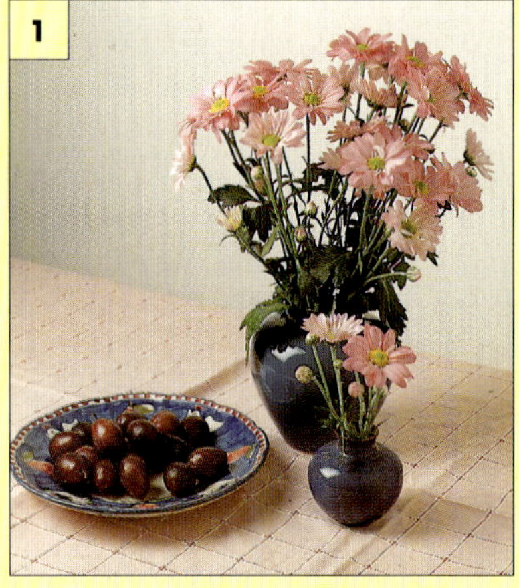

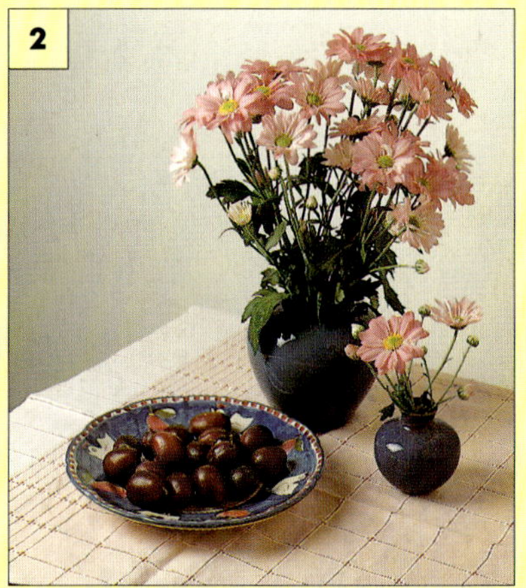

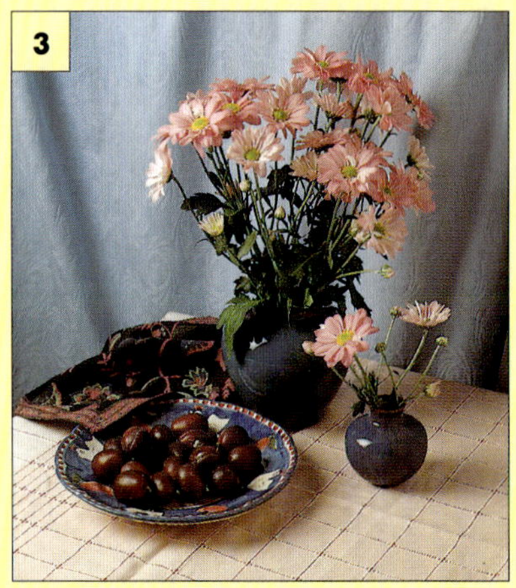

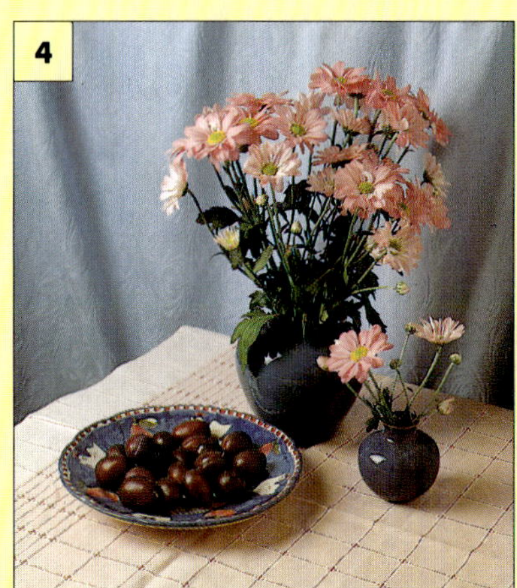

◀ ***Cinq kumquats*, Rachel Gibson**

Si vous aimez l'étude du motif, faites une composition vue de dessus. Cette composition sous un angle de vue normale serait inexpressive. C'est une composition décorative à base de cercles et d'ovales (les fruits et le pot sur la soucoupe). N'hésitez pas à tronquer certains éléments qui donnent ainsi de la force à la composition.

▶ ***Nature morte aux raisins*, Shirley Felts**

Les formes ont des propriétés particulières pour des raisons que l'on connaît mal. Par exemple, le cercle attire l'œil. C'est une forme courante dans les natures mortes : assiettes, fruits ou table ronde, comme ici. Il faut également trouver d'autres formes complémentaires. La forme élancée de ce vase tubulaire répond à la sphère de la théière et à l'ellipse de la table, alors que la grappe de raisins dessine un triangle irrégulier.

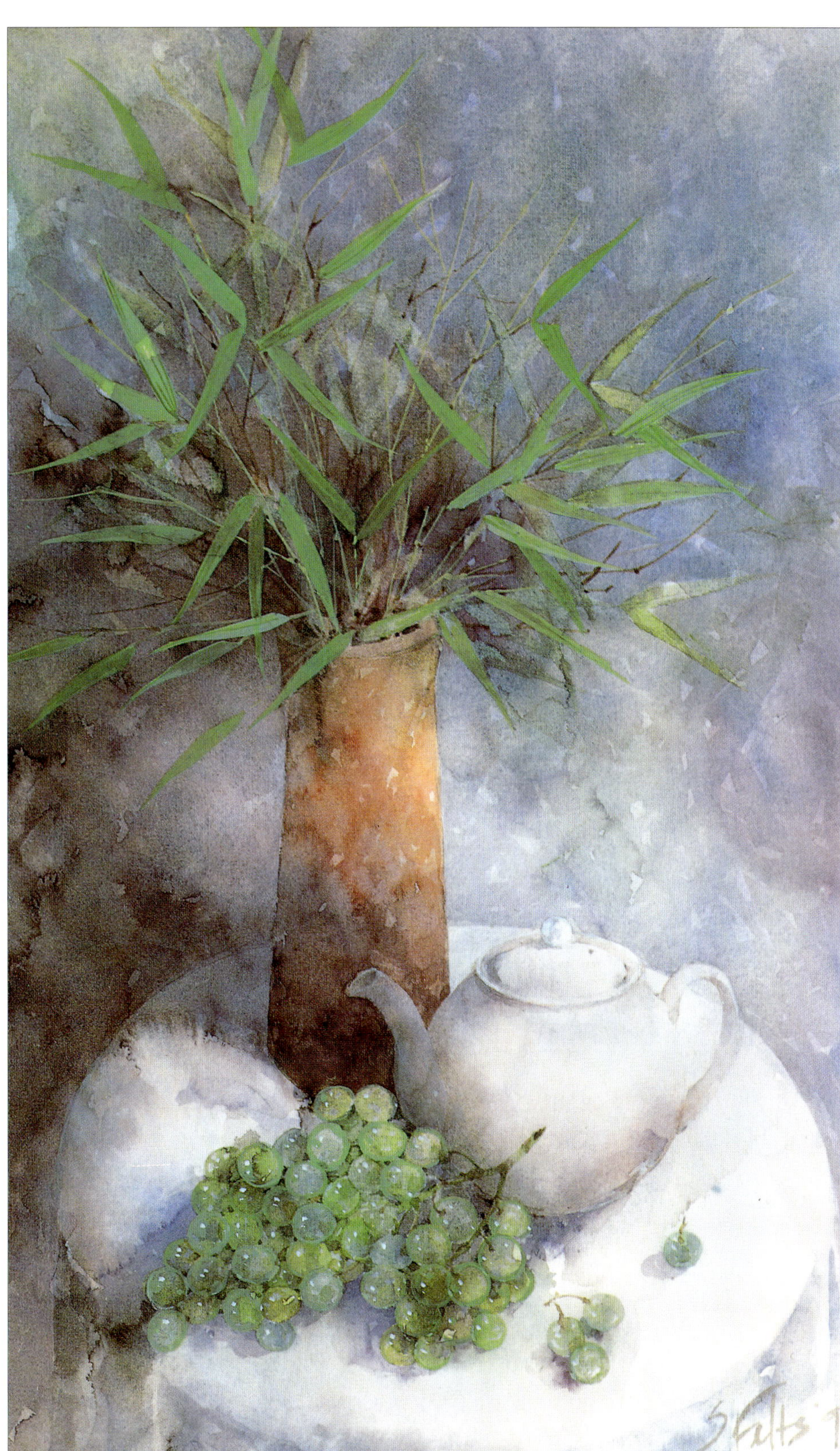

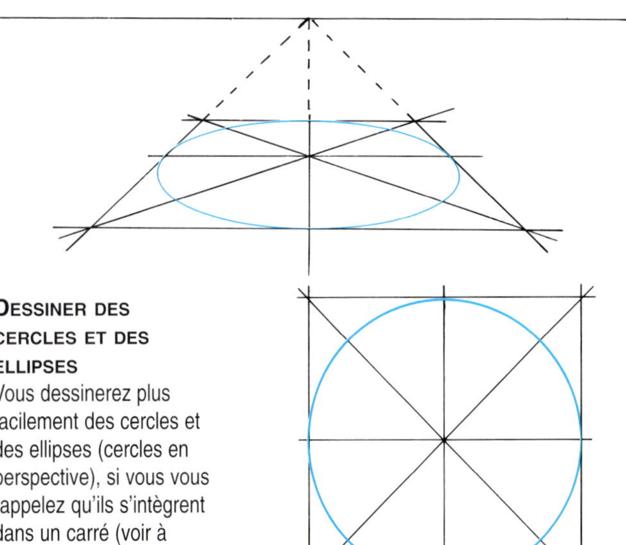

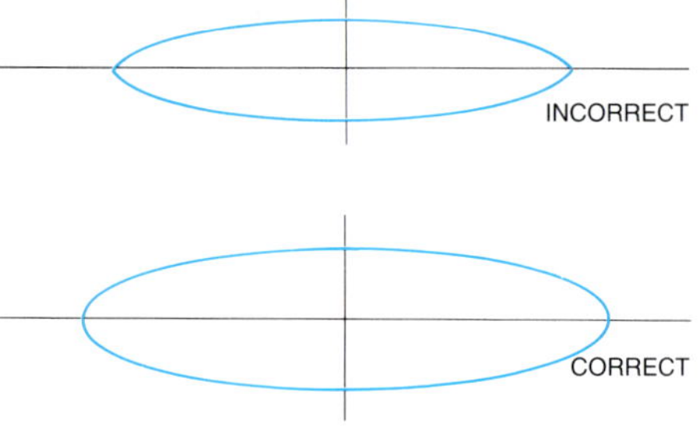

Dessiner des cercles et des ellipses

Vous dessinerez plus facilement des cercles et des ellipses (cercles en perspective), si vous vous rappelez qu'ils s'intègrent dans un carré (voir à droite). Ci-dessus carré et cercle en perspective.

Ellipses

Souvent en dessinant une ellipse, on représente ses extrémités «pincées». Pour éviter cette erreur lorsque vous dessinez un vase ou une bouteille, tracez l'axe médian de l'ellipse même si elle n'est pas directement visible.

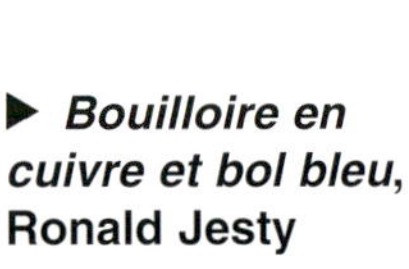

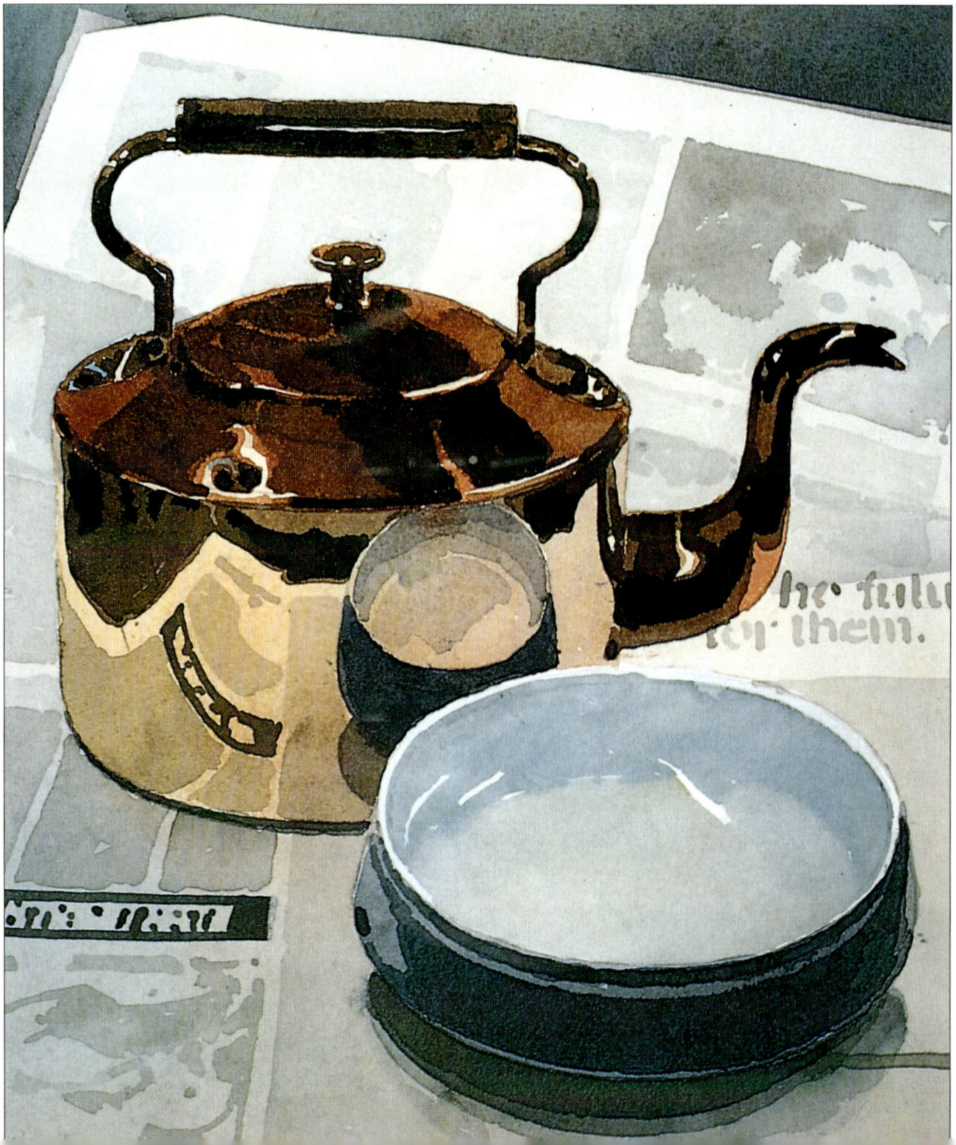

▶ ***Bouilloire en cuivre et bol bleu*, Ronald Jesty**

On utilise encore le cercle. L'artiste a choisi un point de vue élevé pour que l'ellipse soit ouverte. C'est une composition astucieuse et équilibrée. Il y a deux objets, mais les reflets de la bouilloire et le journal sur la table introduisent d'autres formes. Le journal sert également de fond.

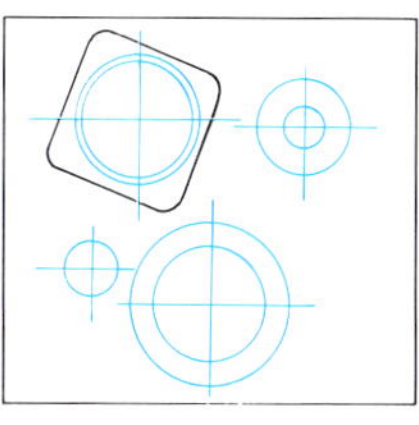

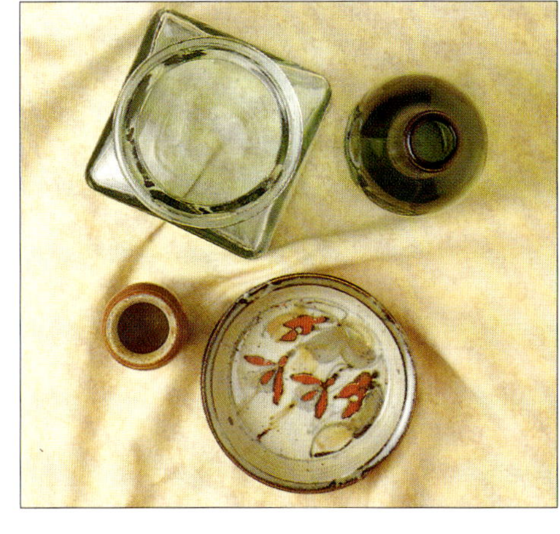

Reconnaître les cercles et les ellipses
Un vase ou une bouteille vus strictement de dessus forment des cercles.

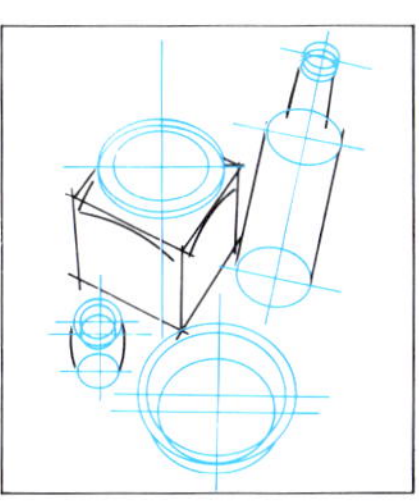

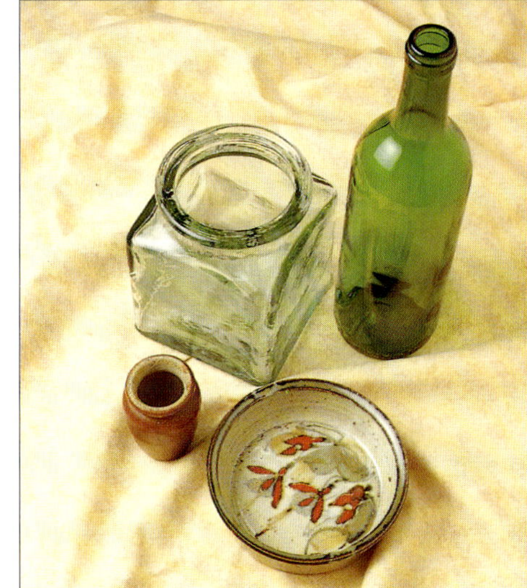

Si vous baissez le point de vue, les cercles deviennent des ellipses.

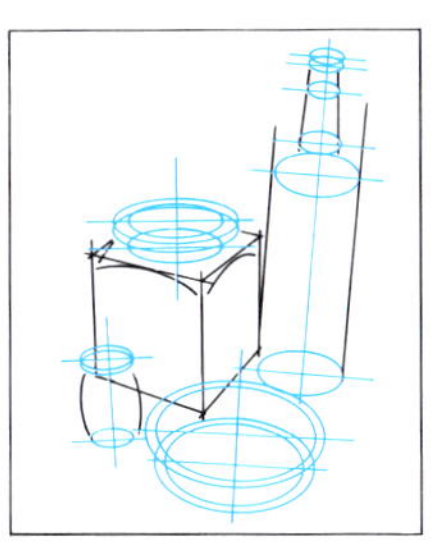

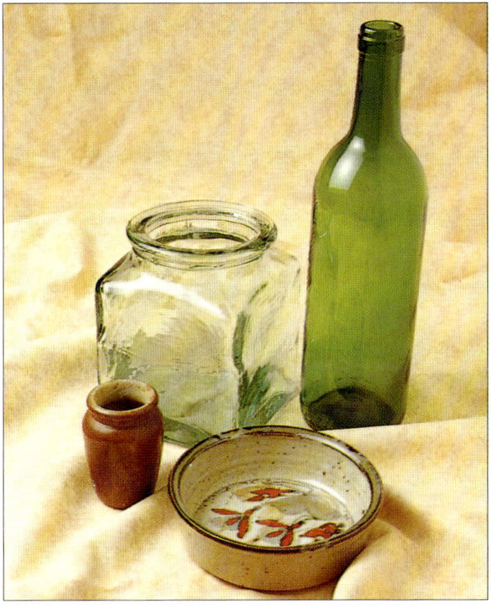

Plus l'ellipse est proche du niveau du regard, plus elle semble plate. L'ellipse de la base de cette forme semblera plus profonde que celle de la partie supérieure.

COMPOSITION

Avant de peindre, vous composez une première fois en mettant en place les éléments. Cette disposition est essentielle.
Quelque fois, après la mise en place, l'ensemble est monotone. Pensez à varier et à harmoniser les formes. L'air et l'espace entre les objets sont aussi vitaux pour la composition. La vue frontale est statique, placez la table dans un angle et utilisez les diagonales plus dynamiques qui conduisent le regard à l'intérieur de la composition.
Il faut des passages entre les différents plans. Placez des objets au premier plan, prêts à déborder du cadre, sans pour cela toucher ou altérer les autres éléments de la composition. Pour ces gros plans, les objets doivent être tournés vers l'intérieur de la peinture, vers les autres objets. Trouvez le bon espace entre les éléments et utilisez si nécessaire les ombres comme lien.
Pour contrôler votre composition, utilisez le viseur (p. 99). Apportez les modifications nécessaires, corrigez les espaces ou le placement des objets. Déplacez le viseur et regardez votre composition sous différents angles et à différentes hauteurs.

PERSPECTIVE

Bien souvent, les natures mortes reposent sur un plan, une table ou autre chose. Si vous ne respectez pas les règles de la perspective, votre composition ne sera pas assise. Une table ou un édifice sont régis par les mêmes principes géométriques (pp. 118-121). Il faut dans le cas des natures mortes connaître les déformations du cercle en perspective, les ellipses.Il est rare de ne pas représenter une tasse, un plat, un pichet ou une bouteille, et le pied ou l'encolure d'un vase.
Comme une table bancale, une ellipse déformée donne à l'objet un caractère bizarre et irréel.
Représenter une ellipse est souvent un problème mais ce principe peut vous aider. Le cercle s'inscrit dans un carré : dessinez le carré, puis le cercle. Mais dessiner un carré en perspective est

certes plus difficile, en tout cas vous pouvez vérifier l'exactitude d'une ellipse en reportant dessus un carré.
Souvent vous trouverez que les deux extrémités sont inégales. Alors tracez un axe médian. Pour un objet haut comme une bouteille ou un vase, tracez un axe vertical qui vous aidera à équilibrer les deux parties. N'hésitez pas à prendre des mesures.

STYLISER DES FLEURS

Les fleurs ont des formes complexes difficiles à dessiner, mais souvent on peut simplifier leur forme. Il faut définir géométriquement cette forme ou lui associer une forme simple, par exemple, les jonquilles ont la forme d'une cloche inscrite dans un cercle. La forme de référence est le plus souvent le cercle qui devient une ellipse dès qu'on la déplace.
Lorsque vous faites l'esquisse d'un bouquet, dessinez d'abord les formes générales sans vous attacher aux détails. Observez comment les pédoncules s'attachent aux fleurs et comment les tiges se répartissent dans le vase. Même si les tiges sont souvent cachées par les fleurs ou les feuilles, il est important de sentir que chaque fleur éclose est vivante sur sa tige et que le bouquet est «calé» dans le vase.

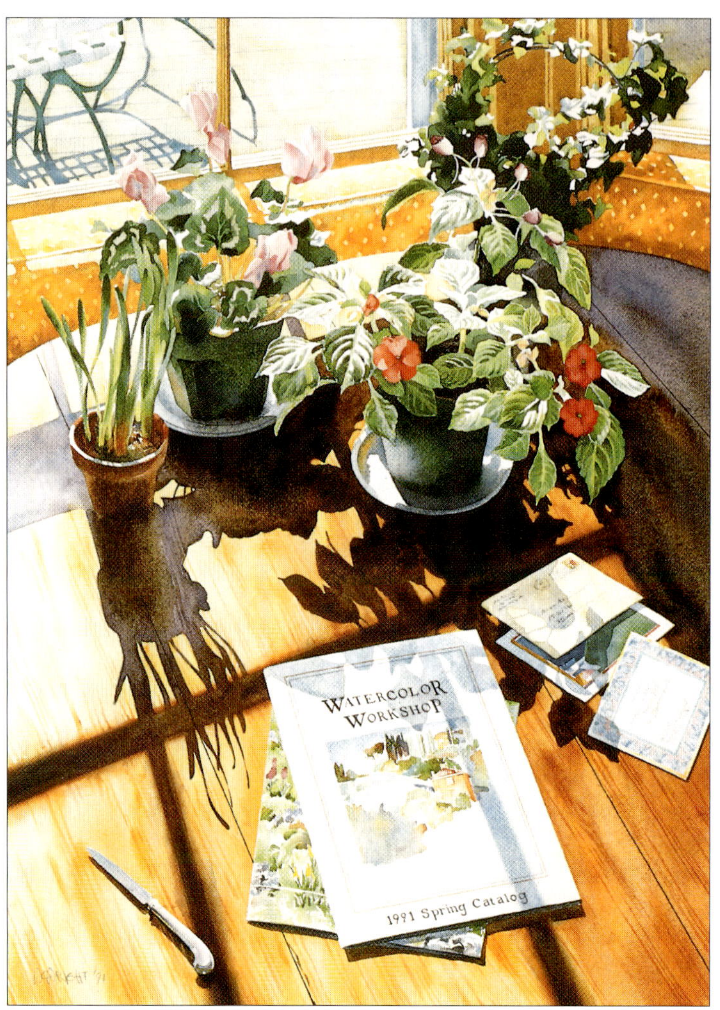

▲ *En attendant le printemps*, William C. Wright

Cette nature morte audacieuse est un bel exercice de composition. L'artiste s'est régalé à peindre avec justesse chaque ellipse, angle et ligne. Cette composition est aussi dynamique et colorée. L'ombre projetée de la fenêtre et des pots crée un motif et en même temps relie les objets entre-eux.

▶ *Tournesols*, Rosalind Cuthbert

Malgré le motif des pétales hirsutes, la forme de cette fleur s'inscrit dans un cercle qui devient une ellipse lorsque la fleur s'incline ou se tourne. Peindre les fleurs de face est une erreur, car le plus souvent dans un bouquet, elles sont différemment orientées.

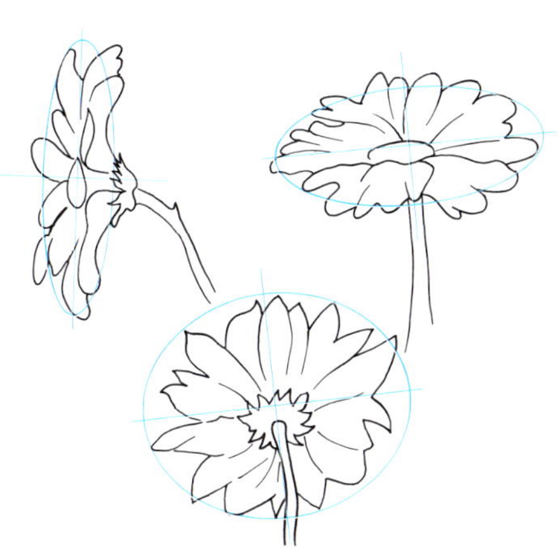

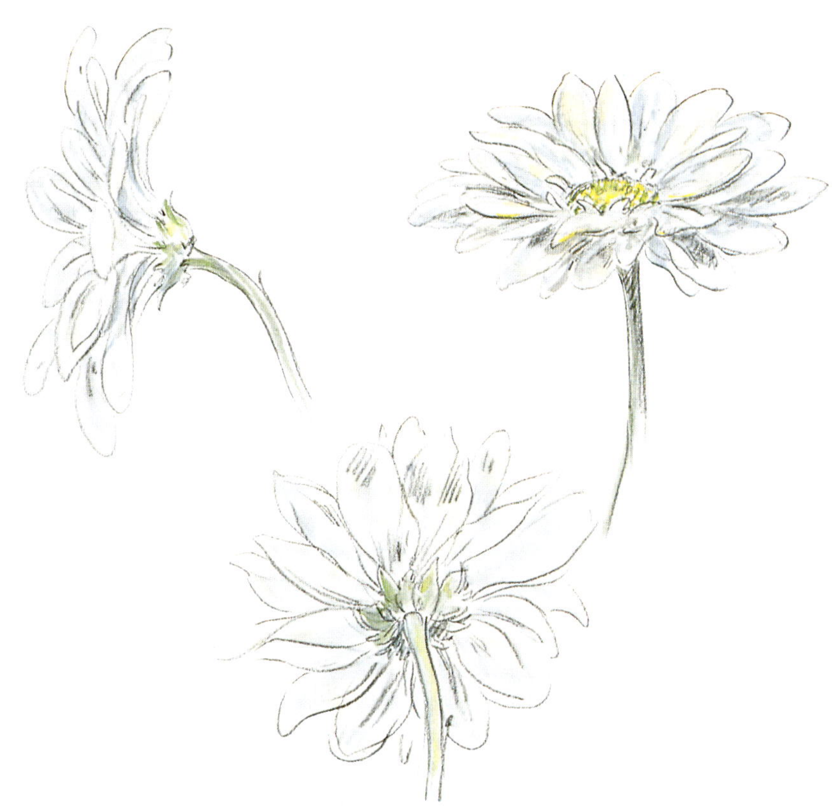

Les formes des fleurs

La forme des fleurs est souvent issue du cercle, comme celle de la marguerite. Après avoir déterminé sa forme, il faut reproduire dans l'espace la bonne orientation de la fleur. La tige est tout aussi importante. Observez son mouvement, sa courbure et ses proportions. Notez le délicat renflement du pédoncule. Dessinez ensuite les autres détails.

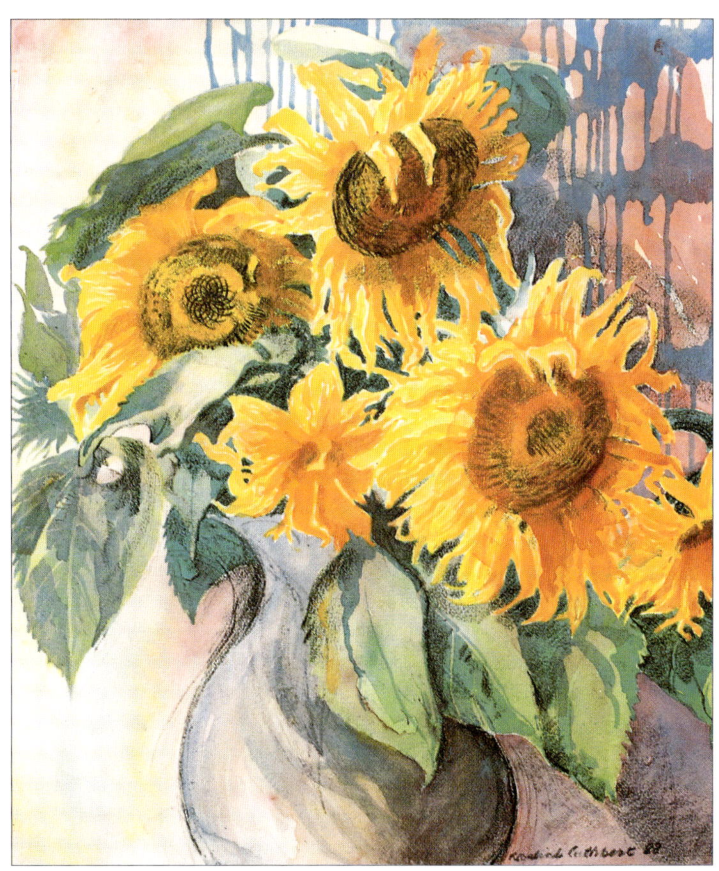

Palette pour peindre les fleurs

Pour peindre les fleurs en particulier, il vous faut certaines couleurs car beaucoup de couleurs secondaires obtenues à partir de primaires mélangées n'ont pas l'éclat des secondaires déjà préparées. Par exemple, les violets pourprés. Un orange de cadmium est plus lumineux qu'un mélange de rouge et de jaune de cadmium.

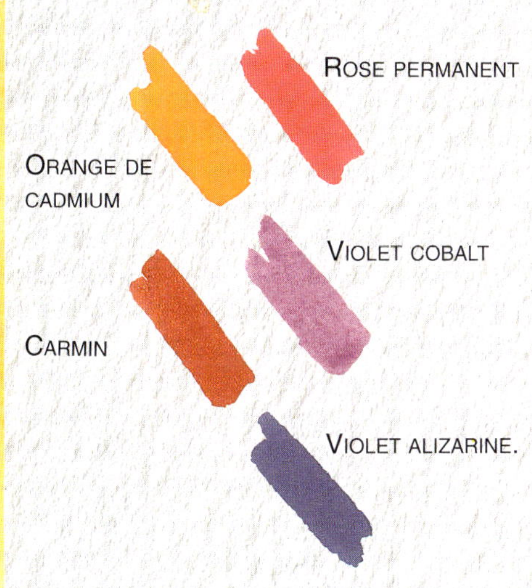

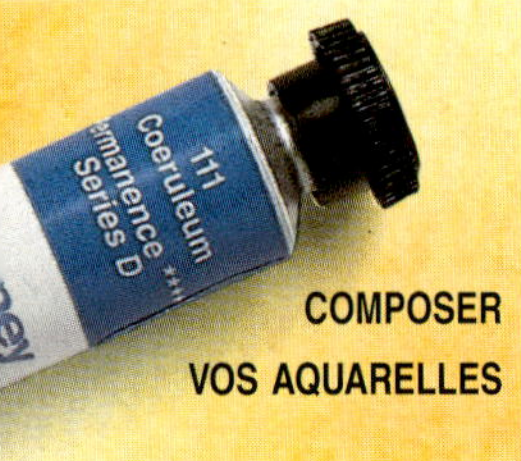

EXERCICE 5

La peinture d'objets transparents. 

Réalisation de l'harmonie des couleurs. 

Le rehaut des couleurs. 

La peinture du verre

Peindre le verre transparent et déformant, qui reflète ou filtre la lumière, est un vrai plaisir. Ce n'est pas vraiment difficile si vous observez attentivement votre sujet. Par exemple, sur la surface bombée d'une bouteille, la plupart des reflets et des ombres sont répartis sur les bords. Ces reflets sont très contrastés et, par transparence au centre de la bouteille, vous voyez ce qu'il y a derrière. Choisissez de préférence un fond sombre qui valorise les reflets, car un fond clair induit une transparence moins évidente, due à la présence des couleurs du fond dans la bouteille.
Soignez l'éclairage de composition car les reflets soulignent la présence du verre. Sur la première photographie, l'éclairage naturel qui vient de la gauche est équilibré. Si vous utilisez un éclairage artificiel, ne le placez pas trop près du sujet au risque de créer des ombres dures et des couleurs crues.

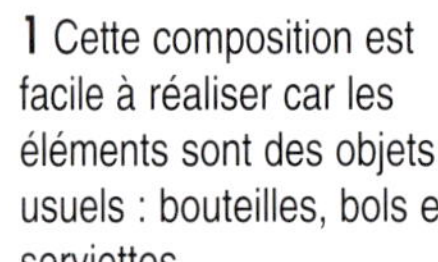

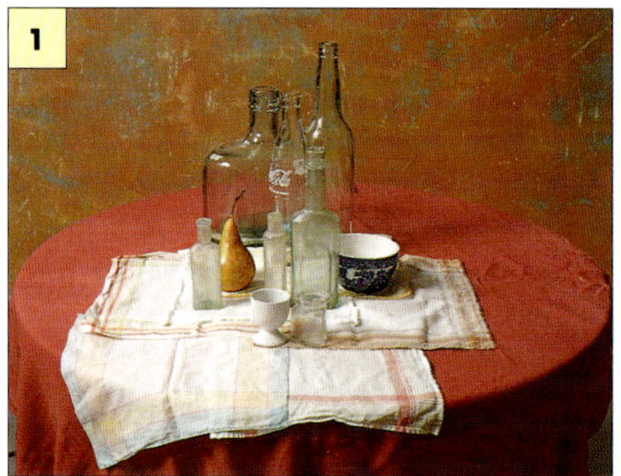

1 Cette composition est facile à réaliser car les éléments sont des objets usuels : bouteilles, bols et serviettes.

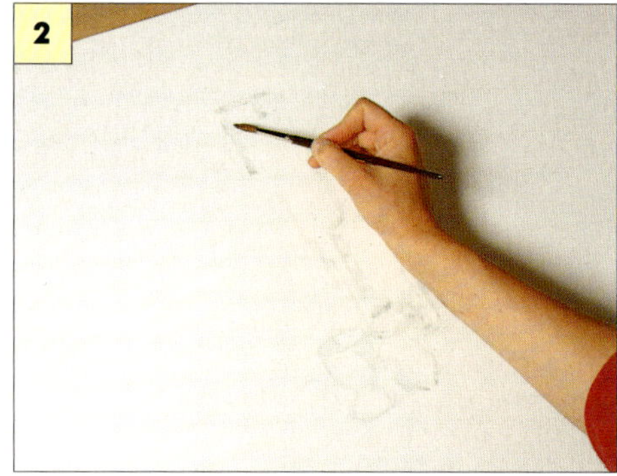

2 L'artiste fait une esquisse au pinceau avec un lavis de couleur neutre qui s'intégrera aux autres couleurs. Cette technique ne s'adresse pas aux débutants car on ne peut pas effacer ses erreurs. Dans ce cas, faites votre dessin au crayon puis au lavis.

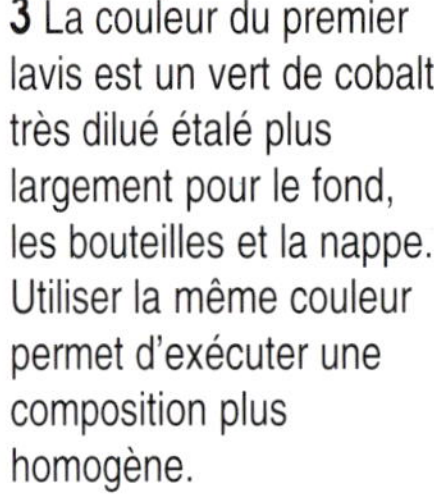

3 La couleur du premier lavis est un vert de cobalt très dilué étalé plus largement pour le fond, les bouteilles et la nappe. Utiliser la même couleur permet d'exécuter une composition plus homogène.

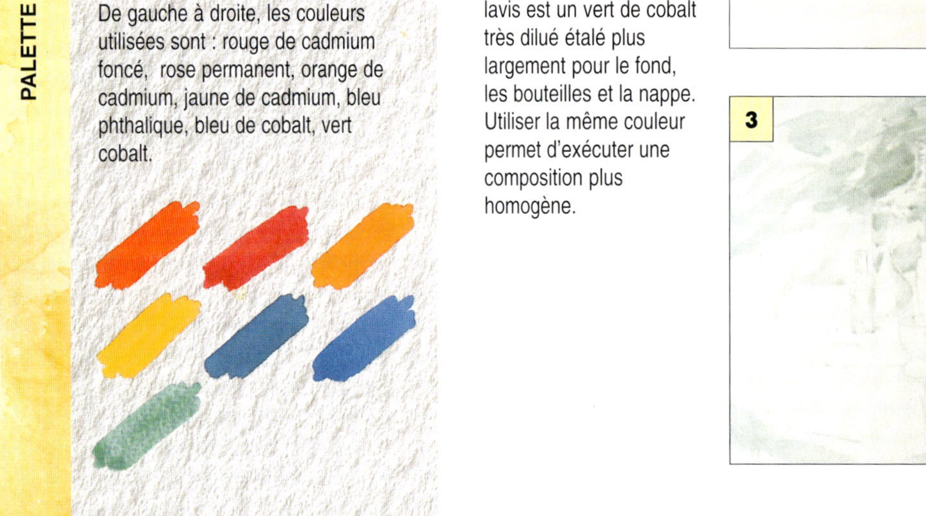

PALETTE

De gauche à droite, les couleurs utilisées sont : rouge de cadmium foncé, rose permanent, orange de cadmium, jaune de cadmium, bleu phthalique, bleu de cobalt, vert cobalt.

4 Après avoir obscurci le fond derrière les bouteilles, l'artiste redessine au pinceau fin les cols et les bords.

5 Elle atténue le bleu du bol pour ne pas rompre la délicate harmonie colorée de l'ensemble. Pensez aux objets en fonction de votre peinture et n'hésitez pas à changer leurs couleurs si nécessaire.

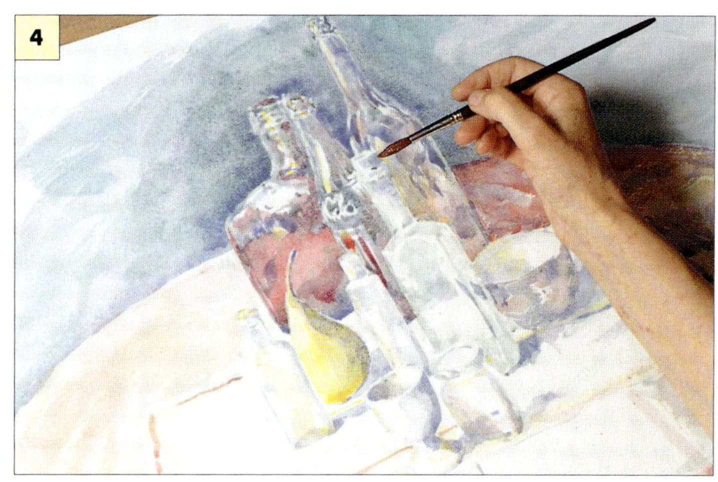

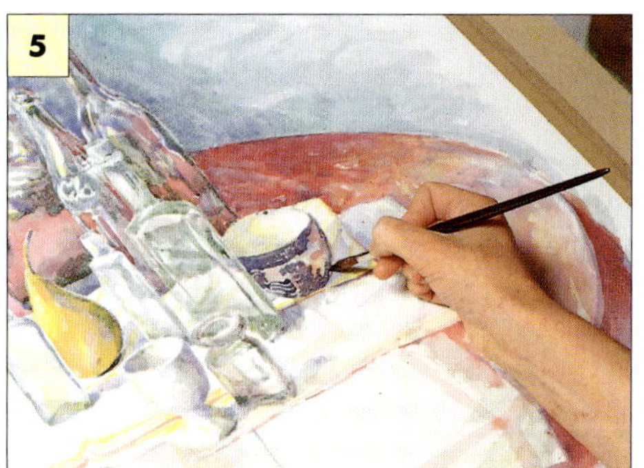

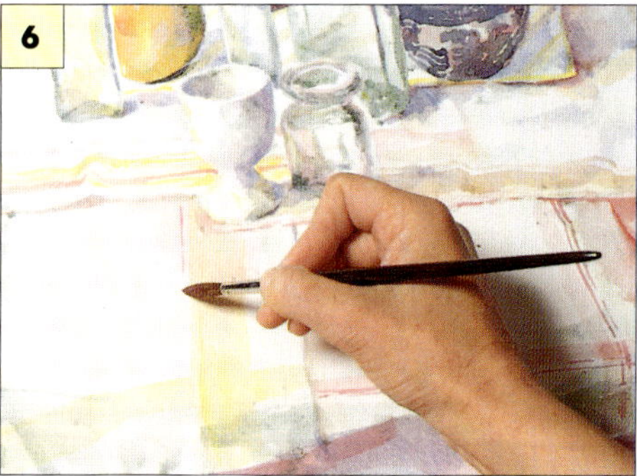

6 L'artiste ajoute quelques lignes de couleur sur la serviette au premier plan. Elle travaille légèrement pour ne pas altérer la fraîcheur des couleurs.

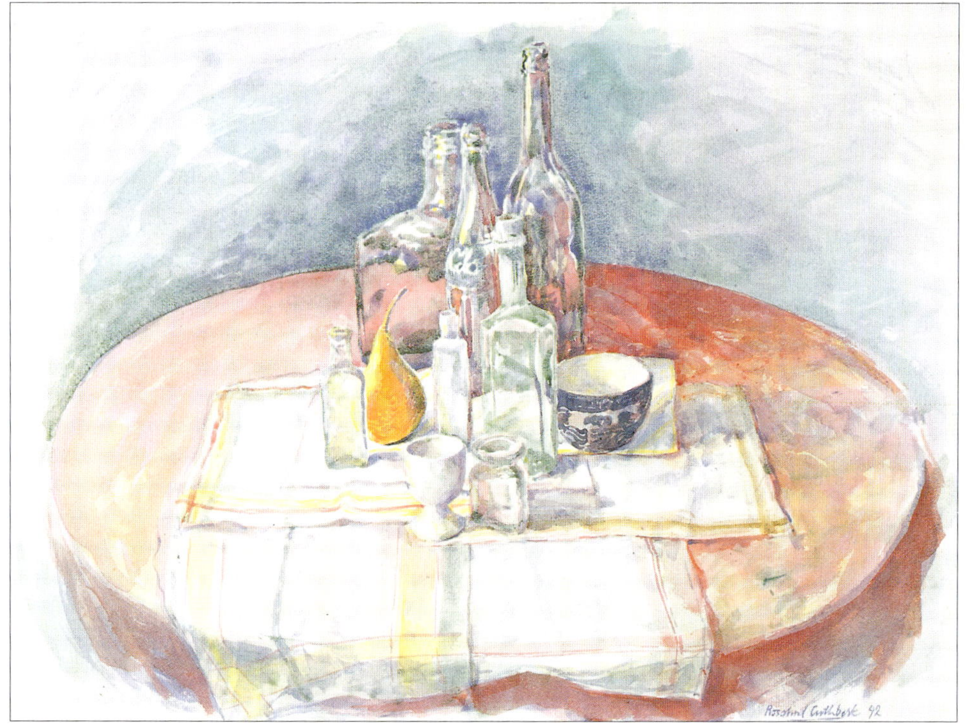

◀ ***Nature morte sur une table ronde*, Rosalind Cuthbert**

En superposant plusieurs lavis, l'artiste a obtenu une couleur vive et délicate à la fois. C'est encore plus évident pour la nappe à droite et les bouteilles où sont enfermés des jaunes, des roses, des bleus et des verts. La palette comprend sept couleurs et les mélangent se limitent à deux couleurs.

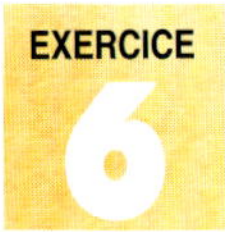

Compositions florales. 

Peindre en «blanc». 

Coupe et cadrage pour une meilleure composition. 

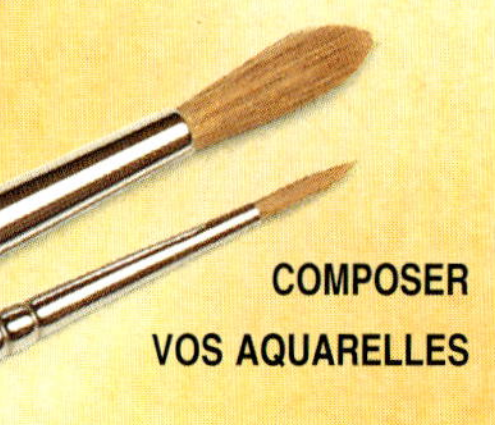

Les natures mortes florales

Les fleurs sont le sujet favori des amateurs de natures mortes car elles sont naturellement belles et colorées. Pour vos premiers essais, choisissez un bouquet simple avec seulement deux types de fleurs.

Soignez votre dessin. Déterminez les formes essentielles et faites tenir le bouquet dans son vase. N'utilisez pas un pinceau trop fin et travaillez avec aisance. Les fleurs doivent être peintes du bout du pinceau avec des touches franches de couleur sans surcharge. Si vous peignez des fleurs blanches, utilisez la gomme liquide qui vous permettra de faire des réserves plus facilement.

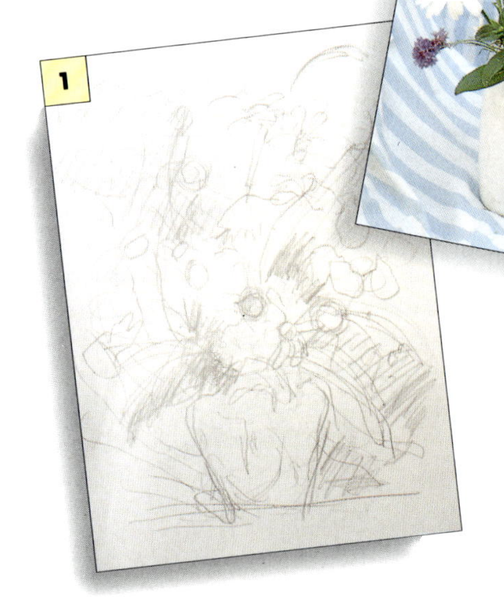

1 Les fleurs sont disposées avec soin, à des hauteurs différentes : de face ou tournées, et quelques-unes inclinées sur le rebord du vase. L'artiste fait un croquis rapide pour s'assurer de la bonne composition de l'ensemble.

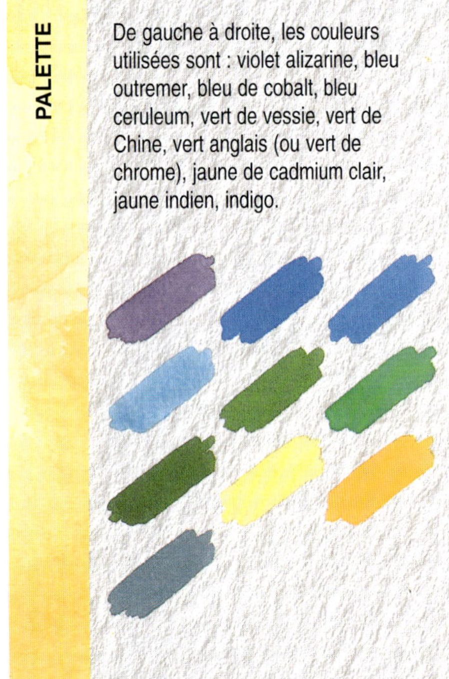

De gauche à droite, les couleurs utilisées sont : violet alizarine, bleu outremer, bleu de cobalt, bleu ceruleum, vert de vessie, vert de Chine, vert anglais (ou vert de chrome), jaune de cadmium clair, jaune indien, indigo.

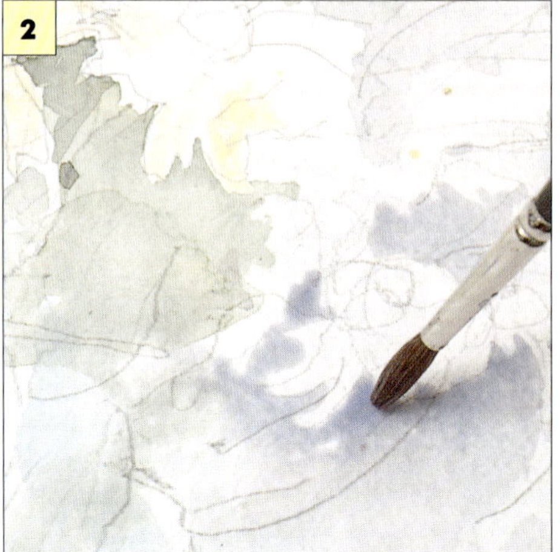

2 Maintenant, on dessine la composition et on applique la gomme liquide pour protéger certains pétales des fleurs blanches ainsi que des lavis légers bleus et verts pour le vase et le feuillage. Ici, on détoure la fleur blanche qui n'a pas été protégée avec le lavis bleu du vase.

3 On peint légèrement les bleuets et on laisse sécher avant d'ajouter les détails plus foncés. Pour être certaine de bien représenter la structure des fleurs, l'artiste en tient deux près d'elle, pour les étudier précisément pendant qu'elle travaille.

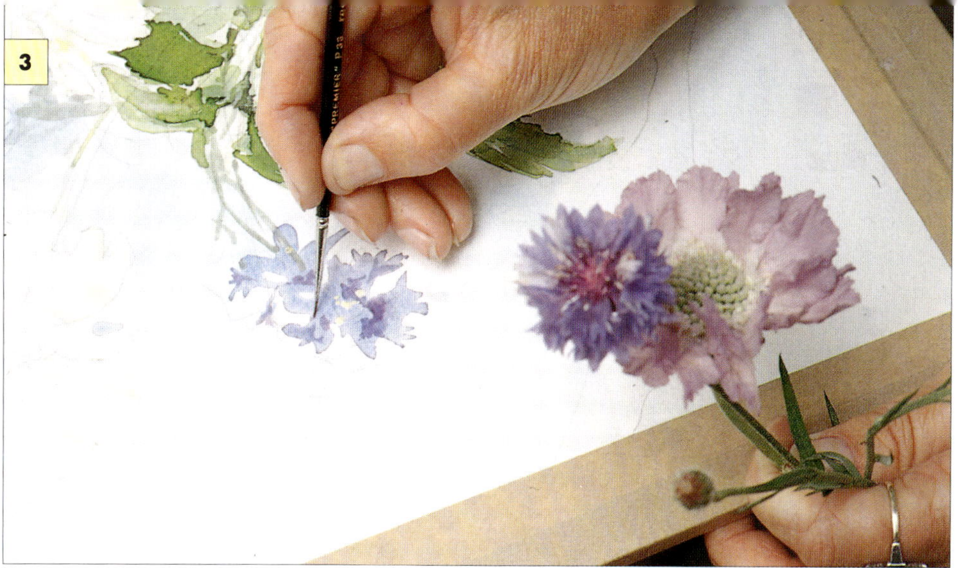

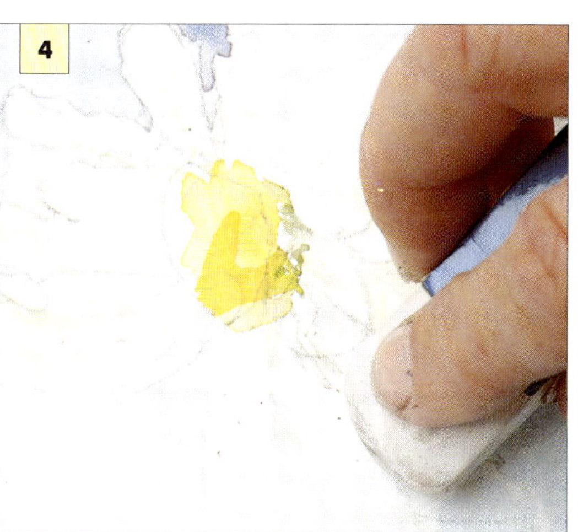

4 Cette fleur a été peinte à la gomme liquide pour pouvoir appliquer plus rapidement le lavis clair du fond. Lorsque le lavis est sec, on gomme le masquage fluide et en même temps les traits à la mine de plomb du dessin.

5 On souligne l'intérieur sombre des pétales avec un pinceau fin. Si la fleur est réussie, on doit pouvoir en reconnaître l'espèce. Cela vaut la peine d'être soigneux.

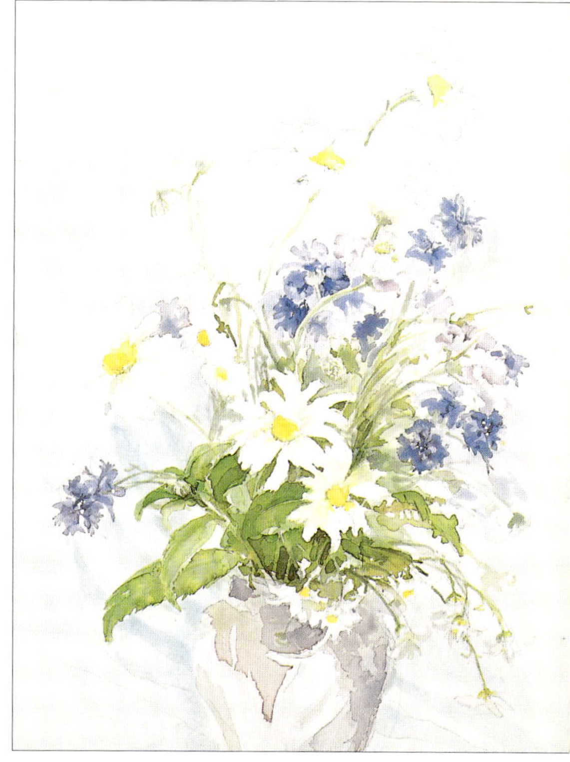

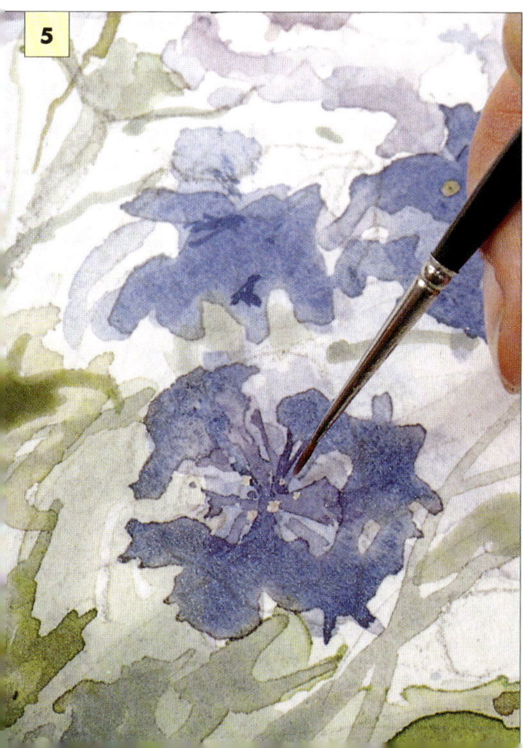

▲ ***Marguerites et bleuets*, Elisabeth Harden**

Le peintre a choisi de donner plus d'importance au bouquet de fleurs et a décidé de couper le vase. Bien que la tonalité de l'ensemble soit claire, il y a suffisamment de touches sombres pour valoriser les blancs et les jaunes. Le fond clair convient car plus sombre il aurait donné plus de contraste aux couleurs, mais au détriment de la lumière et de la douceur qui font la qualité de cette aquarelle.

Eclairage de la composition

Lorsque l'on met en place une nature morte ou un bouquet de fleurs, l'éclairage est aussi important que les objets. L'éclairage de face gomme les ombres, rend les formes plus plates et pour ces raisons est rarement satisfaisant. L'éclairage latéral que l'on préfère habituellement donne des ombres sur un côté du sujet et des reflets sur le côté opposé. L'éclairage à contre-jour crée des silhouettes.

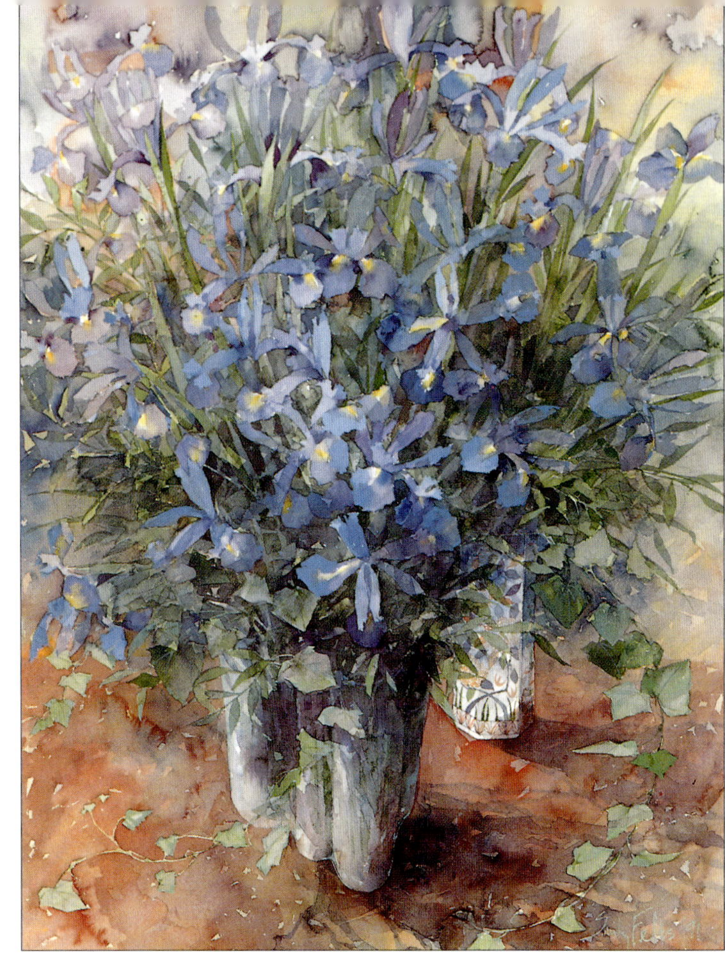

▶ ***Les iris bleus*, Shirley Felts**

L'éclairage modéré du bouquet par la gauche et par derrière projette des ombres et assombrit la partie gauche du bouquet modelant ainsi les formes et les volumes. Des ombres trop marquées ne s'accorderaient pas au traitement délicat des fleurs.

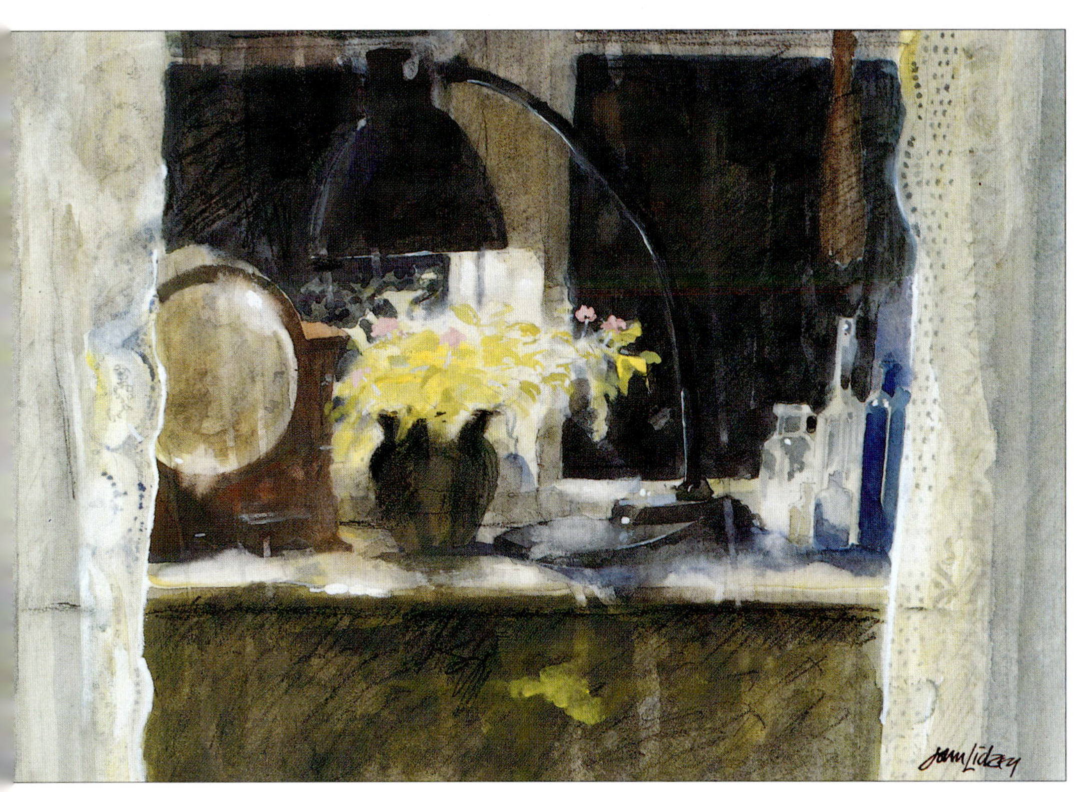

◀ ***Nature morte à la fenêtre*, John Lidzey**

L'artiste a voulu représenter un sujet en pleine lumière sur un fond très sombre. La lampe légèrement en avant est décalée pour que son reflet lumineux n'envahisse pas le miroir, restant ainsi essentiellement sur le vase de fleurs jaunes. L'artiste a du faire de nombreux essais avant d'obtenir les effets de lumière et de reflets qu'il souhaitait peindre.

▶ ***Les poires Williams*, Ronald Jesty**

L'artiste a choisi un éclairage plus fort, venant également de la gauche, qui met en valeur les beaux volumes simples de la composition. Les ombres très marquées ravivent par contraste le jaune brillant des poires.

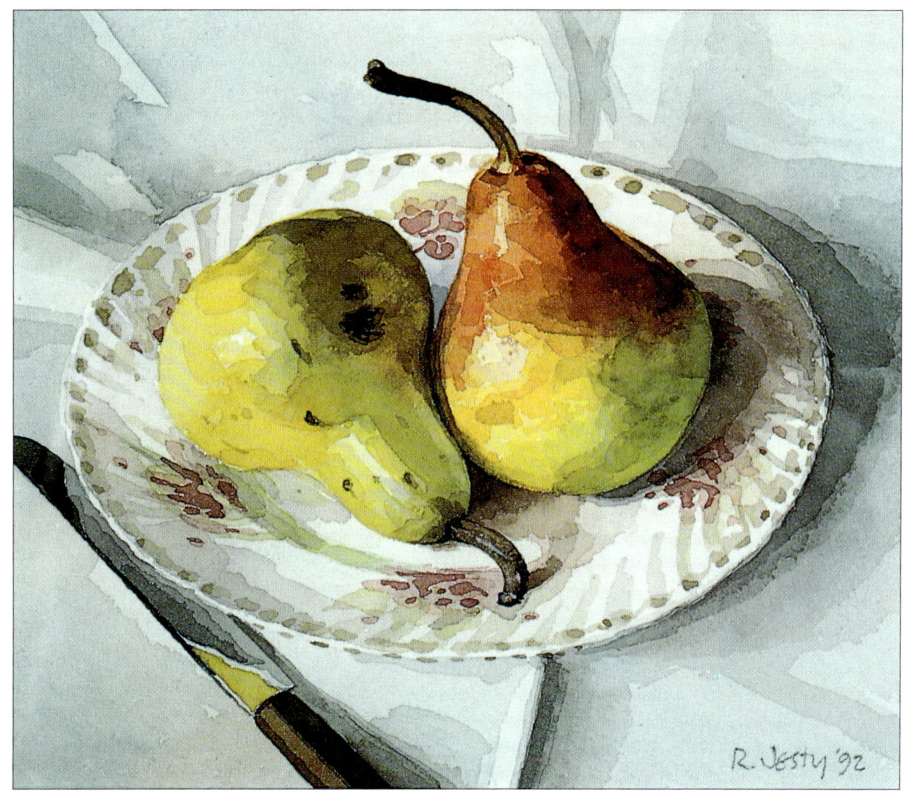

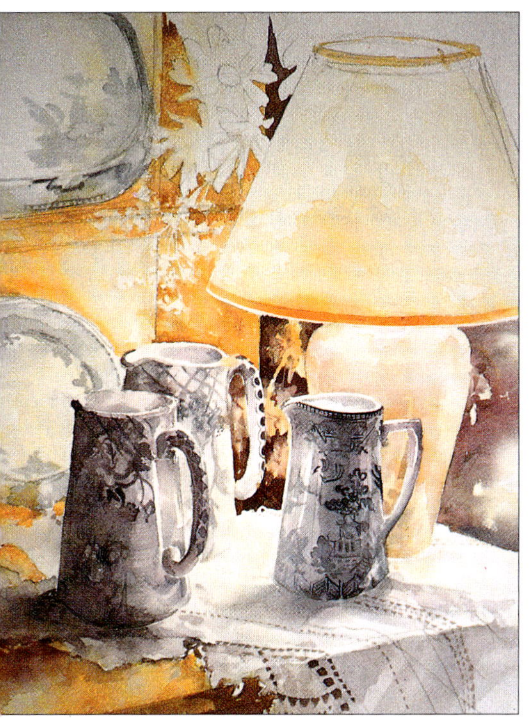

◀ ***Lampe et pots*, Elisabeth Harden**

La lampe est un élément clef de la composition, elle est en même temps objet et lumière. La palette très réduite est efficace dans sa répétition de bleus et de jaunes évoquant une paisible harmonie.

▶ **Lis tigrés, Rosalind Cuthbert**

La lumière vient de la fenêtre, blanchissant son renfoncement et le bout de la table. L'artiste a déformé la perspective pour jouer des contrastes des courbes du pichet et des fleurs avec les grandes diagonales de la composition.

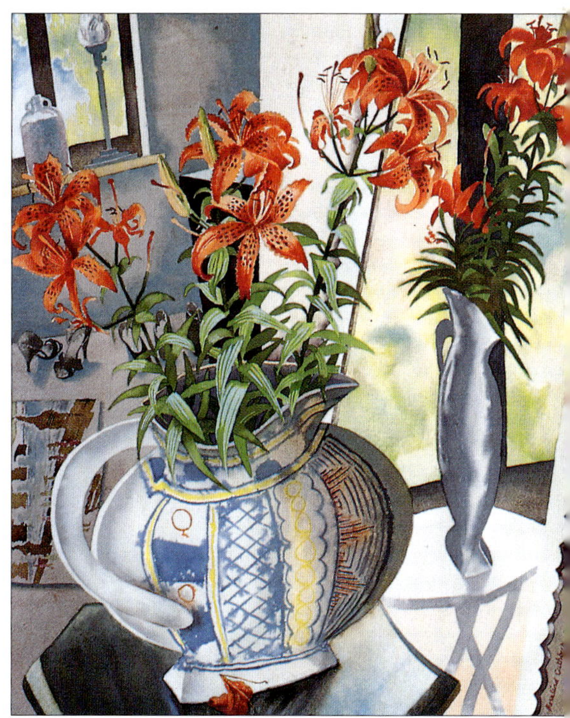

Les mammifères et les oiseaux

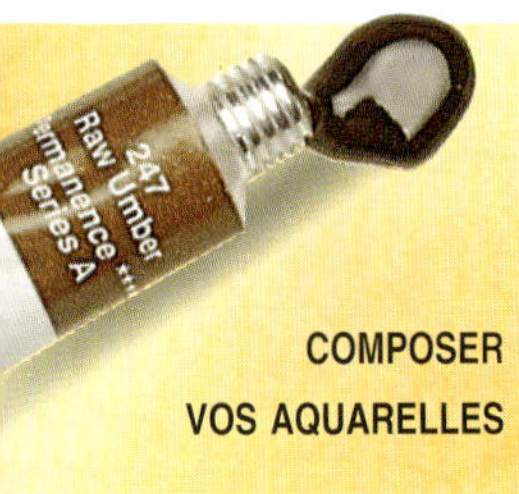

COMPOSER VOS AQUARELLES

L'aquarelle dans sa diversité est le médium favori des peintres animaliers. En effet, elle vous permet de couvrir de larges surfaces de couleur, de travailler «humide sur humide» (p. 64) ou à pinceau sec pour la plume d'un oiseau ou les longs poils du chat ou du chien. Pour les petits détails des yeux et des moustaches, il suffit de prendre un pinceau fin. Au XIXe siècle, l'aquarelle était déjà le médium utilisé pour l'illustration des plantes, des ouvrages de botanique ou de zoologie.

CHOISIR SON SUJET

Les peintres animaliers deviennent des professionnels parce qu'ils sont avant tout passionnés par les animaux. Lorsqu'ils ne peignent pas, ils sont sur le terrain, observent, prennent des notes et rassemblent une documentation à base de croquis et de photos.

On peut aussi peindre des animaux sauvages pour son plaisir sans en faire un métier. Vous devez travailler à partir de photographies ou au zoo. Les magazines spécialisés sont nombreux : vous ne manquerez ni de documentation ni de source d'inspiration.

Vous devez vous souvenir de deux choses. Travailler uniquement à partir de photographies et trop fidèlement ne donne pas de bons résultats (p. 96). D'autre part, vous pourriez avoir des problèmes liés aux droits de reproduction, si vous essayez de vendre une reproduction d'une photographie connue. Il vaut mieux s'attacher à peindre les animaux domestiques que

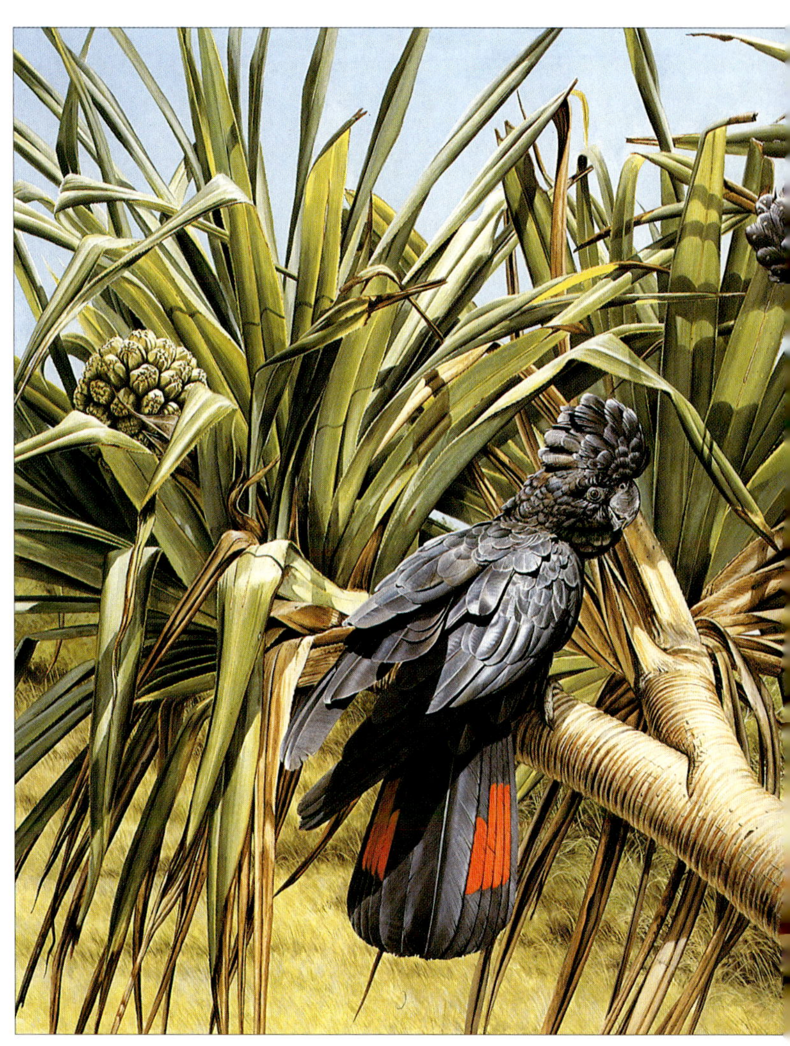

▲ ***Réunion sur le Pandanus*, Philip Farley**

Il est difficile de penser au premier abord que cette peinture si colorée et si riche de détails est une aquarelle. Pourtant, les artistes naturalistes travaillaient à l'aquarelle car elle leur permettait de faire des études très détaillées. Farley a élaboré sa composition avec des calques et des croquis en déplaçant les éléments jusqu'à ce qu'il soit satisfait. Ensuite, il travaille la couleur au pinceau sec sur une base de lavis. Certains reflets sont peints à la gouache. Il a utilisé la

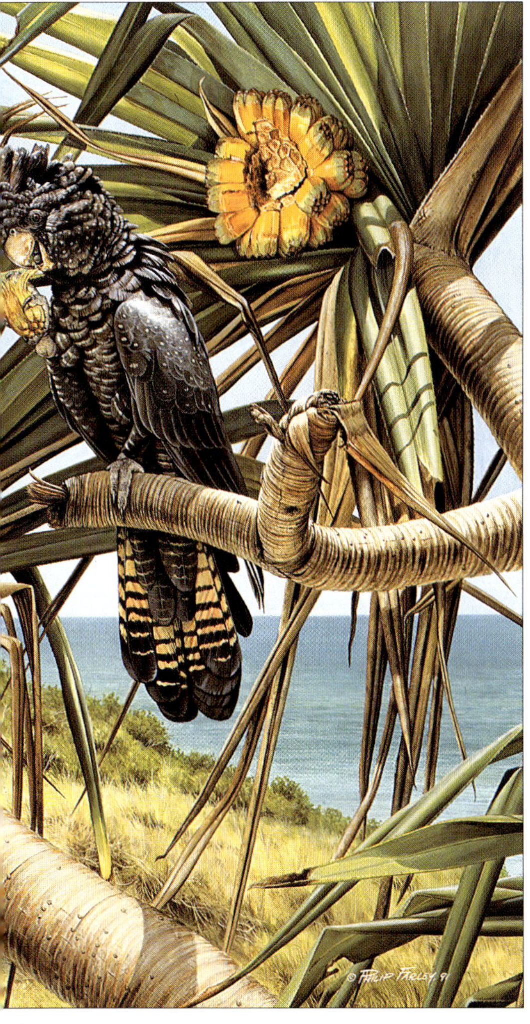

gomme liquide pour protéger certaines parties et travailler plus librement à côté.

▶ ***Le chaton Tabby*, Gillian Carolan**

Dans l'illustration des blaireaux grattant le sol, l'artiste voulait rendre précisément chaque détail. Ici, c'est différent : son approche est plus libre et il recherche avant tout à rendre un mouvement et une atmosphère. Pour ce type de représentation, mieux vaut partir d'un croquis que d'une photo qui «gèle» le mouvement.

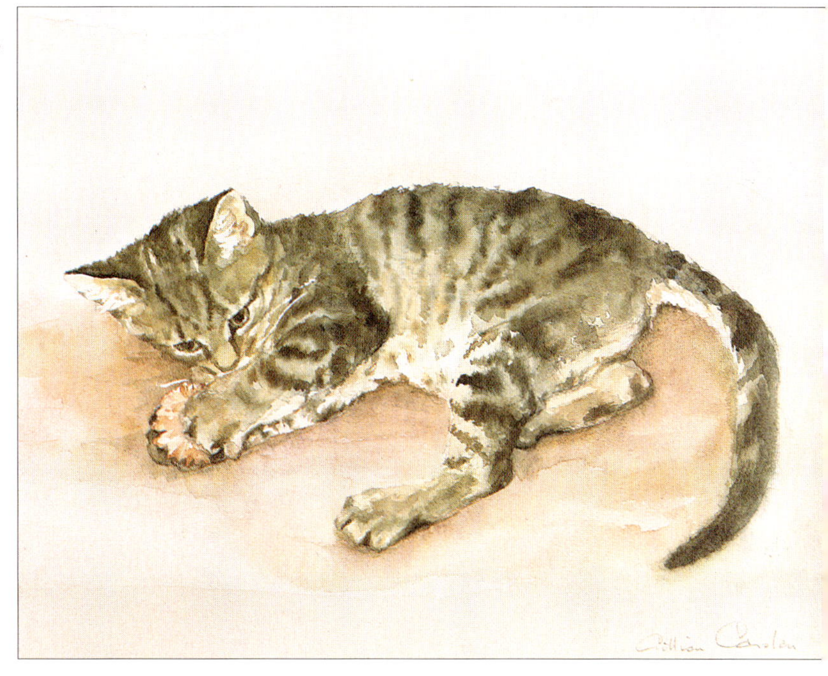

▼ ***Les blaireaux fouissant la terre*, Sally Michel**

Il est difficile de peindre des animaux aussi craintifs sans photographie ou sans aller au muséum. La mise en scène est importante car elle donne de l'authenticité et de la vie à cette belle composition.

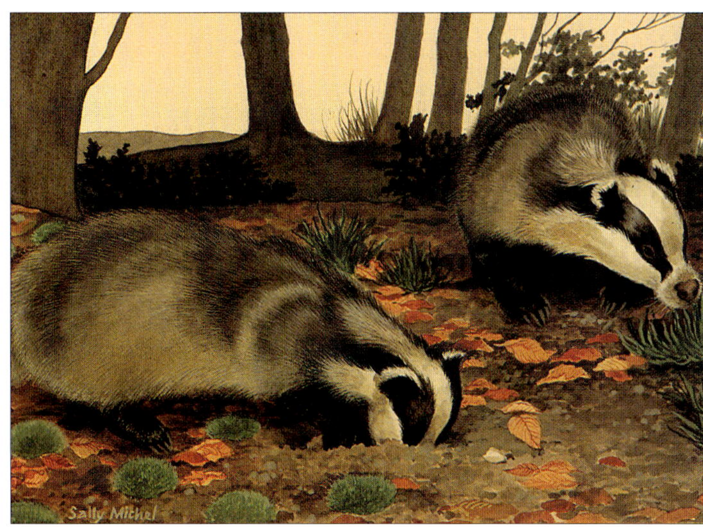

vous pouvez observer, dessiner ou photographier vous-même.
Si vous vivez à la campagne, les chevaux, les vaches, les moutons ou les chèvres sont autant d'excellents sujets. Vous pouvez faire des croquis et même peindre sur le motif car ses animaux souvent paisibles restent immobiles ou broutent tranquillement. Pour les oiseaux, il vous reste les carnards et les oies sur les mares ou les étangs. Ne les rejetez pas parce qu'ils sont très familiers, ce sont de beaux sujets.

TECHNIQUES PARTICULIÈRES

La parure d'un animal est sa fourrure, son pelage ou ses plumes. Bien sûr, si l'animal est un élément du paysage, le peintre devra saisir les caractéristiques de sa silhouette, mais peindre la texture d'une fourrure ou des plumes est plus passionnant.
Beaucoup de peintres animaliers préfèrent la technique du pinceau sec (p. 70), parfaite pour reproduire la fourrure ou les poils. Vous pouvez faire les superpositions au «pinceau sec», en variant la longueur et la direction des touches. Exercez-vous à partir d'une photographie ou de la reproduction de l'œuvre d'un autre peintre.
Une technique du même genre consiste à peindre par petites touches séparées, en épaississant la peinture avec un peu de

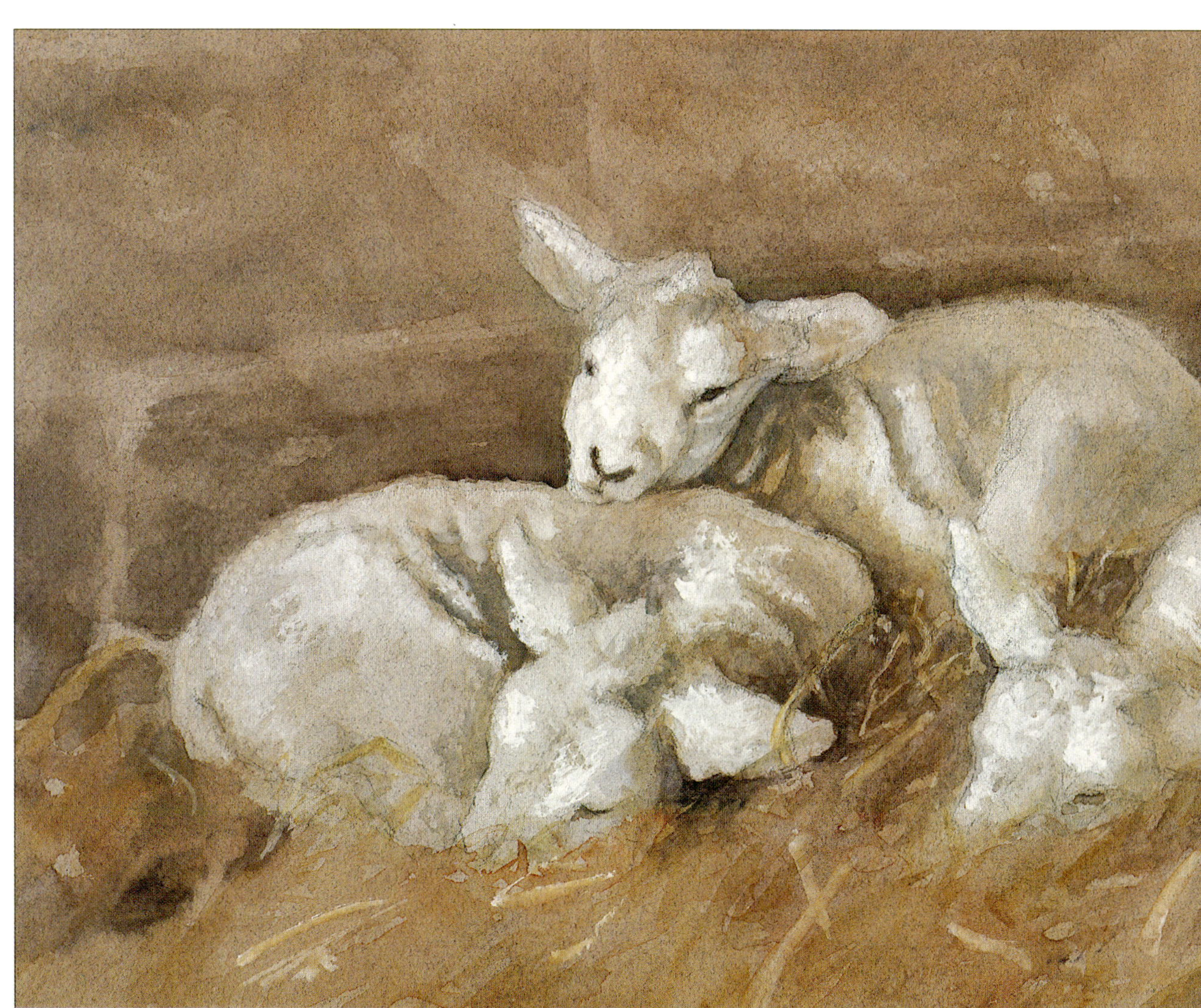

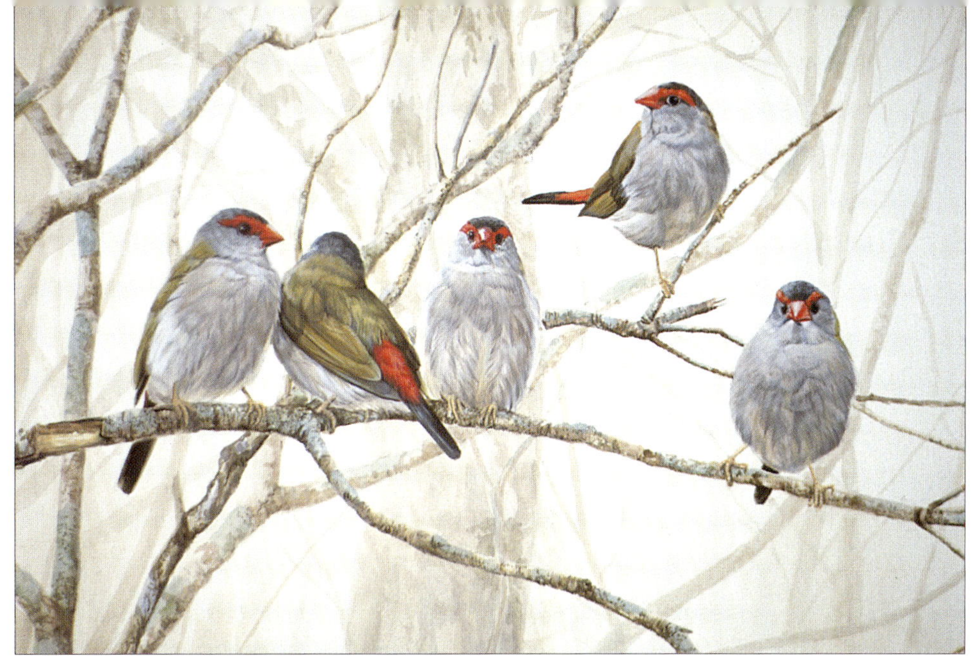

◀ ***Queue de feu à front rouge*, James Luck**

On a également utilisé de la peinture opaque, mais avec plus de précision. Le plumage des oiseaux est peint par toutes petites touches. Le fond brumeux est superbe et convient parfaitement à la scène.

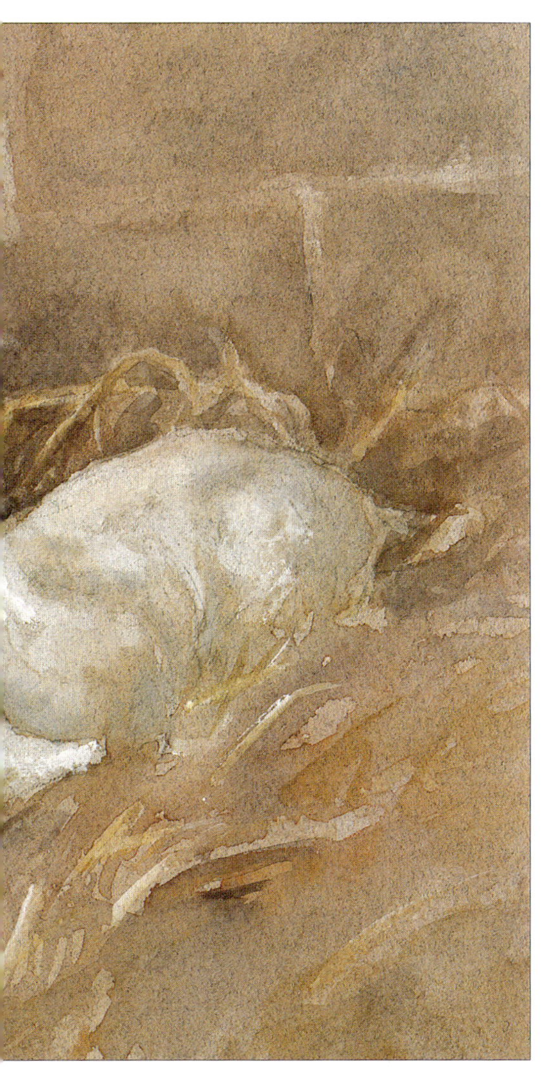

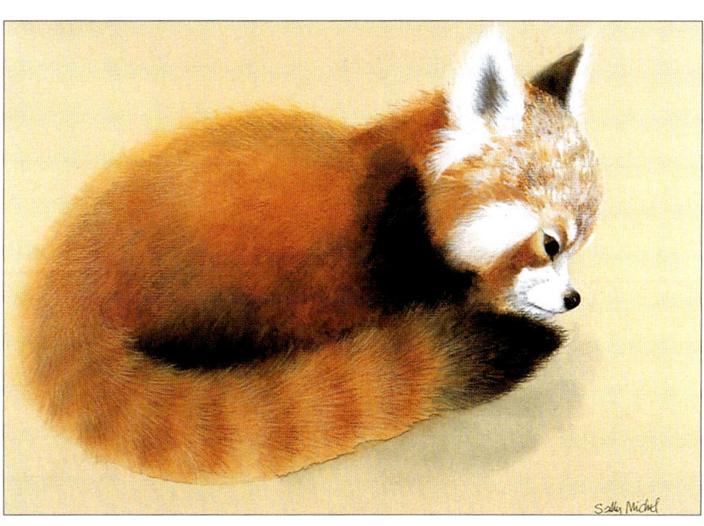

◀ ***Le repos des moutons*, Gillian Carolan**

L'artiste a choisi un papier teinté de grain moyen et a additionné du blanc opaque à l'aquarelle. Elle a ajouté quelques traits légers de crayon gras qui se voient davantage sur la tête du mouton au centre. La gamme de couleurs douces et les lavis légers et fondus conviennent parfaitement au sujet.

▲ ***Jeune renard de l'Himalaya*, Sally Michel**

La fourrure dense de l'animal est réalisée au pastel sur lavis. L'artiste a travaillé sur un papier teinté pour pastel à grain fin pour ne pas altérer le velouté du pastel. Le pastel est souvent associé à l'aquarelle lorsque les effets de matière sont importants.

▶ Pélicans, Donald Pass

Cette aquarelle est faite d'après modèle vivant. Pour noter rapidement ses impressions, l'artiste a utilisé le crayon gras et le lavis. Sur le vif, vous n'aurez pas le temps de vous soucier de la technique.

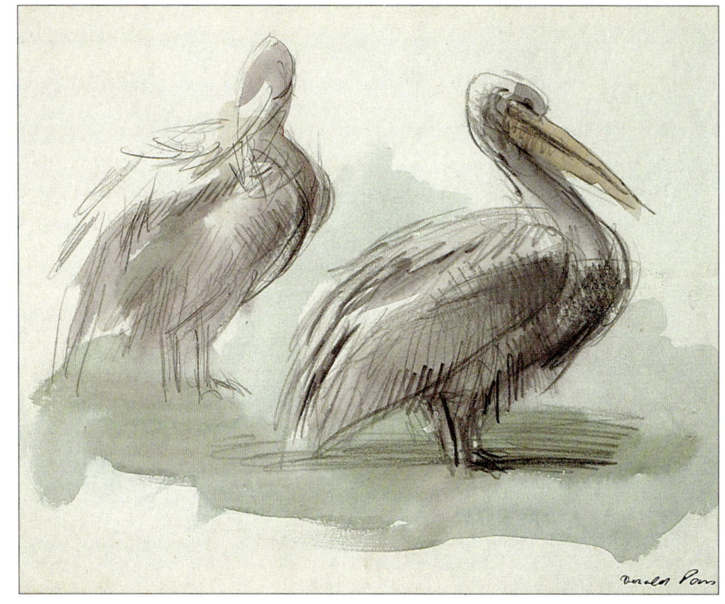

gouache ou d'encre de Chine blanche (p. 19).

L'addition de couleur opaque peut troubler la couleur, mais dans ce cas précis, cela donne du corps à la peinture et les touches de couleur croisées ne se mélangent pas. Vous pouvez utiliser de la gomme arabique, qui entre déjà dans la composition des couleurs préparées, comme liant. Quelques gouttes additionnées à l'eau rendent la peinture moins fluide et donnent de l'éclat à la couleur (contrairement aux blancs opaques).

Si vous n'êtes pas satisfait de votre travail, pourquoi ne pas essayer d'utiliser ensemble différents médiums. Par exemple, du pastel ou du fusain avec de l'aquarelle. Le dessin au lavis (p. 84) se prête surtout à reproduire fourrure et plumage. Par quelques traits de fusain ou de pastel sur un lavis, vous pouvez suggérer une texture réaliste en moitié moins de temps qu'avec un pinceau sec.

COMPOSITION

Lorsque l'on peint un animal, surtout à partir de photos ou de croquis, rendre la texture est une telle obsession que l'on oublie le reste. Si vous travaillez davantage une partie de votre peinture, vous créez un déséquilibre. Le rôle de la composition est d'harmoniser tous les éléments qui ont chacun leur place et leur fonction. Que vous peigniez un chat assoupi sur le rebord d'une fenêtre ou un cheval dans un pré, l'animal doit être intégré à son environnement et dans les plans de la composition.

Vous devez aussi utiliser des techniques compatibles ou une même technique pour l'ensemble du travail. Si vous utilisez la technique du pinceau sec pour l'animal et un lavis très léger pour le fond, vous aurez l'impression d'avoir deux représentations juxtaposées. Il faut harmoniser les textures et par conséquent, les techniques.

▶ *Au soleil*, Gillian Carolan

La grande tache de lumière, où le chien est allongé, innonde aussi le fauteuil unissant ainsi les différents éléments de la composition. Le style est libre et fluide mais la silhouette du chien est détourée par un lavis sombre et plus particulièrement la tête.

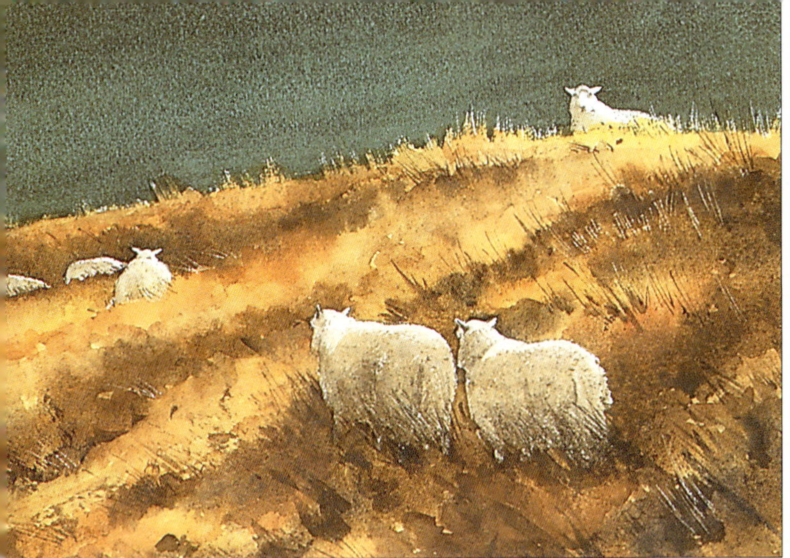

◀ ***Moutons, Pays de Galles,***
Terry Longhurst

Une composition simple et efficace, des diagonales qui conduisent des moutons du premier plan vers celui qui vous regarde dans le fond à droite. Le fond bouché bleu-vert et bleu met en valeur l'herbe dorée et les moutons blancs.

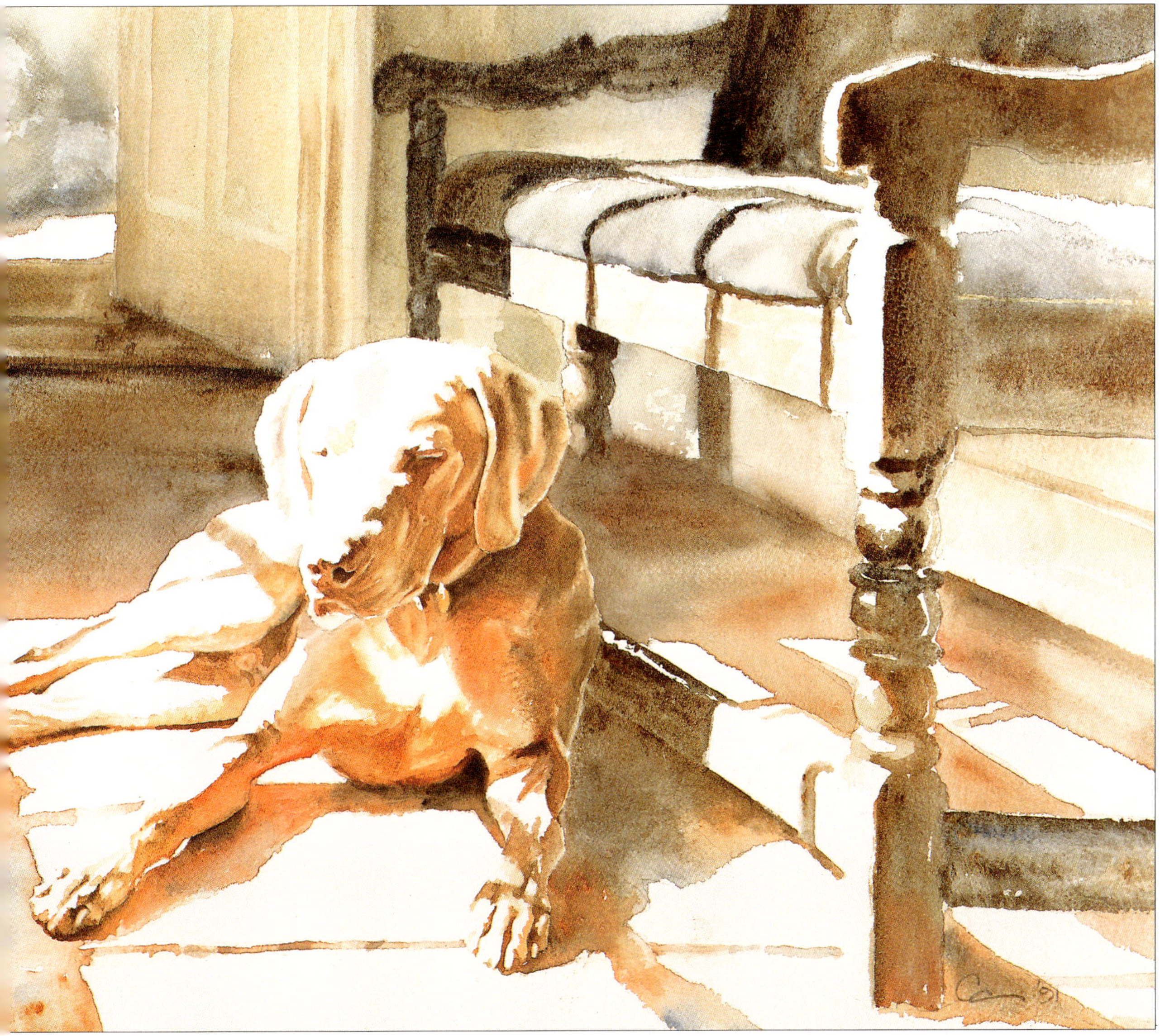

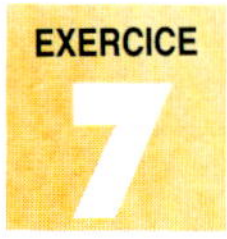

Amélioration de vos capacités d'observation. 

Dessin à l'aquarelle. 

Rapidité d'exécution. 

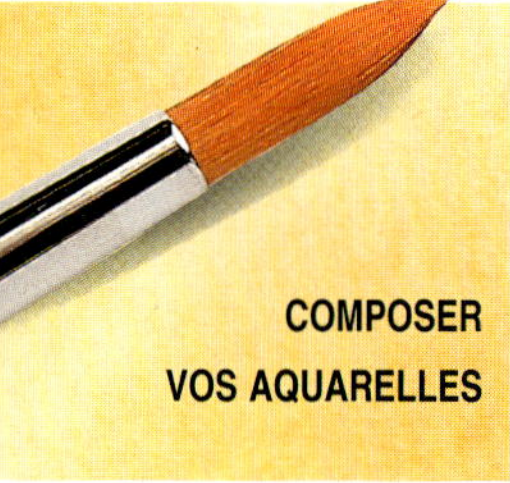

Les études

Si l'on peut prendre des libertés avec le dessin d'un paysage ou d'une nature morte lorsque la couleur et la composition sont bonnes, ce n'est pas le cas avec le dessin d'un animal. Il faut travailler votre dessin et faire des croquis. Doublez vos croquis avec des photographies. Il a fallu attendre les photographies de Eadweard Muybridge au XIXe siècle, qui a fait des études d'animaux en mouvement, pour que les peintres représentent correctement le cheval au galop. Auparavant les jambes des chevaux en mouvement ne touchaient pas le sol.

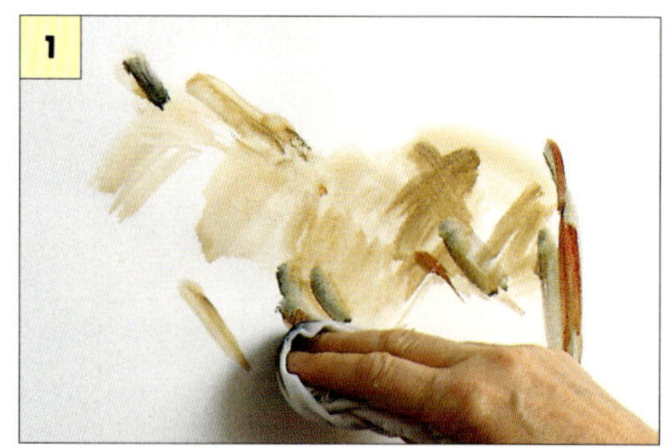

Poneys Shetland

1 Si vous faites un croquis à l'aquarelle, pensez à la manière d'exécution la plus rapide. Ici, l'aquarelle est essuyée avec un chiffon comme le fusain ou le pastel.

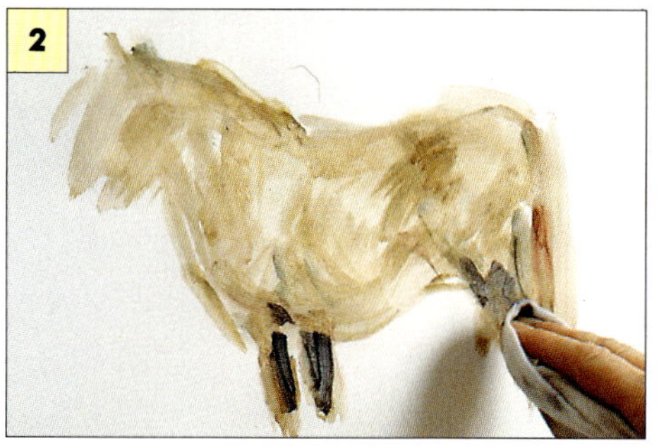

2 On peut repeindre tout de suite sur la couleur ainsi séchée. Les formes et les grands volumes de l'animal sont peints en quelques minutes.

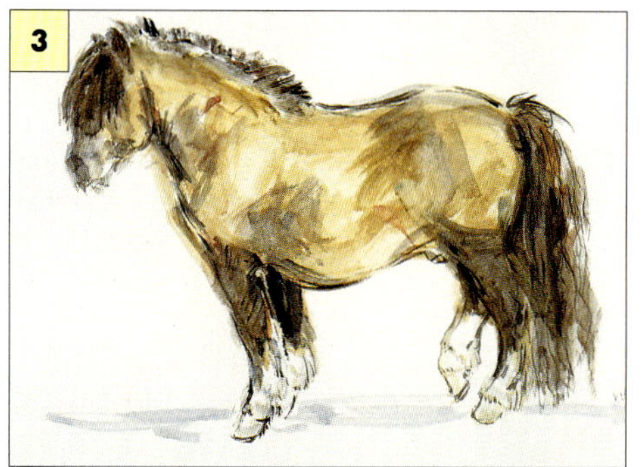

3 Sur la peinture séchée au chiffon, on ajoute d'une touche rapide les derniers détails.

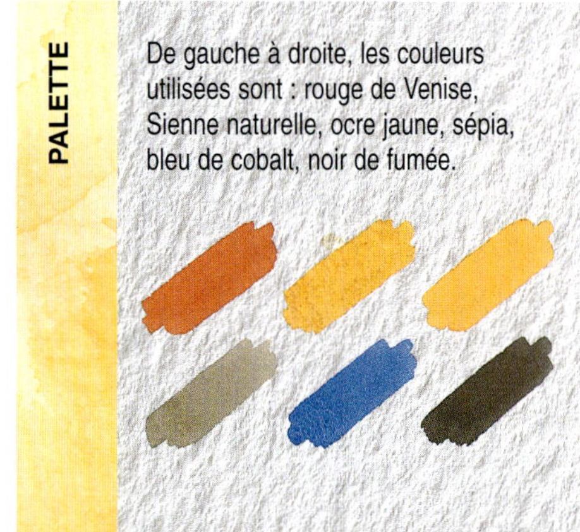

PALETTE

De gauche à droite, les couleurs utilisées sont : rouge de Venise, Sienne naturelle, ocre jaune, sépia, bleu de cobalt, noir de fumée.

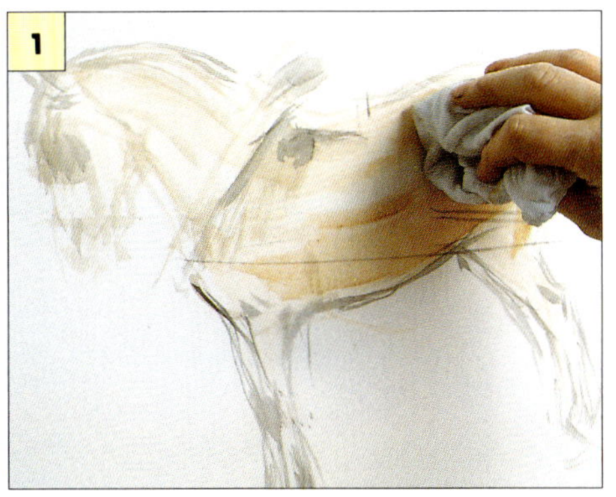

Cheval de trait.
1 L'animal a fait l'objet d'un premier dessin au pinceau et au lavis. Ensuite, on travaille la couleur au chiffon.

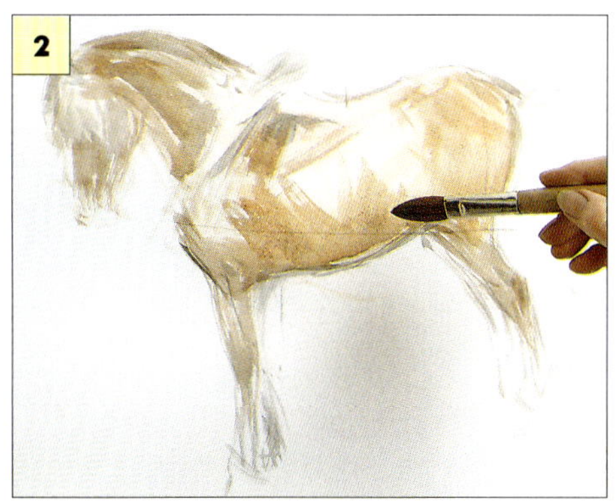

2 On utilise à nouveau le pinceau pour indiquer le modelé de l'animal.

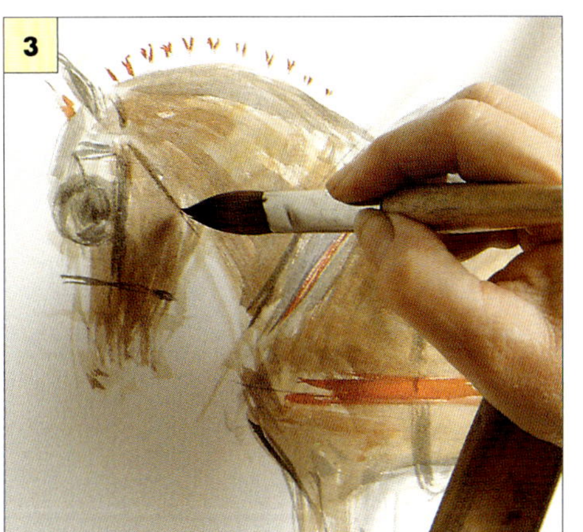

3 Les détails du harnais sont tracés du bout du pinceau. L'artiste travaille debout et se sert d'une règle d'appui sur laquelle elle peut caler sa main. Ce petit dispositif que l'on utilise pour l'exécution de tableau à l'huile est un bâton fin avec une extrémité rembourrée qui repose sur le bord de la planche à dessin.

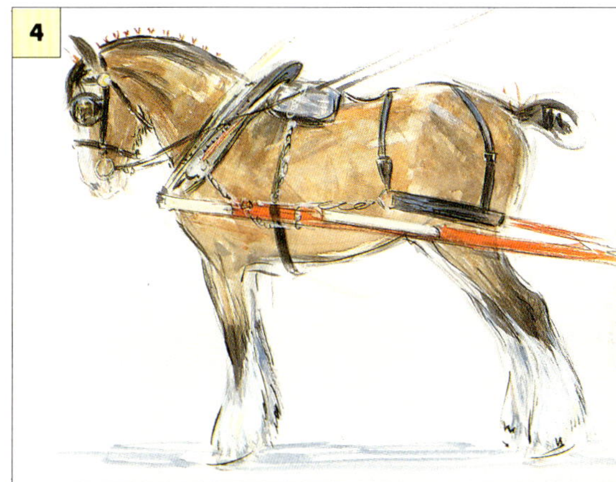

4 Le harnais est peint avec soin car il participe à la définition des formes de l'animal.

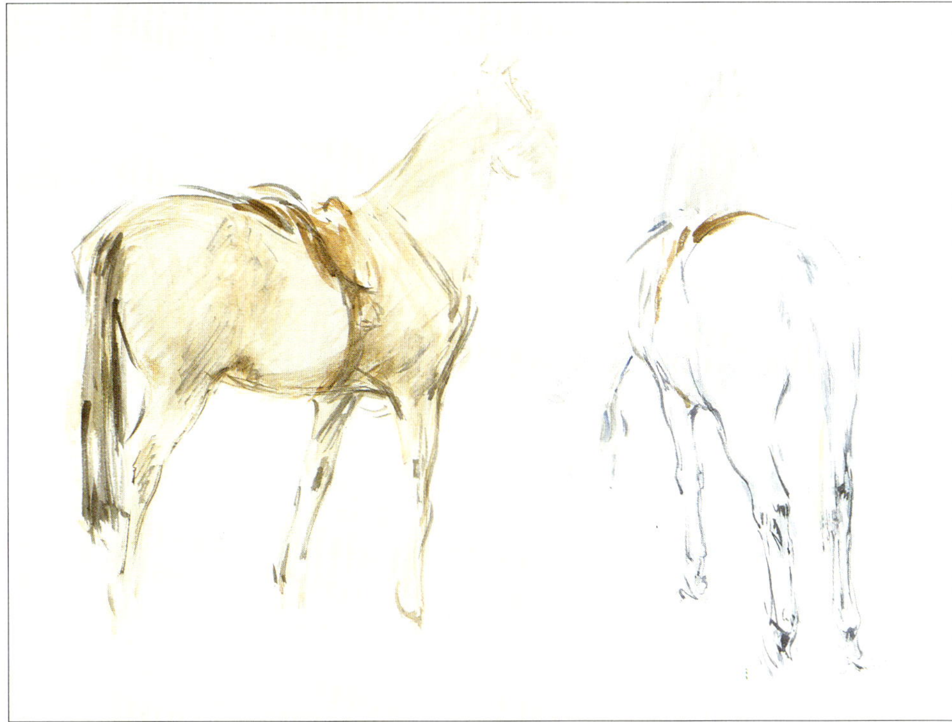

◀ **Chevaux de monte**
Lorsque vous «croquez» un sujet en mouvement, choisissez une technique qui vous oblige à travailler rapidement. Dessiner au pinceau est idéal. Chaque étude n'a pas pris plus de dix minutes. Si vous peignez avec des couleurs légères, vous pouvez ensuite masquer une erreur ou même modifier la position de la tête ou de la jambe du cheval qui a bougé.

Dessiner d'après nature

Toutes ces illustrations représentent les réponses individuelles d'artistes face à des sujets qu'ils ont étudiés sur le vif. Ses aquarelles sont des œuvres d'artistes composées d'après nature. Peindre d'après photo n'est pas une mauvaise chose, mais vous obtiendrez de meilleurs résultats et vous aurez plus de plaisir à peindre sur le vif.

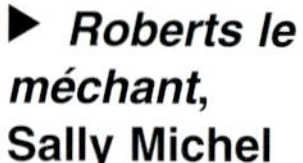

▶ ***Roberts le méchant*, Sally Michel**

Le chat est un bon modèle dans la mesure où il reste longtemps immobile ou reprend très souvent les mêmes positions. Il faut de l'expérience pour faire un tel portrait. Si vous avez un chat ou un chien pour commencer, travaillez à la fois avec des photos et des croquis.

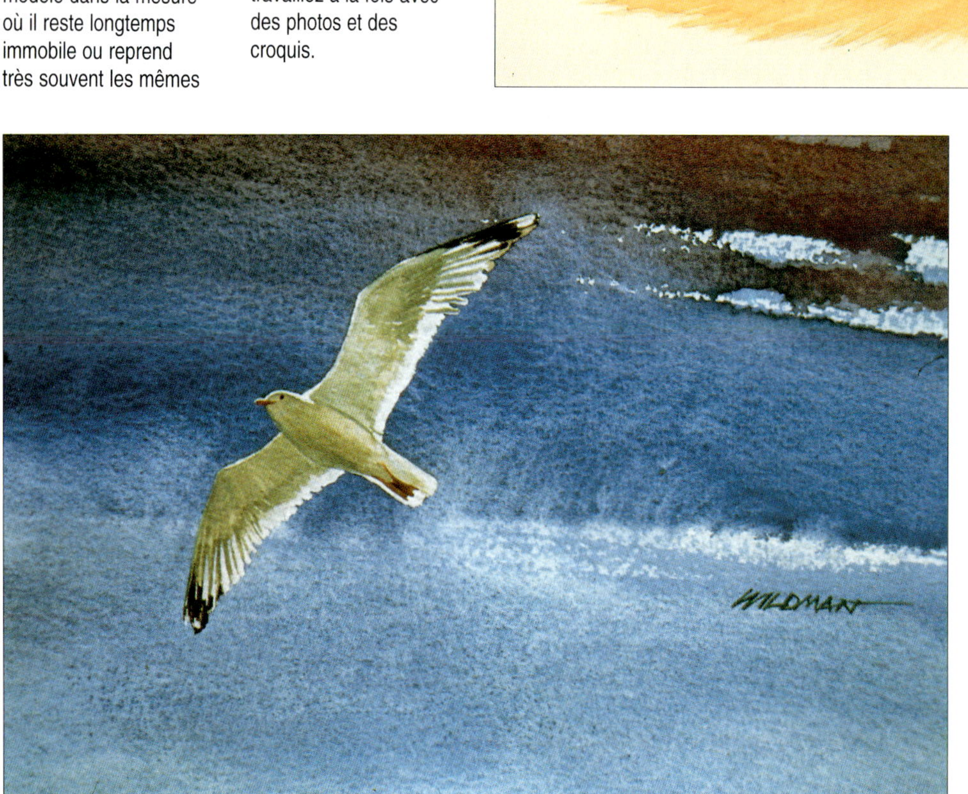

◀ ***La mouette*, Phil Wildman**

Les mouettes se déplacent vite, mais lorsqu'elles tournoient au-dessus des falaises, de la plage et des rivières, elles volent plus bas. Une journée de croquis suffit pour réunir la documentation nécessaire pour peindre. C'est une belle évocation de l'oiseau blanc rasant la mer bleue sombre.

▶ ***La Saint Michel*, Ronald Jesty**

Les oies sont un sujet familier. Leur corps blanc et leur long cou qui se balance offrent de belles formes décoratives. La cour de ferme est l'endroit idéal pour peindre et les sujets ne manquent pas.

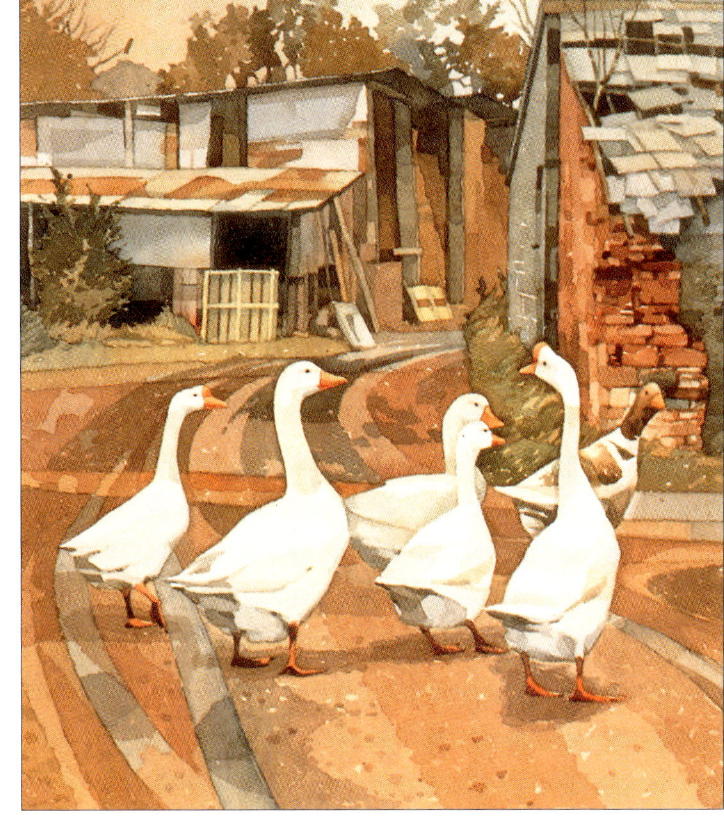

▼ ***Brebis et agneaux*, Gillian Carolan**

La lumière et les animaux se partagent le sujet. Le travail «humide sur humide» d'une grande partie de la composition permet de rendre la lumière naturelle très diffuse. Les fines touffes d'herbe blanches devant l'agneau qui tète et devant la brebis ont été réservées à la gomme liquide.

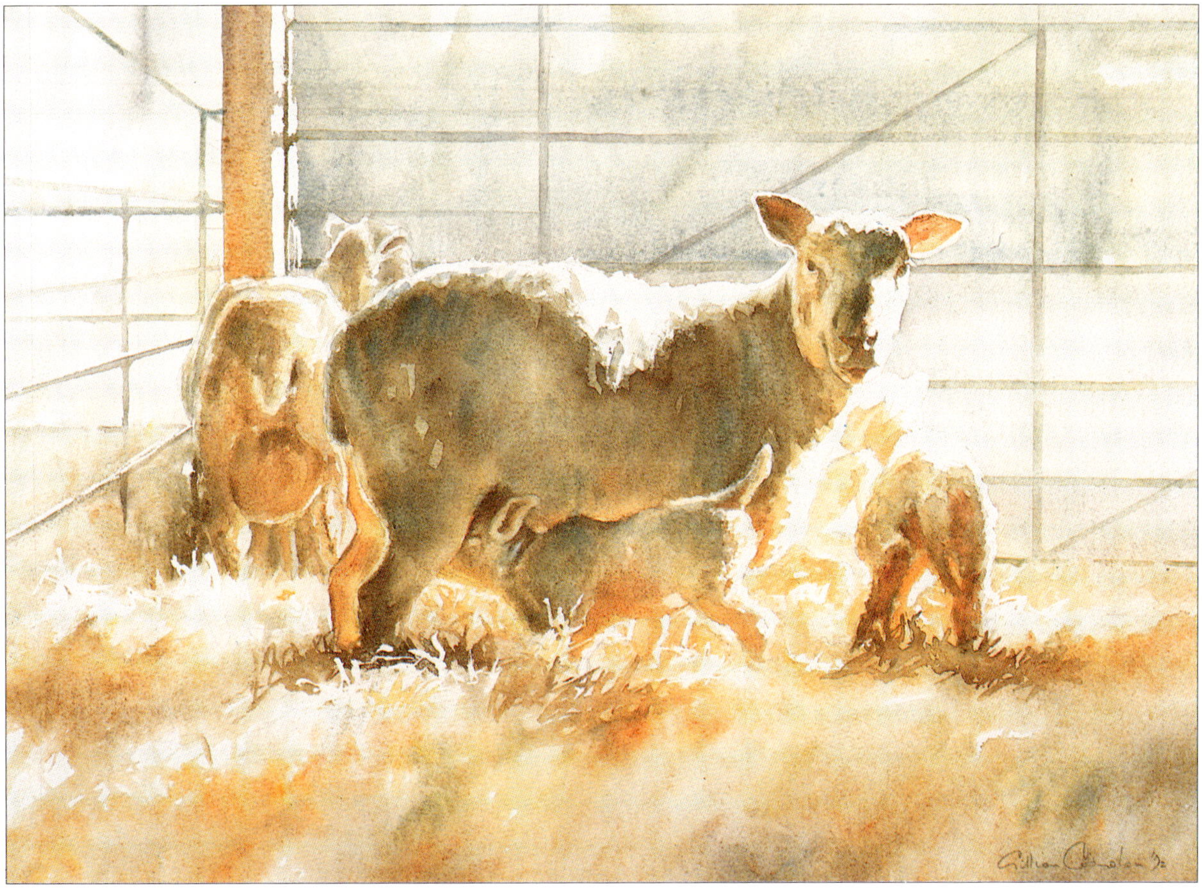

Les figures et les portraits

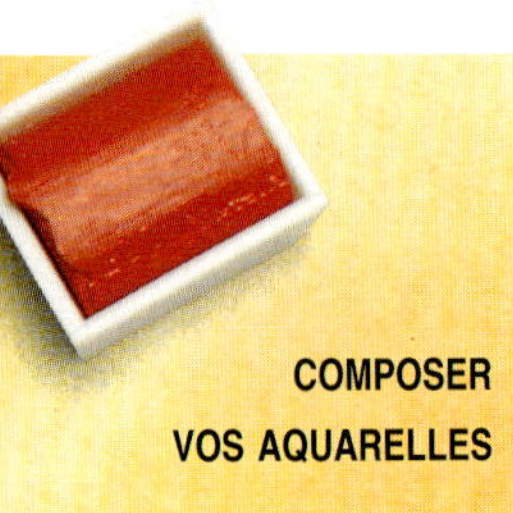

La figure et le portrait sont des sujets qui paraissent ambitieux. C'est pourquoi nous les avons gardés pour la fin du cours. Ambitieux, peut-être, mais pas impossibles, car vous possédez déjà assez bien la technique de l'aquarelle pour vous attaquer à ce sujet avec confiance.

Si l'aquarelle ne convient pas pour des portraits d'atelier très léchés, elle est parfaite pour saisir des impressions de figures et faire de beaux portraits simples.

LES GENS ET LES LIEUX

Vous souhaitez que vos paysages soient habités par une ou deux figures, mais en ville, une scène doit avoir ses personnages. Commencez à repérer des sujets en sachant que vous ne pouvez pas faire poser les personnes. Il faudra les saisir, telles qu'elles vous apparaîtront. On apprend en travaillant. Commencez par faire des croquis rapides (p. 94). Vous pouvez travailler à l'encre, au crayon ou au pinceau avec de la couleur, mais il faudra travailler vite car vos sujets ne resteront pas en place longtemps. Essayez de retenir une impression d'ensemble et observez les formes et les attitudes singulières des gens, la manière dont ils bougent. C'est cela qui donnera du caractère et de la vie à votre peinture.

Vous pourrez peut-être utiliser vos croquis comme point de départ pour un travail plus poussé à la maison. Ils doivent être riches d'information de toutes sortes y compris des détails de «mise en scène».

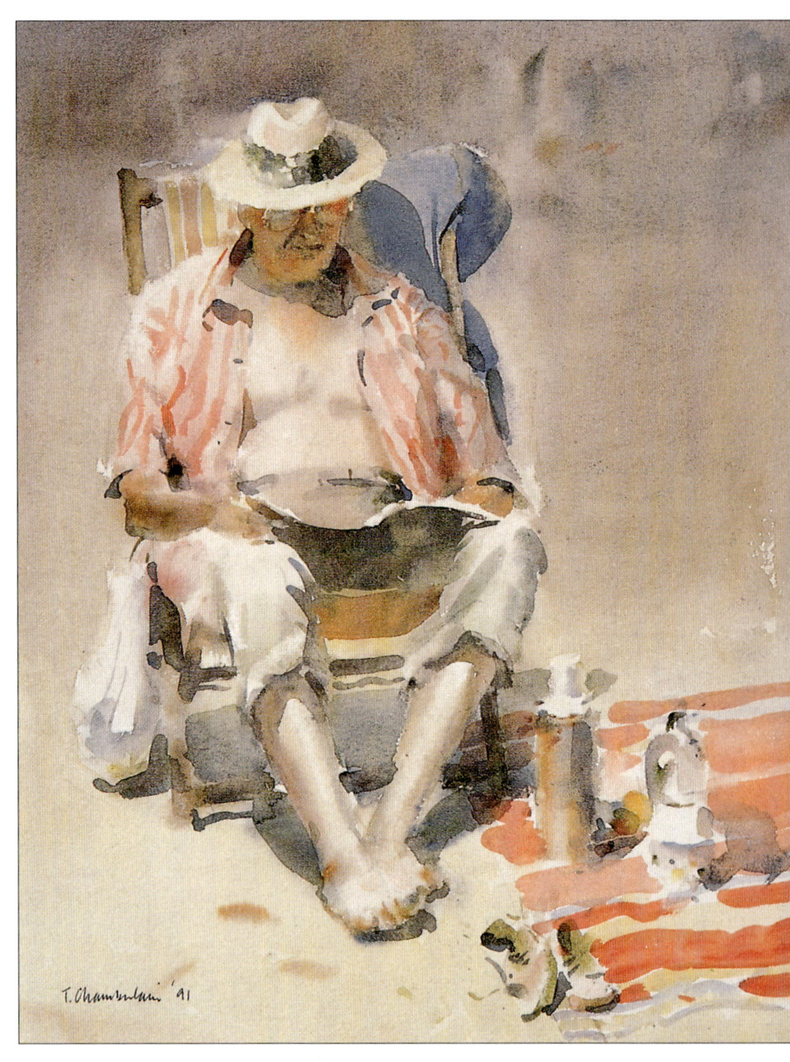

▲ ***Grand papa*, Trevor Chamberlain**

Les portraits de commande sont souvent faits à partir de séries de croquis pour lesquels le modèle a posé librement. Cependant, une séance suffit pour réaliser un portrait, comme celui-ci très libre et spontané. ces qualités sont liées à la rapidité d'exécution.

▶ Etalage au marché, John Lidzey

Ce croquis très rapide fait partie du carnet où Lidzey puise ses idées pour des peintures plus complexes. Il se passionne pour la lumière et les formes sont très sommairement indiquées. Le choix de vos croquis sera aussi naturellement guidé par les sujets qui vous inspireront davantage.

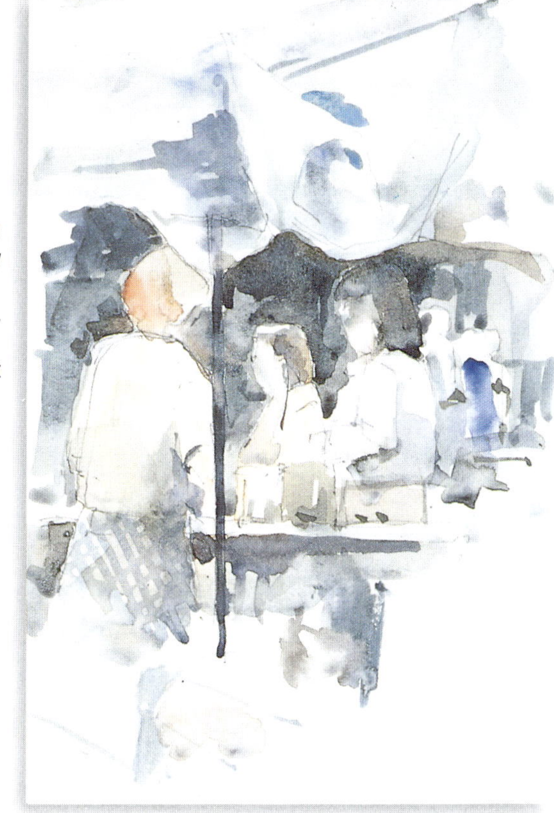

▼ *Un café à Bruxelles*, Ray Evans

Evans fait sans cesse des croquis, quelque fois avec un projet précis en tête, mais souvent par plaisir de peindre et dessiner. Il aime le dessin au lavis car il applique rapidement la couleur pour définir les différentes parties de la composition et peut consigner tous les détails des figures et des vêtements. Il peut prendre des notes rapides et précises.

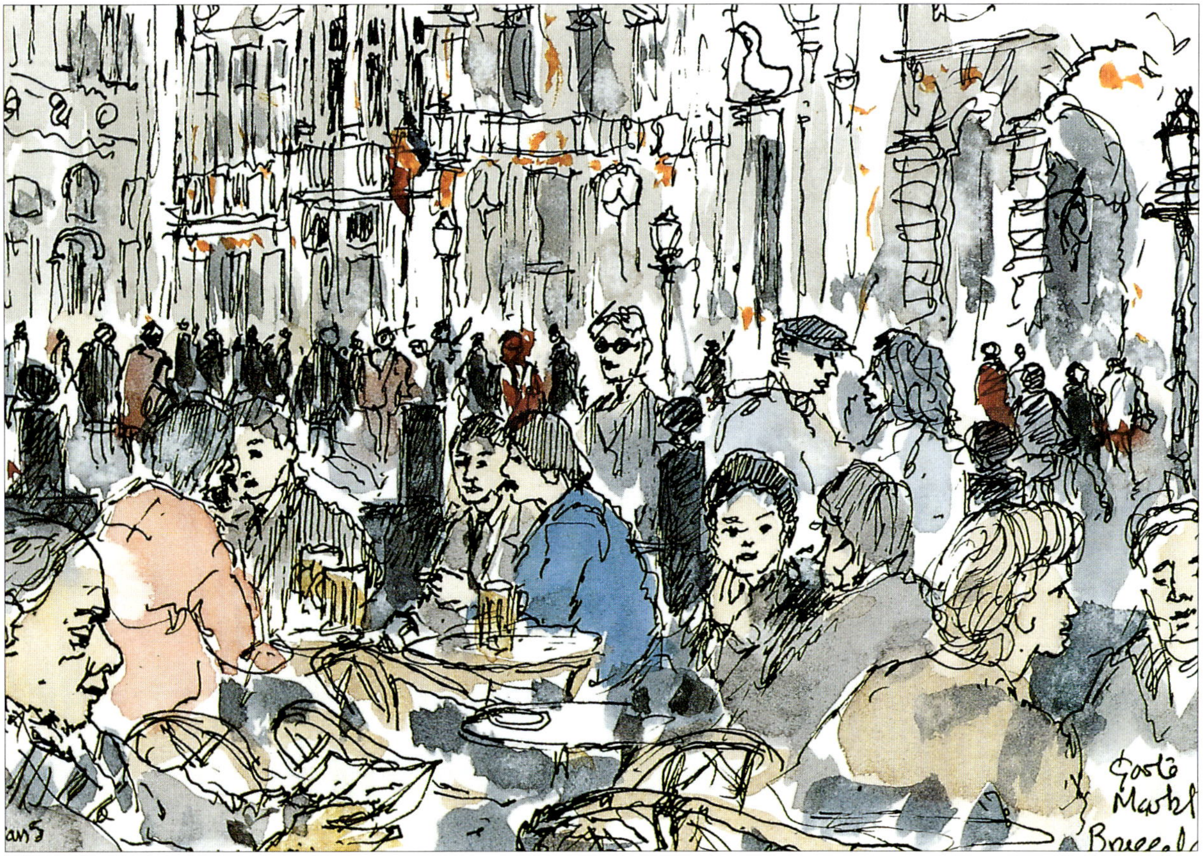

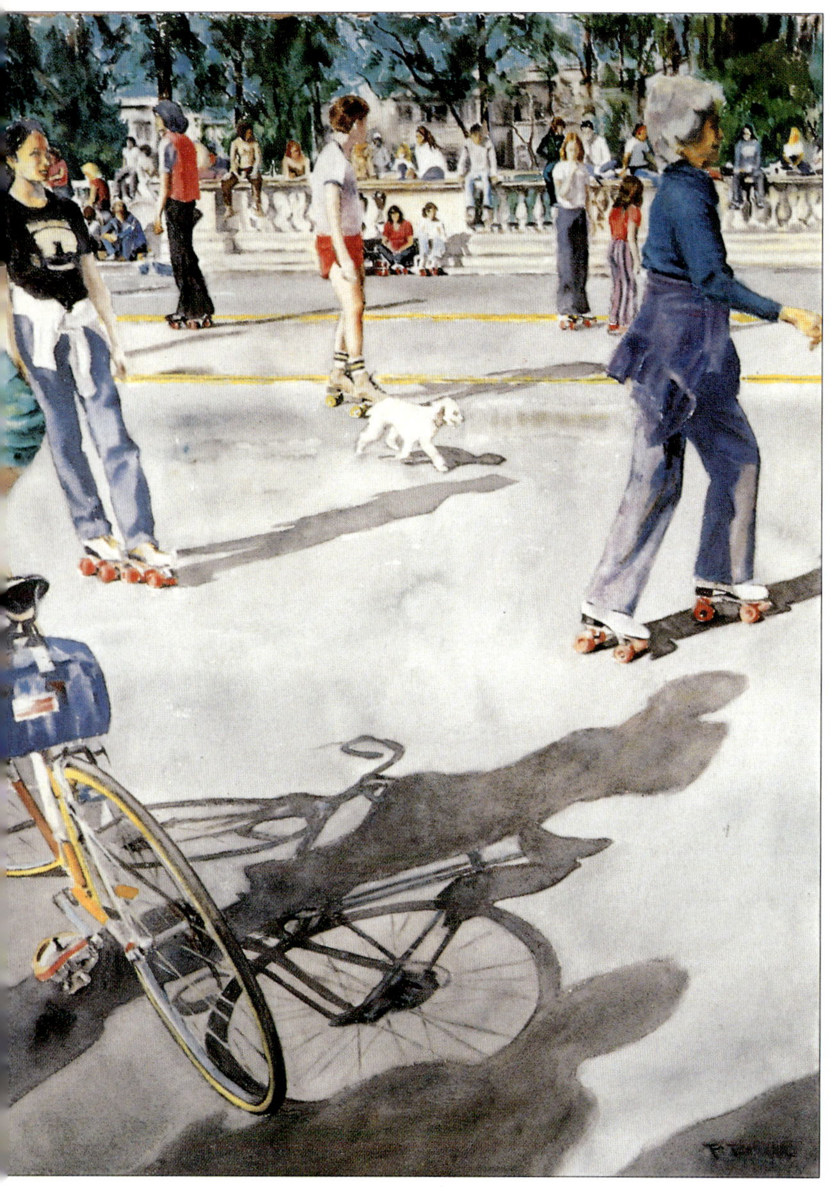

▲ ***Les patineurs*, Pat Berger**

Les gens en mouvement sont intéressants à peindre mais il serait difficile de terminer une peinture comme celle ci sur place. Prenez plusieurs photos de la scène et faites une composition à partir des personnages des différentes photos.

Par exemple, des personnages assis à une table de café ne doivent pas être dessinés seuls, sans indiquer rapidement les tables, les chaises et ce qui les entoure. Si vous faites une esquisse sans couleur, indiquez la direction de la lumière, sa provenance, par une simple croix sur votre feuille à dessin.

FAIRE UN PORTRAIT

Les esquisse sont des exercices nécessaires dans l'art du portrait. Des croquis réussis deviennent des portraits. Le portrait peint doit ressembler au personnage.

La ressemblance n'est pas dans la reproduction fidèle de chaque détail d'un visage et le modèle n'est pas obligé de poser longtemps. Vous pouvez saisir le caractère d'une personne que vous connaissez dans sa silhouette, sa manière de marcher, qui sont aussi importantes que les yeux ou le nez d'un visage. Vous n'êtes pas obligé de travailler en atelier.

Les portraits font également souvent référence aux goûts du modèle ou peuvent utiliser des éléments qui soulignent le caractère du modèle. Par exemple, le portrait d'un écrivain peut inclure une pile de livres, celui d'un artiste une de ses toiles en guise de fond.

COMPOSER UN PORTRAIT

Lorsque l'on peint une seule figure, il faut savoir comment la situer et la place qu'elle occupe. Dans une peinture, les personnages attirent l'œil et deviennent le centre d'intérêt. La silhouette ne doit donc pas obligatoirement occuper une grande place. Pour le portrait d'un passionné de jardinage, par exemple, accordez autant d'espace aux fleurs, aux arbres, aux buissons et vous obtiendrez un portrait réussi.

Souvent, vous aurez envie de peindre un visage, surtout si un ami ou un membre de votre famille vous propose de poser. Dans ce cas, vous pouvez peindre le visage ou une demi-silhouette jusqu'aux

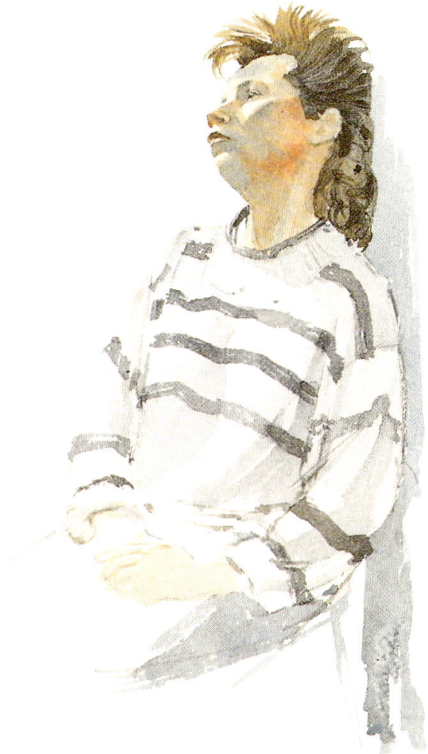

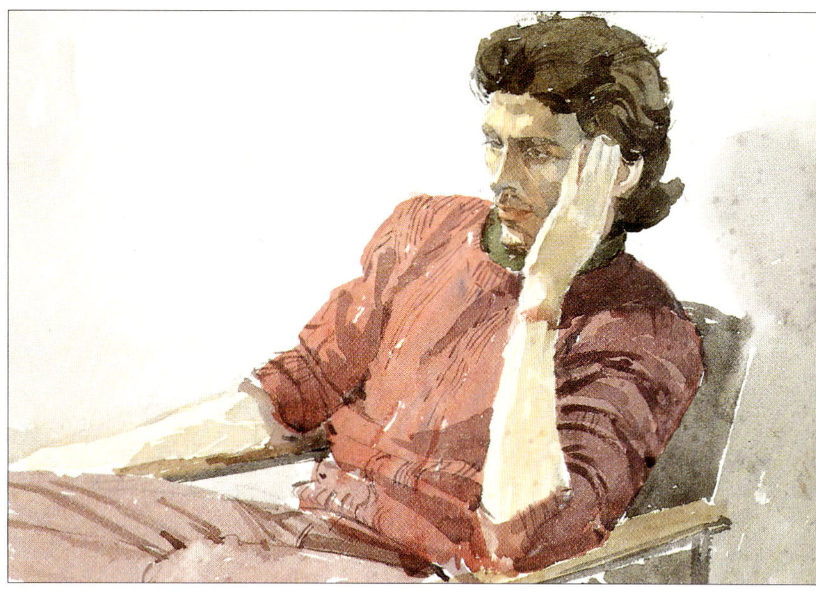

***Des croquis de portraits*, Terry Longhurst**

Un portrait n'a pas besoin d'être poussé pour être réussi. Il doit rendre le caractère du modèle. Ici, le fond est réduit à l'essentiel et la touche est expressive et spontanée. Le peintre a saisi la personnalité de chacun, au travers de leurs traits, leur chevelure et leur attitude.

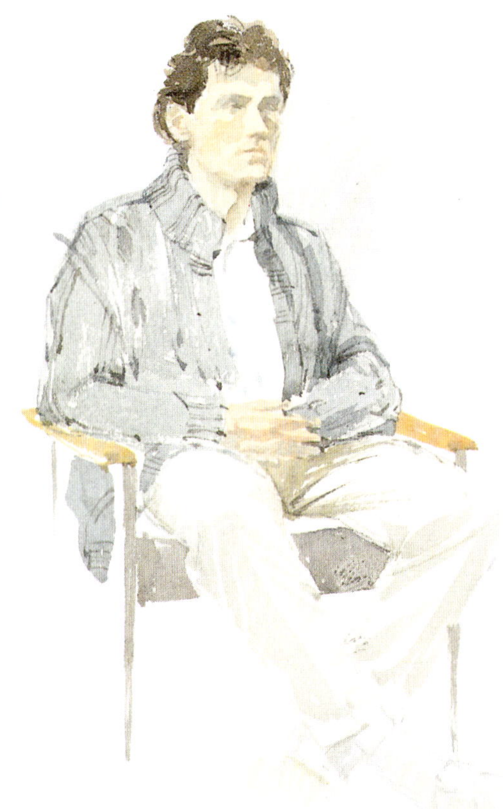

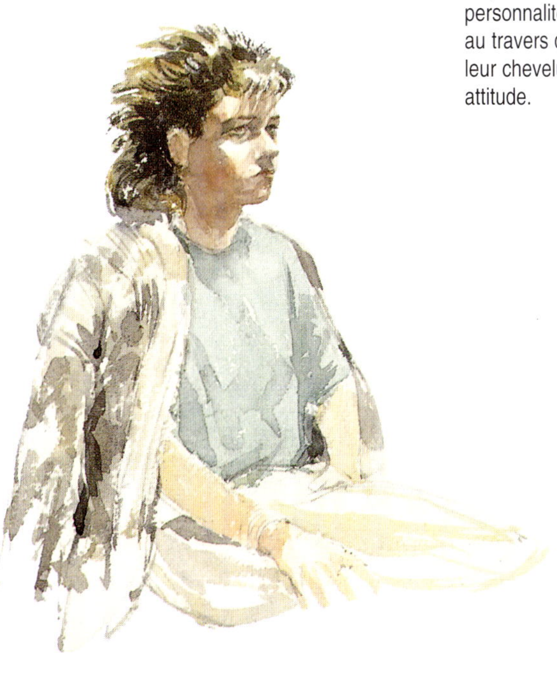

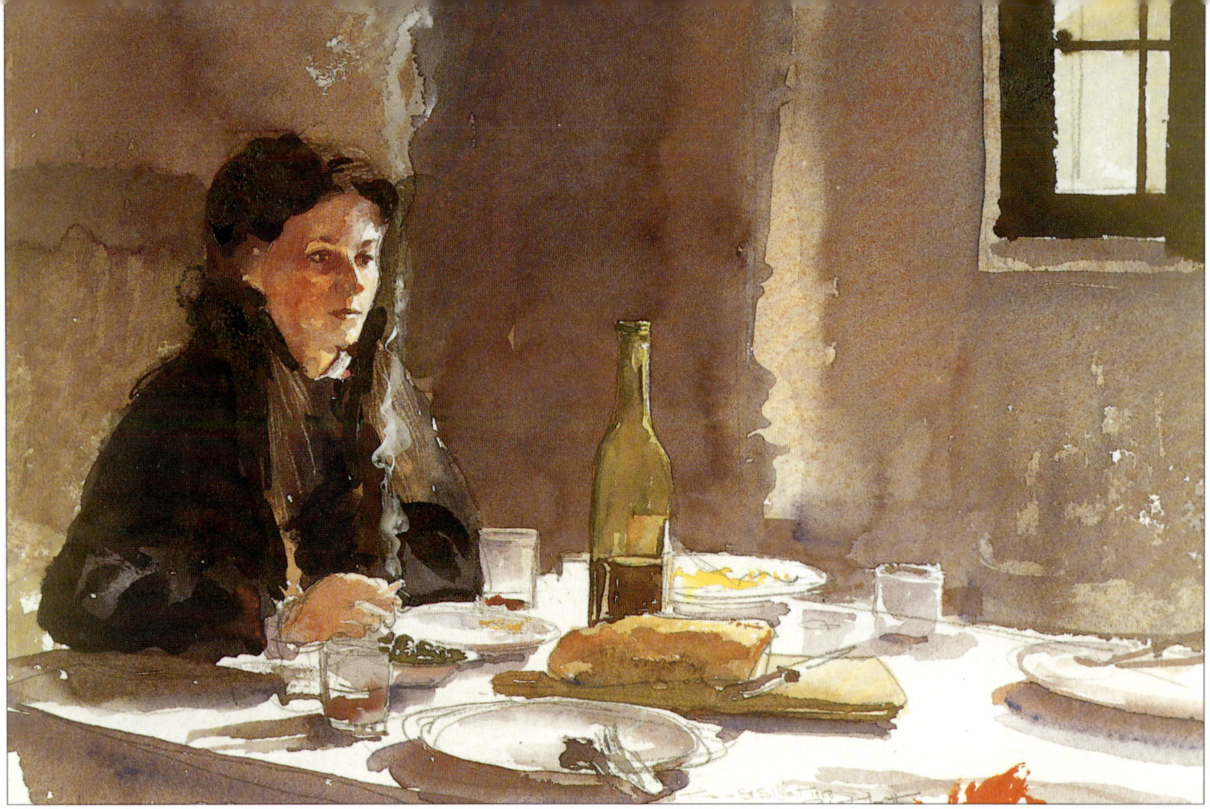

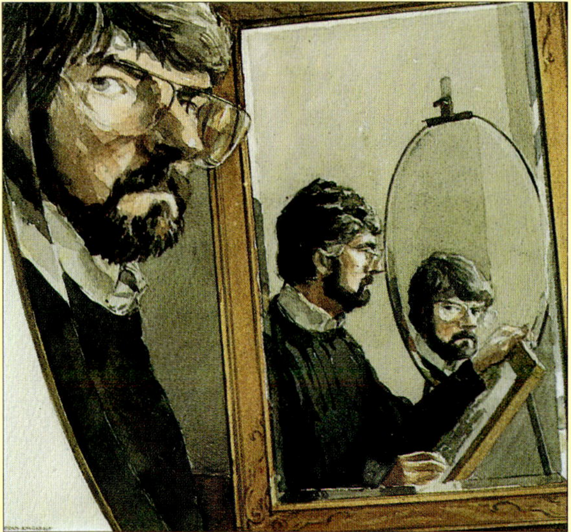

Faire son autoportrait est un bon entraînement technique. On ne trouve pas facilement des modèles pour des séances de pose longues, mais si vous êtes votre propre modèle, vous pouvez prendre le temps que vous jugez nécessaire. De plus, si vous n'êtes pas satisfait du résultat, vous pouvez recommencer.

▲ ***Autoportrait aux trois miroirs*, Terry Longhurst**

C'est un sujet ambitieux où l'artiste fait trois autoportraits en un, jouant avec l'échelle et les dimensions des motifs.

▲ ***Jeune femme*, Robert Wraith**

Ici, le modèle est dans un cadre précis, à l'inverse des personnages «croqués» par Longhurst à la page précédente. La jeune femme fume, pensive, assise devant les reliefs d'un repas. La composition est belle et pleine d'atmosphère. L'harmonie paisible des couleurs sombres renforce la solitude du modèle. La fumée de cigarette (ajoutée avec du blanc opaque) est une touche surprenante, qui répond à la tache de lumière sur le mur et à la ligne verticale de la bouteille.

▶ ***Un homme assis*, Jan Kunz**

Cette peinture est soigneusement composée. Toute l'attention est concentrée sur le visage. Le cadrage est serré sans laisser paraître trop les jambes du modèle. Les mains juste ébauchées ne doivent pas retenir l'attention et le fond est juste travaillé pour mettre en valeur la partie éclairée du visage.

PEAUX CLAIRES
La meilleure approche consiste à préparez un lavis général de couleur crème que vous pouvez éclaircir par addition d'eau ou foncer avec un peu de bleu ou vert, formant ainsi les contrastes du visage du modèle (lumière et ombre). Pour les peaux claires, on utilise de l'ocre jaune et du rouge. Vous trouverez ci-contre quelques suggestions de couleurs basiques pour cette teinte de peau. On peut utiliser aussi du gris Payne et de la terre d'ombre naturelle pour les ombres.

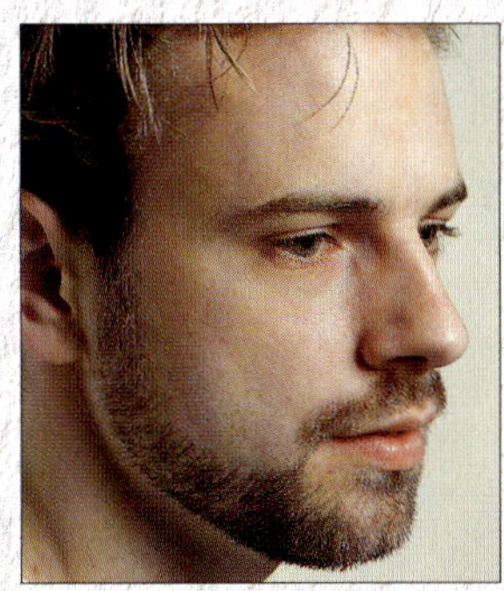

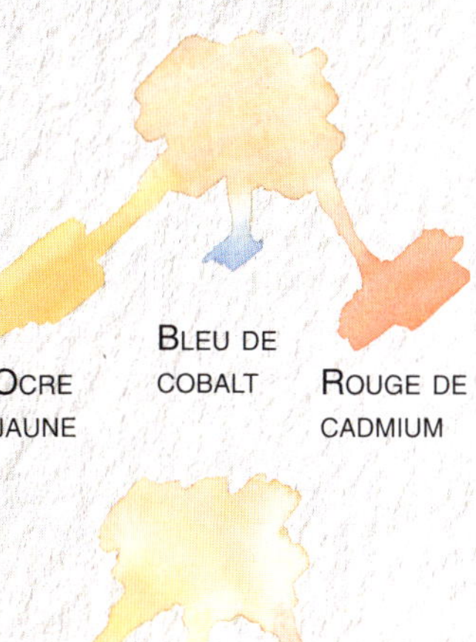

PEAUX FONCÉES
Observez la couleur prédominante qui peut être du brun de tendance jaune (comme sur cette photo), du brun de tendance rouge ou bleue. Il y a différentes variations dans les contrastes et les ombres mais pas toujours de lien. Mélangez la couleur prédominante et ajoutez une teinte plus foncée pour les ombres. N'utilisez pas trop de couleurs différentes. Les couleurs proposées ici sont une base. On peut utiliser de l'indigo ou du vert émeraude pour les ombres.

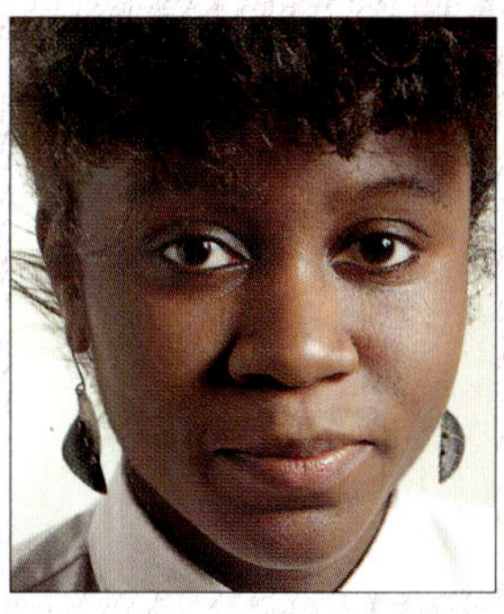

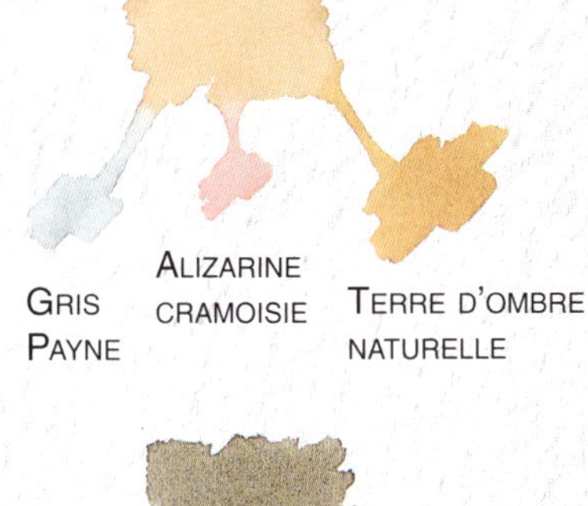

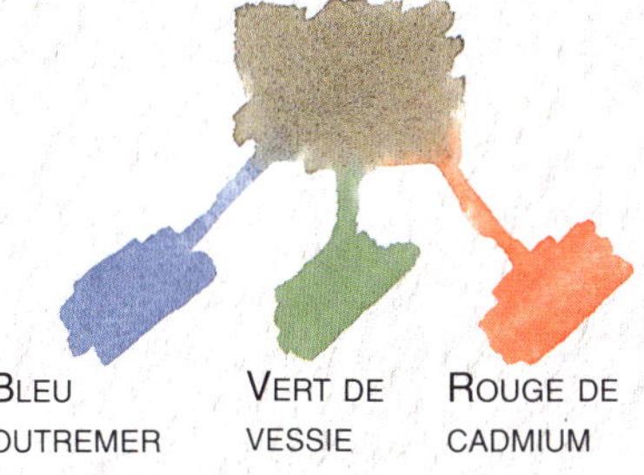

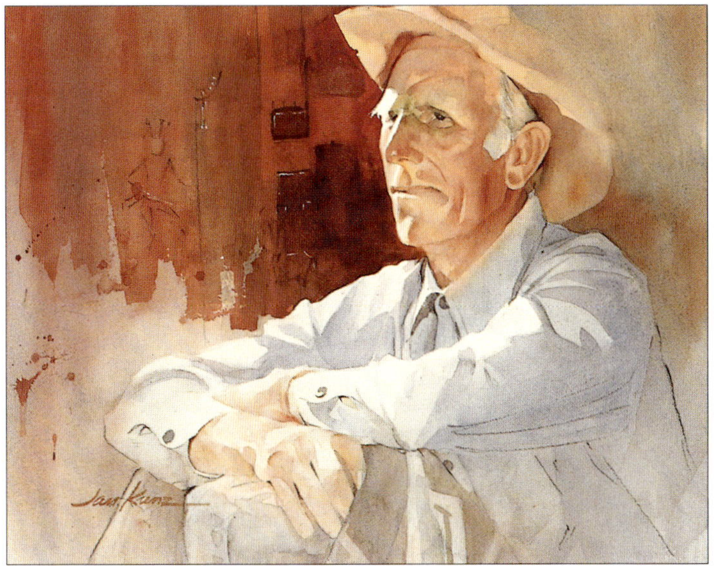

mains. Pour la composition et le cadrage, prenez votre temps. La tête et le cou forment un tout. Vous pouvez couper à la base du cou ou juste au-dessous. Dans l'autre cas, coupez sous les mains, jamais à la hauteur des poignets.

Ne laissez pas trop d'espace au-dessus de la tête, car cela fait descendre la figure comme si le personnage était en train de glisser pour disparaître du cadre.

Quelque soit votre choix, ne placez pas le visage en plein milieu et pas davantage en pleine face. En général, un trois-quart est plus séduisant, révélant toutes formes sans monotonie.

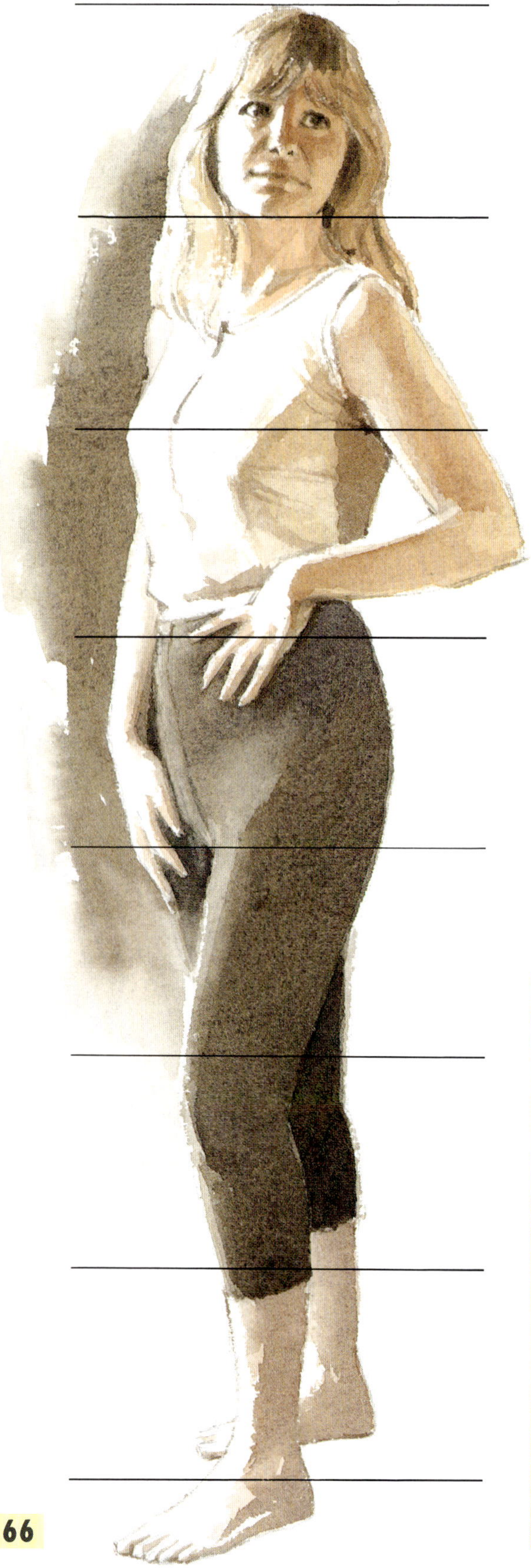

◀ Les proportions du corps

En général, on accepte pour le corps la proportion de sept têtes de haut. Bien sûr, il faut adapter cette règle au modèle. Mais les épaules et les hanches ont des mensurations très différentes suivant les personnes. Ici, le modèle a des épaules et des hanches étroites mais une poitrine assez importante.

LES PROPORTIONS DU CORPS HUMAIN

Un dessin médiocre d'un portrait ou d'une figure tient davantage au manque d'observation que de technique. La pratique permet de faire de rapides progrès, cependant il y a quelques règles de proportion.

La hauteur de la tête est une mesure de référence. Chez un adulte, elle est sept fois et demi comprise dans la hauteur du corps. Un pied a la longueur d'une tête. La taille est bien au-dessus de la moitié du corps proportionnellement à la longueur des jambes.

Bien sûr, la réalité échappe à ces standards. La tête peut être plus petite ou plus grande, comme les jambes ou les épaules. Si vous calculez vos proportions «en tête», vous ferez moins d'erreurs.

Tenez votre crayon à distance devant vous et posez votre pouce pour marquer la hauteur de la tête. Ensuite, voyez combien de fois cette mesure s'inscrit dans une jambe, un bras ou une largeur d'épaule.

Lorsque vous dessinez ou vous peignez un portrait, sachez que les yeux, le nez et la bouche occupent une petite surface du visage. La base des yeux est à mi-tête.

LES RACCOURCIS

Ces dessins montrent la réduction des formes vue en perspective. La cuisse, repliée face à vous sur le dessin inférieur, semble plus courte et large. En matière de raccourci, oubliez les règles de proportion et dessinez ce que vous voyez.

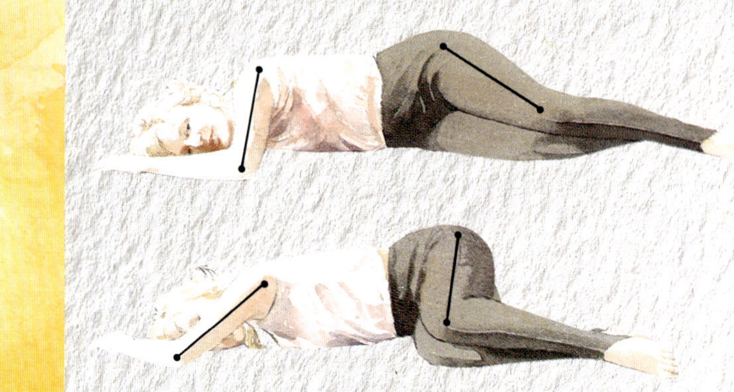

En général, les yeux sont trop grands et trop hauts. Si les visages sont tous différents et vous savez qu'il est important pour la réussite d'un portrait de saisir son caractère, ses quelques règles vous seront utiles.

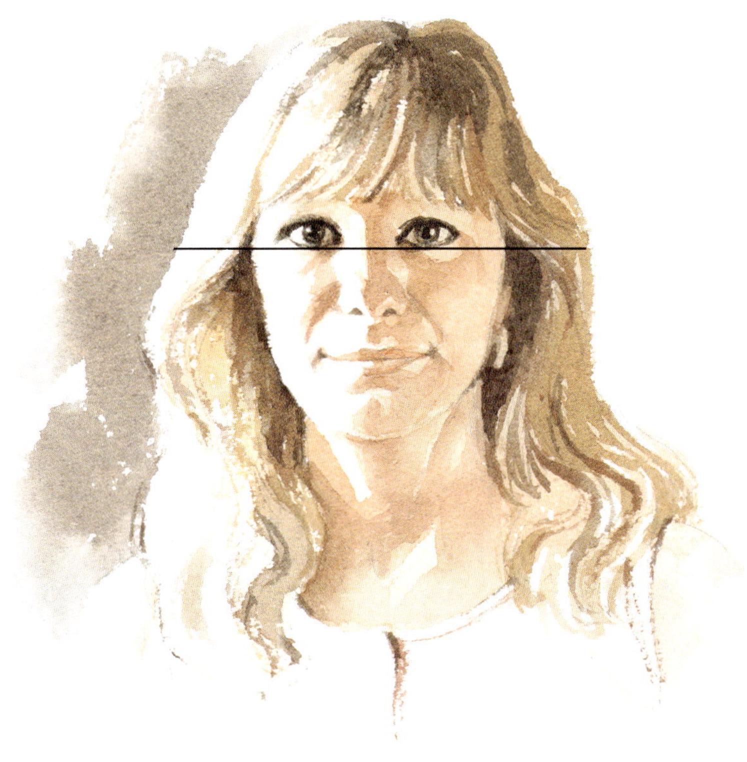

▲ **Proportions du visage**
Souvent, on place les yeux trop haut car on évalue mal la hauteur du front jusqu'au sommet de la tête. La moitié du visage se situe au niveau du bas de la cavité des orbites.

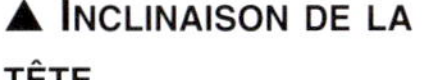

▲ **Inclinaison de la tête**
Les différentes orientations de la tête mettent en perspective les traits du visage. Imaginez que la tête est un œuf et tracez une série de parallèles correspondant à ces différentes parties : yeux, nez et bouche.

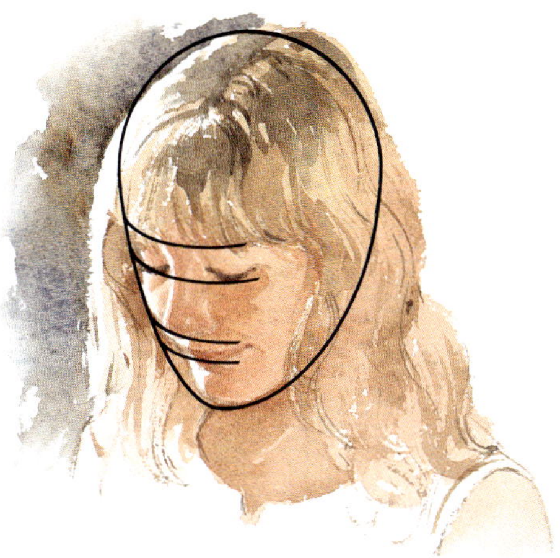

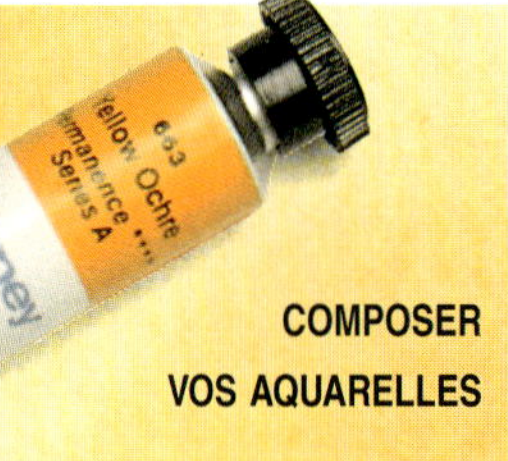

Les autres techniques

Les peintres animaliers ajoutent souvent de la gouache ou de l'encre de Chine blanche aux couleurs de l'aquarelle. Cette technique convient également aux reflets des cheveux ou de la peau, comme dans ce portrait.
Vous pouvez aussi employer du pastel, du fusain ou du crayon sur des couleurs sèches. Vous pouvez ainsi de quelques traits rehausser les détails d'un nez, d'un œil ou d'une bouche. Le crayon en particulier se manie bien avec l'aquarelle.
Certains puristes répugnent à faire ces mélanges ou à utiliser de la gomme liquide et crayon à la cire. En fait, l'important est d'obtenir le meilleur résultat avec les moyens les plus efficaces.

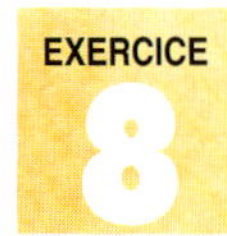

Définir les teintes de la peau. 

Utilisation d'encre de Chine blanche. 

Mélange avec les doigts. 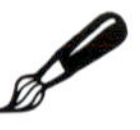

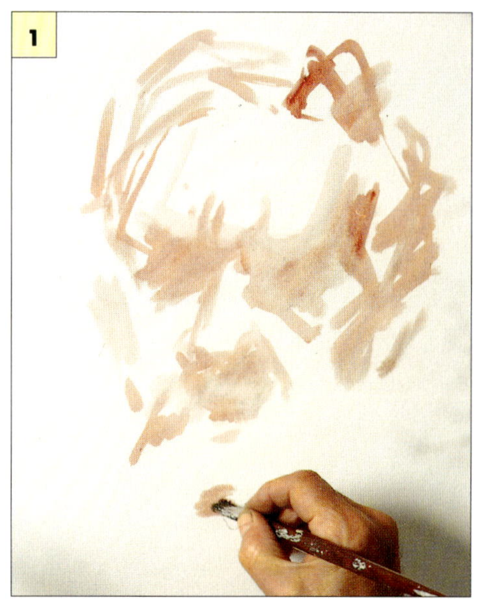

1 On peint une esquisse avec un lavis sépia qui se fondra avec les prochaines couleurs. Si vous n'êtes pas sûr de vous, faites le dessin d'abord au crayon.

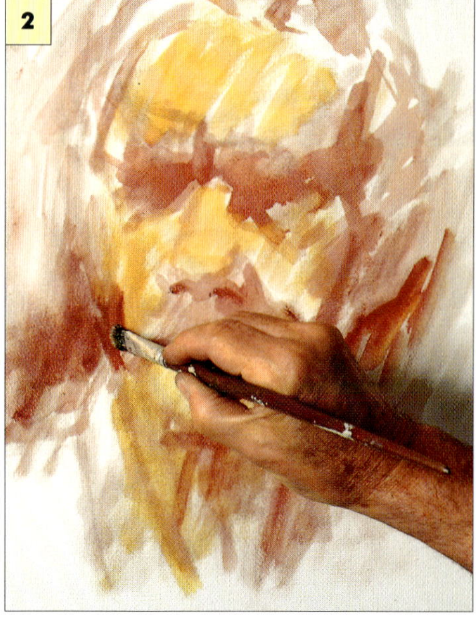

2 A ce stade du travail, l'artiste utilise encore des couleurs légères. Mais contrairement au lavis, ici il brosse énergiquement la surface du papier. Il fait son mélange de couleur sur une chute de papier à aquarelle pour choisir exactement la densité de couleur souhaitée.

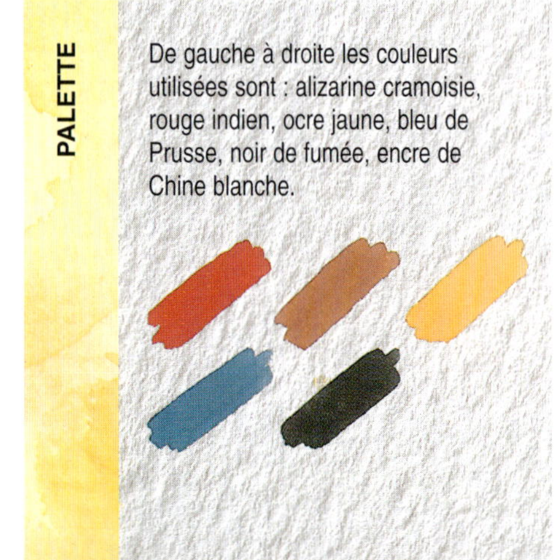

PALETTE

De gauche à droite les couleurs utilisées sont : alizarine cramoisie, rouge indien, ocre jaune, bleu de Prusse, noir de fumée, encre de Chine blanche.

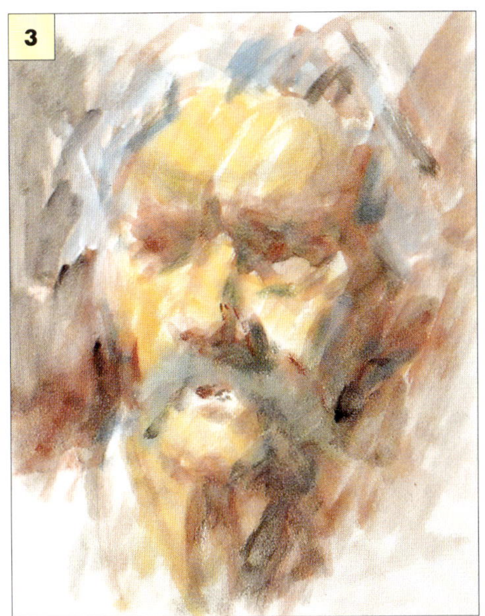

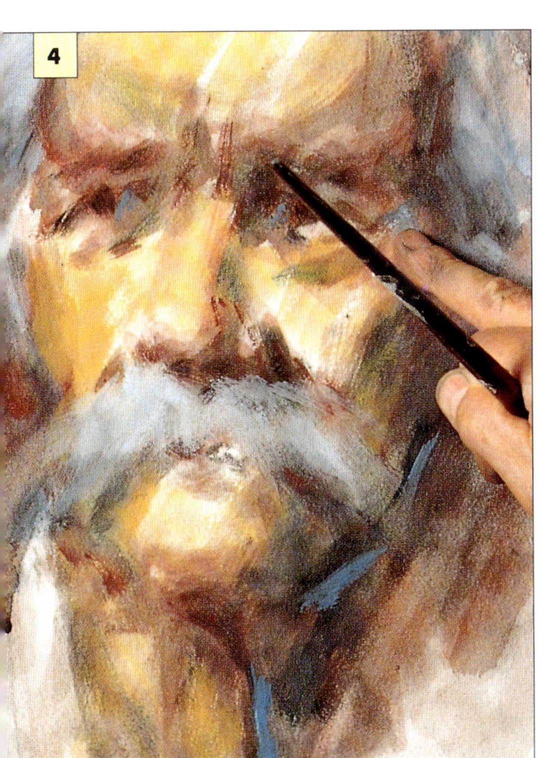

3 Le modelé du visage est maintenant défini. La palette est réduite. Les couleurs sombres sont additionnées d'une pointe de noir qui leur donne de la profondeur.

4 La couleur du visage est à dominante ocre-jaune. Les ombres sont à base de rouge indien, d'alizarine cramoisie et d'outremer. Ici, l'artiste fond les couleurs sombres et le lavis avec le doigt.

5 On a posé quelques touches d'encre de Chine blanche avec une pointe de noir dans les cheveux et la moustache. La touche sombre sous le nez est estompée avec le doigt pour adoucir le passage ombre et lumière.

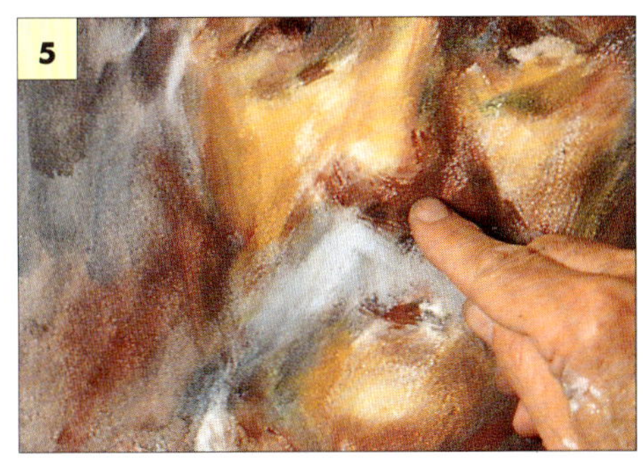

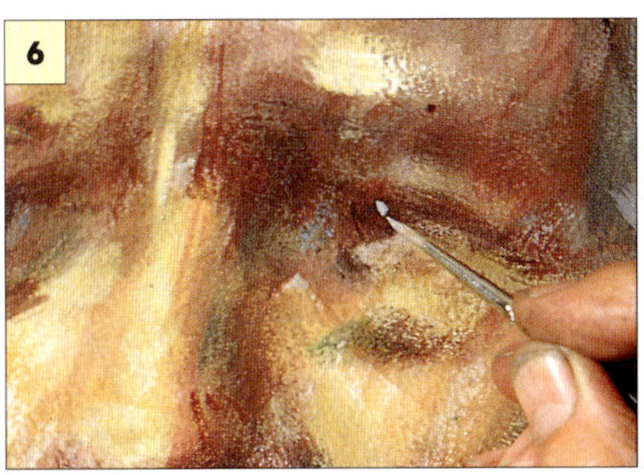

6 Les rehauts de l'œil au pinceau et à l'encre de Chine blanche pure sont délicatement travaillés. En effet, s'ils ne sont pas justement placés, l'œil semblera déformé.

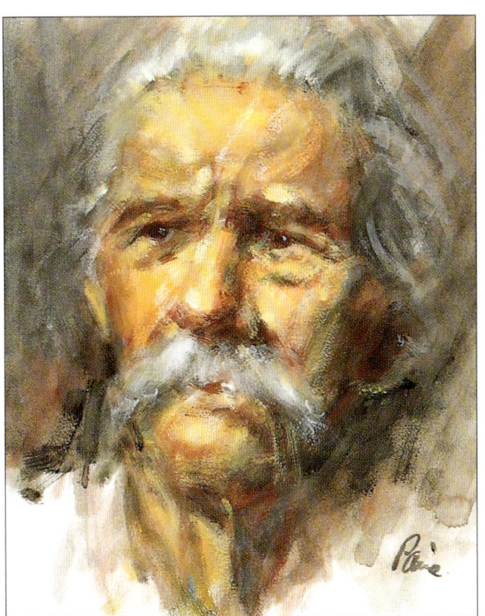

◀ Portrait d'un homme à moustache, Ken Paine

On a utilisé de la peinture opaque pour les cheveux, la moustache et les reflets du front, du nez et des pommettes. La couleur épaisse est brossée sur une surface sèche, ne se fixant ainsi que sur la partie supérieure du grain du papier.

Différentes approches

Tout dépend de ce que vous souhaitez exprimer au travers d'un portrait. Une figure dans un paysage est esquissée alors que le portrait d'une ou plusieurs personnes demande plus d'observations et de soins. Cela ne veut pas dire adopter un style méticuleux et stricte. Vous pouvez travailler librement à condition d'avoir défini votre sujet avant de commencer.

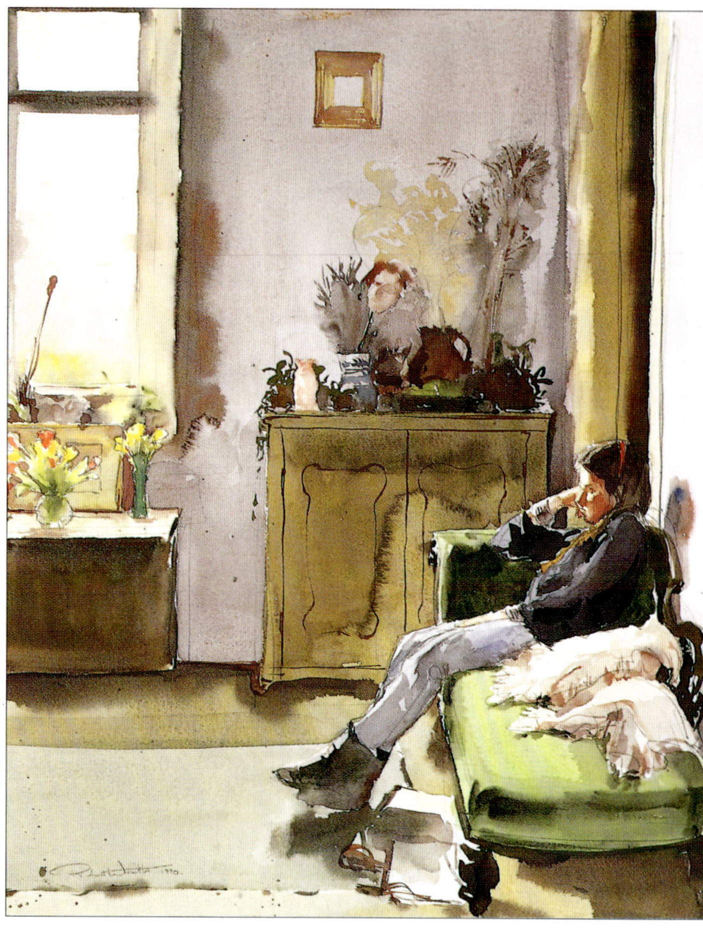

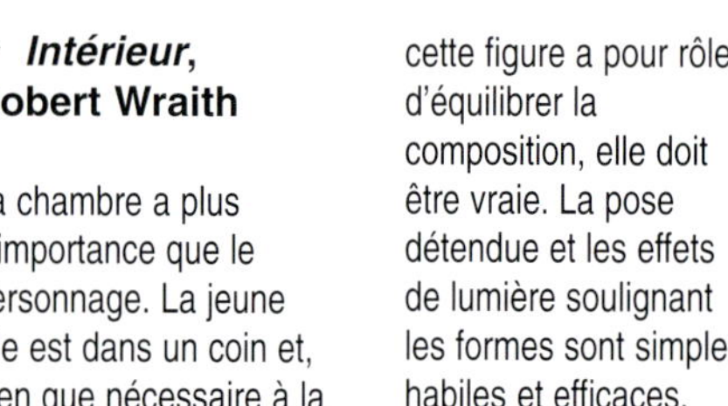

▶ ***Intérieur*, Robert Wraith**

La chambre a plus d'importance que le personnage. La jeune fille est dans un coin et, bien que nécessaire à la composition, elle ne la domine pas. Même si cette figure a pour rôle d'équilibrer la composition, elle doit être vraie. La pose détendue et les effets de lumière soulignant les formes sont simples, habiles et efficaces.

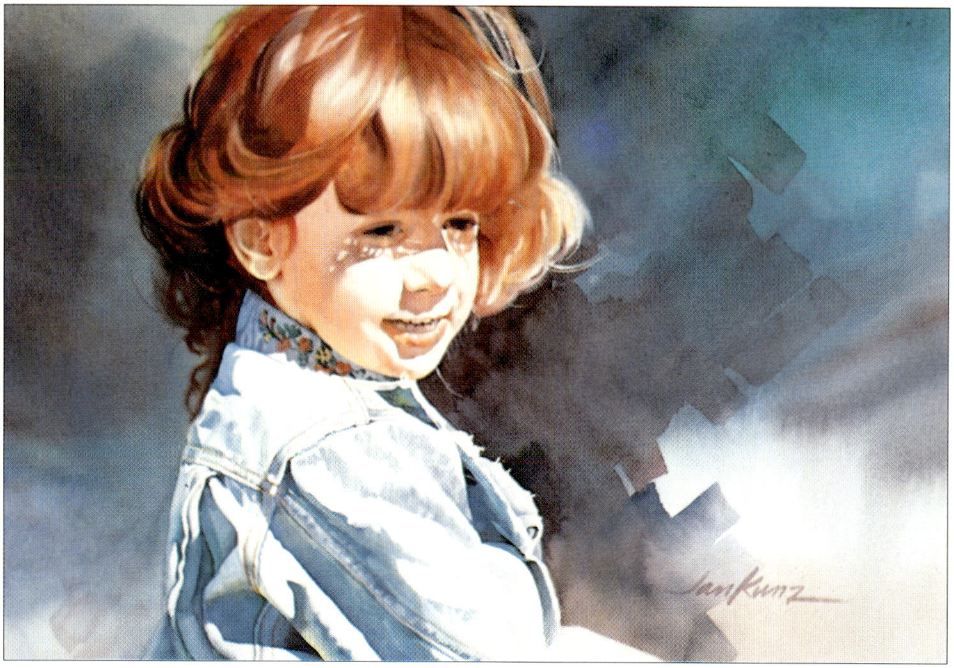

◀ ***Petite fille*, Jan Kunz**

C'est un portrait très réaliste mais sans excès de détails. La lumière très vive blanchit une bonne partie du visage et du vêtement. Les traits du visage et les ombres sont peints d'une main sûre. La chevelure est simplifiée en une série de mèches.

▶ ***Sir John Best-Shaw*, Terry Longhurst**

C'est un portrait de commande et l'artiste se devait de respecter une certaine ressemblance et une composition agréable. La tête, légèrement tendue et levée, des couleurs simples et claires se découpant sur un fond sombre et régulier, donnent un sentiment général de force tranquille.

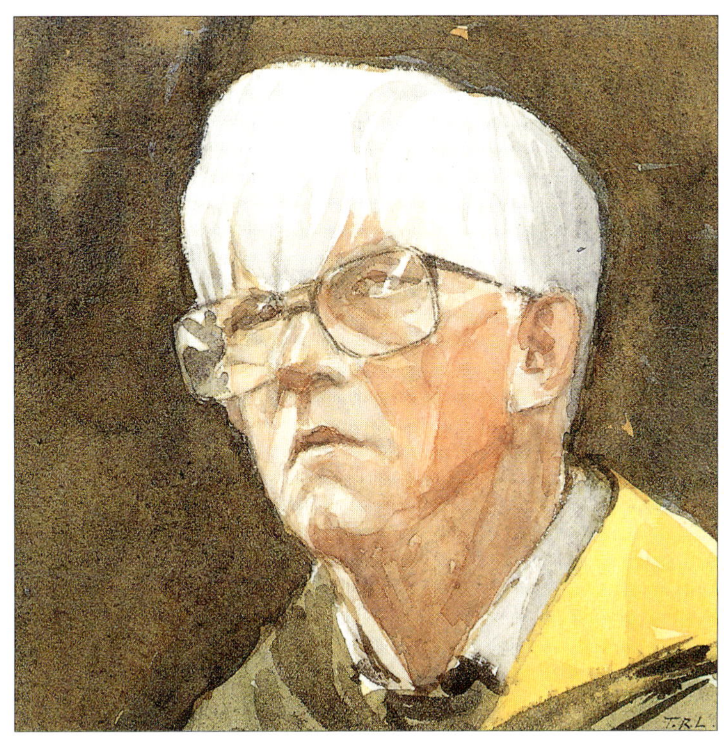

▼ ***Fred et Edna*, David Curtis**

Cette étude plaisante, qui n'est pas à proprement parler un portrait, est ressemblante. Les visages sont cachés, mais les figures, les attitudes et les vêtements définissent les personnes. Si vous allez à la plage, faites également des croquis. Les gens sont souvent longuement immobiles, qu'ils dorment ou qu'ils lisent.

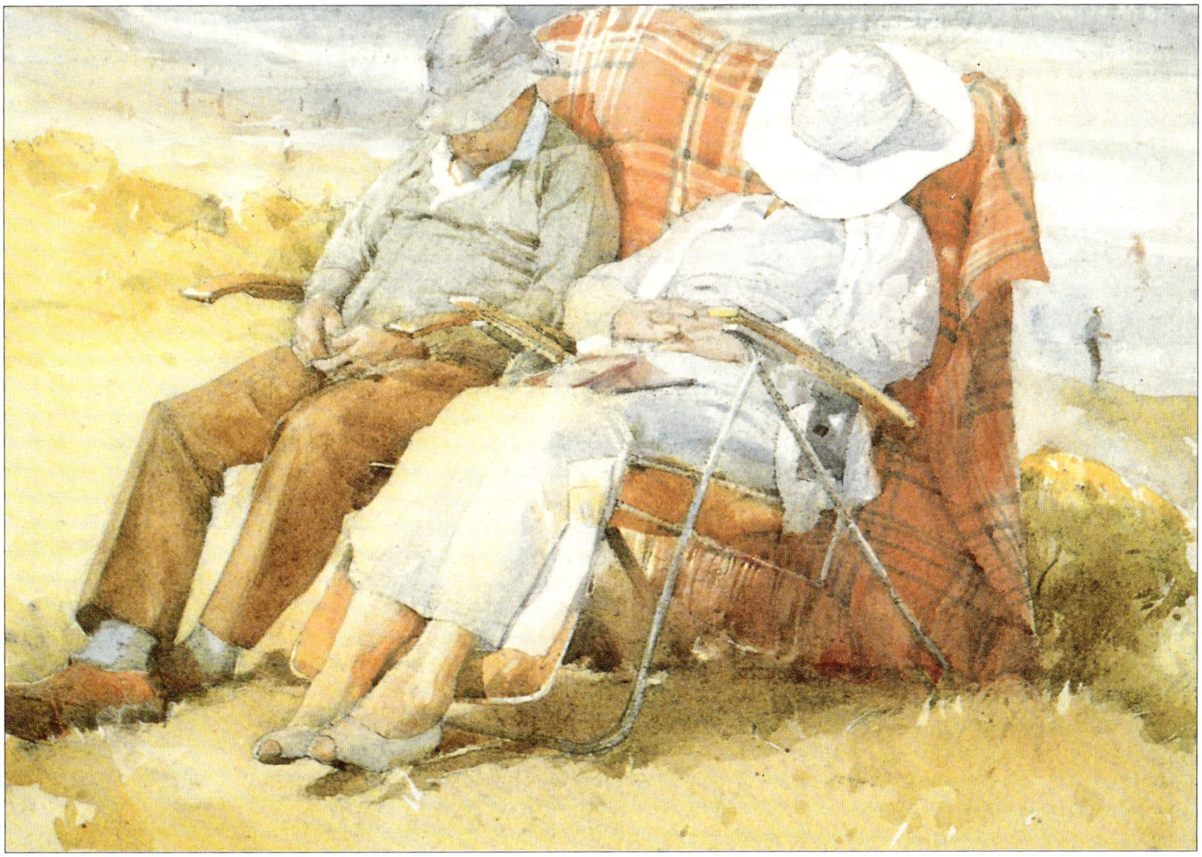

Corriger ses propres erreurs en peinture est une des meilleures façons de progresser. Conservez les travaux dont vous n'êtes pas satisfait et oubliez les quelques temps. Avec un peu de recul, vous serez plus critique et surtout vous pourrez reconnaître vos erreurs. Cela vous aidera pour vos prochains travaux. Vous pouvez ainsi reprendre le sujet d'une première peinture ratée.

▶ Les aquarelles craignent le soleil et l'humidité. Il faut les protéger avec un papier de soie neutre spécial. Un carton à estampes convient si vous n'avez pas de tiroirs assez grands pour y placer vos aquarelles.

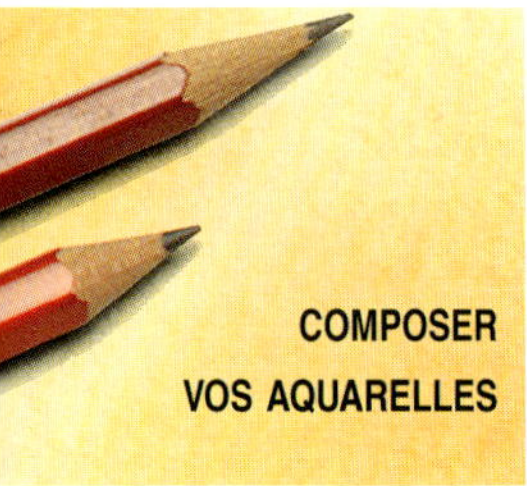

Quand vous avez terminé

PRÉSENTER VOTRE TRAVAIL

Lorsque vous êtes satisfait d'une peinture, vous aimerez peut-être l'accrocher? Il faudra la monter et l'encadrer, ou bien la vernir car tout travail sur papier devrait être protégé par un verre. Il est facile de faire découper un verre et le montage se fait à la maison.

Les cartons de montage sont en général à fenêtre. Cet encadrement de carton que l'on pose sur l'aquarelle doit avoir des bords assez larges. Il existe dans de nombreuses couleurs mais un ton ivoire convient parfaitement. Pour choisir une couleur, emportez votre aquarelle.

Utilisez un cutter et une règle en fer pour la découpe : des bords biseautés sont plus esthétiques. Si vous faites de nombreux encadrements, achetez un cutter spécial.

La taille de la marge de carton est importante, l'aquarelle ne doit pas s'y perdre ou au contraire être comprimée. Essayez des marges différentes en déplaçant le cadre sur votre peinture.

Notez soigneusement les points de repères de vos mesures avant de découper le carton. La marge inférieure doit être plus importante car, à hauteur du regard, l'aquarelle paraîtra ainsi centrée.

Pour les cadres en bois, adressez-vous à un professionnel. Vous pouvez également

LA DÉCOUPE DU CARTON

Pour cet encadrement, nous avons choisi un sous-verre à agrafes. Le verre est pré-découpé. Il reste à découper le carton à fenêtre et un carton de soutien.

1 Déterminez l'empiètement du cadre en carton sur votre aquarelle.
2 Découpez un carton de soutien à la taille du verre et un autre sur lequel vous tracerez les limites de la fenêtre.
3 Ce cutter spécial est conçu pour couper le dos du carton. Exercez une pression régulière sur la lame.

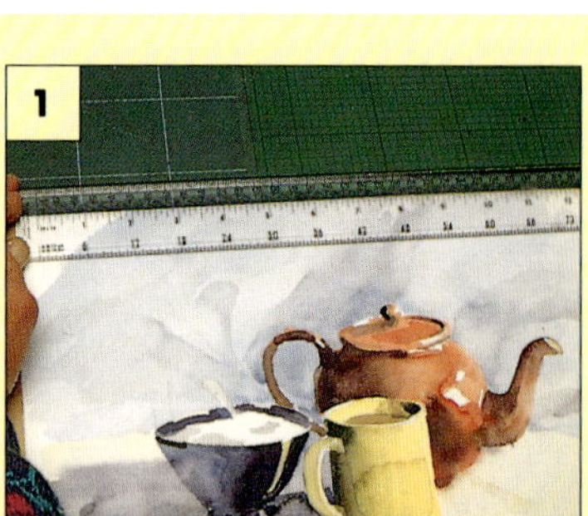
1

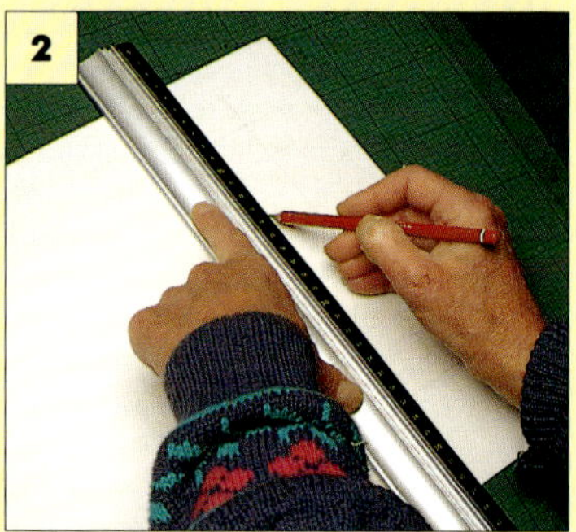
2

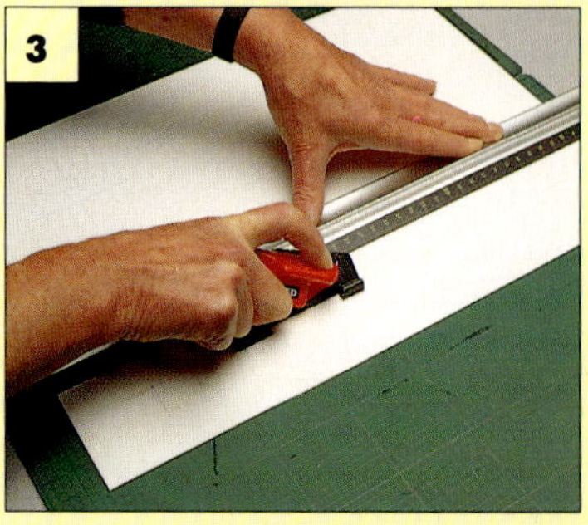
3

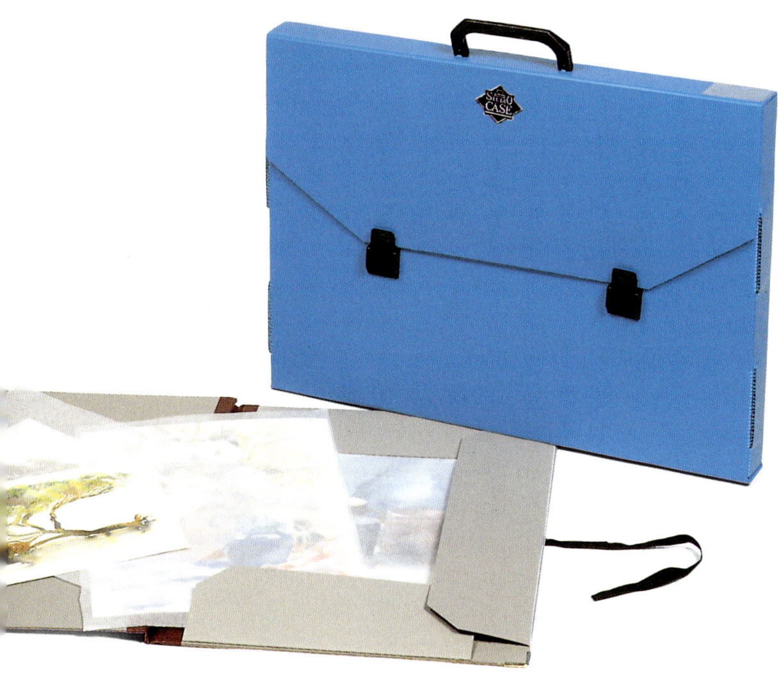

fixer l'ensemble avec des agrafes spéciales ? Ce système est économique et pratique dans la mesure où vous pouvez facilement démonter l'ensemble. Il existe aussi des baguettes d'encadrement à la coupe. Il suffit d'encoller et de fixer les quatre montants ensemble. Si c'est du bois, vous pouvez décorer ou vernir ce cadre à votre guise.

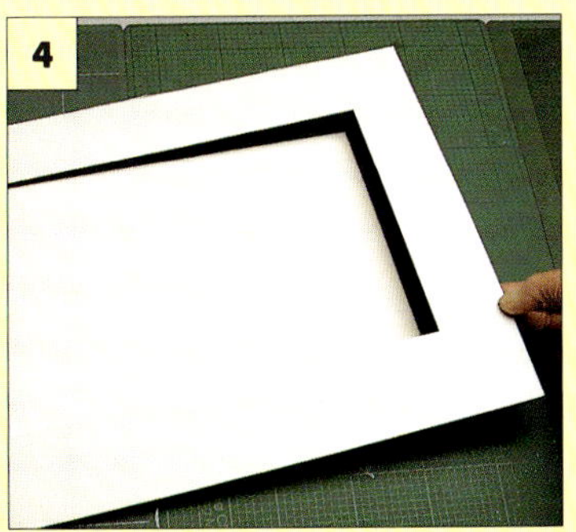

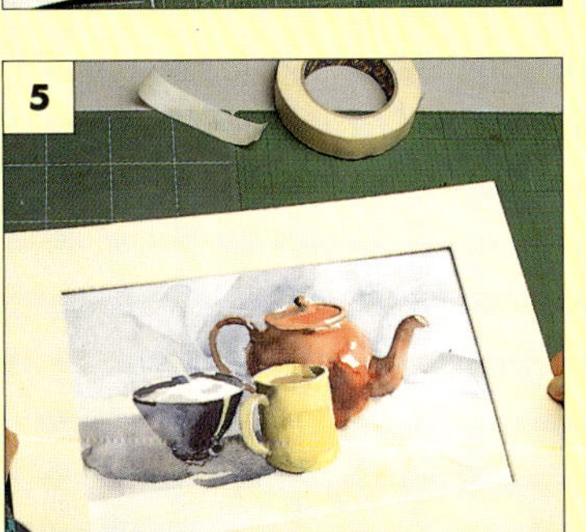

4 Lorsque vous avez soigneusement découpé votre fenêtre, soulevez le cadre pour que la partie découpée se détache.

5 Positionnez le cadre en carton sur l'aquarelle. Fixez l'aquarelle au dos du cadre avec un morceau de ruban-adhésif. Mais ne mettez pas de ruban-adhésif sur toute la longueur des bords au risque de voir le papier friser.

6 Disposez l'aquarelle et son cadre sur le carton de montage.

7 Posez le verre et fixez l'ensemble avec les agrafes.

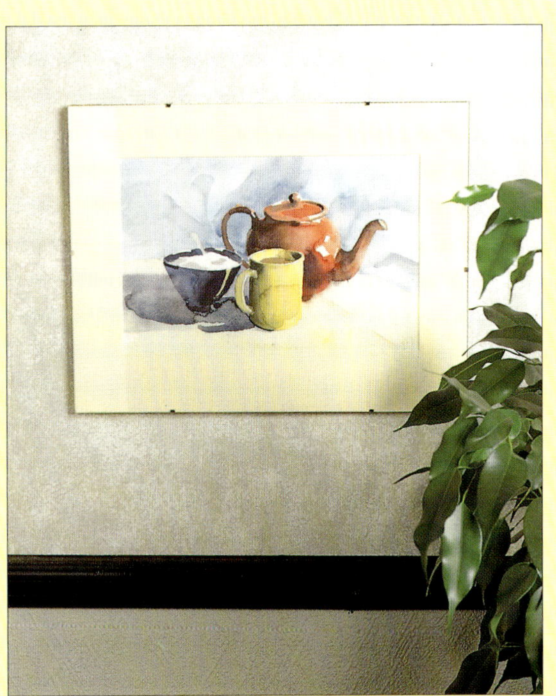

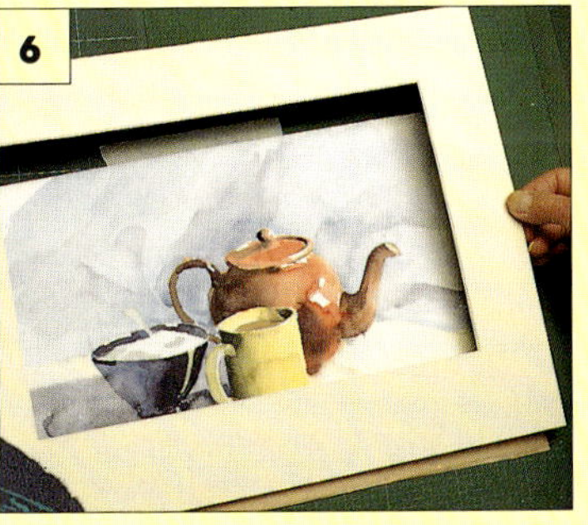

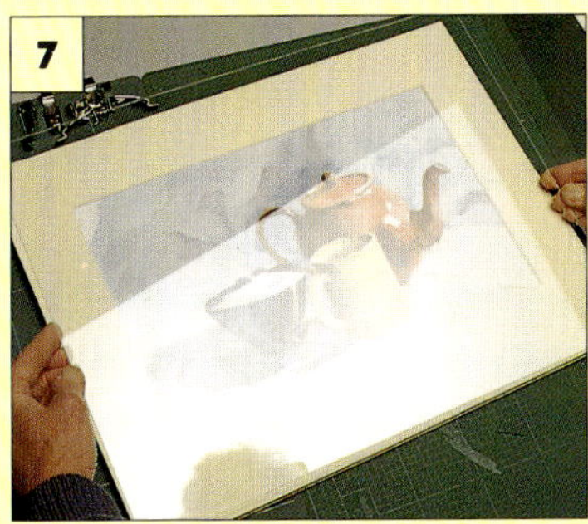

▲ Ce type de cadre offre une protection relative car les extrémités des bords du papier ne sont pas protégés de l'humidité.

INDEX

REMERCIEMENTS

Les éditeurs voudraient remercier tous les artistes qui ont fourni les illustrations pour ce livre, mais dont les noms n'apparaissent pas dans la légende : Jean Canter, Rosalind Cuthbert, Kay Gallwey, Elizabeth Harden, John Lidzey, Terry Longhurst, Debra Manifold, Ken Paine, Hazel Soan, Mark Topham et Phil Wildman. De plus, les éditeurs voudraient remercier Peter Thaime (p. 64 à gauche) et M. Thompson pour avoir gentiment prêté leurs peintures pour la photographie, David Kemp pour les graphiques, Sally Launder pour les mélanges de couleurs et Connie Tyler pour l'index.

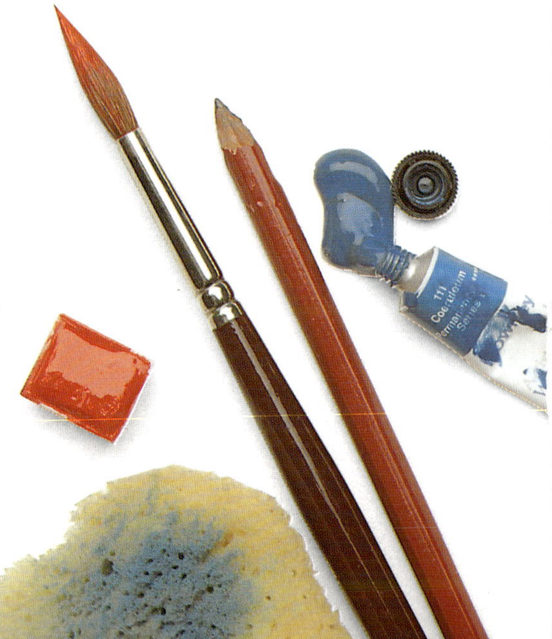